임원경제지
권51

섬용지

贍用志 3

추천사

《임원경제지》, 현실 극복에 도움을 줄 실용적 기록물!

우리는 장구한 역사를 거치며 너무나도 많은 것을 잃었다. 특히 소중한 기록물들이
약탈, 소각되고 그것도 부족해 몰지각한 사대주의 통치자들에 의해 무참히 난도질
당했다. 당연히 물려받아야 할 기록물들을 많이 잃어버렸다. 그래서 '기록에도 없는
실증되지 않은 역사'라고 폄하하는 자들에게 구실을 주고 있는 것이 현실이다.

이런 가운데 이 방대한 문헌이 고스란히 남아 우리에게 전해졌다는 사실은 실로 크
나큰 축복이다. 서유구 선생이 남긴 이 거대한 기록물은 오늘날의 백과사전에 해당
한다. 백과사전은 각 분야 전문가들이 공동 편찬하는 것이 상례인데, 일개인의 힘으
로, 그것도 오늘날과 같은 정보통신 수단도 없던 때에 이처럼 방대한 위업을 해냈다
는 것은 그야말로 기적이라고 할 수밖에 없다.

《섬용지》를 읽으면서 나는 1960년대 파리국립미술대학 건축과 재학 시절 담당교수
가 한 말이 떠올랐다. "건축가는 무엇보다도 사회적 책임감을 지녀야 한다." 건축을
어떻게 설계하는가에 따라 삶의 질이 좌우된다는 뜻이다. 그래서 설계할 때는 반드
시 동선과 규모를 먼저 고려한다. 그곳에 거주할 사람이 편리하고 윤택하게 살 수 있
게 하는 것이 선결 조건이 되어야 한다는 뜻이다. 한마디로 사람을 먼저 고려하는
건축을 해야 한다는 것이다.

우리의 선각자, 서유구 선생은 이미 200년 전에 백성을 아끼고 사랑하는 마음을 담
아 이 방대한 업적을 남겼다. 건축에서 지대의 선정, 합리적인 동선, 적용도에 상응
한 규모를 규정하는 일을 기본으로 하고 비, 바람, 냉·온, 습도, 질병, 각종 재해 가
능성에 대처할 구체적인 예방 방도에 이르기까지 세세하게 기록했다.

더 놀라운 것은 단순하게 정보를 기록하는 데 그치지 않고 당시 중국에 비해 뒤떨어
져 있던 현실을 개탄하고 시급히 시정할 점과 개선을 위한 질박한 염원을 담았다는
사실이다.

서유구 선생이 개탄하면서 지적한 '거칠고 뒤떨어진' 당대의 현실은 불행히도 오늘
우리 사회에도 고스란히 이어져 있다. 시급히 극복하지 않으면 어떤 결과가 초래될

지는 불을 보듯 명백하다.

관직을 두루 역임하고 50세에 이르러 집필을 시작했다는《임원경제지》는 오늘 우리에게 시사하는 바가 매우 크다. 이 혼돈스러운 시대에 우리가 어떤 자세로 난국을 타개해 나가야 하는지를 제시해 주고 있다. 그동안 사장되어 있던 이 방대한 기록물을 번역하여 세상에 내놓은 연구소 여러분들의 노고에 경의를 표하며 고맙고 또 고맙다는 말씀을 드리고 싶다.

— 조상권(조상권도자문화재단 대표이사)

개방과 혁신의 정신, 《섬용지》

학문의 세계에서 가장 중요한 것은 개방의 정신입니다. 다만 개방하되 그 뿌리는 현실에 두었을 때 현실에 맞는 혁신도 가능합니다. 서유구 선생의《섬용지》는 바로 개방과 현실에 뿌리를 둔 혁신이라는 학문정신이 가장 모범적으로 구현된 책이라고 생각합니다. 선생은《섬용지》에서 낙후한 조선의 기술 현실을 개탄하면서 동시에《섬용지》를 통해서 조선의 공업과 기술의 발전·진보를 추구합니다.《섬용지》를 통해 배우는 것은 단순히 과거의 만물에 대한 서술적 지식만이 아닙니다. 한 시대와 맞선 치열한 대학자의 정신이《섬용지》에 고스란히 녹아들어 있음을 절절히 느끼게 됩니다. 지식을 추구하는 자라면 반드시 읽어야 할 책이라고 감히 추천합니다.

— 김윤태(우석대학교 교수)

조선시대의 만물백과사전

한옥마을이 있는 전주는 전국적인 관광지로 떠오르고 있고, 전통문화가 풍부하게 보존된 지역으로 널리 알려져 있습니다. 그러나 막상 전통문화연수원을 운영하고 있는 저는 깊은 결핍을 느끼곤 합니다. 전통문화와 관련된 다양한 교육과 행사를 진행할 때마다 막상 사용하고 있는 소품을 보면 아쉬운 점이 한둘이 아니기 때문입니다. 생활도구, 여행도구, 도량형 도구, 탈것 등에 대한 내용이 상세히 실린, 그야말로 조선시대 만물백과사전이라고 할《섬용지》를 보면서 이 책을 토대로 필요한 소품들을 하나하나 복원하는 일을 우리 전통문화연수원에서도 중요한 과제로 추진해야겠다는 결심을 하게 됩니다. 풍석 서유구 선생님, 그리고 번역과 출판을 진행한 모든 분들께 고마움을 표합니다.

— 김순석(전주전통문화연수원 원장)

현장에서 활용할 수 있는 산지식!

풍석문화재단 전북지부 설립에 동참하면서, 농생명과 전통문화를 핵심으로 하는 내고장 전라북도에 서유구 선생의 《임원경제지》가 큰 역할을 할 수 있을 것이라는 기대를 품었습니다. 《임원경제지》 전체 16지 중 이제 막 출간된 《섬용지》를 보면서 그 기대가 현실이 될 수 있겠다는 희망을 갖게 되었습니다. 전통문화에 관심 있는 사람들이라면 반드시 읽어 보아야 할 책이라고 생각합니다.

— 한승문(풍석문화재단 전북지부 상임운영위원)

귀중하게 사용하겠습니다

농촌 관광은 전통 관광이기도 합니다. 온통 서양문물로 가득 차 있는 도시의 일상생활에서 벗어나 시간과 돈을 들여 농촌 여행을 오면서, 사람들은 자연과 함께 잊힌 우리의 전통을 발견할 수 있기를 기대합니다. 그러나 농촌 역시 전통이 사라진 지 오래입니다. 《임원경제지》는 잊힌 전통을 살릴 수 있는 소중한 책입니다. 특히 건축, 공예, 일상도구를 다룬 《섬용지》는 다양한 전통 공예와 특산품을 되살려 낼 수 있는 가능성을 보여 줍니다. 귀중하게 사용하겠습니다.

— 임채군((사)마을통 대표)

전통공예의 보고를 접하고

현장에서 공예 및 생활가구 디자인을 하는 제게 《섬용지》는 그야말로 새로운 눈을 열어 주는 신세계였습니다. '하늘 아래 새로운 것은 없다'는 말이 있듯이 창조는 과거에 기반을 두고 있습니다. 잊힌 우리 조상들의 공예와 공업 지식이 정리되어 있는 《섬용지》가 저와 같이 현업에 종사하는 이들에게 큰 도움이 될 것으로 기대합니다. 반드시 읽어 보기를 강력히 추천합니다.

— 안병국(늘솜디자인건축 대표)

林園經濟志

임원경제지
권51

섬용지

贍用志 3

건축 · 도구 · 일용품 백과사전

권4 · 불 때거나 밝히는 도구
· 탈것
· 수송 기구
· 도량형 도구
· 공업 총정리

풍석 서유구 지음 추담 서우보 교정
임원경제연구소 옮김

풍석문화재단

이 책은 ㈜DYB교육 송오현 대표 외 수많은 개인의 기부 및 문화체육관광부의 지원으로
완역 출판되었습니다.

임원경제지 섬용지 3

지은이   풍석 서유구
교 정   추담 서우보
옮기고 쓴 이   ꕔ**임원경제연구소** 소장 정명현
            공동번역 및 교열 : 이동인, 이강민, 김태완, 최시남
            2차 번역 : 정정기, 김현진, 강민우, 이유찬
            교감 및 표점 : 민철기, 김수연, 황현이
            삽화 제작 및 그림 조사 : 정명현, 정정기, 김현진, 강민우, 이유찬
            자료정리 : 고윤주
            원문 및 번역 최종 정리 : 정명현
            감수 : 정선용, 이문현
            연구소 홈페이지 www.imwon.net

펴낸 곳   ꕔ**풍석문화재단**
            펴낸 이 : 신정수
            진행 : 진병춘, 박시현 진행지원 : 박소해
            전화 : 02)6959-9921 E-mail : pungseok@naver.com
편집디자인   아트퍼블리케이션 디자인 고호
펴낸 날   초판 1쇄 2016년 12월 27일
            2쇄 2021년 9월 13일
ISBN   979-11-89801-46-5

* 표지그림 : 김홍도 〈대장간〉《단원 풍속도첩》·〈주막〉《단원 풍속도첩》
* 사진 사용을 허락해 주신 국립중앙박물관, 국립민속박물관, 국립고궁박물관, 문화재청, 고려대학교
  박물관, 관동대학교박물관, 단국대학교 석주선기념박물관, 온양민속박물관, 유교문화박물관, 이화
  여자대학교박물관, 태백석탄박물관 여러분께 감사드립니다.

《섬용지》 권3 해제

　25년 전 《임원경제지》에서 건축과 조경을 주제로 한 내용을 뽑아 번역하면서 나는 번역하는 내내 경탄의 심경을 토로하지 않을 수 없었다. 《임원경제지》의 모든 내용을 꼼꼼하게 분석하지는 못했지만, 거칠게나마 검토하고서 가장 중요하고도 가치 있는 부분을 꼽으라면 단연 《섬용지》일 것이라고 생각했다. 사람마다 《임원경제지》를 보는 시각이 다르고 선호하는 주제가 따로 있겠지만 나는 그랬다.

　《섬용지》는 현대로 치면 주로 공업 분야의 신지식을 소개하고 있다. 현대의 학문 단위로는 공과대학에서 다루어야 하는 전문분야이다. 당시로서는 저술의 대상이 되지도 않고 남들은 거들떠보지도 않을 내용이 대부분이다. 하지만 이보다 새롭고 파격적이며, 풍부하고 가치 있는 내용을 그 이전에 과연 누가 보여 주었나 싶다. 우리 시대의 안목을 들이밀지 않고 그 시대로 돌아가 보면, 《섬용지》는 학문의 혁신을 생생하게 보여 주는 명저가 틀림없다.

　이제 《섬용지》 전체가 꼼꼼한 텍스트 비평을 거쳐 상세한 주석과 엄정한 번역으로 출간되어 혁신의 학문이 어떤 내용을 담고 있는지를 누구나 쉽게 접하게 되었다. 《섬용지》 전체의 내용과 가치는 《산수간에 집을 짓고》(안대회. 돌베개)와 《임원경제지 : 조선 최대의 실용백과사전》(정명현 외. 씨앗을뿌리는 사람), 그리고 앞서 나온 《섬용지》 1, 2의 해제(정명현. 차서연)에 밝혀져 있어 새삼스럽게 장황한 글로 소개할 필요가 없다. 이 글에서는 중복되는 서술을 지양하고 본권에 수록된 내용 위주로 간명하게 설명하고자 한다.

1) 《섬용지》를 저술한 시각

권4를 말하기에 앞서 《섬용지》 전체를 관통하면서 특히 권4 부분에 집중하여 나타나는, 기술 분야를 보는 서유구의 접근법을 이해하는 것이 앞서야 할 것이다. 크게 보아 3가지 관점을 포착할 수 있다.

첫째는 기술 분야의 낙후성을 개탄하는 심경이다. 《섬용지》 서술의 기본태도를 밝히는 서문에서 조악하고 낙후한 기술수준과 표준화되지 않은 공정(工程)과 도량형, 개발하지 않고 방치한 각종 광물자원과 그 밖의 허다한 자원을 거론하면서 이것이 당시 조선이 처한 기술문명의 실태임을 폭로하였다. 기술의 낙후성이 일반 백성의 생활수준을 저하시키고 비효율성을 증가시키는 현상을 비판하여 "아! 이 《섬용지》를 읽는 이여, 개탄하는 바가 있으리라!"라고 하였다.

서문에서 밝힌 개탄의 심경은 각종 기술을 설명하는 본문에서 거듭 등장한다. 서유구는 각종 기술의 낙후성을 지적하면서 개탄하는 말을 곳곳에서 하고 있다. 여기에서 《섬용지》가 당시의 기술수준과 일상생활의 실태를 드러내는 저작이기는 하지만, 현실의 이해를 기초로 더 높은 수준의 질적 개선과 진보를 목표로 하는 계몽적 의도를 지닌 저술이라고 말할 수 있다.

둘째는 공학자의 관점이다. 〈공업 총정리(工制總纂)〉의 7항 "공업 교육" '사대부는 공업 제도에 뜻을 두어야 한다' 조에서 분명하게 그와 같은 관점을 드러내고 있다. 그리고 그러한 관점이 《섬용지》 전체를 관통하고 있다. 그는 지식인, 당시로서는 사대부인 지식인이 산업 전반에 직접 간여해야 한다고 보았다. 지식인이 농업에 직접 간여해야 하고, 마찬가지로 지식인이 상업과 공업 전 분야에 간여해야 각 부분에서 획기적 진보가 가능하다는 것이다. 지식인이 공업의 모든 부분에 관심을 기울이고 깊이 연구할 때, 학문적 접근을 통해 각 분야의 체계적 기술교육, 기술 선진국으로부터 새로운 기술의 도입, 자원개발과 도량형 표준화 등 산업의 혁신이 촉진된다고 보았다.

이와 같은 그의 생각은 당시 조선의 폐쇄적 사회제도에 대한 비판에서 출발하였다. 당시 조선은 사농공상(士農工商)의 완전한 계급화와 계급 간 철저한 서열화로 이른바 사대부가 농업이나 상업, 공업에 종사하거나 연구할 수 있는 가능성이 거의 전무하였다. 농업은 그래도 접근이 가능하였다. 그러나 상업과 공업은 사회 최하층 계급이 종사하던 산업이라서, 그의 말대로 사대부는 "그저 문벌(門閥)에만 의지하고 공업이나 상업에 대해 말하는 것조차 부끄러워하였다." 그러나 공업이란 분야가 "기예 중의 말단이라는 이유로 이를 천시해서야 되겠는가!"라고 말하여 지식인이 달려들어 연구해야 할 분야임을 주장하였다.

서유구는 단호하게 지식인의 관심과 연구, 교육을 통해서 낙후한 기술 수준을 비약적으로 개선하기를 기대하였다. 《섬용지》는 그와 같은 획기적 사유가 구체화된 저술이다. 단순히 공업과 기술의 세부적 매뉴얼을 설명하는 수준의 글이 아니라 산업 시스템을 혁신하는 차원의 기획 의도를 가진 저술이다.

셋째로는 《섬용지》에서 획기적이고 창조적 학문을 제시하였다. 《섬용지》에서 다루고 있는 내용 대부분은 앞선 학자들이 얼마나 언급했는지 살펴볼 필요가 있다. 《임원경제지: 조선 최대의 실용백과사전》에서 낸 통계에도 잘 나와 있듯이, 대부분 내용은 서유구 자신의 저술인 《금화경독기》에서 인용한 것이고, 그 나머지는 《천공개물》이 51회, 《증보산림경제》가 39회 정도이다. 기타 《고금비원》이나 《화한삼재도회》 등의 저작이 인용되었다. 인용된 서적 가운데 서유구의 사유에 접근한 저작은 겨우 《천공개물》과 《고금비원》 정도이다. 나머지는 극히 일부 내용이 기술을 다루고 있을 뿐이다.

그런데 이 분야의 명저로 꼽히는 《천공개물》조차도 도자기나 금속가공 등 중요한 공업 위주의 저작이다. 《섬용지》처럼 인간의 일상생활을 구성하는 다양한 분야의 제조법과 사용법을 폭넓게 기술하지는 않았다. 그러므로 서유구는 자신이 세워 놓은 공업과 기술 분야 지식의 구체적 서술에 참고할 만한 서적이 사실상 아무것도 없었다. 그 자신이 만든 새로운 학문 분야의 내용을 채우려면 스스로 쓸 수밖에 없는 처지였다.

그 점은 당시 조선은 말할 것도 없고, 청나라나 에도 시기 일본도 별반 다르지 않았다. 따라서 당시 동아시아 학문장에서 《섬용지》의 학문은 획기적이고 창조적인 것이었다. 기술의 실제는 있었으나 아직 학문의 경계 안으로 들어오지 않은 다양한 정보를 서유구는 학문의 체계로 정립하였다. 기술의 영역을 적극적으로 끌어안아 새로운 지식을 창출한 점은 지식의 역사에서 높이 평가해야 할 성과이다.

2) 《섬용지》 권4에서 다룬 내용

앞에서 살펴본 서유구의 관점을 이해하고 《섬용지》 권4의 내용을 간추려 살펴보자. 권4의 〈불 때거나 밝히는 도구(火燭之具)〉는 "화로와 숯" "등과 초" "점화도구" "소화도구"로 구성되어 있고, 〈탈것(騎乘之具)〉은 "말 타는 도구" "타는 도구" "여러 여행 도구"로 구성되어 있으며, 〈수송 기구(運輸之具)〉는 "배" "수레" "기중기"로 구성되어 있고, 〈도량형 도구(度量之具)〉는 "자" "들이" "저울추"로 구성되어 있다. 그리고 끝으로 〈공업 총정리(工制總纂)〉는 "목재 가공" "금속 가공" "옥과 돌 가공" "질그릇과 사기그릇 빚기" "뼈·뿔·가죽 다루기" "진주조개" "공업 교육"으로 구성되어 있다. 이것이 권4의 전체 목차이고, 세부 항목은 모두 51개다.

권4의 내용에서 특징을 찾아보면, 〈불 때거나 밝히는 도구〉는 온갖 종류의 연료와 연료기구를 소개하면서 점화기구와 소방기구까지 다룬 것이 주목할 만하다. 〈탈것〉은 당시 사람이 탈 수 있는 운송도구 대부분을 소개하면서 여행에 필요한 도구까지 다룬 것이 흥미롭다. 〈수송 기구〉는 당시 학자들이 특별히 주목한 물건인데 기중기까지 관심을 두었다는 점이 특별하고, 〈도량형 도구〉에서는 도량형의 표준안과 개선안을 종합적으로 정리하고 있다. 〈공업 총정리〉는 일종의 공학 개론이나 기술학 개론에 속하는 주제로서, 조선 후기 기술학 전반의 기초를 조목조목 설명하였다. 목록만 확인해도 각 분야별로 안배와 균형이 잘 이루어져 조목조목 서술한 것임을 잘 알 수 있다.

권4의 우수성은 무엇보다 각 부문별로 중심과 주변부, 몸통과 잔가지를 골고루 포착하여 서술했다는 점에서 찾을 수 있다. 물건을 선택하고 서술할 때 균형을 갖춘 시각은 목공 작업에 필요한 도구를 12가지나 자세하게 서술한 데서 찾아볼 수 있다. 하지만 그것도 "금속 가공" 항목에 안배된 풍부한 서술에는 미치지 못한다. 이 항목은 다른 어떤 항목보다 풍부하고 자세하며 고심의 흔적이 많이 발견되어, 광물자원 채굴과 활용을 갈망하는 서유구의 의욕을 보여 준다. 이렇게 기초를 이루고 핵심적이지만 소홀히 다루기 쉬운 부문에 다른 무엇보다 비중을 두어 살피고 있는 점이 권4가 지닌 핵심 가치의 하나이다.

그렇다고 주변적인 물건을 배제하거나 소홀히 다루지 않는 점이 또 하나의 가치이다. 그 실례로 〈불 때거나 밝히는 도구〉 항목을 들 수 있다. 이 항목은 제목에서 알 수 있듯이 연료와 연료기구를 소개하고 있다. 서유구는 먼저 화로를 서술하여 구리화로, 쇠화로, 자기화로, 질화로, 흙화로를 소개하였다. 그 정도만 소개해도 화로의 종류를 거의 다 포괄했다고 평가할 만하다. 하지만 그는 여기에 그치지 않고 차를 달이는 데 쓰는 풍로를 다루었고, 거기에서 더 나아가 휴대용 화로인 수로(袖爐)와 잠자리를 덥히는 데 쓰는 와욕로(臥褥爐)까지 소개하였다. 관련되는 모든 물건을 다룬 결과라기보다는 삶의 위의를 높이는 데 필요한 고급스럽고 문화적 물건까지 다룬 것이다.

이와 같은 서술 태도는 이 항목에만 제한적으로 나타난 것이 아니라 사실상 전 부문에 걸쳐 적용되고 있다. 더 부연하면 그는 이 항목에서 연료를 서술한 다음 조명기구를 14종 소개하고, 다음으로 수십 종의 초와 기름을 소개하였다. 서유구의 주도면밀함은 점화기구와 소방기구까지 빼놓지 않고 서술하고 있다. 조선시대 기록에서 두 부문의 내용을 이렇게까지 자세하게 다룬 것은 아직까지 확인하지 못했다.

서유구가 탁월한 안목을 제시한 점은 곳곳에서 찾아볼 수 있다. 그중 하나로 〈탈것〉에서 여행도구를 자세하게 소개한 것을 들 수 있다. 여행도구는 사실 '탈것'과 완전히 무관하다고 할 수는 없으나 직접적으로는 관련성이 적다. 하지만 서유구는 '탈것'이 사람과 물건의 이동과 관련한 주제이기 때문에 그 곁가지 내지 부록 격으로 이 항목에 포함시키고, 특별히 "《이운지·명승지 여행》과 참고해야 한다."라는 단서를 달았다.

흥미로운 점은 예상을 뛰어넘는 풍부한 종류와 내용 서술이다. 그가 제시한 여행도구는 침롱(寢籠), 상롱(牀籠), 사미합(四美盒), 금대(衾帒, 이불자루), 철침(鐵枕, 접이식 쇠베개), 괘안낭(挂鞍囊, 안장에 거는 주머니), 수젓집[匙筯囊], 풍안경(風眼鏡), 오동 요강[桐溺器], 비옷[雨衣], 끈적거리거나 새는 유의 수선법, 우모(雨帽, 비모자), 입가(笠架, 갓 지지대), 우산(雨傘), 우구 말리는 법, 우구갑(雨具匣, 우구 보관함)으로 모두 16종이다. 대단히 흥미로운 사실을 상세하게 서술하고 있는데, 거의 모든 내용이 서유구가 직접 쓴 《금화경독기》를 전재하여 자신의 관심사와 조사 결과를 반영하고 있다.

여행도구를 이렇게 큰 비중을 두어 서술한 것을 두고 그의 호사 취미를 반영한다고 평가를 절하하기 어렵다. 그가 살았던 시대는 여행의 시대라고 부를 만큼 여행이 일상화되었고 지역 간 이동이 활성화되었기 때문에 저와 같은 도구들이 필요하였고, 서유구는 그런 현실을 적극적으로 저술에 반영한 것이다. 당시 현실에 적합한 여행도구를 제시한 기록이 그 이전에는 전혀 없었던 탓에 실제로 사용하는 물건을 기초로 자신의 창안까지 반영하여 서술하였다. 참신하고 독창적인 항목 설정이라 평가할 수 있다.

그중에는 흥미롭고 신기한 물건이 여럿이지만 무엇보다 눈에 띄는 물건에 풍안경이 있다. 오늘날 스키를 탈 때 쓰는 고글에 비교할 만한 먼지막이용 안경이다. 검은 단(緞)으로 유리 두 알을 이어 붙여 돋보기처럼 걸어 눈을 보호한다고 설명하였다. 풍안경은 하나의 사례일 뿐 비슷한 유의 물건을 더 찾을 수 있다. 이와 같은 물건의 항목화와 설명을 통해서《섬용지》권4에 실린 내용이 당시의 실생활을 얼마나 잘 드러내는지를 파악할 수 있고, 또 그에 필요한 물건을 개선하고 창안하려는 한 지식인의 열정을 짐작할 수 있다.

3)《섬용지》권4의 가치

《섬용지》전체에도 적용되고 특히 권4를 통해 확인할 수 있는《섬용지》의 가치는 대단히 크다. 보는 이의 관점에 따라, 관심을 가진 전문 분야에 따라 상당한 차이를 보일 테지만, 위에서 살펴본 내용 몇 가지만으로도 이 저술이 지닌 가치와 의의는 충분히 드러난다. 그 밖에도 이 저술이 지닌 가치를 한두 가지 더 살펴보고자 한다.

《섬용지》에는 현실 속에서 생활용품이 어떻게 사용되고 있는지 그 실태를 상세하게 제시하여 당시의 물질생활로부터 거의 완벽하게 동떨어져 있는 현대인에게 그 시절의 삶을 생생하게 보여 주고 있다. 그중 하나의 사례를 들면 등잔걸이를 꼽을 수 있다. 이 물건은 어느 집이나 사용하지 않을 수 없는 생활도구인데, 서유구는 "요즘 서실(書室)에서는 대부분 쇠 등잔걸이를 쓰고, 안방에서는 대부분 놋쇠 등잔걸이를 쓰며, 돈이 없는 사람은 나무를 깎아 등잔걸이를 만들기도 한다."라고 서술하였다. 이렇게 등잔걸이가 공간과 경제력에 따라 달리 사용된 실태를 현대인이 인지하기는 결코 쉬운 일이 아니다. 다른 기록에 나오는 것도 아니다. 또 우산을 두고는 "우리나라는 조정의 귀인이 아니면 우산을 쓰지 않는다."라고 서술하였다.

이와 같은 기록은 상당히 중요한 정보를 현대인에게 제시한다. 하나의 실례로 사극 세트장을 구성하는 문제를 생각해볼 때, 18세기 후반이나 19세기 전반을 배경으로 한다면, 양반가 서실에 놋쇠나 나무 등장걸이를 배치하는 것은 오류이며, 거리 풍경에서 우산을 쓴 서민이 보이도록 하는 것도 오류임을 이 기록을 통해 입증할 수 있다. 사극의 경우야 아무튼 좋다고 해도 물건의 사용처나 실정을 파악하는 데서 이런 정보는 가장 핵심적인 것이다.

현대인의 시각에서 가치가 인정되는 것은 사실 부차적이다. 그보다 더 중요한 가치는 당시의 기술 발전에 권4가 제안하는 것이 얼마나 참신하고도 필요한 것이냐 하는 것이다. 먼저 새로운 기술 도입에 적극적이어서 중국과 일본으로부터 새로운 기술과 원료, 소재를 도입할 것을 제안하고 있다. 그 결과 심지어는 표류민에게서 얻은 기술까지 소개하고 있다. 기술을 보는 시각에 선입견이나 편견이 없다는 점도 전체 서술에서 엿보이는 태도이다. 뿐만 아니라 물자를 절약하고 노동력을 절감하는 방안에 깊은 관심을 표명하여 기계설비에 반영하고자 하였다. 자신이 직접 새로운 물질을 도입하기 위해 실험을 한 내용도 소개하였다. 이런 태도가 구체적으로 적용된 항목을 서술한 것은 당시의 기술 발전에 실질적으로 기여할 만한 참신한 제안이었을 것으로 추정한다. 다만 실제로 일반 기술자들이 이 제안에 반응했는지 여부는 확인하기 어렵다.

지금까지 《섬용지》의 내용과 가치를 긍정적인 점 위주로 살펴보았다. 비판적 안목으로 검토한다면, 달리 말할 수 있는 점도 나타날 것이다. 하지만 당시의 학술 수준에서 이 《섬용지》는 조선 기술문화의 수준을 향상시키고, 비약적으로 발전시키기 위한 고심에 찬 저술이다. 서유구를 공학자로서 자리매김한다면, 《섬용지》는 그 근거가 되는 저술로서 그의 선진적이고 독창적인 사유를 드러내고 있다. 동시대 동아시아에서 이와 같은 발상과 내용을 가진 저술이 나오지 않았고, 그 점을 감안할 때 서유구를 위대한 학자로 평가할 수 있다는 것이 나의 판단이다.

안대회(성균관대 한문학과 교수)

차례

섬용지 권제4 贍用志 卷第四

불 때거나 밝히는 도구 火燭之具

일러두기

- 이 책은 풍석 서유구의 《임원경제지》를 표점, 교감, 번역, 주석, 도해한 것이다.

- 이 책은 풍석 서유구의 《임원경제지》를 표점, 교감, 번역, 주석, 도해한 것이다.

- 저본은 정사(正寫) 상태, 내용의 완성도, 전질의 구성 등을 고려하여 고려대학교 도서관 소장본으로 했다.

- 현재 남아 있는 이본 가운데 서울대학교 규장각한국학연구원, 일본 오사카 나카노시마부립도서관, 미국 UC버클리대학교 아사미(淺見)문고 소장본을 교감하고, 교감 사항은 각주로 처리했으며, 각각 규장각본, 오사카본, 버클리본으로 약칭했다.

- 교감은 본교(本校) 및 대교(對校)와 타교(他校)를 중심으로 하고, 필요에 따라서는 이교(理校)를 반영했으며 교감 사항은 각주로 밝혔다.

- 번역주석의 번호는 일반 숫자(9)로, 교감주석의 번호는 네모 숫자(⑨)로 구별했다.

- 원문에 네모 칸이 쳐진 注, 法 등과 서유구의 의견을 나타내는 案, 又案 등은 원문의 표기와 유사하게 네모를 둘렀다.

- 원문의 주석은【 】로 표기했다.

- 서명과 편명은 번역문에만 각각 《 》 및 〈 〉로 표시했다.

- 표점 부호는 마침표(.), 쉼표(,), 물음표(?), 느낌표(!), 쌍점(:), 쌍반점(;), 인용부호("", ''), 가운뎃점(·), 모점(、), 괄호(()), 서명 부호(《》)를 사용했고 인명, 지명 등 고유명사에는 밑줄을 그었다.

- 字, 號, 諡號 등으로 표기된 인명은 성명으로 바꿔서 옮겼다.

4

섬용지 권제 4

贍用志 卷第四

I. 불 때거나 밝히는 도구 / II. 탈것
III. 수송 기구 / IV. 도량형 도구 / V. 공업 총정리

우리나라 공업 제도가 지리멸렬해진 원인은 또한 능숙한 장인이라 할 만한 사람이 없기 때문이다. 이 문제를 해결하려면 일반적으로 서울에서 먼 곳에 집을 지을 때에 만약 집안에 20~30명 정도의 장객(莊客)이 있다면 그중에서 힘이 부족해서 농사일을 할 수 없는 사람 6~7명을 선발한 뒤, 이들을 나누어 목재 가공법, 석재 가공법, 쇠 가공법, 미장법을 배우게 해야 한다.

- Ⅰ -

불 때거나 밝히는 도구

火燭之具

1. 화로와 숯

爐、炭

1) 구리화로

구리화로는 모양과 만드는 방법이 일정하지 않다. 중국에서 만든 밤색에 귀가 2개, 발이 3개 달린 화로는 모양이 《박고도(博古圖)》에 나오는 정(錠)의 제도와 같은데,[1] 뚜껑이 있는 것이 좋다. 그 뚜껑에는 운뢰문(雲雷紋)[2]이 투각[3]되어 있고 꼭대기에는 금태

銅爐

形製不一. 華造栗殼色, 兩耳三足, 形如《博古圖》錠之制而有蓋者佳. 其蓋透鏤雲雷紋, 頂作金蜺鈕, 兩頰亦有金蜺, 貫以大環, 泃

한홍촉정(漢虹燭錠)《重修宣和博古圖》

---

1 《박고도(博古圖)》에……같은데 : 여기서 말하는 정(錠)의 모양은 위의 그림과 같다.
2 운뢰문(雲雷紋) : 구름과 천둥 무늬.
3 투각 : 묘사할 대상의 윤곽만을 남겨 놓고 나머지 부분은 파서 구멍이 나도록 만들거나, 윤곽만을 파서 구멍이 나도록 만드는 조각 기법.

조선의 구리화로(국립민속박물관)

(金猊)⁴ 모양의 꼭지를 만들었으며, 양옆에도 금태 모양을 두고 큰 고리를 꿰었는데, 참으로 우아한 느낌이 든다.《금화경독기》

우리나라 사람은 광택이 있는 구리로 화로를 만드는데 ⁵【광택이 있는 구리가 곧 본초서에서 말한 향동(響銅)⁶ 가운데 가장 품질이 떨어지는 것이다.】, 귀가 2개이고 발이 3개이며 배는 불룩하고 뚜껑이 없다. 그 귀에는 2개의 고리를 굵은 새끼처럼 꼬았다. 그러나 화로에 연기를 쐬어 색을 내면 황자색이

愜雅賞.《金華耕讀記》

東人用有光銅爲爐,【有光銅卽本草所謂響銅之最劣者.】兩耳三足, 腹飽而無蓋. 其耳作雙股交紐如大繩. 然熏煙設色, 黃紫而明晃, 亦可作書室之用. 凡爐

---

4 금태(金猊) : 사자와 비슷한 모양의 새끼 용. 연기와 불을 좋아한다 하여 주로 향로 장식에 쓰인다.《熱河日記》〈銅蘭涉筆〉참조.

5 우리나라……만드는데 : 조선의 구리화로는 배가 볼록한 모양이며 구연부에 전이 달려 있다. 양쪽에 꼭지를 달고 원형 고리를 꿰었으며, 바닥에는 다리 3개가 달려 있다. 몸체의 중간에는 돌기띠가 둘러 있다.

6 향동(響銅) : 적동(赤銅)을 잡석(雜錫)으로 제련하면 향동이 된다.《本草綱目》〈金石部〉卷8 "赤銅", 465쪽 ; 적동(赤銅)에 광석(廣錫)을 섞으면 향동이 된다.《天工開物》卷14〈五金〉 "銅", 354쪽.

조선의 청동화로(국립민속박물관)

되며 밝게 빛나니 서실(書室)의 용품으로도 만들 만하다. 일반적으로 화로는 모두 나무로 받침을 만드는데, 화리(花梨)7나 오목(烏木)8 등으로 만들어 색을 내면 좋다. 화로가 구리든 쇠든 사기든 질그릇이든 관계없이 모두 받침이 없어서는 안 된다.《금화경독기》

또 청동【곧 향동 가운데 더욱 질이 떨어지는 것이다. 청색을 띠므로 구리 장인들은 이를 청철(靑鐵)이라 부른다.】으로 만든 화로9도 있는데, 귀는 없으나 전이 있고 발 3개가 화로를 떠받치는 곳에 금태 머

皆木作跗子, 設花梨、烏木等色則佳. 毋論銅、鐵、瓷、陶, 皆不可無跗子. 同上

又有靑銅【卽響銅之尤劣者. 其色帶靑, 故銅匠呼爲靑鐵.】造者, 無耳而有脣, 三足戴爐處作金蛻頭. 大

---

7 화리(花梨):화리목(花梨木), 강향황단(降香黃檀)이라고도 하며, 그 외에 강향단(降香檀), 향홍목(香紅木), 황화리(黃花梨) 등으로도 불린다. 고급 가구나 악기, 조각품의 재료로 쓰이며, 목재를 쪄서 나온 기름은 향료의 정향제로도 쓴다. 또 뿌리나 줄기의 심은 진통제를 만드는 약재로도 쓴다.

8 오목(烏木):흑단(黑檀, 검은박달나무) 중심부의 목재로, 매우 단단한 성질을 지녀 젓가락, 문갑 등을 만드는 데 사용된다.

9 청동으로 만든 화로:여기에서 설명하는 화로의 형태는 위의 사진과 같다.

리를 만들었다. 크기는 일정하지 않은데, 큰 화로는 요리할 때 구이를 하는 데 쓰고, 작은 화로는 안방에 두어 온기(溫器)[10]를 올려놓거나 인두[熨刀]를 달구는 데 쓴다.《금화경독기》

小不一, 大者爲鼎俎間燔炙之具, 小者爲閨閤內設溫器、烙熨刀之用. 同上

2) 쇠화로

시우쇠[熟鐵][11]를 단조하여 얇은 판을 만든 뒤 옆면(판) 4개와 바닥(판) 1개가 겹쳐지도록 접어 깃이 교차하도록 하면 네모난 화로 하나가 된다. 위에는 좁고 가는 전을 둔다. 비자나무[12]나 느릅나무로 보호갑을 만드는데, 보호갑의 옆면 4개에 모두 크고 둥근 구멍을 뚫고, 구멍 안에는 완(卍)자 모양의 격자를 만들어 이 상태에서 황동으로 네 귀퉁이를 장식한다. 더러는 6각이나 8각인 화로도 있다.《금화경독기》

鐵爐

碪熟鐵作薄板, 四墻一底, 摺疊交襟, 爲一方爐, 上有狹細唇. 用文木或黃楡木爲護匣, 四墻皆穿大圓穴, 穴內作卍字欐, 仍用黃銅裝飾四隅. 或有六角、八角者.《金華耕讀記》

3) 자기화로

중국에서 만든 녹색 자기화로는 몸체가 둥글고 뚜껑이 있는데, 뚜껑에는 구름이나 화초 같은 모양을 투각했다. 화리목(花梨木)으로 작고 네모난 궤짝을 만들고 그 윗부분에 구멍을 뚫어 화로를 놓는데, 화로의 배 윗부분은 궤짝 위로 나오고 아랫부분은 궤짝 안으로 들어간다.《금화경독기》

瓷爐

華造綠瓷爐, 體圓而有蓋, 其蓋透鏤雲物、花卉之形. 用花梨木作小方櫃, 穴其上安爐, 腹以上出櫃上, 以下隱櫃內.《金華耕讀記》

---

10 온기(溫器) : 열을 가하여 음식을 따뜻하게 덥히는 데 쓰는 그릇.

11 시우쇠[熟鐵] : 무쇠를 불려서 만든 쇠붙이의 한 가지. 정철(正鐵).

12 비자나무 : 원문의 문목(文木)은 비자나무를 말한다(《本草綱目》〈果部〉卷31 "榧實", 1826쪽). 비자나무는 나뭇결이 곱고 윤이 나며, 수축률이 낮고 비틀리거나 갈라지지 않아 가구재로 가장 많이 쓰이는 목재이다.

4) 질화로

일본에서 만든 질화로가 좋다. 모양과 만드는 방법이 일정하지 않다. 모양은 키 작은 술두루미와 같고, 표면이 온통 오돌토돌한데, 양옆에 금태(金蛻) 머리를 두고 구리 고리를 꿴 화로가 더욱 우아한 느낌이 든다. 우리나라에도 더러 이를 모방해서 만든 화로가 있지만, 끝내 질화로의 재질이 성글고 얇아 쉽게 부서질까 걱정된다. 대개 일본화로는 대부분 겹화로이고 사방의 옆면이 모두 속이 비어 있어서 잡아도 손을 데지 않는 데다가 열도 오래갈 수 있다고 한다.《금화경독기》

삼남에서 생산되는 오지화로[烏瓷爐]¹³에 백자로

陶爐

倭造者佳. 形製不一, 形如矮罇, 遍體疹粟, 兩頰有金蛻頭貫銅環者, 尤入雅賞. 東人或有倣造者, 終患疏薄易破. 蓋倭爐多是袷爐, 四墻皆中空, 故執不灼手, 且能持久云.《金華耕讀記》

南中産烏瓷爐用白瓷繡梅

오지화로(동산박물관)

---

13 오지화로[烏瓷爐] : 붉은 진흙으로 만들어 햇볕에 말리거나 약하게 구운 뒤에 오짓물을 입혀 다시 구운 그릇.

매화나 대나무를 수놓은 화로는 값이 수십 전에 불과하지만, 산재(山齋)[14]에서 토란을 굽고 밤을 굽는 용도로는 충분하다. 다만 무르고 얇은 흙이 있어 몇 년 쓰면 반드시 바꿔야 한다.《금화경독기》

竹者, 直不過數十錢, 亦足充山齋煨芋炒栗之用. 但欠脆薄, 數歲必一易也. 同上

5) 흙화로

화로를 만드는 데는 붉은 찰흙【곧 기와 굽는 흙이다. 없으면 황토를 쓴다.】을 쓴다. 찰흙을 수비(水飛)하여 모래와 돌을 제거하고 햇볕에 말렸다가 지근(紙筋, 잘게 썬 종이)을 섞어 흙반죽을 만든다. 이 반죽을 수천 번 공이질한 뒤 널빤지에 놓고 밀어서 펴는데, 두께는 뜻대로 한다. 햇볕에 말리다가 반쯤 마르면 칼로 조각내어 화로를 만든다. 더러는 정사각형이나 육각형, 팔각형 등 뜻대로 만든다. 따로 공이질해 놓은 흙에 물을 붓고 다시 반죽을 만들어 귀퉁이를 합친다. 귀퉁이를 다 합친 다음 새끼로 화로 주위를 둘러 묶어 두는데, 평평하고 반듯하게 해야지 절대 비뚤어지거나 기울어져서는 안 된다. 이를 햇볕에 말리다가 다시 대못으로 합쳐 놓은 귀퉁이의 위아래 3~4곳에 가로로 못질하고, 화로 주둥이는 현(弦)[15]을 따라 공이질해 놓은 흙으로 가장자

土爐

造爐用赤粘土.【卽燔瓦土, 無則用黃土.】水飛去砂石, 曬乾, 和紙筋爲泥[1]. 搗數千杵, 置木板上捍開之, 厚薄隨意. 曬至半乾, 以刀割切作片爲爐, 或正方或六八稜隨意. 另用杵過土澆水, 復爲泥以合隅. 旣合隅, 以繩周回[2]絆住, 務要平正, 切忌歪斜. 曬乾, 更以竹釘橫釘合隅上下三四處, 爐口弦緣亦以杵過土緣飾之. 內外透乾, 去絆繩[3], 用利刀削去四面不平處. 用魚膠塗紙[4], 又以

---

14 산재(山齋):산속에 지은 서재(書齋)나 운치 있게 지은 집.
15 현(弦):주둥이의 둥근 모양을 말한다.
[1] 和……泥:《增補山林經濟·雜方·淸齋位置》에는 "別用休紙浸水調解令細極多入於黃土中和水作泥".
[2] 回:《增補山林經濟·雜方·淸齋位置》에는 "面".
[3] 緣飾……絆繩:《增補山林經濟·雜方·淸齋位置》에는 "割作長條而貼於外爐成已乾去所絆繩".
[4] 紙:《增補山林經濟·雜方·淸齋位置》에는 "白紙於爐之全身".

리를 꾸민다. 안팎이 다 마르면 화로를 묶었던 새끼를 치우고 날카로운 칼로 네 옆면의 평평하지 않은 곳을 깎아 버린다. 부레로 만든 아교로 종이를 바르고, 다시 아교에 삼록(三綠)[16]이나 송연(松煙)을 섞어 칠한다. 일반적으로 화로는 깊어야 묵은 불[宿火][17]을 둘 수 있고, 넓어야 토란이나 밤을 구울 수 있다.《증보산림경제》[18]

《본초강목》에서는《단방감원(丹房鑑源)》을 인용하여, "자주색 상추를 흙에 섞어 그릇을 만든 뒤 불에 달구면 구리처럼 된다."[19]라 했다. 이런 화로를 만들어 시험해 봐야 할 것이다.《증보산림경제》[20]

6) 풍로

차를 달이는 도구이다. 더러는 구리로 주물하거나 쇠로 만들거나 질그릇으로 굽기도 한다. 그 제도는 다음과 같다. 위아래로 2칸을 두어 위 칸에는 숯을 쟁여 넣고 아래 칸은 비워 두며, 옆에는 타원형 구멍을 하나 뚫는다. 위와 아래의 칸 사이에는 투각한 격자를 하나 설치한다. 위 칸 아가리 근처에 삼

魚膠和三綠或松煙漆之. 凡火爐要深, 可以留宿火; 要寬, 可以煨芋栗.《增補山林經濟》

《本草綱目》引《丹房鑑源》云 : "紫色萵苣和土作器, 火煅如銅[5]." 宜造火爐試之[6]. 同上

風爐

煎茶之具也. 或銅鑄或鐵造或陶燔. 其制 : 有上下二格, 上格以裝炭, 下格空置, 旁穿一墮圓穴. 上下格之間, 設一透鏤隔子. 上格近口處有三乳, 以安茶壺.

16　삼록(三綠) : 밝은 녹색.《섬용지》권3〈색을 내는 도구〉"채색" '동청' 참조.

17　묵은 불[宿火] : 바로 붙인 불이 아니라 불씨를 꺼트리지 않고 계속 두어 오래된 불.

18　《增補山林經濟》卷16〈雜方〉"淸齊位置" '火爐'(《農書》5, 216쪽).

19　《本草綱目》卷27〈菜部〉"萵苣", 1661쪽.

20　《增補山林經濟》卷16〈雜方〉"淸齊位置" '火爐'(《農書》5, 217쪽).

[5]　土作……如銅 :《增補山林經濟·雜方·淸齊位置》에는 "黃土搗作泥造火爐煅出則如銅".

[6]　宜造……試之 :《增補山林經濟·雜方·淸齊位置》에는 없음.

질풍로(국립민속박물관)

유(三乳)[21]를 두어 찻주전자를 놓는다. 차를 달일 때
마다 숯 몇 덩이를 위 칸에서 피우고 아래 칸 구멍
에서 부채질하면 바람이 투각한 격자의 무늬로 들
어가 금방 차가 끓는다. 투각한 격자로는 바람이 통
하게 할 뿐만 아니라 불똥을 받고 재를 빼내기도 한
다. 일본에서 만든 겹으로 된 풍로가 가장 좋다.《금
화경독기》

每煎茶, 蒸炭數塊于上格,
而從下格穴口扇之, 則風從
鏤文而入, 霎時茶沸矣. 鏤
不但通風, 亦以承炰出灰.
倭造裌爐最佳.《金華耕讀
記》

7) 수로(휴대용 화로)

향을 피우는 휴대용 화로는 뚜껑이 있으면서
도 향이 통하게 만들어야 한다. 일본 사람이 만든,
구멍이 뚫린 그물처럼 생긴 뚜껑이 있는 칠고훈로(漆

袖爐

焚香携爐, 當製有蓋透香,
如倭人所製漏空罩蓋漆鼓
薰爐, 似[7]便清齋焚香, 炙

---

21 삼유(三乳) : 찻병 등을 안정적으로 받치도록 풍로 입구에 배치한 3개의 돌기를 말한다. 다기나 향로 바닥의
세 돌기를 지칭하기도 한다. 위의 질풍로 사진이 참고가 된다.
[7] 似 : 저본에는 "以". 오사카본·《遵生八牋·起居安樂牋·晨昏怡養條》에 근거하여 수정.

鼓薰爐)²²는 청재(淸齋)²³하면서 향을 피우거나, 손을 녹이고, 옷에 열기가 스며들게 하는 데 편리한 듯하니, 차를 달여 손님과 청담(淸談)을 나눌 때 쓰는 도구이다. 요즘에는 자동(紫銅)²⁴으로 주물하고 그물 같은 뚜껑이 있는 네모나거나 둥근 화로가 있는데, 매우 아름다워 이를 수로로 쓰면 청아(淸雅)하여 감상할 만하다.【안 요즘 연경에서 사 온 수로는 황동, 적동, 백동 등으로 네모나거나 둥글게 주물하는데, 크기는 일정하지 않다. 이들 중에서 백동으로 만든 직사각형의 수로가 더 낫다.】《준생팔전》²⁵

8) 와욕로(잠자리 화로)

구리로 만든다. 꽃무늬가 투각되어 있고, 기환(機環)²⁶이 사방으로 움직여 화로 몸통은 항상 평형을 유지하므로 이부자리에 놓을 수 있다.【안 갈홍의 《서경잡기(西京雜記)》²⁷에서 "장안(長安)의 솜씨가 뛰어난 정완(丁緩)이라는 장인이 와욕향로(臥褥香爐)를 만들었는데, 일명 피중향로(被中香爐, 이불 속의 향로)이다. 원래 방풍(房風)²⁸이라는 장인에게서 나왔던 것

手薰衣, 作烹茶對客淸 ⑧ 談之具. 今有新鑄紫銅, 有罩蓋方圓爐, 式甚佳, 以之爲袖爐, 雅稱淸賞.【案 燕貿袖爐, 用黃、赤、白等銅鑄方圓, 大小不一. 其制當以白銅墮方袖爐爲勝.】《遵生八牋》

臥褥爐

以銅爲之. 花文透漏, 機環轉運四周, 而爐體常平, 可置之被褥.【案 葛洪《西京雜記》云:"長安巧工丁緩者作臥褥香爐, 一名被中香爐. 本出房風, 其法後絕, 至緩始更爲之. 爲機環轉

---

22 칠고훈로(漆鼓薰爐):옻칠한 북 모양의 향로. 칠고는 장구처럼 생긴 일본 전통 악기이다.

23 청재(淸齋):몸과 마음을 깨끗이 하는 일.

24 자동(紫銅):구리에 금을 배합하거나 다시 은을 첨가한 합금. 검붉은색이다.

25 《遵生八牋》卷8〈起居安樂牋〉下"晨昏怡養條'怡養動用事具:袖爐(《遵生八牋校注》, 245쪽).

26 기환(機環):틀과 그것에 연결되어 돌아가는 부분으로 구성된 일종의 기계장치.

27 《서경잡기(西京雜記)》:한(漢)나라 유흠(劉歆)이 짓고 진(晉)나라 갈홍(葛洪)이 모은 것으로 알려져 있는 잡록식 필기저작.

28 방풍(房風):수평 유지 장치를 최초로 발명한 중국 고대의 장인. 《어정병자류편(御定騈字類篇)》 권61〈居處門〉5"房"'房風' 참조.

⑧ 淸:《遵生八牋·起居安樂牋·晨昏怡養條》에는 "常".

탕파(국립민속박물관

인데, 제작 방법이 훗날 끊겼다가 정완에 이르러 비로소 다시 만들게 되었다. 기환(機環)이 사방으로 움직여 화로 몸통은 항상 평형을 유지하므로 이부자리에 놓을 수 있기 때문에 이렇게 이름을 붙였다."29 라 했으니, 도륭(屠隆)30이 저술한 이 부분은 대개 《서경잡기》의 글을 그대로 옮긴 것이다. 본래 방풍이 만들어 낸 화로는 정신을 맑게 수양하고, 편안하게 기르기 위한 도구가 아니었다. 게다가 화기가 피부에 직접 닿아 종기나 부스럼이 생길 우려도 있다.

고렴(高濂)의 《준생팔전》에서 "노인이 노쇠해지면 겨울철에 추위가 두려우므로 주석으로 탕파(湯

運四周, 而爐體常平, 可置之被褥, 故以名." 屠氏此段, 蓋襲《西京雜記》之文也. 本出房風, 非淸修怡養之具, 且火氣逼膚, 恐生腫癤.

高深夫《遵生八牋》云 : "老人衰邁, 冬月畏寒, 可以

---

29 《西京雜記》卷1.
30 도륭(屠隆) : 1542~1605. 중국 명나라의 관리로 문학가이자 희곡작가. 저서로 《고반여사(考槃餘事)》, 《서진관집(棲眞館集)》, 《유권집(由拳集)》, 《채진집(采真集)》, 《남유집(南遊集)》, 《홍포집(鴻苞集)》 등이 있다.

婆)31를 만들어 뜨거운 물을 붓되, 베주머니로 감싸서 습기를 막아 준다. 잠자기 전에 미리 이불로 탕파를 둥글게 둘러싸 놓으면 잘 때쯤 이불이 매우 따뜻해지며, 발을 데울 수 있는 데다 화기를 멀리할 수도 있다."32라 했다. 따뜻하게 하는 효과는 와욕로와 다를 게 없는 데다, 불을 내어 일을 그르칠 염려가 없으니 탕파를 서둘러 본받아야 한다.]《기거기복전》33

錫造湯婆注熱水, 用布囊包以避濕, 先時擁被團簇, 臨睡甚煖, 又可溫足, 且遠火氣."其取煖, 無異臥褥爐, 且無火燭誤事之慮, 宜亟倣之.]《起居器服箋》

9) 숯

숯은 단단하고 실하면서 광택이 돌고 무거운 것이 상등품이니, 불이 오래갈 수 있다. 속이 비어 성근 숯은 쉽게 타 버린다.34【안 우리나라 사람들은 참숯[槲櫟炭]을 상품으로 친다. 다른 잡목으로 만든 숯은 모두 속이 비어 성글기 때문에 불이 오래가지 못하는데, 그중에서 소나무로 만든 숯이 특히 심하다.]

일반적으로 숯 구매는 여름에 해야 하니, 이때 숯이 건조하기 때문이다. 만약 추운 겨울에 숯을 사려면 값이 비쌀 뿐만 아니라 습기가 스며들어 쓰기 어려울까 우려된다.【안 중국인들은 땔나무나 숯을 살 때 모두 저울에 달아 가격을 정하므로, 속여 파

木炭

炭以堅實光重者爲上等, 火能耐久. 其⑨虛鬆者易爐.【案 東人以槲櫟炭爲上. 他雜木炭皆虛鬆, 不能耐久, 松爲甚.】

凡買炭須在夏月, 是時炭燥. 若到冬寒買炭, 不獨價貴, 又恐水濕難用.【案 華人買薪炭, 皆懸稱定價, 故售僞者每多漬水, 以增其

---

31 탕파(湯婆):탕파자(湯婆子). 더운물을 채워 자리 밑에 넣어 두는 난방기구. 사기나 쇠로 만들며, 각파(脚婆)라고도 한다. 보통 용량이 2리터 정도이며, 노인, 병자, 유아 등이 사용한다.

32 《遵生八牋》 卷8 〈起居安樂牋〉 下 "晨昏怡養條" '高子怡養立成'(《遵生八牋校注》, 242쪽).

33 《考槃餘事》 卷14 〈起居器服箋〉.

34 《傳家寶》 卷9 〈人事通〉 "認炭", 306쪽.

⑨ 其 : 저본에는 "甚".《傳家寶·人事通·認炭》에 근거하여 수정.

는 사람들은 매번 물을 많이 먹여 무게를 늘리지만 여름에는 숯이 건조해서 물을 빨아들이지 않으므로 속여 팔 수 없다.》《인사통》[35]

사람이 거처하는 대청의 마룻널에 고정이 안 된 널빤지를 하나 두어 문을 만들면 여닫기 편리하다. 여름마다 숯 값이 쌀 때 많이 사서 대청 마루 아래에 쌓아 놓으면 축축한 땅의 기를 아주 잘 빨아들이는 데다 숯이 지나치게 건조해지지 않아 쓰기에도 좋다.《인사통》[36]

숯에 명반(明礬)을 조금 더해 끓는 물속에 넣고 하룻밤 담갔다가 불을 때면 불씨가 오래간다.《증보산림경제》[37]

10) 석탄

석탄은 육조(六朝)[38]시대 때부터 이미 있었다.《수경(水經)》에서 인용한 《위토기(魏土記)》에서 "지류의 동남쪽에 있는 화산에서 석탄이 나는데, 불의 열기가 초탄(樵炭)[39]과 같다."[40]라 하였다. 송(宋)[41]나라 때

斤兩, 夏月則炭性燥, 水不入, 故不得售僞.》《人事通》

人居廳軒地板, 留一活板爲門, 便於啓閉. 每夏月炭價賤時, 多買堆藏, 最收潮濕地氣, 且炭不過燥, 好用. 同上

炭加些礬, 在滾水內, 浸一宿, 燒則耐久.《增補山林經濟》

石炭

石炭自六朝時已有之.《水經》《魏土記》"枝渠東南火山出石炭, 火之熱[10]同樵炭" 是也. 趙宋時河北、河東、

---

35 《傳家寶》卷9〈人事通〉 "夏月收炭", 307쪽.

36 《傳家寶》卷9〈人事通〉 "地板下堆炭", 307쪽.

37 출전 확인 안 됨.

38 육조(六朝) : 중국 남북조시대 남쪽 지역의 여섯 왕조. 오(吳), 동진(東晉), 송(宋), 제(齊), 양(梁), 진(陳).

39 초탄(樵炭) : 나무로 만든 숯.

40 《水經注》卷13〈漯水〉.

41 송(宋) : 원문의 조송(趙宋)은 남조의 유송(劉宋)과 구분하여 조광윤(趙匡胤)이 건국한 송나라를 가리킨다.

10 熱 : 저본에는 "爇".《水經注·漯水》에 근거하여 수정.

에는 하북, 하동, 산동, 섬서, 변경(汴京)42 등 곳곳에 석탄이 있어서, 소식 또한 서주의 석탄을 소재로 한 시[徐州石炭詩]43를 지었다. 지금은 연계(燕薊)44 지역에서 더욱 성행하여 초탄은 거의 없어졌다.

우리나라는 관북과 관서에서 석탄이 모두 나오는데, 요즘 들으니 경기도 양근(楊根)45에도 있다고 한다. 내가 이전에 양근에서 캐낸 석탄 몇 개를 얻어 봤더니, 색이 검고 재질이 물렀으며, 태워 보면 불을 붙일 수 있었고 하루나 이틀 동안 탔다. 그러나 지금껏 탄광을 열어 캐낸 적이 없는 이유는 대개 우리나라는 산이 많고 들이 적어 그 자체로 땔감이나 숯감이 풍부하기 때문이다. 나무하거나 소 치는 무리들은 생각이 늘 해 오던 일에 멈춰 있고, 책 읽고 이치를 궁구한다는 사대부들은 더욱 이용후생(利用厚生)의 길에 기꺼이 뜻을 두지 않는다. 결국 쓸모 있는 물건이 버려져 제 모습이 드러나지 못하게 되는 경우를 어찌 일일이 셀 수 있겠는가. 영해(寧海)46의 구리와 관서와 관북의 석탄이 그중에 가장 두드러진 사례이다. 속담에 "산에 살아도 땔나무 아낄 줄 알아야 한다."라 했는데, 백 년 전부터 곳곳의 고개와 골짜기가 날로 벌거벗으니, 이 무슨 까닭이겠는가? 서둘러 석탄을 함께 캐어 초탄을 공급하지 못하는

山東、陝西、汴京處處有之, 東坡亦有徐州石炭詩. 今益盛行於燕、薊之間, 而樵炭幾於熄矣.

我東關北、關西俱出石炭, 近聞京畿楊根亦有之. 余嘗得數枚, 色黑而質脆, 爇之能引火, 可經一兩日之久. 然迄無有開礦釆取者, 蓋我東多山少野, 自饒薪炭之料, 樵牧之徒, 習滯於故常, 讀書窮理之士, 又不屑留意於利用厚生之道, 遂使有用之物抑沒不自見者, 何可勝數! 而寧海之銅、關西北之石炭, 尤其最者也. 諺曰"山居須惜薪", 百年以來, 處處嶺谷, 日漸童濯, 是曷故焉? 亟宜兼採石炭, 以佐樵炭之不給. 石炭火猛, 最利於鼓鑄農器也. 《金華耕讀記》

---

42 변경(汴京) : 지금의 하남성 개봉(開封)으로, 송대의 수도였다.
43 《東坡全集》卷10〈石炭〉.
44 연계(燕薊) : 연(燕)은 연경(燕京), 계(薊)는 계산(薊山) 혹은 계구(薊丘)로 지금의 북경 일대를 이른다.
45 양근(楊根) : 지금의 경기도 양평군 일대.
46 영해(寧海) : 경상북도 영덕군 영해면 일대.

상황에 도움이 되도록 해야 할 것이다. 석탄은 화력이 맹렬하므로, 풀무를 써서 농기구를 주조하는 데 가장 편리하다.《금화경독기》

중국에서는 쇠를 불릴 때 모두 석탄을 쓴다. 석탄은 화력이 맹렬하여 강철을 제련할 수 있기 때문에 그들의 병장기나 농기구는 우리 것보다 배나 단단하고 날카롭다. 더러는 우리나라에 팔려 와서 부서지면 쇠의 경도가 달라 다시 불려서 고칠 수가 없다. 듣자니, 단천(端川)[47]·양근(楊根) 등의 지역에서 석탄이 난다고 하는데, 무릇 수레바퀴를 장치하고 농기구를 만드는 데 가져다 써야 할 것이다.《북학의》[48]

中國煅鐵, 皆用石炭. 石炭力猛, 能鍊鋼鐵, 故其兵器、農器, 堅利倍我. 或有貿來于我而遇傷, 則不能改鍛. 聞端川、楊根等地出石炭, 凡裝車輪, 造農器, 當取用之.《北學議》

일반적으로 매탄(煤炭, 석탄)은 어디서나 모두 나며 금석류를 단련하는 용도로 쓰인다. 남방의 풀이나 나무가 없는 민둥산을 파 내려가면 바로 매탄이 묻혀 있으니, 북방은 논할 것도 없다.

매탄은 세 종류가 있으니, 명매(明煤), 쇄매(碎煤), 말매(末煤)이다. 명매는 1두(斗)쯤 되는 큰 덩어리로, 연(燕)[49]·제(齊)[50]·진(秦)[51]·진(晉)[52] 등지에서 난다. 풀

凡煤炭, 普天皆生, 以供鍛鍊金石之用. 南方禿山無草木者, 下卽有煤, 北方勿論.

煤有三種, 有明煤、碎煤、末煤. 明煤, 大塊如斗許, 燕、齊、秦、晉生之. 不

---

47 단천(端川) : 함경남도 동해안 북부에 있는 단천시 일대.
48 《北學議》〈進上本北學議〉"鐵"(《완역정본북학의》, 459쪽).
49 연(燕) : 중국의 하북성(河北省) 일대.
50 제(齊) : 중국의 산동성(山東省) 일대.
51 진(秦) : 중국의 섬서성(陝西省) 일대.
52 진(晉) : 중국의 산서성(山西省) 일대.

무[風箱]53로 바람을 불어 넣지 않고 숯 약간만으로 불을 붙여도 센 불길이 밤낮으로 계속된다. 명매 덩이 주변에 붙어 있는 가루는 깨끗한 황토로 물에 개어 덩어리를 만든 다음 태운다. 쇄매는 두 종류가 있는데 대부분 오(吳)54와 초(楚)55 등지에서 난다. 불꽃이 높은 것은 '반탄(飯炭)'이라 하여 취사용으로 쓰고, 불꽃이 낮은 것은 '철탄(鐵炭)'이라 하여 쇠를 제련하는 데 쓴다. 쇄매를 화로에 넣을 때는 먼저 물로 촉촉하게 적시고 반드시 풀무질한 뒤에 벌게지면, 그 뒤에 점점 더 넣어서 써야 한다. 말매는 마치 밀가루 같고, '자래풍(自來風)'이라 하는데, 진흙과 물에 개어 덩어리를 만들어 화로 안에 넣는다. 불이 붙은 뒤로는 명매와 같아서, 밤낮을 때도 화력이 줄지 않는다. 절반은 취사하는 데 쓰고 절반은 구리를 녹이거나 광석을 주사로 승화시키는 데 쓴다. 돌을 태워 석회나 명반이나 유황을 만드는 데는 세 가지 매탄을 모두 쓸 수 있다.

일반적으로 매탄을 캐 본 경력이 오래된 사람은 흙 표면의 색을 보고 매장 여부를 판별한 다음 구덩이를 판다. 구덩이 깊이가 50척 정도 되어야 비로소 매탄을 얻는다. 매탄의 흔적이 처음 드러날 때에는

用風箱鼓扇, 以木炭少許引燃, 熯熾達晝夜. 其傍夾⑪帶碎屑, 則用淨潔黃土調水作餅而燒之. 碎煤有兩種, 多生吳、楚. 炎高者曰"飯炭", 用以炊烹；炎平者曰"鐵炭", 用以冶鍛. 入爐先用水沃濕, 必用鼓輔後紅, 以次增添而用. 末煤⑫如麪者, 名曰"自來風", 泥水調作餅, 入于爐內. 旣灼之後, 與明煤相同, 經晝夜不滅. 半供炊爨, 半供鎔銅, 化石升朱. 至于燔石爲灰與礬、硫, 則三煤皆可用也.

凡取煤經歷久者, 從土面能辨有無之色, 然後堀窄. 深至五丈許, 方始得煤. 初見煤端時, 毒氣灼人, 有將

───────────

53 풀무[風箱]:원문의 풍상(風箱)을 풍구라고 옮기는 경우도 있는데, 여기서는 대부분 대장간에서 쓰는 풀무를 뜻하므로 풍상(風箱), 야로(冶爐) 등을 모두 풀무로 옮기기로 한다.

54 오(吳):중국의 강소성(江蘇省) 일대.

55 초(楚):중국의 호북성(湖北省) 일대.

⑪ 夾:저본에는 "夫".《天工開物·燔石·煤炭》에 근거하여 수정.

⑫ 煤:저본에는 "炭".《天工開物·燔石·煤炭》에 근거하여 수정.

매탄의 독기(毒氣)가 사람에게 화상을 입힌다. 이때는 큰 대나무 가운데에 막힌 마디를 뚫고 대나무 끝을 날카롭게 깎아 탄 속에 찔러 넣으면 그 독한 연기가 대나무 속을 통과하여 빠져나간다. 그 뒤에 사람들이 그 아래에서 괭이로 매탄을 캐낸다. 또 구덩이를 열고 파 내려가서 매탄이 종횡으로 넓게 퍼져 있으면, 그 좌우를 따라 넓게 캔다. 그 갱도 위에는 널빤지를 받쳐 붕괴를 방지한다.

일반적으로 매탄을 캐내어 비게 된 뒤에는 흙으로 구덩이를 메우는데, 20~30년이 지난 뒤에는 그 아래에서 매탄이 다시 생장하므로 (아무리) 캐내어도 없어지지 않는다. 그 바닥과 사방의 돌알은 그곳 토박이들이 '동탄(銅炭)'이라 하는데, 캐내어 태우면 조반(皁礬)과 유황(硫黃)이 된다. 일반적으로 돌알을 태웠을 때 유황만 얻는 경우에는 그 냄새가 심하여 '취매(臭煤)'라 하는데, 북경의 방산(房山)[56]과 고안(固安),[57] 호광(湖廣)의 형주(荊州)[58] 등지에서 간간이 난다. 일반적으로 매탄은 태우고 난 뒤에 재질이 불을 따라 다 타 버려 재나 찌꺼기가 전혀 없다. 그러므로 대개 쇠와 토석(土石) 사이에 조물주[造化]가 따로 이 종류를 드러냈다고 한다. 일반적으로 매탄

巨竹鑿去中[13]節, 尖銳其末, 插入炭中, 其毒煙從竹中透過, 人從其下施钁拾取者. 或開[14]而下, 炭縱橫廣有, 則隨其左右闊取. 其上枝板, 以防壓崩耳.

凡煤炭取空而後, 以土塡實其井, 經二三十年後, 其下煤復生長, 取之不盡. 其底及四周石卵, 土人名曰銅炭者, 取出燒皁礬與硫黃. 凡石卵單取硫礦者, 其氣熏甚, 名曰"臭煤", 燕京房山·固安、湖廣荊州等處間有之. 凡煤炭經焚而後, 質隨火神化去, 摠無灰滓. 蓋金與土石之間, 造化別見此種云. 凡煤炭不生茂草盛木之鄉, 以見天心之妙.

---

56 방산(房山) : 지금의 북경시 방산구(房山區) 일대. 석탄 산지이며 철과 동 등의 다양한 광산이 있다. 북경원인(北京猿人)이 발견된 주구점(周口店)이 있는 지역이다.

57 고안(固安) : 지금의 하북성 고안현(固安縣) 일대. 방산구의 동남쪽에 인접해 있으며 석유와 천연가스 산지이다.

58 형주(荊州) : 지금의 호북성 형주시(荊州市) 일대. 석유와 석탄 산지이다.

[13] 中 : 저본에는 "大".《天工開物·燔石·煤炭》에 근거하여 수정.

[14] 開 :《天工開物·燔石·煤炭》에는 "一井".

풀이 우거지거나 나무가 무성한 고장에서는 나지 않으니, 천심(天心)의 오묘함을 엿볼 수 있다.[59] 매탄을 음식 만드는 데 쓸 수 없는 경우는 오직 두부를 만들 때뿐이다. 대개 두부를 만들 때 매탄을 화로의 연료로 쓰면 두부가 타서 맛이 쓰다고 한다.

【안】 우리나라 관서·관북에서 나는 석탄은 대개 송응성(宋應星)이 말한 명매 종류이다. 쇄매나 말매 같은 석탄은 어디에서 생산되는지 모르겠으나 만약 유심히 찾아본다면 반드시 곳곳에서 찾을 수 있을 것이다. 산골짜기를 지날 때마다 온 산에 풀이나 나무가 자라지 않고 모두 검은 자갈로 뒤덮힌 산을 종종 보게 되는데, 이런 산이 분명 매탄이 나는 곳일 것이다. 또 영동(嶺東)과 금성(金城)[60] 등지의 유황이 생산되는 곳에서도 역시 취매가 날 것이다. 무릇 이 용후생에 뜻을 둔다면 먼저 탄광을 열 때 바로 대장장이를 모집하고 구리나 철을 주조하여 그 이로움으로 마음을 움직이게 한다면, 번거롭게 권하지 않아도 다투어 이 같은 광산 운영법을 본받게 되어 매탄이 나라 안에 두루 퍼질 것이다. 송응성이 이 부분에서 매탄 캐내는 법을 언급한 내용이 상당히 자세

其炊爨功用所不及者, 惟結腐一種而已. 蓋結豆腐者, 用煤爐則焦苦[15]云.

【案】 我東關西北所出石炭, 蓋宋氏所謂明煤之類也. 若碎煤、末煤, 不知産何地, 而苟能留心辨認, 必處處可得. 每行過山峽, 往往見渾山不生草木, 都是黑礫爲被, 此等必是産煤之地. 又嶺東、金城等硫礦中, 亦宜産臭煤. 凡有意於利用厚生, 首先開礦, 仍召募冶戶, 鼓鑄銅鐵, 以其利歆動之, 則不煩勸相, 競相倣傚[16], 而煤炭可遍域中. 宋氏此段言堀空之法頗詳, 故全載之.】《天工開物》

하므로 내용 전체를 실었다.】《천공개물》[61]

11) 숯을 적셔 터지지 않게 하는 법

쌀뜨물에 숯을 하룻밤 담갔다가 시렁에 얹어 말리면 태워도 터지지 않는다.《왕정농서》[62]

타는 숯에 소금 1줌을 넣으면 터지지 않는다.《증보산림경제》[63]

浸炭不爆法

米泔浸炭一宿, 架起令乾, 燒之不爆.《王氏農書》

熾炭入鹽一撮則不爆.《增補山林經濟》

12) 열기가 쉽게 꺼지지 않는 숯

아궁이 속에서 타는 땔감을 불을 끄고 꺼내어 단지에 넣어 덮고 숯을 만드는데, 양에 관계없이 찧어서 가루를 만든다. 덩어리진 석회를 풀어 진하게 뽑은 다음 숯가루에 섞어 물을 붓고 개어 반죽한다. 묘죽(貓竹)[64] 한 통을 두 쪽으로 쪼갠 다음 그 속에 반죽을 넣어 자루 모양을 만든 뒤, 햇볕에 말려 태우면 하루 종일 꺼지지 않는다.《준생팔전》[65]

難消炭

竈中燒柴, 下火取出, 罈閉成炭, 不拘多少, 搗爲末. 用塊子石灰化開取濃灰, 和炭末加水調成. 以貓竹一筒, 劈作兩半, 合脫成鋌 [17], 曬乾, 燒用終日不消.《遵生八牋》

13) 수탄(짐승 모양 숯)

숯 10근, 쇠 부스러기 10근을 함께 찧어 가루를

獸炭

炭十斤、鐵屎十斤, 合搗成

---

61 《天工開物》 卷11 〈燔石〉 '煤炭', 288~291쪽. 《천공개물》의 관련 주석은 《天工開物》(중화서국본), 《天工開物》(崔炷譯註), 《천공개물》(최병규 역주)을 참조하여 작성하였고, 그림은 《天工開物》(中國社會出版社)의 삽화를 사용하였음을 밝혀 둔다.

62 《農政全書》 卷42 〈製造〉 "營室"(《農政全書校注》, 1226쪽).

63 《增補山林經濟》 卷16 〈雜方〉 "熾炭不爆方"(《農書》 5, 191쪽).

64 묘죽(貓竹): 대나무의 일종. 모죽(毛竹), 모죽(茅竹), 죽순대라고도 부른다.

65 《遵生八牋》 卷8 〈起居安樂牋〉 下 '晨昏怡養條' '怡養動用事具: 難消炭'(《遵生八牋校注》, 252쪽).

[17] 鋌: "錠"과 같다.

만들고, 생부용잎 2근을 넣어 다시 찧는다. 이 가루에 찹쌀 풀을 넣고 이겨 짐승 모양으로 빚어 햇볕에 말린다. 수탄을 쓰려면 다시 불이 붙은 숯으로 태워야 전체가 붉어지는데, 3일이 지나도 꺼지지 않는다. 쓰지 않을 때는 재로 싸 놓는다.《거가필용》66

末, 生芙蓉葉二斤再搗. 入稬米膠和, 捏作獸物形狀, 曬乾. 要用却以燃炭燒全赤, 三日不滅[18]. 如不用, 以灰擁之.《居家必用》

14) 숙화탄(며칠 타는 숯)

좋은 호두 1개를 불에 태워 익히고【안 《거가필용》에서는 "반만 태운다."라 했다.】뜨거운 재로 싸 놓으면 3~5일이 지나도 숯의 불씨가 꺼지지 않는다.《속사방》67

宿火炭

好胡桃一个燒熟, 【案 《居家必用》云 : "燒半燃."】熱灰擁, 三五日不燼《俗事方》

15) 취화동(화기를 뿜는 구리통)

적동을 사자 모양이나 어린아이 모양으로 주물하고, 그 주둥이를 뚫어 작은 구멍 하나를 만든 다음 불에 벌겋게 달궈 물속에 던져 넣으면, 물이 그 구멍으로 빨려 들어가는데, 다 빨려 들어가면 꺼낸다. 차를 달일 때마다 화로 곁에 놓고 화기에 가까이 가져가면 구리 속의 물이 저절로 끓으면서 주둥이에서 김을 내뿜는데, 풀무로 바람을 불어 넣지 않아도 숯불이 저절로 타올라 금방 차가 끓는다. 김을 내뿜는 시간이 오래되면 배 속의 물이 다 없어지니,

吹火銅

用赤銅鑄成獅子形或童子形, 穿其口作一小孔, 以火煅赤, 投水中, 水從其孔吸入, 候吸盡取出. 每煎茶安爐邊, 逼近火氣, 則銅中之水自沸, 從其口噴氣, 不用風箱鼓扇而炭火自熾, 霎時茶沸矣. 若噴氣稍久, 則腹中水盡, 乘熱投水中, 吸

---

66 《居家必用》戊集〈燈火備用〉"造獸炭"(《居家必用事類全集》, 206쪽).
67 《居家必用》戊集〈燈火備用〉"宿火炭"(《居家必用事類全集》, 206쪽) ;《增補山林經濟》卷16〈雜方〉"留宿火法"(《農書》5, 172쪽).
[18] 滅 : 저본에는 "減".《居家必用·燈火備用·造獸炭》에 근거하여 수정.

뜨거워졌을 때 물속에 던져 넣어 물을 이전처럼 빨 아들이게 했다가 꺼내어 필요할 때 쓴다.《금화경 독기》

水如故, 取出聽用.《金華耕 讀記》

16) 부젓가락 68

모양은 향로의 부젓가락 같지만 그보다 더 크다. 재질을 구리로 할지 쇠로 할지는 뜻대로 한다.《금화 경독기》

火箸

形如香爐火箸而大. 或銅 或鐵隨意.《金華耕讀記》

17) 부삽 69

쇠로 만든다. 모양은 뒤집개 같지만 그보다 더 작 다. 숯을 나르거나 재를 덮는 데 쓰는 도구이다.《금 화경독기》

火鍤

鐵爲之. 形如鍋鏟而小. 所 以備搬炭覆灰者也.《金華 耕讀記》

부젓가락(국립민속박물관)

부삽(국립민속박물관)

---

68 부젓가락 : 부젓가락의 형태는 위의 사진과 같다
69 부삽 : 부삽의 형태는 위의 사진과 같다.

2. 등과 초

燈燭

1) 촛대[1]

모양과 만드는 방법은 일정하지 않다. 놋쇠로 만들어 옆으로 가지 하나를 내고 그 위에 철판을 펼쳐 파초 잎 모양으로 만들면 등잔이 바로 비추는 불빛

燭臺

形製不一. 鍮造而旁出一枝, 上張鐵板作蕉葉形, 以障遮燈光直射者, 頗宜

촛대(국립민속박물관)

1　촛대:촛대의 모양은 위의 사진과 같다.

을 막아 눈을 보호하는 데 상당히 좋다. 쇠로 만드는 촛대도 이를 본떠 만들 수 있다. 연경에서 수입한 유랍(鍮鑞)으로 만든 촛대는 작고 짧아서 다만 손님과 마주하여 의자에 앉을 때 초를 꽂아 탁자 위에 놓는 데나 쓸 수 있지, 평소에 책을 읽는 용도로는 쓸 수 없다.《금화경독기》

養目. 鐵造者亦可倣此製造. 燕貿鍮鑞造者矮短, 只可於對客坐椅時, 揷燭置卓上, 不可作常時讀書之用.《金華耕讀記》

2) 독서등

독서등은 얇은 널빤지로 나무궤짝처럼 만들고 칠한다. 너비는 0.5~0.6척으로 단지 등잔 하나만 넣을 수 있고, 높이는 0.8척으로 꼭대기에 둥근 구멍이 뚫려 있으며, 지름은 0.3척이다. 앞에 들창[弔牕]을 두고 이를 걸어 올리면 등불이 책 위를 바로 비추는데, 그 밝기가 보통 등보다 배나 된다.

【안】 나무로 만들면서도 높이가 0.8척에 불과하면 촛불에 타 버릴 우려가 있다. 나는 구리로 만들면서 높이는 반드시 1.2~1.3척을 기준으로 하여 초를 꼽을 수 있게 하고 싶다. 따로 구리 꼬챙이를 하나 만드는데, 그 길이는 2.5척이다. 아래에 세 갈래진 다리가 있고 위에 을(乙) 자 모양의 목이 있다. 을자 모양 목의 끝에는 금태(金蛻) 머리를 만든다. 또 독서등 위의 둥근 구멍을 타넘도록 손잡이를 이어 놓고 이 부분을 금태 머리에 걸어 두면, 밝기도 한데다 불날 근심도 없을 것이다.】《구선신은서》[2]

書燈

書燈, 以薄木板造如木櫃狀, 黑漆. 寬五六寸, 只可容一燈盞, 高八寸, 頂有圓竅, 徑三寸. 前有弔牕, 掛起則燈光直射冊上, 其明倍於常燈.

【案】 木造而高不過八寸, 則恐有火燭延燒之慮. 余欲銅造而高必以一尺二三寸爲準, 以備揷燭. 另造銅竿, 其長二尺五寸. 下有三枝足, 上有乙頸. 乙頸之末作金蛻頭. 又於書燈上跨圓竅, 綴以提梁, 掛在金蛻之頭, 旣可取明, 且無火燭之虞.】《臞仙神隱書》

---

2 《山林經濟》卷3〈雜方〉'燈燭'《農書》2, 681쪽).

3) 좌등[3]

나무로 만든다. 기둥 4개로 판 하나를 받치고, 판에는 둥근 구멍을 뚫는데, 지름은 0.5~0.6척 정도이다. 구멍을 건너지르도록 손잡이를 이어서 손으로 들기 편하게 한다. 아래에는 발이 4개 있는데, 발은 말굽 모양이다. 발 위에 서랍이 있어서 이곳에 부시, 성냥 따위를 담는다. 서랍 위에는 쇠로 만든 낮은 촛대를 놓아【촛대 밑에는 네모난 받침을 만드는데, 받침의 너비는 등과 맞춘다. 지금 사람들은 간혹 나무로 받침을 만들기도 하지만, 단단하게 쇠로 만든 것만 못하다.】초를 끼운다. 그리고 네 옆면에 모두 종이를 바르고 유랍(油蠟)을 문질러 밝게 한다. 앞에는 여닫이문을 하나 내고, 문의 위아래에 접어 포갤 수 있는 쇠지도리 2개를 연결하여 여닫을 수 있게 한다. 더러는 들창을 만들어 걸어 올리기도 한다. 일반적으로 목재가 드러나는 곳에는 모두 옻칠이나 주칠을 한다. 지금 서재의 등은 대체로 이렇게 만든다.《금화경독기》

좌등은 반죽(斑竹)으로 만들기도 하고 오죽(烏竹)으로 만들기도 하는데,【대나무로 만든 좌등은 서랍이 없고, 그 발도 말굽 모양으로 만들지 않는다.】청아한 서재에 아주 잘 어울린다. 또 대나무를 깎아

坐燈

木爲之. 四柱戴一板, 板上穿圓竅, 徑可五六寸. 跨竅而綴提梁, 以便持擧. 下有四足, 足狀馬蹄形. 足上有抽屜, 藏火鎌、引光奴之類. 抽屜上安鐵造矮燭臺【燭臺底作四稜方盤, 盤之廣狹, 與燈相準. 今人或以木爲盤, 不如鐵造之固.】以揷燭. 四墻皆紙塗, 刷油蠟以取明. 前設一扇門, 門楣上下綴摺疊鐵樞, 以備啓閉[1], 或作弔牖掛起. 凡木材[2]露處, 皆髹漆或朱漆. 今書室之燈, 大抵多此製.《金華耕讀記》

或用斑竹造, 或用烏竹造,【竹造者無抽屜, 其足亦不作馬蹄形.】足稱淸齋雅賞. 又有削竹作圓燈者, 形

---

3 좌등:좌등의 모양은 위의 사진과 같다.
① 閉:저본에는 "開". 규장각본·오사카본·한국은행본에 근거하여 수정.
② 材:저본에는 "村". 규장각본·오사카본·한국은행본에 근거하여 수정.

좌등(국립민속박물관)

둥글게 만든 좌등도 있는데, 모양은 길이 2~3척의 대나무 용수처럼 생겼고, 반원 2개가 겹쳐져 원통 1개가 된다.【겹쳐진 원통 중 바깥쪽에 있는 반원은 그 크기가 약간 더 커서 안쪽에 있는 반원을 충분히 씌울 수 있다.】나무로 8각형의 받침을 만드는데, 그 높이는 0.3척이고, 안쪽에 있는 반원 부분을 아교로 받침 윗부분에 붙이고 이 반원의 가장자리에는 못을 박아 움직이지 않게 한다. 바깥쪽 반원에는 아교를 쓰지 않고 안쪽 반원의 위로 움직일 수 있게 씌워

如數三尺竹籧而兩半圓交襟爲一圓.【交襟居外者, 其圈差大, 足可套掩居內之圓.】木作八角槃, 其高三寸, 乃將居內半圓, 膠在槃上, 一半邊釘住不動. 將居外半圓, 不用膠, 活套在內圓之上, 令可環轉流動. 推掩交襟, 則合成一圓

서 돌아 움직일 수 있게 한다. 바깥쪽 반원을 밀어 덮어서 각 반원이 만나게 하면 합쳐져서 둥근 원통 하나가 되고, 밀어 열어서 각 반원이 겹치게 하면 반원 모양만 되어 마치 대나무 통을 반으로 갈라놓은 듯하다. 안쪽 반원에는 푸른 종이를 바르고 바깥쪽 반원에는 흰 종이를 바른 뒤 유랍(油蠟)으로 문질러 준다.《금화경독기》

箎子; 推開複合, 則但成半圓, 如竹箎剖半形. 內圓塗靑紙, 外圓塗白紙, 刷以油蠟. 同上

4) 제등(휴대용 등)

연경에서 수입한 구리철사로 만든 등은 모양이

提燈

燕貿銅絲燈, 形如匏瓠, 以

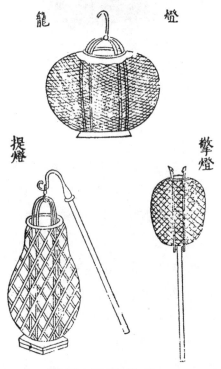

龍 燈

提燈

擎燈

《삼재도회》에 실린 등롱·제등·경등

제등(국립민속박물관)

표주박 같은데, 구리철사로 망을 엮고 안에 분지(粉紙, 분주지)를 바른다. 위에는 쇠로 만든 걸이를 달아 들고 다닌다. 《남사(南史)》를 살펴보니 다음과 같은 내용이 있다. "송(宋)[4] 무제(武帝) 유유(劉裕, 363~422)는 왕위에 오르기 전 단도(丹徒)[5]에서 몸소 밭을 갈았는데, 천명을 받자 제법 남아 있던 괭이나 따비 같은 농기구를 모두 보관하여 자손들에게 보여 주도

銅絲作網, 內塗粉紙, 上有鐵架以携持. 按《南史》: "宋 武祖微時躬耕丹徒, 及受命, 耨耜[3]之具頗有存者, 皆命藏之以示子孫. 及孝武帝 大明中, 壞所居陰室, 起玉燭殿, 與群臣觀

4 　송(宋): 위진남북조 시대 남조(南朝)의 한 나라였던 유송(劉宋)을 말한다.
5 　단도(丹徒): 지금의 중국 강소성(江蘇省) 진강시(鎭江市) 단도구(丹徒區) 일대.
[3] 　耜: 저본에는 "耝". 오사카본·《三才圖會·器用·葛燈籠》에 근거하여 수정.

록 했다. 효무제(孝武帝) 대명(大明, 457~464) 연간에 이르러 무제가 살던 음실(陰室)[6]을 허물고 옥촉전(玉燭殿)을 세울 때 여러 신하들과 함께 둘러보았더니, 침상머리 흙담 벽에 칡으로 얽은 등롱(燈籠)[7]이 걸려 있었다. 곁에 있는 신하들이 무제의 검소함을 극구 칭송하자, 효무제는 '밭일하는 노인이니, 이것을 얻었으면 충분하다.'라 했다."[8] 왕사의(王思義)의 《삼재도회》에는 칡 등롱 그림[9]이 실려 있는데, 모양은 지금의 구리철사로 만든 등과 같으나 이보다 약간 타원형으로 길쭉하고 배가 볼록하며 위아래는 모두 좁아진다. 대개 예전에는 칡으로 만든 새끼줄로 망을 짰으나 세월이 지난 뒤에 칡 대신 구리철사로 바뀐 것이다.

우리나라 사람들은 대나무를 깎은 가느다란 살로 제등을 본떠 만들고 겉에 기름종이를 바르거나, 나무로 직육면체 등을 만들어 종이를 바르고 기름을 먹인다. 위에는 쇠 걸이를 박는데, 모두 저녁에 등을 들고 다니며 비춰 볼 수 있게 한 것이다.[10] 《삼재도회》에는 경등(擎燈, 머리 위로 들어 올려 비추는 등)[11]도 실려 있는데, 역시 철망으로 타원형의 등을 만들고

之, 牀頭土障壁, 挂葛燈籠. 侍臣盛稱武祖儉德, 帝曰'田舍翁得此足矣.'" 王思義《三才圖會》有葛燈籠圖, 形如今銅絲燈, 而稍墮長腹飽, 而上下皆弅. 蓋舊用葛繩爲網, 後易以銅絲也.

東人或削竹爲條, 倣作提燈, 外塗油紙, 又或木造墮方燈, 紙塗油刷. 上釘鐵提梁, 皆以備暮夜提携往來照視者也.《三才圖會》又有擎燈, 亦鐵網作墮圓燈, 而下有木柄.《金華耕讀記》

---

6 음실(陰室) : 사실(私室). 중국의 남조(南朝)에서는 제왕이 죽은 뒤 그가 생전에 살던 전각을 음실이라고 하여 생전의 일상용품을 보관하였다.

7 등롱(燈籠) : 대오리나 쇠 등으로 살을 만들고 겉에 종이나 헝겊을 씌워 안에 촛불을 넣어서 달아 두거나 들고 다니는 등.

8 《南史》卷1〈宋本紀〉上第1 "宋高祖武皇帝";《三才圖會》〈器用〉卷12 "葛燈籠", 471쪽.

9 《三才圖會》, 위와 같은 곳.

10 우리나라……것이다 : 우리나라 제등 중 하나의 모습은 다음과 같다.

11 《三才圖會》〈器用〉卷12 "擎燈", 471쪽.

아래에 나무손잡이가 달려 있다.《금화경독기》

우리나라 관서지방에서는 석린(石鱗, 운모)이 나는데, 이것으로 팔각등을 만들면 유리처럼 밝다.《금화경독기》

我東關西産石鱗, 取作八角燈, 明晃如琉璃. 同上

5) 괘등(걸개등)

중국에서 만든 양뿔등[羊角燈] 중에서 희고 그림이 없는 것은 구리로 만든 고리를 연결하여 서재의 들보 아래에 걸어 놓을 수 있다. 반면에 청색·홍색 및 채색화가 있는 것은 등불의 색깔이 변할 수 있으므로 그다지 좋지 않다.《금화경독기》

掛燈

華造羊角燈, 白色無畫者, 可用銅連環, 掛在書齋梁下. 其青紅色及彩畫者, 能令燈變色, 殊不佳也.《金華耕讀記》

6) 선등

선등의 재질은 고려석(高麗石)[12]이 좋고, 뿔은 결코 써서는 안 된다. 일석(日石)과 월석(月石) 두 가지 돌이 있는데, 월석으로 만든 월등(月燈)만 곳곳에 있고, 일석으로 만든 일등(日燈)은 100에 1, 2도 없다. 월등은 기름을 태워 불을 밝히면 그 빛이 하얗게 밝아 참으로 달이 바다에서 처음으로 뜨는 것 같고, 일등은 불을 붙여 방 안을 밝히면 온 방이 다 불그스름하여 새벽 해가 동쪽에서 떠올라도 이보다 더하지는 못할 정도이다. 작은 선등은 더욱 사랑스러워 값 또한 배나 비싸다.

禪燈

高麗石者爲佳, 角者絕不可用. 有日月二石, 惟月燈在在有之, 日燈百無一二. 月燈灼以油火, 其光白瑩, 眞如初月出海, 其日燈得火內炤, 一室皆紅, 曉日東升, 不是過也. 有小者尤更可愛, 價亦倍高.

---

12 고려석(高麗石):괴석(怪石)의 한 종류로, 돌 전체에 마치 좀이 파먹은 듯한 자잘한 구멍이 많이 뚫려있다.

【안】 관서의 성천(成川)[13]에서 옥돌이 나는데, 그곳 토박이들이 쪼아서 사발 모양의 등잔으로 만들고, 삼씨기름을 안에 담아 종이로 심지를 만들어 불을 붙인다. 연등(燃燈)에 쇠로 걸이를 만들어 서재 가운데에 높이 달면 방 전체가 두루 밝다. 지금 절에서는 대부분 이것으로 부처에게 공양하는 등을 만드는데, 고렴(高濂)이 말한 월등은 아마도 이것을 가리키는 듯하다. 다만 일등은 아직 보지 못했다.】《준생팔전》[14]

【案】 關西 成川出玉石, 土人琢作碗盞, 貯麻油于中, 用紙燃. 燃燈鐵作提梁, 高懸齋中, 一室通明. 今佛家多用此作供佛之燈, 高深夫所謂月燈, 疑指此物. 惟日燈未見.】《遵生八牋》

7) 등잔걸이[15]

한유(韓愈)의 〈단등경가(短燈檠歌)〉에 "긴 등잔걸이는 8척, 짧은 등잔걸이는 2척."이라는 말이 있고, 또 "책상 앞에 등을 달고 새벽까지 책을 보네."[16]라 했다. 그 제도를 비록 자세히 알 수는 없지만 지금의 등잔걸이와 크게 다르지는 않을 것이다. 요즘 서실(書室)에서는 대부분 쇠 등잔걸이를 쓰고, 안방에서는 대부분 놋쇠 등잔걸이를 쓰며, 돈이 없는 사람은 나무를 깎아 등잔걸이를 만들기도 하는데, 모두 아래에는 둥근 받침을 두어 등에서 떨어지는 기름 방울을 받고, 위에는 비스듬히 걸린 둥근 시렁을 달아 등잔을 올려놓도록 했다. 그중에 장대가 긴 것은 3~4척이고 짧은 것은 2척 남짓하니, 아직 길이가

燈檠

昌黎《短燈檠歌》有"長檠八尺, 短檠二尺"之語, 且曰"提携案前, 看書到曉". 其制雖不可詳, 而要與今之燈檠不甚遠也. 今書室多用鐵燈檠, 閨房多用鍮燈檠, 無力者或削木爲檠, 皆下有圓槃以承油瀝, 上有斜掛圈架以安盞. 其竿長或三四尺, 短或二尺餘, 未見有八尺之檠.《金華耕讀記》

---

13 성천(成川) : 평안남도 내륙에 있는 성천군 일대.
14 《遵生八牋》 卷8 〈起居安樂牋〉 下 "晨昏怡養條" '怡養動用事具 : 禪燈'(《遵生八牋校注》, 247쪽).
15 등잔걸이 : 기름을 담아 등불을 켜는 등잔을 걸어 놓는 기구이다. 등잔걸이의 모양은 위의 사진과 같다.
16 《古今事文類聚續集》 卷18 〈燈火部〉 "短檠歌 : 韓愈".

등잔걸이(국립민속박물관)

8척인 등잔걸이는 보지 못했다.《금화경독기》

8) 기름 절약형 등잔[17]

《송문안공집(宋文安公集)》[18]에 〈기름 절약형 등잔에 관한 시[省油燈盞詩]〉가 있다. 요즘은 한가(漢嘉)[19]에 이 등잔이 있는데, 대개 겹등잔이다. 한쪽 끝에 작은

省油燈盞

《宋文安公集》中有《省油燈 盞詩》. 今漢嘉有之, 蓋袂[4] 燈盞也. 一端作小竅, 注清

---

17 기름 절약형 등잔 : 기름 절약형 등잔의 모양은 다음 페이지의 그림과 같다.
18 《송문안공집(宋文安公集)》 : 송나라 초기 송백(宋白, 936~1012)의 문집으로, 실전되었다. 《송문안공궁사(宋 文安公宮詞)》 100수가 세상에 전한다.
19 한가(漢嘉) : 사천성 서부와 남부에 있었던 강족(羌族)의 군현으로, 현재의 사천성 아안(雅安) 지역.
④ 袂 :《老學庵筆記》에는 "夾".

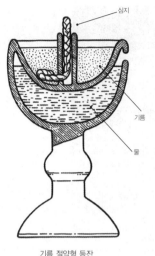

기름 절약형 등잔   주전자 등잔

구멍을 내어 맑고 찬물을 그 속에 붓고 저녁마다 한 번 갈아 준다. 보통의 등잔은 불에 뜨거워져 마르기 때문에 빨리 건조해지지만 이것만은 그렇지 않아 거의 절반의 기름이 절약된다. 【안 우리나라 사람들이 이 방법을 본떠 놋쇠로 겹등잔을 만든 일이 있는데, 과연 기름을 절약하는 데 효과가 있었다. 사기로 구운 등잔을 쓰면 더욱 기름을 절약할 수 있을 것이다.】《노학암필기》20

冷水於其中, 每夕一易之. 尋常盞爲火所灼而燥, 故速乾, 此獨不然, 其省油幾半. 【案 東人有倣此法, 鍮造裌盞者, 果省油有效. 如用磁燔, 則尤當省油.】《老學庵筆記》

9) 주전자 등잔 21

구리로 둥근 받침을 만드는데, 그 지름이 0.2척 정도이고, 한가운데 세운 기둥은 길이가 0.4척 정도

注子燈盞

銅作圓槃, 徑可二寸, 當中起莖, 長可四寸. 莖上作燈

---

20 《老學庵筆記》卷10.
21 주전자 등잔:주전자 등잔은 위의 그림이 참고가 된다.

이다. 이 기둥 위에 등잔을 만드는데, 배가 볼록하고 위아래가 모두 좁게 만들어져 기름 1잔을 담을 수 있다. 그 위에는 덮개가 있으며 그 모양이 촛대를 꽂은 쇠 통과 같은데, 통 몸에 등잔 주둥이에 비해 약간 작은 구멍을 내고 그 가장자리는 둥근 홈을 파서 덮는다. 등잔의 배에는 주전자처럼 작은 귀때를 세워 낡은 목면으로 심지를 만들고서 그 귀때에 넣는다. 등잔 속에 기름을 붓고 귀때 끝에 불을 붙이면, 번거롭게 심지를 돋우지 않아도 빛이 매우 밝다. 게다가 그 덮개를 뒤집으면 통처럼 생긴 곳에 초를 꽂을 수도 있다.《금화경독기》

盞, 腹飽而上下皆弇, 可容油一鍾. 上有蓋, 形如揷燭鐵筩, 筩身視盞口稍小窊, 其沿作圓槽以覆之. 盞之腹, 起小觜如注子, 以舊綿爲心, 納其觜. 灌油於盞內, 點火於觜端, 不煩挑剔, 而光甚明瑩. 且翻其蓋, 可揷燭也.《金華耕讀記》

10) 오래 타는 초

황랍·관솔·회화나무꽃 각 1근, 부석(浮石)[22] 4냥을 가루 낸다. 이상의 재료들을 한곳에 넣어 녹이고, 베로 만든 심지에 불을 붙이면 하루 밤낮 동안 겨우 1촌가량만 탈 뿐이다.《거가필용》[23]

耐點燭

黃蠟·松脂·槐花各一斤, 浮石四兩, 爲末[5]. 右一處熔, 用燭[6]心布燒[7], 一晝夜, 僅點一寸.《居家必用》

11) 법산자(법제한 산가지 초)

노죽두(老竹頭)【큰 것을 모나게 쪼갠 산가지 500줄기. 길이는 0.4척으로 한다.】, 실고사리[海金

法算子

老竹頭【大者方削算子五百條, 長四寸】、海金沙·土硫

---

22 부석(浮石) : 화산이 폭발할 때 나온 용암이 갑자기 식어서 만들어진, 기공이 많은 돌. 물에 뜰 만큼 가볍다.
23 《居家必用》戊集〈燈火備用〉"耐點蠟燭"《居家必用事類全集》, 206쪽).
[5] 爲末 :《居家必用·燈火備用·耐點蠟燭》에는 없음.
[6] 燭 : 오사카본·《居家必用·燈火備用·耐點蠟燭》에는 "燈".
[7] 燒 :《居家必用·燈火備用·耐點蠟燭》에는 "澆".

沙]24·토유황(土硫黃)·초석(硝石)【각 0.5냥】, 말린 옻
【4냥】, 머리카락【4냥】, 계란 흰자【4개. 노른자는 쓰
지 않는다.】. 이상의 재료들 가운데 계란 흰자와
머리카락에 호분(胡粉) 1냥을 넣고 곤죽을 만들어
화로에 넣은 다음, 끈끈하게 뭉쳐서 불로 달궈 재
를 만든다. 회화나무꼬투리가루【1냥】, 황랍【4냥】,
납【0.5근】, 들기름【2근】에 위의 초석·실고사리·유
황, 말린 옻 등 4가지 재료를 함께 달구고, 머리카
락 태운 재와 한곳에서 곤죽을 만든다. 여기에 밀
랍을 갈아 얇은 조각으로 만들고, 이를 다시 반죽
하여 들기름 속에 함께 넣는다. 이를 대나무 산가지
에 휘저어 붙인 뒤 솥 안에 평평하게 깔고 산가지와
같은 높이가 되도록 기름을 부은 다음 그 위에 뚜껑
을 덮는다. 중간 세기의 숯불로 7일 동안 기름이 다
없어질 때까지 달인다. 그런 다음 산가지를 꺼내 묻
어 있는 약 찌꺼기를 닦아 내고 불을 붙이면 산가지
마다 5일 밤낮 동안 탄다. 닦아 낸 약 찌꺼기는 함
께 볶은 뒤에 쌀가루·한육(旱肉)25과 섞어 환을 만
든 다음 쇠꼬챙이에 끼워 불을 붙이는 데 사용한
다.《거가필용》26

黃·硝石【各半兩】、乾漆【四
兩】、頭髮【四兩】、鷄淸【四
箇, 不用黃】. 右將鷄淸、頭
髮, 入胡粉一兩滾⑧和, 入
爐固濟一煅成灰. 槐莢末
【一兩】、黃蠟【四兩】、鉛【半
斤】、荏油【二斤】, 已上硝石、
海金沙、硫黃、乾漆四件,
并煅過髮灰一處滾⑨, 硏
蠟切作片子, 亦拌却合在荏
油內, 攪着竹算子, 鋪平底
鍋內瀉油, 令平算子, 上用
物蓋着, 炭文武火煎七日,
油盡爲度. 取算子拭去藥
點, 每枝點五晝夜. 藥滓同
炒, 米末、旱肉和爲丸, 鐵
簽揷點.《居家必用》

24 실고사리[海金沙]:덩굴성 초본식물로 한국(남부), 일본, 중국 및 동남아시아 여러 나라에서 난다.
25 한육(旱肉):산동반도 서쪽에 위치한 노유현(老濰縣, 현재의 濰坊市)의 전통 음식. 돼지고기 완자와 비슷
   하지만 기름에 지지지 않고 물에 삶는 차이가 있으며, 감육(憨肉)이라고도 한다.
26 《居家必用》戊集〈燈火備用〉"法算子"(《居家必用事類全集》, 205~206쪽).
⑧ 滾:《居家必用·燈火備用·法算子》에는 "衮".
⑨ 滾:《居家必用·燈火備用·法算子》에는 "衮".

12) 성랍초(고급 초)

회화나무 열매【2근. 8월에 거둔 것.】, 백교향(白膠香)²⁷【1근】, 유황【4냥】. 먼저 회화나무 열매를 흐물흐물하게 찧고, 백교향을 녹여 그릇 속에 넣은 뒤 함께 흐물흐물해지도록 졸인다. 그다음에 유황을 넣고 회화나무 가지로 잘 젓는다. 길이가 0.7~0.8척인 새끼손가락 굵기의 죽통에 3가지가 들어간 재료를 부어 넣고 그늘에 말린 뒤 그 죽통은 빼 버린다. 한 가락으로 10~20일 동안 태울 수 있다.《준생팔전》²⁸

13) 성등(고급 등)

개구리밥【6월에 거둔 것】, 와송(瓦松)²⁹【6월에 거둔 것】, 원지(遠志)³⁰·황단(黃丹)³¹·조갯가루[蛤粉]【각 1냥】. 이상의 재료를 곱게 가루 낸 뒤, 기름 1냥마다 약가루 1전을 넣어 등불을 켜면 1개월을 밝힐 수 있다.《준생팔전》³²

14) 장명등(오래가는 등)

웅황·유황·유향·역청·보릿가루·말린 옻·호리병박[胡蘆頭]·초석. 이상의 재료를 같은 양으로 가루

聖蠟燭

槐角子【二斤, 八月收.】、白膠香【一斤⑩】、硫黃【四兩】. 先將角子搗爛, 將膠香化開, 入器中一同熬爛, 次下硫黃, 用槐條攪. 用小指大竹筒, 長七八寸, 將三物灌入, 陰乾, 去其竹筒. 每條可點一二十日.《遵生八牋》

聖燈

浮萍【六月收】、瓦松【六月收】、遠志、黃丹、蛤粉【各一兩】, 爲細末, 每油一兩, 入藥一錢, 點燈可炤一月.《遵生八牋》

長明燈

雄黃、硫黃、乳香、瀝青、大麥麵、乾漆、胡蘆頭、牙

---

27 백교향(白膠香):단풍나무의 진.
28 《遵生八牋》卷8〈起居安樂牋〉下 "晨昏怡養條" '怡養動用事具:聖蠟燭方'(《遵生八牋校注》, 248쪽).
29 와송(瓦松):돌나물과의 여러해살이풀인 바위솔을 말린 약재. 해독·해열·지혈 등의 효과가 있다.
30 원지(遠志):원지과의 여러해살이풀인 원지의 뿌리를 말린 약재. 진정·거담·용혈(溶血) 등의 효과가 있다.
31 황단(黃丹):납을 가공하여 만든 산화납(Pb₃O₄).
32 《遵生八牋》卷8〈起居安樂牋〉下 "晨昏怡養條" '怡養動用事具:聖燈方'(《遵生八牋校注》, 248쪽).
⑩ 斤:저본에는 "兩".《遵生八牋·起居安樂牋下·晨昏怡養條》에 근거하여 수정.

낸 뒤, 옻에 개어 탄환 크기의 환을 만든다. 환에 구멍을 하나 뚫고 철사에 끼워 매달아 그늘에서 말린다. 이렇게 만들면 환 하나로 하룻밤 동안 태울 수 있다.《왕정농서》[33]

硝等分, 爲末, 漆和爲丸如彈子大. 穿一孔, 用鐵線[11]懸繫, 陰乾. 一丸可點一夜.《王氏農書》

15) 만리초

조각화(쥐엄나무꽃)·황화지정(黃花地丁)【안 황화지정은 곧 엉겅퀴[大薊]이다.】·송화·회화나무꽃. 꿀 2근에 앞의 재료들을 각 2전씩 넣고 달이다가 여러 번 끓으면 걸러 낸 다음, 백급(白芨)[34] 2전을 넣어 붉은 무리[赤暈]가 생길 때에 불을 빼면 초가 이미 굳었을 것이다.《거가필용》[35]

萬里燭

皁角花、黃花地丁【案 黃花地丁卽大薊】、松花、槐花. 右蜜二[12]斤, 入前藥各二錢煎, 數沸漉出, 入白芨二錢, 候赤暈時退火, 已凝結矣.《居家必用》

16) 풍전초(바람에 강한 초)

말린 옻【찧은 것】·실고사리·초석·유황【각 1냥】, 역청·검은콩가루·밀랍【각 2냥】. 이상의 재료들 중에 역청·밀랍을 녹여 즙이 되면 앞의 나머지 재료들을 넣어 함께 끓인다. 그런 다음 낡은 베를 불 위에 펼치고 초가락을 만들어 불을 붙이면 바람이 앞에서 불어와도 꺼지지 않는다.【안《고금비원》에서는, "풍전초는 말린 옻·송정유(松精

風前燭

乾漆【搗】·海金沙·硝石·硫黃【各一兩】、瀝靑·黑豆末·蠟【各二兩】. 右件溶瀝靑、蠟成汁, 入前件滾和. 以舊布火上攤作條, 燃風前吹不滅[13].【案《古今秘苑》云："風前燭, 乾漆、松精

---

33 《農政全書》卷42〈製造〉"營室" '長明燈'(《農政全書校注》, 1226쪽).
34 백급(白芨):난초와 자란의 덩이줄기를 말린 약재.
35 《居家必用》戊集〈燈火備用〉"萬里燭"(《居家必用事類全集》, 206쪽).
[11] 線:저본에는 "綿". 오사카본·《農政全書·製造·營室》에 근거하여 수정.
[12] 二:《居家必用·燈火備用·萬里燭》에는 "一".
[13] 燃風……不滅:《居家必用·燈火備用·風前燭》에는 "風前燭"이라는 제목 뒤에 있음.

油)[36]·염초(焰硝)·유황·유향을 각각 같은 양을 가루 낸 뒤, 생옻으로 조각자(쥐엄나무 열매) 크기의 환을 만든다. 이 환을 철판 위에 두고 하룻밤에 하나씩 태우면, 바람이 아무리 불어도 꺼지지 않는다."[37]라 했다. 이 내용과는 조금 빠지거나 들어간 부분이 있다.)《거가필용》[38]

접시꽃대로 만든 심지는 비바람 속에서도 꺼지지 않는다.《속사방》[39]

油、焰硝、硫黃、乳香各等分, 爲末, 生漆爲丸如皀角子大. 置鐵板上, 一夜點一丸, 任風不滅."與此少有出入.}《居家必用》

蜀葵藘[14], 風雨中不滅.《俗事方》

17) 밀초[40]

밀초에는 황랍초·백랍초 두 종류가 있다. 백랍은 납충이 광나무 등의 나무 진을 먹고 뱉어 낸 침이 응결된 물질이다. 우리나라 사람들은 알을 기생시켜 납충 놓는 법[41]을 몰라서 단지 산속의 물푸레나무[樗木]에서 저절로 나오는 백랍만 모으기 때문에 구하기 매우 어렵고, 값 또한 중국에 비해 곱절이나 높다. 황랍은 곧 꿀벌집에서 꿀을 거르고 남은 밀랍으로, 곳곳의 산골마다 양봉하는 곳에서 모두 생산

蠟燭

有黃、白二種. 白蠟卽蟲食女貞等木脂而吐涎凝結者也. 東人不識寄子放蠟之法, 但取山中樗木上自放者, 故得之甚難, 價亦倍高. 黃蠟卽蜂蜜脾取蜜之餘也, 處處山峽養蜂處皆産. 黃蠟爲公私日用之需.

---

36 송정유(松精油): 현재의 테레빈(turpentine)유. 송진을 정제하여 만든다.
37 《古今秘苑》〈一集〉卷4 "風前燭", 2쪽.
38 《居家必用》戊集〈燈火備用〉"風前燭"(《居家必用事類全集》, 206쪽).
39 《山林經濟》卷3〈雜方〉'燈燭'(《農書》2, 682쪽).
40 밀초: 밀초의 형태는 다음 페이지의 같다.
41 알을……법: 나무에 벌레를 기생시켜 밀랍을 만드는 방법이다.《만학지》권4〈나무류〉"광나무" '납충 놓는 법' 참조.
[14] 藘:《山林經濟·雜方·燈燭》에는 "稽".

밀초(蠟燭, 밀랍으로 만든 초)(국립민속박물관)

된다. 황랍은 관용(官用)이나 일반용으로 날마다 쓰
는 물건이다.

　밀초를 만드는 방법은 다음과 같다. 먼저 밀랍을
물에 끓여 찌꺼기를 걸러 내고, 손으로 주물러 조각
으로 만든다. 이를 탁자 위에 놓고 가늘고 매끄러운
나무 밀대로 밀면서 펼쳐서 그대로 밀랍이 밀대를
감싸게 한다. 이것을 끓는 물속에 넣어 연결된 자국
을 녹인 다음, 탁자 위에서 주물러 고루 둥글고 윤
이 나며 매끈하게 한 뒤에 밀대를 뽑아내면 황랍초
가 완성된다. 가짜 밀초에는 간혹 메주콩가루를 섞
기도 하니 초를 켜서 기름이 튀는 여부로 가려내야

其造燭之法：先以水煎濾去
滓, 手揉作片. 置案上, 用
纖細木軸捍開, 仍以蠟包
軸. 納熱湯中, 熔平縫痕,
按摩案上, 令勻圓光滑, 乃
拔去軸則成矣. 僞者或雜
以黃豆屑, 令燈炸宜辨之.
近或用有嘴銅銚熔蠟, 注
入箁子爲燭, 如造脂燭法,

한다. 근래에는 간혹 귀때가 나온 구리 쟁개비에 밀　俗呼"鑄燭".《金華耕讀記》
랍을 녹인 뒤 통에 부어서 지초[脂燭, 기름초] 만드는
방법처럼 초를 만들기 때문에 민간에서는 이를 '주
초[鑄燭]'라고도 부른다.《금화경독기》

18) 지초(기름초)[42]

脂燭

쇠기름초 만드는 방법은 다음과 같다. 쇠기름을　造牛脂燭法 : 牛脂投烈灰
독한 잿물 속에 넣고 달여 찌꺼기를 제거한다. 이　汁中, 煮去渣. 如是三四

지초[기름초, 우지(牛脂)로 만든 초] (국립민속박물관)

42　지초(기름초) : 지초의 형태는 위의 사진과 같다.

와 같이 3~4번 반복하여 초를 만들고 낡은 비단이
나 베로 심지를 만들면 불빛이 밝고 냄새도 나지 않
는다. 【안】 공주 사람들이 우지초를 잘 만드는데, 밑
동은 가늘고 끝은 크며 돌처럼 단단하고 옥처럼 희
어서 아주 오래 탈 수 있다. 다른 곳 사람들이 온갖
방법으로 흉내를 냈지만 끝내 공주에서 만든 우지
초에 미칠 수 없었는데, 그 빼어난 비결은 오로지 찌
꺼기를 제대로 제거하는 데 있다고 한다. 어떤 사
람은 쇠기름을 땅 속에 7~8일 동안 묻었다가 꺼낸
다음 독한 잿물로 찌꺼기를 10번 제거하면 하얗게
빛나면서 촛농이 흘러내리지 않는다고 한다.】《증보
산림경제》[43]

죽통 한 마디를 두 조각으로 가른 뒤 다시 합쳐
노끈으로 묶는다. 일반적으로 짐승기름·생선기름·
송진을 함께 녹여 죽통 속에 부어 넣은 뒤, 다 굳으
면 노끈을 풀어 죽통 속의 지초를 꺼내는 것이 좋
다. 만약 이 재료들 중에 송진을 빼고 백랍을 넣으
면 더욱 좋다.

【안】 연경의 지초는 몸통은 작지만 촛불이 오래
타고 촛농이 흐르지 않아서 한 가락이면 8~10시간
을 밝힐 수 있는데, 어떤 재료로 만들었는지 모르겠
다. 어떤 사람은 중국 사람들이 초를 만들 때 쇠기

度, 作燭以舊綿布爲心, 則
火明而不臭.【案】公州人善
造牛脂燭, 本細末大, 堅如
石, 白如玉, 最能耐點. 他
處人百方倣傚, 終不能及,
其妙專在去滓得法云. 或
言牛脂埋地七八日取出, 用
烈[15]灰汁, 十度去滓, 則白
瑩而不淋云.】《增補山林經
濟》

竹筒一節, 剖爲兩片, 還合
之以繩絆住. 凡獸膏·魚膏·
松脂, 熔化注入筒中, 待凝
解出則佳. 若去松脂入白
蠟則尤佳.

【案】燕京脂燭, 體小而耐
點不淋, 一枝可炷[16]四五
更, 未知用何料也. 或言華
人造燭, 不專用牛脂, 凡半

---

43 《增補山林經濟》卷16〈雜方〉"造牛脂燭法"(《農書》5, 172쪽).
[15] 烈 : 저본에는 "熱". 오사카본에 근거하여 수정.
[16] 炷 : 저본에는 "注". 오사카본에 근거하여 수정.

름만 쓰는 것이 아니라 돼지기름·생선기름·채소기름을 절반 정도 섞어 넣어도 모두 초를 만들 수 있다고 한다. 그러나 일체의 짐승기름 중에 오직 쇠기름만이 쉽게 굳고, 나머지 기름은 그렇지 못하다. 그러므로 반드시 역청을 넣은 뒤에야 비로소 굳혀 초를 만들 수 있는데, 지금 연경에서 사 온 지초는 옥처럼 희고 빛나니, 아무래도 역청을 넣지 않은 듯하다. 연경 가는 사람을 통해 그 방법을 알아보아야 할 것이다.]《삼산방》[44]

대마고갱이로 초 심지를 만들 수 있다.《화한삼재도회》[45]

19) 구피유초(오구나무씨껍질기름초)

오구나무씨껍질에서 나오는 기름으로 초를 만드는 방법은 광신군(廣信郡)[46]에서 비롯되었다. 그 방법은 다음과 같다. 오구나무[47]씨를 깨끗이 씻어 온전한 상태 그대로 시루에 넣어 찌고, 다 찐 뒤에 절구에 부어 찧는다. 절구의 깊이는 대략 1.5척이고, 디딜방아의 공이는 돌로 몸통을 만들되, 쇠 주둥이는 씌우지 않는다. 방앗공이의 몸통으로 쓰일 돌은 깊은 산의 단단하고 매끄러운 것을 고르는데, 무

猪脂、魚膏、菜油, 皆可爲燭. 然一切禽獸之脂, 惟牛脂易凝, 餘脂不然. 故必須入瀝靑, 然後始可凝凍爲燭, 而今燕貿脂燭, 白瑩如玉, 疑非入瀝靑者. 當從赴燕人訪其法.]《三山方》

大麻稭可爲燭心.《和漢三才圖會》

柏皮油燭

皮油造燭法起廣信郡. 其法：取潔淨柏子, 囤圖入釜甑蒸, 蒸後傾于臼內受舂. 其臼深約尺五寸, 碓以石爲身, 不用鐵嘴. 石取深山結而膩者, 輕重斲成限四十斤, 上嵌衡木之上而舂之.

---

44 출전 확인 안 됨.

45 《和漢三才圖會》卷103〈穀類〉"大麻"(《倭漢三才圖會》12, 232쪽).

46 광신군(廣信郡)：지금의 강서성(江西省) 상요시(上饒市) 일대.

47 오구나무：대극과의 낙엽교목. 씨는 검은색의 둥근 공 모양이며, 하얀 밀랍 재질이 표피를 싸고 있다. 씨에 기름이 있어 경제적 가치가 크다

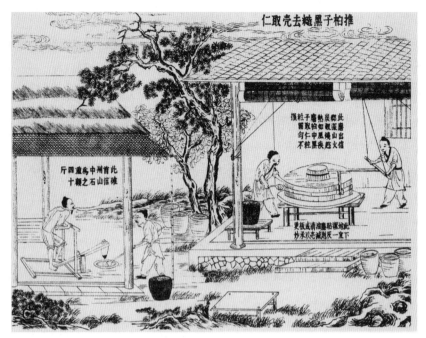

仁取壳去尴黑子柏推

此惟信山石之顆四中州首重斤十高

此信出山焼風中煨不粒黑块火燼此郡熱炭礦取匀仁如勾火取磨子粒擇

此下一宣反滅以承地漆粘豆清或板爨炒

오구나무씨의 껍질을 벗겨 속씨를 채취하는 그림(《천공개물》)

게는 쪼개어 만들었을 때 40근이 넘지 않게 한다. 이 공이를 가로목으로 된 방아채 끝에 끼워 넣어 찧는다.

오구나무씨의 껍질에 있던 기름이 씨에서 다 빠져 어지러이 떨어지면, 퍼내어 체를 쳐서 쟁반위에서 다시 찐다. 이를 천으로 싸서 기름틀에 넣는데, 이후의 과정은 모두 일반적인 방법과 같다. 껍질의 기름이 다 떨어져 빠지고 남은 씨가 흑자(黑子)이다. 이 흑자를 맷돌로 갈 때는 차갑고 매끄러우며

其皮膜上油盡脱骨而紛[17]
落, 空起, 篩于[18]盤內再
蒸, 包裹入榨, 皆同常[19]
法. 皮油已落盡, 其骨爲
黑子. 用冷膩小石磨不懼
火煅者,【此磨亦從信郡深

[17] 紛 : 저본에는 “粉”.《天工開物·膏液·皮油》에 근거하여 수정.
[18] 于 : 저본에는 “子”. 오사카본·《天工開物·膏液·皮油》에 근거하여 수정.
[19] 常 :《天工開物·膏液·皮油》에는 “前”.

불이 날 염려가 없는 작은 맷돌을 사용하되,【이 맷돌 또한 광신군의 깊은 산에서 찾아낸다.】벌건 숯으로 맷돌의 둘레를 막아 달구고, 흑자를 한 줌씩 부어 넣으면서 재빨리 간다. 흑자가 갈려서 터질 때 부채를 부쳐 그 검은 껍질을 날리면 그 속은 완전히 흰 씨여서 오동나무씨와 다름이 없다.[48] 씨를 갈아서 찐 뒤 천으로 싸서 기름틀에 넣는 과정은 일반적인 방법과 같다. 기름틀로 짜낸 수유(水油)는 맑고 깨끗함이 비길 데가 없으며, 작은 등잔에 담아 골풀 심지 하나만 박아도 날이 밝을 때까지 타니, 대개 다른 청유(淸油)가 미칠 바가 아니다. 반찬에 넣어도 사람을 상하게 하지 않지만 꺼리는 사람이 있을까 걱정되면 안 쓰는 것이 좋다.

씨껍질 기름으로 초를 만들 때는 고죽(苦竹)[49]통을 양쪽으로 쪼갠 뒤 물에 삶아서 불렸다가【이렇게 하지 않으면 끈적거린다.】작은 대껍질로 테를 둘러 고정시키고 매부리 모양 귀때가 있는 쇠국자로 기름을 떠서 부어 넣으면 바로 초 한 가락이 만들어지는데, 그 속에 심지를 넣고 바로 굳혔다가 테를 풀고 죽통을 열어 초를 통에서 꺼낸다. 더러는 몽둥이를 깎아 거푸집을 만들고, 종이 한 장을 잘라 거푸집 위에 말아 넣어 종이 통을 만든 다음 기름을 부어도 역시

山覓[20]取.】以紅火矢圍甕煅熱, 將黑子逐把灌入疾磨. 磨破之時, 風扇去其黑殼, 則其內完全白仁, 與梧桐子無異. 將此碾蒸, 包裹入榨, 與常[21]法同. 榨出水油, 淸亮無比, 貯小盞之中, 獨根心草燃至天明, 蓋諸淸油所不及者. 入食饌卽不傷人, 恐有忌者, 寧不用耳.

其皮油造燭, 截苦竹筒兩破, 水中煮漲,【不然則粘帶.】小篾箍勒定, 用鷹嘴鐵杓挽油灌入, 卽成一枝, 挿心于內, 頃刻凍結, 捋[22]箍開筒而取之. 或削棍爲模, 裁紙一方, 捲于其上而成紙筒, 灌入亦成一燭.【案 東人用牛脂造燭,

---

48 이 흑자를……없다 : 이상의 과정을 보여 주는 그림은 위와 같다.

49 고죽(苦竹) : 왕대를 말한다.

[20] 覓 : 저본에는 "見".《天工開物·膏液·皮油》에 근거하여 수정.

[21] 常 :《天工開物·膏液·皮油》에는 "前".

[22] 常 :《天工開物·膏液·皮油》에는 "前".

초 한 가락이 만들어진다. 【안 우리나라 사람들은 기름으로 초를 만들 때 모두 종이 통을 쓴다.】이 초는 풍진 속에서 추위나 더위를 거듭 겪어도 망가지지 않는다.

【안 《농정전서》에서 "일반적으로 오구나무기름으로 초를 만들 때는 백유(白油) 10근마다 백랍 3전을 더하면 촛농이 흘러내리지 않는데, 백랍을 많이 넣을수록 더 좋다. 평상시에 상점에서 파는 초는 백유 10근에 청유(淸油) 10근을 섞으면서 백랍은 불과 1~2전밖에 넣지 않으니, 그 초에서 촛농이 흘러내리는 것이다."[50]라 했다.[51]】【우안 오구나무는 강소성·절강성 등지에서 나는 반면에, 우리나라에는 그 종자가 없다. 서광계(徐光啓)[52]가 오구나무의 이로움을 높이 평가하여 한 그루만 심어도 자손 대대로 이롭다고 했다. 우리나라 영남·호남 바닷가의 여러 고을은 그 기후가 강소성·절강성과 별반 다르지 않다. 만약 오구나무씨를 사들여 퍼뜨릴 수만 있다면 반드시 이용후생에 도움이 없지 않을 것이다. 그러므로 내가 《만학지》에 이미 오구나무 재배하는 방법을 자세히 실었고,[53] 다시 송응성의 초 만드는 방법을

皆用紙筒.】此燭任置風塵中, 再經寒暑, 不敝壞也.

【案 《農政全書》云:"凡桕油造燭, 每白油十斤, 加白蠟三錢, 則不淋, 蠟多更佳. 常時肆中賣者, 白油十斤, 雜淸油十斤, 白蠟不過一二錢, 其燭則淋."】
【又案 烏桕樹産江、浙等地, 我國無其種, 而徐玄扈盛言其利, 以爲一種可爲子孫數歲之利, 我東嶺、湖南濱海州郡, 其地氣寒煖, 與江、浙不甚遠, 苟能購種傳殖, 則未必不爲利用厚生之一助. 故余於《晚學志》旣詳載種藝之法, 而復以宋氏造燭之法, 附之于此.】

---

50 《農政全書》卷38〈種植〉"木部"'烏臼'(《農政全書校注》, 1067쪽).

51 여기서 말하는 백유와 청유의 구분에 대해서는 다음에 나오는 "기름을 채취하는 여러 재료"의 '오구나무씨' 부분을 참조.

52 서광계(徐光啓):1562~1633. 중국 명나라 말기의 정치가이자 학자. 현호(玄扈)는 그의 호이고, 문정(文定)은 시호이다. 예수회 선교사였던 마테오 리치(Matteo Ricci, 1552~1610)의 지도를 받아 천문·역산(曆算)·지리·수학·수리(水利)·무기(武器) 등의 서양 과학기술을 배웠다. 마테오 리치의 사후, 관직에서 물러나 천진에 살면서 농학(農學) 연구에 힘써 《농정전서(農政全書)》 60권을 완성했다.

53 《만학지》 권4〈오구나무〉.

여기에 첨부하는 것이다.]《천공개물》[54]

《天工開物》

20) 기타 초

부들꽃가루에 기름을 부어 초를 만든다. 또 황벽나무가루를 참기름 찌꺼기와 섞어 초를 만든다. 또 쌀뜨물 앙금을 기름 찌꺼기와 섞어 초를 만든다.《산림경제보》[55]

雜燭

蒲黃灌油造燭. 又黃蘗末、胡麻油滓和作燭. 又米泔澱和油滓造燭.《山林經濟補》

21) 기름을 채취하는 여러 재료

서광계는 강소성·절강성 사이에서 나는 오구나무에서 기름을 채취하는 이로움을 높이 평가하고서 또 다음과 같이 말했다. "기름[膏油]은 일상생활에 빠질 수 없는 것이지만 민간에서 쓰는 기름은 대부분 참깨·콩·들깨·채소 등에서 채취한다. 참깨나 콩은 곡식이 아니고, 들깨나 채소도 곡식이 아닌가? 들깨나 채소를 재배하는 곳은 곡식 재배하는 밭이 아닌가? 오구나무와 같은 재료는 참깨·콩·들깨·채소에 비해 기름을 10배나 거둘 수 있다. 게다가 버려진 산이나 공터에서 채취하여 기름으로 쓰는 것이다. 기름을 짜는 데 쓰일 참깨·콩을 아껴 양곡에 충당하고 들깨·채소를 재배하는 밭을 줄여 곡식을 심게 하면 곡식을 저축하는 데 보탬이 되는 점이 적지 않을 것이다."[56] 나는 이 말에 백 년의 세월

取油諸品

徐玄扈盛言江、浙之間烏臼取油之利, 且曰:"膏油不可闕, 而民間所用多取諸麻、菽、荏、菜. 麻、菽非穀耶? 荏、菜非穀耶[23]? 藝荏、菜者非穀田耶? 烏臼之屬, 比諸麻、菽、荏、菜有十倍之收. 且取諸荒山隙地, 以供膏油, 而省麻、菽以充糧, 省荏、菜之田以種穀, 其益于積貯, 不爲少矣." 余于斯言有曠百載之神契, 以爲玄扈相業無奕奕可紀者, 而其濟人實用却都在一部農

---

54 《天工開物》卷12〈膏液〉"皮油", 317~318쪽.

55 출전 확인 안 됨.

56 《農政全書》卷38〈種植〉"木部"'烏臼'(《農政全書校注》, 1068쪽).

[23] 耶 : 저본·《杏蒲志·種女貞·附取油諸種》에는 "也". 《農政全書·種植·木部》에 근거하여 수정.

을 뛰어넘어 신통하게 공감한 점이 있었다. 그리하여 서광계가 재상으로서의 업적은 혁혁하게 기록될 만한 것은 없으나 백성을 구제하는 실제적인 쓰임은 도리어 한 질의 농서(農書) 안에 모두 실어 놓았다고 생각한다. 설령 재상으로서의 업적이 세상에 크게 드러났더라도 한 시절을 경영한 일에 불과했을 테니, 참으로 이것을 저것과 바꿀 필요는 없다고 생각한다.

우리나라 사람들이 초를 만들 때 쓰는 기름은 밀랍·참기름·들기름 등 몇 종류에 불과하다. 그런데 밀랍은 값이 비싸 재력이 있거나 신분이 귀한 사람이 아니면 쓸 수 없으며, 참기름은 음식에 필요한 재료이다 보니, 날마다 등불을 켜고 종이나 가죽에 기름을 먹이는 데 쓰는 것은 들기름 한 종류를 넘지 않는다. 들기름의 용도가 다양하여 수요가 많다. 이 때문에 기름진 땅까지 확장하여 들깨를 심고, 거름을 소비하여 들깨에 거름을 주니, 들깨 농사가 전체 농사의 거의 1/10이 넘는다. 그런데도 버려진 비탈과 공터에서 저절로 나는 기름초 재료는 모두 버려두고 아무도 돌아본 적이 없으니, 서광계가 본다면 어떻게 생각하겠는가? 지금 초목의 열매 가운데 기름초의 용도로 쓸 수 있는 재료들을 채록하여 자세하게 기재하는 것은 기름초가 귀해서만이 아니라, 서광계가 말했듯이 참깨·콩을 아껴 식량에 충당하고 들깨·채소 재배하는 밭을 줄여 곡식을 재배하기 위함이고 만에 하나라도 이용후생에 작은 도움이 되기를 바라서일 뿐

書. 縱令相業磊落軒天地, 不過一時之彌綸, 固不必以此易彼也.

東人澆燭之用, 不過蜂蠟、麻、荏油數種, 而蜂蠟價翔, 非豪貴不能, 有麻油爲食料所需, 其日用然燈及熬油紙革, 不越乎荏一種耳. 用殷需博, 斥膏腴以種荏, 費糞淤以壅荏者, 幾過什之一. 而荒陂隙地天生膏燭之材, 則一切拋棄, 曾莫之顧, 使玄扈見之, 以爲何如也? 今採草木之實可作膏燭之用者, 詳著之, 非膏燭之爲貴也, 亦欲省麻、菽以充糧, 省荏、菜之田以種穀, 如文定之云云, 而冀少補於利用厚生之萬一耳.

이다.[57]

산초씨

【기름을 짜서 등불을 밝힐 수 있다. 음식에 넣으면 조금 맵다.】

椒子

【可榨油炷燈. 供饌則微辛.】

수유나무씨

【수유나무는 일명 '식수유(食茱萸)'이다. 그 씨의 기름을 짜서 등불을 밝힐 수 있다.】

欓子

【一名"食茱萸", 其子可取油炷燈.】

잇꽃씨

【잇꽃씨는 흐물흐물하게 찧어 달인 즙을 짜내어 기름을 얻는다. 음식에 넣어도 좋으며, 수레바퀴 기름 및 초를 만든다.】

紅藍子

【搗碎煎汁取油. 供饌亦可, 爲車脂及燭.】

순무씨

【기름을 짜서 음식에 넣는다. 등불을 켜면 매우 밝지만, 연기가 눈을 상하게 할 수도 있다. 머리카락에 바르면 흰머리를 염색할 수 있지만, 냄새가 조금 난다.】

蔓菁子

【打油供饌. 燃燈甚明, 但煙亦損目. 塗髮能變蒜髮, 但覺微臭耳.】

운대씨

【일명 '유채'인데, 기름이 많아서 이렇게 이름을 붙였다. 볶은 뒤에 기름을 짜서 등불을 켜면 매우

蕓薹子

【一名"油菜", 多油故名. 炒過榨油, 然燈甚明, 食之不

---

57 아래에 수록된 내용은 '옻씨'와 '생선기름' 조목을 제외하고 모두 《杏蒲志》 卷3 〈種女貞〉 "附取油諸種"(《農書》 36, 199~208쪽)에 수록되었다. 이하의 해당 부분에는 출처를 따로 명기하지 않는다.

밝지만, 먹기에는 참기름만 못하다.】

及麻油.】

차조기씨

【기름을 짜서 등불을 켜거나 천에 기름을 먹이면, 모두 들기름보다 낫다. 먹으면 물고기나 게의 독을 다스릴 수 있다.】

紫蘇子

【取油然燈塗帛, 俱勝荏油. 食之能制魚蟹毒.】

아주까리씨[蓖麻子]

【기름으로 인주와 기름종이를 만들 수 있다. 지금 황해도 사람들은 등불을 밝히는 데 많이 쓰지만, 아주까리의 독성은 눈을 상하게 할 수 있다. 어떤 이는 "기름틀로 짜지 말고 물에 달여 기름을 내면 독성이 없어진다."라 한다. 그 방법은 다음과 같다. 아주까리씨를 흐물흐물하게 찧고 물에 달여 거품이 일면 떠내는데, 거품이 없어지면 그친다. 물은 버리고 거품을 달이되, 등불을 붙여도 튀지 않고 물에 떨어뜨려도 흩어지지 않는 정도까지 한다.】

蓖麻子

【油可作印色及油紙, 今海西人多用炷燈, 然頗損目. 或云: "勿用油榨榨之, 水煮取油則無毒." 其法: 搗爛水煮, 有沫撇起, 待沫盡乃止, 去水以沫煎, 至點燈不炸, 滴水不散爲度.】

목화씨

【기름을 짜서 등불을 켜면 극히 밝으나 눈을 상하게 할 수도 있다. 기름 짜는 방법은 다음과 같다. 연자맷돌로 목화씨를 깔고 지나간 뒤 햇볕에 말렸다가 맷돌로 대략 갈아서 껍질을 깨뜨리고, 다시 대나무체로 쳐서 껍질은 까부르고 속씨만 모은 다음 기름틀에 넣고 짜서 기름을 얻는다. 더러는 물에 달여 기름을 추출하기도 하는데, 위에서 설명한 아주까리씨기름 짜는 방법과 같다. 일반적으

棉子

【打油然燈極明, 亦能損目. 其打油法:取碾過綿子, 曬乾, 用石磨略磨令殼破, 復竹篩篩之, 簸去殼取仁, 入榨榨取油. 或水煎打油, 如蓖麻油法. 凡匏瓜犀、海松子、紅藍子打油法幷同.】

로 박씨·잣·잇꽃씨로 기름 짜는 방법도 모두 이와

같다.]58

배추씨

【기름을 짜서 머리에 바르면 머리카락이 잘 자라
게 할 수 있고, 칼에 바르면 녹이 슬지 않게 할 수 있
다.】

菘子

【打油塗髮，能令髮長；塗
刀劍24，能令不鏽.】

도꼬마리씨

【볶아서 껍질을 벗기고 속씨를 거두면 이것으로
기름을 졸여 등불을 켤 수 있고 음식으로 먹을 수도
있다.】

蒼耳子

【炒去皮取仁，可熬油點燈，
亦可食.】

하눌타리씨

【볶아서 말리고 흐물흐물하게 찧은 뒤 물에 넣고
졸여 기름을 얻는다.】

瓜樓仁

【炒乾搗爛，用水熬之取
油.】

삼씨[麻蕡]

【마분(麻蕡)은 대마의 씨이다. 이것으로 기름을 짜
서 음식에 넣거나, 등불을 밝힐 수 있다.】

麻蕡

【大麻子也. 可打油, 供饌,
炷燈.】

박씨

【기름을 얻어서 등불을 밝힐 수 있다. 동아·수
박·호박의 씨도 이와 같다.】

瓠犀

【可取油炷燈. 冬瓜、西瓜、
南瓜犀同.】

---

58 《杏蒲志》, 위와 같은 곳(《農書》 36, 202쪽).
24 劍 : 저본에는 "釼". 오사카본·《杏蒲志·種女貞·附取油諸種》에 근거하여 수정.

참외씨

【뜨겁게 달궈 속씨를 얻으면 기름을 짜서 등불을 밝힐 수 있다. 오이씨도 또한 그러하다.】

비자나무씨

【살짝 볶아 기름을 짜면 전과(煎果)[59]를 만들거나 등불을 밝힐 수 있지만 기름을 많이 얻을 수는 없다. 잣·호두살·개암도 모두 그러하다. 다만 이들은 모두 과실 중에서 아주 좋은 과실이므로 기름을 짜는 용도로 쓸 수는 없다.】

동백씨

【잎사귀의 개수가 하나인 나무를 민간에서는 '동백'이라 하는데, 남쪽 바다의 섬에서 난다. 그 씨로 기름을 짜서 칼에 바르면 녹이 슬지 않고, 칠기에 문지르면 윤이 나며, 머리카락에 발라도 윤기 있고 아름다워진다. 다만 머리카락에 탄력이 없어진다.】

가동백[60]

【곳곳에 있다. 나무의 높이는 몇 장이고, 잎은 세 갈래 졌다. 3월에 작고 노란 꽃이 피는데 모양이 대추꽃 같고, 열매는 자잘한 검은콩과 비슷하게 검다. 기름을 짜서 등불을 켜거나 머리에 바를 수 있다.】

甜瓜子

【曝烈取仁, 可打油炷燈. 胡瓜子亦然.】

榧子

【微炒榨油, 可煎果炷燈, 然不可多得. 海松子、胡桃肉、榛子皆然. 但皆果之佳者, 不得充膏油用.】

山茶子

【單葉者, 俗呼"冬柏", 産南方海島中. 其子榨油, 塗刀劍[25]不銹, 拭漆器光潤, 膏髮亦艷美, 但髮不靭.】

假冬柏

【處處有之. 樹高數丈, 葉作三椏. 三月開小黃花, 形如棗花, 實黑似細黑豆. 可榨油點燈膏髮.】

---

59 전과(煎果):정과(正果). 온갖 과일, 생강, 연근, 인삼 따위를 꿀이나 설탕물에 졸여 만든 음식.
60 가동백:생강나무. 개동백나무라고도 한다. 이른 봄에 잎보다 노란 꽃이 먼저 핀다.
25 劍:저본에는 "釼". 오사카본·《杏蒲志·種女貞·附取油諸種》에 근거하여 수정.

녹각다회목[61]

【덩굴져 나며, 덩굴은 영춘화 덩굴과 비슷하다. 잎은 뽕잎과 비슷하지만 이보다 더 뾰족하다. 5~6월에 열매를 맺으며 그 색은 누렇고 메주콩만 하다. 열매가 익으면 아가리를 벌리는데, 그 속씨로는 기름을 짜서 등불을 밝힐 수 있고, 그 덩굴로는 껍질을 벗겨 새끼를 꼴 수 있다.】

鹿角多繪木

【蔓生. 藤似迎春, 葉似桑葉而尖. 五六月結實, 色黃, 大如黃豆. 熟則口開, 其仁可榨油炷燈, 其藤可剝皮絞繩.】

관솔기름

【소나무에 송진이 엉긴 관솔이라는 곳이 있어서 이 부분을 베어서 태우면 초를 대신할 수 있는데, 이를 '송명(松明)'이라 한다. 지금 산골 농가에서 두루 쓰이는 것이다. 땅을 파서 구덩이를 만들고 동이를 이 구덩이에 묻은 다음 송명을 그 위에 모으고 불사르면 기름이 동이로 내려오는데, 이를 '관솔기름'이라 한다. 집 짓는 자재에 칠하면 광택이 돌고 윤이 나며, 비바람에도 견딜 수 있지만, 이것으로 등불을 켜면 그을음이 진하게 뿜어져 좋지 않다.】

松油

【松木有膩眼處, 斫取燃之, 可以代燭, 謂之"松明", 今山峽農家所通行也. 掘地作坎, 埋盆盎于坎, 聚松明其上而爇之, 則油下于盎, 謂之"松油". 用塗屋材, 光潤能風雨, 以之燃燈, 則煤濃不佳.】

황회목[62]

【황회목은 민간에서 부르는 이름이다. 본초서에서는 무엇이라 하는지 모르겠으나, 산속 곳곳에 있

黃灰木

【俗名也. 不知本草云何[26], 處處山中有之. 喜高燥地,

---

61 녹각다회목:무엇을 지칭하는지 자세하지 않다. 녹각(鹿角)은 사슴뿔, 다회(多繪)는 댕님과 허리띠처럼 여러 올의 실로 짠 끈목을 이른다.

62 황회목:노린재나무. 황회(黃灰)는 천연염색의 매염재로 쓰이며, 노린재나무의 노란 재로 낸 잿물이다.

[26] 黃灰……云何:《杏蒲志·種女貞·附取油諸種》에는 "山礬俗名黃". 산반(山礬)은 산에서 나는 명반이라는 뜻으로 황회와 같다. 따라서 黃 다음에 灰가 누락된 것으로 보인다.

다. 높고 건조한 곳을 좋아하는데, 큰 것은 1장 남짓이고, 잎은 진달래잎과 비슷하다. 3월에 누런 꽃이 피고 7월에 열매가 익는데, 둥글면서 작고 새까매서 모양은 후추 같지만 주름이 없다. 기름을 짜서 등불을 밝힐 수 있다. 산골 사람들 말로는 나무 열매 가운데 기름을 많이 얻을 수 있는 재료로는 이만한 것이 없다고 했다.】[63]

大者丈餘, 葉似杜鵑葉. 三月開黃花, 七月實熟, 團小烏黑, 狀如胡椒而不皺, 可榨油炷燈. 山氓云木實中得油多者, 莫此若也.】

옻씨

【《화한삼재도회》에서는 "일본인들은 덜 익은 옻씨를 거둬 기름을 짜서 나무 밀랍을 만들고 이것으로 초를 만든다. 나무 밀랍을 다시 햇볕에 말리고 가열하여 머릿기름을 만드는데, 모양이 고약 같다. 일반적으로 옻을 긁어낸 나무는 씨를 맺지 못하므로 씨를 거둘 옻나무에서는 옻을 채취하지 않는다."[64]라 했다.】

漆子

【《和漢三才圖會》云: "和人採漆子未熟者, 榨爲木蠟作燭, 再曬煉爲髮油, 形如膏藥. 凡搔漆樹不結子, 故收子者, 不取漆."】

유동씨

【강동(岡桐)은 자색 꽃이 피는 오동나무인데, 그 씨에 기름이 많아서 '유동(油桐)'이라고도 한다. 중국은 동유(유동기름)의 이로움이 매우 널리 퍼져 있지만, 우리나라에서는 유동을 재배하는 방법조차 알지 못한다. 그러므로 동유가 어떤 물건인지를 아는 이도

桐子

【岡桐, 桐之紫花者, 以其子之多油, 亦名"油桐". 中國桐油之利甚博, 我東獨不知蒔藝油桐. 故鮮有知桐油之爲何物, 宜購種于中

---

63 《杏蒲志》, 위와 같은 곳(《農書》 36, 208쪽).
64 《和漢三才圖會》 卷83 〈喬木類〉 "漆"(《倭漢三才圖會》 10, 169쪽).

드무니, 중국에서 씨를 사 와 널리 심어야 할 것이다. 일본의 강주(江州),[65] 농주(濃州)[66] 등지에서도 유동이 난다고 하니, 만약 중국에서 구할 수 없다면 일본에서 사 오는 방법도 괜찮을 것이다.】[67]

오구나무씨

【오구나무의 높이는 몇 인(仞)이고, 잎은 배나무나 살구나무와 비슷하며, 꽃은 황백색이고, 씨는 자흑색이다. 나무가 크면 씨 2~3석을 거둔다. 씨의 겉을 감싼 흰 씨방을 눌러 짜서 백유(白油)를 얻고 이것으로 초를 만든다. 씨 속에 있는 씨눈을 눌러 짜서 청유(淸油)를 얻는데, 이것으로 등불을 켜면 극히 밝고, 머리카락에 바르면 검게 변한다. 또 옻에 넣을 수도 있고, 종이 만드는 데 쓸 수도 있다. 오구나무씨 1석으로 백유 10근과 청유 20근을 얻을 수 있으니, 강소성과 절강성 사람들은 오구나무 재배하는 일을 업(業)으로 삼는다. 단지 오구나무 몇 그루만 있어도 평생 쓰기에 충분하여 다시는 기름을 사지 않는다. 기름을 이용하는 일 외에도 그 찌꺼기로는 밭의 흙을 북돋거나 밥을 지을 수도 있고, 불씨로 쓸 수도 있다. 그 잎으로는 검은 물을 들일 수 있고, 그 목재로는 글을 새기거나 그릇을 만들 수 있다.】

州而廣植之. 日本江州、濃州等地亦産油桐, 苟不能得之中州, 則購諸日本亦可得矣.】

烏臼子

【樹高數仞, 葉似梨、杏, 花黃白色, 子紫黑色. 樹大者收子二三石. 子外白穰壓取白油, 造燭, 子中仁壓取淸油, 然燈極明, 塗髮變黑. 又可入漆, 可造紙用. 每子一石, 可得白油十斤、淸油二十斤, 江、浙人種此爲業. 但有數株, 生平足用, 不復市膏油也. 用油之外, 其渣仍可壅田, 可燎爨, 可宿火, 其葉可染皁, 其木可刻書及雕造器物.】

---

65 강주(江州) : 현재의 일본 시가현(滋賀縣) 일대.
66 농주(濃州) : 현재의 일본 기후현(岐阜縣) 일대.
67 《杏蒲志》, 위와 같은 곳(《農書》 36, 205쪽).

산사나무씨

【서광계의 《농정전서》에는 산사나무와 저(櫧)나무
가 둘 다 보이는데, 저나무에 대한 주석에서 "저나
무씨에는 납충을 놓을 수 있다."[68]라 했고, 산사나
무에 대한 주석에서는 "산사나무씨는 밤과 같으면
서 기름이 많다. 기름을 짜서 등불을 켜면 매우 밝
아 다른 여러 기름보다 낫고 먹을 수도 있다."[69]라 했
다. 또 "산사나무는 남방지역에 있고, 그 이로움이
매우 많다고 했으나, 자서(字書) 중에는 이런 글자가
없고, 편방(偏方, 단방)에 대한 여러 기록에도 보이지
않는다. 간혹 다만 '차(茶)'라 써 놓기도 했는데, 이는
더욱 틀린 것이다. 오직 본초서에만 저나무씨에 대
해 실려 있는데, '도토리보다 작고 맛이 쓰고 떫으며
껍질과 나무는 밤나무와 같다.'[70]라 했다. 아니면 저
(櫧)와 사(楂)의 소리가 비슷하니, 토속의 음(音)이 와
전된 것일까?"[71]라 했다. 대개 서광계의 의도는 아
마도 산사나무가 바로 저나무의 속명인 듯하지만 아
직 확실한 증거가 없으므로 양쪽을 다 기록하여 의
문스러운 점을 의문스러운 대로 전해 후대 사람들
이 알게 한 것이다.

《본초강목》을 살펴보면 다음과 같은 내용이 있
다. "저나무씨는 곳곳의 산골짜기에 있는데, 그 나
무 가운데 큰 것은 몇 아름이나 되고, 높이는 2~3

楂子

【徐玄扈《農政全書》, 楂與
櫧兩見而注櫧則曰"子可放
蠟", 注楂則曰"子如栗而多
油, 榨油燃燈甚明, 勝于
諸油, 亦可食", 又曰"楂在
南中, 爲利甚廣, 乃字書旣
無此字, 而偏方雜記亦未
之見. 或直書爲'茶', 尤非
也. 獨本草有櫧子, 云'小于
橡子, 味苦澁, 皮、樹如栗'.
或者櫧、楂聲近, 土俗音訛
耶?" 蓋玄扈之意, 疑楂卽
櫧之俗名, 而未見的證, 故
兩處著錄, 以傳疑耳.

案《本草綱目》云 : "櫧子處
處山谷有之, 其木大者數
抱, 高二三丈, 葉長如栗,

68 《農政全書》 卷38〈種植〉 "木部" '櫧'(《農政全書校注》, 1065쪽).
69 《農政全書》 卷38〈種植〉 "木部" '楂'(《農政全書校注》, 1073쪽).
70 《本草綱目》〈果部〉 卷30 "櫧子", 1809쪽.
71 《農政全書》, 위와 같은 곳.

장이며, 잎은 밤나무 잎처럼 길고 조금 뾰족하면서 두껍고 단단하며 광택이 있고, 톱니처럼 삐죽하고 날카롭다. 추운 겨울에도 시들지 않고, 3~4월이면 밤꽃처럼 흰 꽃이 피고 이삭이 팬다. 떡갈나무씨(도토리)만 한 열매를 맺는데, 겉에 작은 주머니가 달려 있어서 서리가 내린 뒤 주머니가 터지면서 씨가 떨어진다. 씨는 둥글고 갈색이면서 뾰족하고 크기는 보리수씨만 하다. 속씨는 살구씨 같고, 날로 먹으면 쓰고 떫어서 삶거나 볶아야 단맛을 띠니, 갈아서 가루를 만들 수도 있다. 저나무 가운데 첨저(甜櫧)는 씨알이 작고, 나무 무늬가 잘고 백색이어서 민간에서는 '면저(麵櫧)'라 한다. 고저(苦櫧)는 씨알이 크고, 나무무늬가 거칠고 적색이어서 민간에서는 '혈저(血櫧)'라 한다. 그중에서 색이 검은 나무를 '철저(鐵櫧)'라 한다."72

또 "첨저의 씨에는 납충을 놓을 수 있다."73라 했으니, 저나무의 모양과 쓰임에 관하여 한 말이 상당히 자세한데도 유독 그 씨로 기름을 짤 수 있다는 것만 말하지 않았으니, 어째서인가? 어찌 우연히 빠뜨린 것이겠는가? 아니면 저나무와 산사나무가 같은 종류가 아닌 것인가?

葉稍尖而厚堅光澤, 鋸[27]齒峭利. 凌冬不凋, 三四月開白花成穗如栗花. 結實大如櫟子, 外有小苞, 霜後苞裂子墜. 子圓褐而有尖, 大如菩提子. 內仁如杏仁, 生食苦澁, 煮炒乃帶甘, 亦可磨粉. 甜櫧子粒小, 木文細白, 俗名'麵櫧'. 苦櫧子粒大, 木文粗赤, 俗名'血櫧', 其色黑者, 名'鐵櫧'."

又曰"甜櫧子可放蠟", 其言櫧之形狀、功用頗詳, 而獨不言子可爲油, 何耶? 豈偶遺之耶? 抑櫧與楂非一種耶?

72 《本草綱目》, 위와 같은 곳.
73 《農政全書》卷38〈種植〉"木部"'楂'(《農政全書校注》, 1065쪽).
[27] 鋸 : 저본에는 "鉅". 규장각본·오사카본·한국은행본·《本草綱目·果部·櫧子》에 근거하여 수정.

내가 전에 제주도 사람에게 들으니, 그곳에 나무가 한 종 있는데, 모양은 상수리나무 같지만 씨가 도토리보다 조금 작고, 그 속씨를 날로 먹을 수 있고, 맛이 밤과 같아서 그곳 토박이들이 '저율(諸栗)'이라 부른다고 했다. 나는 그 나무가 감저(甘櫧, 첨저)인 듯하여 시험 삼아 그 종자를 구하였다. 다음 해에 제주 상선 편에 수십 알을 보내왔는데, 모양과 색이 《본초강목》에서 말한 감저씨와 서로 비슷했다. 이를 원정(園丁, 밭일꾼)에게 주어 파종하게 했지만 오래 지나도 싹이 나지 않아 땅을 한번 파 봤더니 쥐가 모두 파먹었기 때문이었다. 그 뒤에 다시 제주에서 종자를 구하여 널리 퍼트려서 번식시키기를 기약했다. 만약 제주에서 말하는 저율이 정말 본초서에서 말하는 저나무씨이고, 본초서에서 말하는 저나무씨가 바로 서광계가 말한 산사나무씨라면, 이 종자를 번식시킬 경우 반드시 기름초 만드는 비용에 커다란 보탬이 될 것이다.

또 《농정전서》를 살펴보면 다음과 같은 내용이 있다. "산사나무씨로 기름 만드는 법은 다음과 같다. 매년 한로(寒露) 3일 전에 산사나무씨를 따면 기름이 많지만 이보다 더 늦어지면 기름이 마른다. 거둔 씨는 높은 곳에서 햇볕에 말려야 하는데, 바람을 통하게 하기 위해 누각 위에서 말리면 더욱 좋다. 보름이 지나면 씨의 틈이 벌어지니, 됫박으로 거둔다. 급히 틈을 벌리고자 할 때는 햇볕에 하루 이틀 정도 더 펼쳐 놓으면 모두 벌어진다. 벌어진 뒤에 씨를 꺼내 햇볕에 바싹 말린 뒤에 맷돌에 넣어 곱게 간다. 쪄

余向從耽羅人聞, 彼中有一種樹, 似橡而子稍小, 其仁可生食, 味如栗, 土人呼爲"諸栗". 余疑其爲甘櫧, 試求其種. 翌年耽羅商舶來寄送數十粒, 形色與《本草綱目》所言甘櫧子, 恰相似. 授園丁種之, 而久不芽, 試掘之, 盡爲鼠竊去矣. 方擬更求種于耽羅, 期廣布傳殖. 如果耽羅所謂諸栗卽是本草所謂櫧子, 本草所謂櫧子卽是玄扈所言楂木, 則此種傳殖, 必大有補於膏燭之費也.

又案《農政全書》云 : "楂子作油法 : 每歲于寒露前三日, 收取楂子則多油, 遲則油乾. 收子宜晾之高處, 令透風, 樓上尤佳. 過半月則罅發, 取去斗. 欲急開, 則攤曬一兩日, 盡開矣. 開後取子曬極乾, 入碓磑中碾細, 蒸熟榨油如常法." 又云 : "其査可爇. 用法 : 每餅

서 익혔다가 기름을 짤 때는 보통 방법대로 한다."[74]
또 "기름을 짜고 난 찌꺼기는 취사 연료로 쓸 수 있
다. 사용 방법은 다음과 같다. 찌꺼기 덩어리마다
네 쪽으로 쪼개 먼저 차가운 아궁이의 한가운데에
덮어서 쌓아 올린 다음 마른 땔감으로 불을 붙인다.
불을 붙인 뒤 덩어리에서 떨어져 나온 가루를 조금
씩 흩뿌려 넣으면 불꽃이 일어난다. 뜨겁게 달아오
른 찌꺼기로 불씨를 만들 수 있으니, 숯 덩어리를 쓸
때보다 낫다."[75]라 했다. 이와 같다면 기름초로 쓸
수 있을 뿐만 아니라 땔감이나 숯에 드는 비용에도
보탬이 될 것이다.】

作四破, 先于冷竈中罨架
起, 下[28]用乾柴發火. 發火
後用餠屑漸次撒入, 則起
燄. 燒熟者可以宿火, 勝用
炭墼."如此則非但爲膏燭
用, 亦有補於薪炭之費矣.】

생선기름

【일체의 바닷물고기는 모두 기름을 졸여 등불을
켤 수 있다. 동북 해안에서는 북어[北薨魚][76] 기름을
많이 짜는데, 간혹 고래라도 잡아 기름을 짜면 인근
2~3개의 읍에서 써도 다하지 않는다. 등불을 켜는
용도 외에 반찬에 넣거나 머리에 바를 수 없기 때문
에 그 값이 참기름이나 들기름의 2/3에도 미치지 못
한다.】《행포지》[77]

魚油

【一切海魚, 皆可熬油點燈.
東北海多取北薨魚油, 或得
鯨取油, 則隣邑數三邑用之
不盡. 點燈以外, 不可入饌
塗髮, 故其直不及麻、荏油
三之二.】《杏蒲志》

---

74 《農政全書》卷38〈種植〉"木部"'楂'(《農政全書校注》, 1073쪽).
75 《農政全書》, 위와 같은 곳(《農政全書校注》, 1074쪽).
76 북어[北薨魚]: 말린 명태이지만 여기서는 명태를 뜻한다. 《전어지》 권3의 "북해에는 청어(鯖魚)와 북어(北
魚)가 가장 많다.(北海則鯖魚、北魚爲最.)"라는 용례와 같다.
77 출처는 표제어(기름을 채취하는 여러 재료)의 첫 기사 끝에서 소개했다.
[28] 下:《農政全書·種植·木部》에는 不.

22) 기름과 초의 등급

등불을 켜는 데는 구인(柏仁)에서 나온 수유(水油)가 상품이다. 【안 구인은 곧 오구나무씨의 속씨이니, 짜내어 청유(淸油)를 얻는다. 《농정전서》에서도 이르길, "등불을 켜면 극히 밝다."[78]라 했다.】 유채씨기름이 다음이고, 아마씨기름은 그다음이다.【섬서성(陝西省)에서 재배하는 아마를 민간에서 벽슬지마(壁虱脂麻. 진드기참기름)라 하는데, 그 기름은 냄새가 안 좋아서 도저히 먹을 수가 없고 등불만 켤 수 있다.】 목화씨기름이 그다음이고, 참기름이 또 그다음이다.【참기름은 등불을 켜면 가장 빨리 양이 줄어든다.】【안 우리나라 사람들이 등불을 켜는 기름은 대체로 참기름과 들기름뿐이다. 들기름은 그을음이 짙어 수십일 정도 등불을 켜면 옷과 이불, 방에 새까맣게 그을음이 생기는 걱정이 있다. 그러므로 도읍이나 대도시에서는 대부분 참기름을 쓰는데, 참기름은 또 쉽게 양이 줄어들어 계속 쓰기 어렵다. 이 때문에 민가에서 밤에 불을 밝히기가 어려운 걱정이 있으며, 참깨 값이 나날이 오르기만 하는 것이다. 그러니 서둘러 기름을 얻을 다른 방법을 강구하여 참깨와 들깨의 사용량을 줄여야 할 것이다.】 유동기름과 오구나무기름을 섞은 기름이 가장 하품이다.【유동기름은 독기(毒氣)를 사람에게 쏘이고, 오구나무기름은 피막이 형성되면 군

油燭品第

燃燈則柏仁內水油爲上. 【案 卽烏臼子中仁, 榨取淸油者也.《農政全書》亦云"燃燈極明".】 芸薹次之, 亞麻子次之,【陝西所種俗名壁虱脂麻, 氣惡不堪食. 但可燃燈.】棉花子次之, 胡麻又次之,【燃燈最易竭.】 【案 東人燃燈, 大抵胡麻油與荏油耳. 荏油煤濃, 數旬燃燈, 輒患衣衾房室無不熏暗. 故輦轂及通都大邑多用麻油, 而麻油又易竭難繼此. 所以人家繼晷之資, 每患艱乏, 而胡麻日漸騰貴也, 宜亟講究他取油之方, 以省麻、荏之用也.】 桐油與柏油混油爲下.【桐油毒氣熏人, 柏油連皮膜, 則凍結不淸.】

---

78 《農政全書》卷38 〈種植〉 "木部" '烏臼'(《農政全書校注》, 1065쪽).

어서 맑지 않다.】

초를 만드는 데는 오구나무씨의 껍질 기름이 상품이고, 아주까리기름이 그다음이다. 【안 아주까리기름으로 초를 만드는 방법은 자세하지 않다. 아마도 백랍을 넣어 굳힐 듯하다.】 오구나무씨를 섞어서 짠 기름에 백랍을 넣어 굳힌 것이 그다음이고, 백랍을 청유에서 굳힌 것이 그다음이며, 녹나무씨기름이 또 그다음이다.【그 빛이 부족한 것은 아니지만 다만 냄새를 꺼리는 사람이 있기 때문이다.】 사철나무씨[冬青子]기름이 또 그다음이고,【소군(韶郡)[79]에서만 쓰는데,[79]부족한 기름 양이 탐탁지 않아서 순서를 다음에 놓았다.】 북쪽 땅에서 널리 쓰이는 쇠기름이 가장 하품이다.《천공개물》[80]

23) 기름 얻는 양

참깨·아주까리씨·녹나무씨로는 1석마다 기름 40근을 얻고, 무씨로는 기름 27근,【유달리 향이 달콤하고 좋아서 사람의 오장을 이롭게 한다.】 유채씨로는 기름 30근을 얻는다.【열심히 김매고 땅이 비옥하여 씨가 실하고 기름 짜는 방법이 정밀하면 40근을 얻는다. 1년 묵으면 속이 비어 기름이 없다.】 차자(樼子)로는 1석마다 기름 15근,【기름 맛이 돼지기름과 비슷하여 매우 좋다. 씨가 마르면

造燭則柏皮油爲上, 蔥麻子次之,【案 蔥麻油造燭法未詳. 疑入白蠟凍結.】柏混油入白蠟凍結次之, 白蠟結凍諸清油次之, 樟樹子油又次之,【其光不減, 但有避香氣者.】冬青子油又次之.【韶郡專用, 嫌其油少, 故列于次.】北土廣用牛油則爲下矣.《天工開物》

取油斤兩

胡麻、蔥麻子、樟樹子每石得油四十斤, 萊菔子二十七斤,【甘美異常, 益人五臟.】芸薹子三十斤【其耨勤而地沃、榨法精到者, 四十斤. 陳歷一年, 則空內而無油.】樼子十五斤【油味似猪脂甚美, 其枯則止可種火及

---

79 소군(韶郡):중국 광동성 북부의 지명.
80 《天工開物》卷12〈膏液〉"油品", 308~309쪽.

다만 불씨를 붙이거나, 물고기의 독을 풀어 주는 데 쓸 수 있다.】【안 차자는 바로 서광계가 말한 산사나무이다.】유동속씨로는 기름 33근을 얻는다. 오구나무씨를 나누어 짤 때 피유(皮油)로는 30근, 수유(水油)로는 15근을 얻고,【안 서광계는 "오구나무씨 1석으로 백유(白油) 10근과 청유(淸油) 20근을 얻는다."81라 했는데, 그가 말한 백유가 바로 여기서 말하는 피유이고, 그가 말한 청유가 바로 여기서 말하는 수유이다. 양쪽에서 말한 기름 얻는 양이 같지 않으니, 누가 옳은지 모르겠다.】섞어서 짤 때는 33근을 얻는다.【나누어 짤 때의 전체 양(45근)에 비해 훨씬 적은 것으로 보아 이는 가장 정제된 기름이다.】사철나무씨로는 1석마다 기름 12근, 메주콩으로는 기름 9근,【오하(吳下)82에서는 기름을 짜 먹은 뒤에 남은 콩깻묵으로 돼지 먹이를 충당한다.】배추씨로는 기름 30근을 얻고,【기름을 빼면 푸른 물처럼 맑다.】목화씨로는 100근마다 기름 7근을 얻는다.【처음 나올 때는 매우 검고 탁하지만 15일 정도 침전시키면 매우 맑아진다.】【안 지금 기름 파는 집에서는 목화씨 기름을 짤 때마다 삼기름을 섞어 팔지만, 사람들이 가려낼 수가 없다. 검고 탁한 기름이 보이지 않는 것은 아마도 중국 사람들이 기름을 짤 때

毒魚用.】【案 梓子卽徐玄扈所謂楂木也.】桐子仁三十三斤. 柏子分打時皮油三[29]十斤、水油十五斤,【案 徐玄扈云："臼子一石得白油十斤、淸油二十斤."其所謂白油卽此所云皮油也, 其所謂淸油卽此所云水油也. 其言取油斤兩不同, 未知孰[30]是.】混打時三十三斤.【此須絶淨者.】冬靑子十二斤, 黃豆九斤,【鳴下取油食後, 以其餠充豕粮.】菘菜子三十斤,【油出淸如綠水.】棉花子每百斤得七斤,【初出甚黑濁, 澄半月淸甚.】【案 今貨油家, 每取棉子油, 雜麻油售之, 人不能辨. 未見有黑濁者, 疑中國人榨油時, 未能淨簸去殼, 致此黑濁, 或棉有他種也. 榨過渣, 踏墼爲餠, 冬月飼牛.】莧菜子每石三十斤,

---

81 오구나무씨……얻는다:《農政全書》卷38〈種植〉"木部" '烏臼'(《農政全書校注》, 1065쪽).

82 오하(吳下): 현재의 중국 강소성 남부와 절강성 북부 일대.

[29] 三:《天工開物·膏液·油品》에는 "二".

[30] 孰: 저본에는 "熟". 규장각본·오사카본·한국은행본에 근거하여 수정.

껍질을 깨끗이 까부르지 못해 그런 듯하다. 아니면 목화에 다른 품종이 있는 것이다. 기름 짜고 남은 찌꺼기는 짓이겨 떡 모양으로 만들어 두었다가 겨울철에 소를 먹인다.】비름나물씨로는 1석마다 기름 30근.【맛이 매우 달콤하고 좋지만 성질이 차고 미끄러운 점은 탐탁지 않다.】아마(亞麻)나 대마(大麻) 속씨로는 기름 20근 남짓을 얻는다.《천공개물》[83]

【味甚甘美, 嫌性冷滑.】亞麻、大麻仁二十餘斤.《天工開物》

24) 등불을 밝히는 여러 방법

독서등을 켤 때 삼기름으로 등불을 밝히면 눈이 상하지 않는다. 삼기름 1근마다 유동기름 2냥을 넣으면 잘 마르지도 않고 쥐가 기름을 먹는 일도 피할 수 있다. 채소기름 1근마다 유동기름 3냥을 넣고 소금 조금을 등잔에 넣어도 기름을 아낄 수 있다. 생강으로 등잔을 문지르면 어리어리한 무리가 지지 않는다. 소목(蘇木)을 삶아 등의 심지로 만든 뒤 햇볕에 말렸다가 불을 붙이면 재가 생기지 않는다.《왕정농서》[84]

炷燈雜法

點書燈, 用麻油炷燈, 不損目. 每一斤入桐油二兩則不燥, 又辟鼠耗. 若菜油每斤入桐油三兩, 以鹽少許置盞中, 亦可省油. 以薑擦盞, 不生暈. 以蘇木煎燈心, 曬乾, 炷之無燼.《王氏農書》

입춘 하루 전날, 혹은 납일(臘日)[85] 하루 전날 물에 등의 심지를 담갔다가 잠깐 동안 햇볕에 말려 거두어 둔다. 이것으로 여름에 등불을 켜면 모기나

立春前一日或臘前一日, 以水浸燈心, 少時曬乾收之. 夏月點燈, 則蚊蚋不

---

83 《天工開物》卷12〈膏液〉“油品”, 309~310쪽.
84 《農政全書》卷42〈製造〉“營室”‘點書燈’(《農政全書校注》, 1226쪽);《山林經濟》卷3〈雜方〉‘燈燭’(《農書》2, 681쪽).
85 납일(臘日):동지 후 셋째 술일(戌日). 조선 태조 이후에는 동지 뒤 셋째 미일(未日)로 정했다.

파리가 가까이 오지 않는다.【안 석성금의《다능집》에서 "12월 중에 눈 녹은 물로 등심초(골풀)를 담가 햇볕에 말린 다음 거둬 쓰면 오래도록 불나방이 없게 된다."[86]라 했다.】《구선신은서》[87]

2월 2일이나 청명(淸明)에 냉이의 잎과 줄기를 가릴 것 없이 캐어 그늘에서 말렸다가 등의 심지를 만들면 여러 벌레가 오래도록 등잔 안으로 들어오지 않는다.【안 《물류상감지》에서는, "3월 3일에 냉이 나물과 꽃을 거두어 등잔걸이 위에 놓으면 날아다니는 나방이나 모기가 등잔으로 떨어지지 않는다."[88]라 했다.】《구선신은서》[89]

近.【案 石成金《多能集》云："臘月內，用雪水浸燈草，曬乾收用，則永無燈蛾".】《臞仙神隱書》

二月初二日或淸明日，不語採薺菜梗，陰乾以爲挑燈棒，則諸蟲永不入燈盞內.【案 《物類相感志》云："三月三日，收薺菜花，置燈檠上，則飛蛾蚊蟲不投".】同上

---

86 《傳家寶》〈多能集〉 "点燈無燈蛾法", 262쪽.
87 《山林經濟》卷3〈雜方〉'燈燭'(《農書》2, 681쪽).
88 《說郛》卷22 下〈物類相感志〉"總論".
89 《山林經濟》卷3〈雜方〉'燈燭'(《農書》2, 681~682쪽).

3. 점화하는 여러 도구 　　　取火、引火諸器

1) 부시[1] 　　　　　　　　　火鎌

옛사람들은 불을 켤 때 대개 명수(明燧)[2] 및 느티　古人取火，蓋用明燧及槐、
나무, 박달나무와 같은 여러 나무를 썼지만, 후대　檀諸木，後世智巧日勝，有
에 불을 켜는 지혜와 기술이 날로 나아지면서 부시　火鎌之制焉。華造者，革作
의 제도가 생겼다. 중국에서 만든 부시는 가죽으로　小囊，一邊含鎌刃，刃厚不

부시(국립민속박물관)

1　부시 : 부싯돌을 쳐서 불을 일으키는 쇳조각.
2　명수(明燧) : 거울로 햇볕을 모아 불을 댕기는 도구로, 금수(金燧)와 같다.

작은 주머니를 만들고 한쪽에 부싯날을 넣는데, 날 두께는 2~3분을 넘지 않는다. 다른 한쪽은 주머니를 접어서 만들고 그 속에 부싯돌과 화지(火紙)[3]를 넣어 옷깃 사이에 찬다. 우리나라에서 만든 부시는 쇠로 된 작은 타원형 조각으로 길이는 2~3촌 정도에 너비는 6~7분 정도 되는데, 한쪽은 날이고 다른 한쪽은 손잡이이다. 비단으로 주머니를 만들어 부싯돌·화지와 함께 담거나 나무로 작은 상자를 만들어 머리맡에 담아 두기도 한다.《금화경독기》

過二三分, 一邊屈疊爲囊, 內貯火石、火紙, 帶在衣襟間. 東造者, 鐵造小隋圓片, 長或二三寸, 廣或六七分, 一邊爲刃, 一邊爲手執處. 緞帛爲囊, 與火石、火紙同藏, 或木作小匣, 貯置牀頭.《金華耕讀記》

2) 부싯돌[4]

중국에서 수입한 돌이 좋다. 청색과 황색 두 종류가 있는데, 황색 부싯돌이 더욱 좋다. 우리나라 사람들은 황색 부싯돌을 '건복화석(乾鰒火石, 말린 전복 부싯돌)', 청색 부싯돌을 '산호화석[瓔瑚火石, 산호 부싯돌]'이라 부르는데, 모두 색깔이 비슷하기 때문이다. 우리나라에서 나는 부싯돌 종류는 대부분 흰색으로 거칠고 조악해서 쓸 만하지 않다. 금강산 북쪽 기슭 아래에서 돌이 한 종류 나는데, 까맣고도 수정처럼 투명하다. 돌덩어리마다 모두 산봉우리 모양으로 만들어 책상에 두는 물건을 만들 수 있는데, 우연히 막 쪼개져 날카롭게 조각난 돌을 얻어 부시로 쳤더니 칠 때마다 불이 잘 생겼다. 하지만 그 돌은

火石

燕貿者佳. 有靑黃二種, 黃者尤佳. 東人呼黃石爲"乾鰒火石", 呼靑石爲"瓔瑚火石", 皆以其色似也. 東産類多白色, 麤頑不堪用. 金剛山北麓下産一種石, 烏黑而明瑩如水晶, 每一塊皆作峰巒形, 可作几案間物, 偶得新破廉劌者, 以火鎌叩之, 輒善生火. 然其石藏在土中, 未易多得也.《金華耕讀記》

3　화지(火紙):담뱃불 등을 붙이는 데 쓰는 종이로 얇은 종이를 길게 말아서 만들었다.
4　부싯돌:부시로 쳐서 불을 일으키는 돌. 석영으로 만든다.

부싯돌(국립민속박물관)

흙속에 묻혀 있어서 많이 얻기가 쉽지 않다.《금화경
독기》

3) 부싯깃[5]

쑥에 한 종류가 있는데, 잎이 조금 둥글고 뒤는
희다. 민간에서 이를 '수리취[戌衣草]'라 부른다. 잎을
따서 햇볕에 말렸다가 독한 잿물로 즙을 걸러 내고
여러 번 씻어 하얗게 만든 다음, 이를 비벼서 솜처럼
부수면 불붙는 속도가 매우 빠르다. 또는 오래된 종
이를 망초(芒硝)[6] 달인 물에 적시거나 담배 잿물에 적

火撚

艾有一種, 葉微圓背白, 俗
呼"戌衣草", 取葉曝乾, 仍
以烈灰淋汁, 漂洗屢度令色
白, 揉碎如綿, 引火甚捷.
又有用故紙, 浸芒硝煎水
或煙草灰汁, 皆可引火.《金

---

5 부싯깃 : 부시를 칠 때 불똥이 박혀서 불이 붙도록 부싯돌에 대는 물건.
6 망초(芒硝) : 천연산 망초에 열수를 가하여 녹인 뒤 이를 여과한 용액을 냉각할 때 처음으로 석출된 박초(朴
   硝)를 두 번 달여 만든 약재.

인광노 만들기(김준근)

인광노(국립문화재연구소)

셔도 모두 불을 댕길 수 있다.《금화경독기》 華耕讀記》

4) 인광노(조선 성냥)[7]

引光奴

관솔을 깎아 종잇장처럼 작고 얇은 조각을 만들고, 유황가루를 녹여 그 뾰족한 끝에 바른다. 밤에 급히 쓸 일이 있을 때 이것으로 불을 켜면 바로 불길이 타오른다. 관솔 대신 혹 자작나무껍질을 쓰면 너무 급하게 타고 버드나무를 쓰면 일찍 불이 꺼져서 오래 견디는 관솔만 못하다.《소창청기》[8]

削松明爲小片薄如紙, 熔硫黃末塗其銳. 夜有急用, 是發火卽燃. 或用樺皮, 燒太急, 柳木則速滅, 不如松明之耐久也.《小牕淸記》

유황 냄새를 없애려면 댓잎 태운 연기를 쏘인다.《증보산림경제》[9]

欲無硫黃臭, 以竹葉燒煙熏之.《增補山林經濟》

---

7 인광노(조선 성냥):인광노를 만드는 과정을 보여 주는 그림과 유물은 위와 같다.
8 《山林經濟》卷3〈雜方〉'燈燭'(《農書》2, 682쪽).
9 출전 확인 안 됨.

4. 불을 끄는 여러 도구

救火諸器

1) 쇠스랑[1]

모양은 농가에서 땅을 파는 쇠스랑과 비슷하지만 자루 길이는 그보다 배나 된다.【14~15척도 될 수 있다.】 일반적으로 불을 끄는 방법으로 먼저 인접한 가옥을 무너뜨려 불길을 차단함으로써 옮겨붙지 못하게 하는 것만 한 게 없으니, 쇠스랑은 벽을 찍어 무너뜨리기 위한 도구이다. 벽을 무너뜨린 뒤에 삼

鐵搭

形如農家劚土之搭, 而柄長倍之.【可十四五尺.】凡救火之法, 莫如先頹倒隣接屋舍, 以隔絕火道, 勿令延燒, 搭所以劚壁頹下也. 仍用大麻索絡柱跟, 用衆

쇠스랑(국립민속박물관)

---

1 쇠스랑 : 본래는 논밭을 가는 도구이나, 자루를 이보다 길게 하여 불 끄는 데도 사용한다.

끈으로 기둥뿌리를 묶어 여러 사람이 힘껏 줄을 당기면 가옥 전체가 말라서 썩은 나무 꺾이듯이 꺾여 쓰러질 것이다. 비록 불이 막 타오르는 가옥이라도 벽을 부숴 무너뜨릴 수 있으면 불이 흙에 눌려 불꽃이 오를 수 없기 때문에 불 끄기가 쉽다.《금화경독기》

力挽索, 則全屋如摧枯拉朽矣. 雖方焚燉之屋, 苟能毁壁拉倒, 則火爲土壓, 不能上炎, 易於撲滅.《金華耕讀記》

2) 괭이

제도는 농가에서 땅을 파는 괭이와 같지만 자루 길이는 이보다 길어서 15척이며, 그 쓰임은 쇠스랑과 같다.《금화경독기》

钁

制與農家劚土之钁同, 而柄長一丈有半, 其用同鐵搭.《金華耕讀記》

3) 쇠갈고리

모양은 농가에서 쓰는 쇠스랑의 굽은 부분과 같지만 위는 쇠갈고리가 바짓가랑이처럼 갈라져 있고 가운데에 나무자루를 박는다. 갈라진 길이는 4척, 자루 길이는 12~13척이니, 집 위에 올린 이엉을 걸어 내리기 위한 도구이다. 일반적으로 목재에 이미 불이 붙어 아직 재가 되지는 않았지만 여전히 불꽃이 있으면 이 쇠갈고리로 이엉을 걸고 헤집은 뒤 멀리 떨어뜨려서 불길이 옮겨붙지 못하게 한다.《금화경독기》

鐵鉤

形如農家所用鐵搭爪, 上用鐵鉤帶袴, 中受木柄, 袴長四尺, 柄長一丈二三尺, 所以鉤下屋上蓋草也. 凡材木已焚未燼, 尙有火焰者, 亦可用此鉤剔, 屛之遠地, 勿令延燒.《金華耕讀記》

4) 쇠갈퀴

모양은 농가의 갈퀴[杈杷]와 같은데 나무로 자루를 만들고 쇠로 머리를 만들어 끝이 둘로 갈라지게 한다. 쓰임은 쇠갈고리와 같다.《금화경독기》

鐵杈

形如農家杈杷, 以木爲幹, 以鐵爲首, 而兩其股. 用與鐵鉤同.《金華耕讀記》

5) 수총차(물총차)

불을 끄는 데는 홍흡(虹吸)이나 학음(鶴飮)의 제도가 있다.【안 홍흡과 학음은 모두 〈그림으로 보는 관개시설〉에 아울러 보인다.[2]】내가 예전에 신광녕(新廣寧)[3]을 지나는데, 성 밖 민가에서 불이 났다가 겨우 꺼져 가고 있었다. 길옆에 수차(水車)가 있기에 그 이름을 물었더니 수총차[水銃車]라 했다. 그 제도를 살펴보니 네 바퀴의 수레 위에, 위에는 큰 나무수조를 하나 놓았고, 수조 가운데에는 큰

水銃車

救火有虹吸、鶴飮之制.【案 虹吸、鶴飮並見《灌漑圖譜》.】余嘗過新廣寧, 城外民家失火, 方纔救熄. 路傍有水車, 問其名則曰"水銃車". 閱其制, 則四輪車上置一座大木槽, 槽中置大銅器, 銅器中置兩座銅筒,

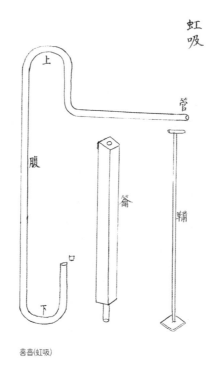

虹吸

홍흡(虹吸)

---

2 《본리지》권12 〈그림으로 보는 관개시설〉 상 '홍흡', '학음'은 위의 그림과 같다.
3 신광녕(新廣寧) : 지금의 중국 요령성(遼寧省) 북진시(北鎭市)에 있던 고을.

학음(鶴飮)

구리그릇을 놓았다. 구리그릇 속에 구리통 2개를 놓았고, 구리통의 측면 중간에 을(乙) 자 모양의 목이 달린 수총을 세워 두었다. 물총은 갈라져 좌우의 두 통과 이어져 있고, 두 통에는 각각 짧은 다리가 있고 바닥에 안 보이는 문이 있어 구리판을 문짝 삼아 물의 흐름에 따라 열리거나 닫히게 했다. 두 통의 아가리에는 구리 원판을 놓아 덮개를 삼았는데, 원판의 지름은 통 아가리와 딱 맞았다. 원

銅筒中間立乙頸水銃. 水銃爲兩股, 通于左右兩筒, 兩筒有短脚而底有暗戸, 以銅葉爲扉, 令隨水開闔. 兩筒之口有銅槃爲蓋, 圓徑緊適筒口, 槃之正中串鐵柱, 架木以壓槃, 亦以擧槃, 槃之出入升降, 隨木架焉. 乃

판 한가운데에 쇠기둥을 끼우고 나무를 가로로 대서 원판을 누르기도 하고 들기도 했다. 원판이 가로나무의 움직임에 따라 구리통 속으로 드나들고 오르내렸다. 이에 구리그릇에 물을 대고 몇 사람이 교대로 가로나무를 밟으면 통 아가리와 구리 원판이 내려갔다 올라갔다 했다. 대략 물을 빨아들이는 요점은 구리 원판에 있다. 구리 원판이 통 아가리까지 올라오면 통 바닥의, 안 보이는 문이 저절로 빠르게 열려 바깥의 물을 빨아들이고, 구리 원판이 통 속으로 들어가면 통 바닥의 안 보이는 문이 가득 차서 저절로 닫힌다. 그리하여 통 속의 물이 늘어나면서 갈 곳이 없어져서 마침내 총 밑에서 을(乙) 자 모양의 목까지 달려 들어가 위로 세게 부딪히며 뿜어진다. 수직으로 쏘면 물이 10여 인(仞)이나 올라가고, 가로로 뿜으면 30~40보(步)는 나간다. 그 제도가 관악기의 일종인 생황(笙簧)과 닮았다. 물을 길어 오는 사람은 나무 수조에 연이어 물을 붓기만 하면 된다.【안 우리나라 군영에도 불을 끄는 수차가 있는데, 모양과 제도가 같지는 않다. 그러나 빨아들이고 뿜어내는 방법은 대체로 서로 비슷하다. 이제 일일이 다 기록할 수는 없는데, 오직 만드는 사람이 어떻게 잘 만드느냐에 달려 있을 뿐이다.】《열하일기》[4]

灌水銅盆中, 數人互踏木架, 則筒口、銅槃一陷一湧, 大約納水之妙在於銅槃. 銅槃湧齊[1]筒口, 則筒底暗戶倏翕自開, 以吸外水, 銅槃陷入筒裏, 則筒底暗戶弸盎自闔. 於是筒裏之水膨漲無所歸, 乃自銃底[2]走入乙頸, 忿薄上衝而噴之. 直射爲十餘仞, 橫噀可三四十步. 其制肖笙簧. 汲水者連注於木槽而已.【案我東軍營或有救火水車, 形制不一, 而其吸噀之術大抵相類, 今不能一一載錄, 惟在造者消息神明之[3]如何耳.】《熱河日記》

---

4 《熱河日記》〈馹汛隨筆〉"車制".
[1] 齊:저본에는 "濟". 오사카본·《燕巖集·馹汛隨筆·車制》에 근거하여 수정.
[2] 底:《燕巖集·馹汛隨筆·車制》에는 "脚".
[3] 之:저본에는 "之之". 문맥에 근거하여 수정.

탈것

騎乗之具

1. 말 타는 도구

騎具

1) 안장

중국에서 만든 안장이 좋다. 안교(鞍橋, 안장) 위에
보로(毷毹)¹로 소나 말의 털을 감싸 방석을 만들기 때
문에 걸터앉기에 편한 점이 하나이다. 앞쪽 안교 위
에 구리나 쇠로 반원 모양의 고리를 만들어서 박아
놓아 집기에 편한 점이 둘이다. 등자(鐙子)²를 약간

鞍

華造者佳. 鞍橋之上, 用毷
毹包牛馬毛爲坐褥, 故便
於跨, 一也. 前橋之上, 用
銅鐵作半圓釘釘住, 便於
執持, 二也. 設鐙稍前, 便

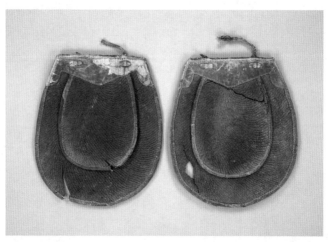

말다래(국립중앙박물관)

---

1 보로(毷毹): 양털로 짠 모직물.
2 등자(鐙子): 말을 타려고 올라갈 때 발을 편하게 딛게 하려고 만든 장치. 말다래 아래쪽에 달아 놓는다. 말
을 타고서 몸을 안정적으로 움직이기 위한 용도로 쓰인다.

말안장(국립중앙박물관)

앞에 달아 밟기 편한 점이 셋이다. 말다래[障泥][3]가 부드러우면서 질기고 영대(纓帶, 가슴걸이)가 간편해서 말에게 편한 점이 넷이다.[4]

　우리나라에서 만든 안장은 몽땅 중국 안장과는 반대인 데다가 재갈, 고삐, 영대까지 모두 철제은상감이어서 쓸데없는 장식에 돈을 낭비하고 과하마[果下][5]나 관단마[款段][6]가 그 무게를 감당하지 못하게 만들 뿐이니, 서둘러 바꿔서 중국의 제도를 따라야 한다.《금화경독기》

於踏, 三也. 障泥柔靭, 纓帶簡約, 便於馬, 四也.

東造者一切反是, 且羈、䩛、纓帶皆鐵裝銀鑲, 破費於無用之具, 而徒使果下、款段不勝其任, 亟宜改從華制也.《金華耕讀記》

3　말다래[障泥] : 말을 탄 사람의 옷에 흙이 튀지 않도록 가죽 같은 것을 말의 안장 양쪽에 늘어뜨려 놓은 기구. 말다래의 모습은 위의 사진과 같다.

4　안교(鞍橋)……넷이다 : 안장의 모습은 다음과 같다.

5　과하마[果下] : 키가 3척쯤으로 말을 타고서 과일나무 아래를 지나갈 수 있다고 하여 붙여진 이름.《후한서》〈동이전〉

6　관단마[款段] : 느린 말을 지칭함.《후한서·마원전》의 '하택거를 타고 관단마를 몰면 충분하다.'라는 말에서 유래하였다.

2) 안장걸이[7]

다리가 넷에 들보가 하나로 모양이 목마(木馬)와 비슷하니, 이 도구로 안장을 건다. 다시 면포로 안장싸개[鞍匣]를 만들되 기름을 누렇게 먹여 덮는다.《금화경독기》

鞍架

四脚一梁, 形類木馬, 以挂鞍. 復用綿布爲鞍匣, 油黃覆之.《金華耕讀記》

3) 채찍[8]

예전에는 가죽을 썼기 때문에 글자가 혁(革)을 부수로 삼았지만, 뒤에는 대나무를 썼기 때문에 책(策)이라고 부르기도 한다. 마디 짧은 대나무로 손잡이를 만들고 가죽끈을 단다.《금화경독기》

鞭

古用革, 故字從革, 後世用竹, 故亦稱策. 促節竹爲柄, 繫以革條.《金華耕讀記》

4) 말솔

꽃창포뿌리로 만든다. 모양이 솥솔과 같으니, 말의 솜털을 쓸어 주기 위한 도구이다. 또 쇠로 작은

刷

用馬藺根爲之. 形如鍋刷, 所以刷馬氄毛者也. 又有

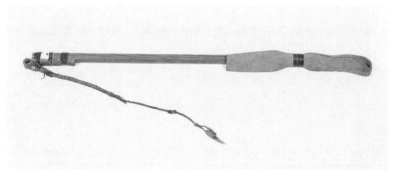

채찍(국립중앙박물관)

---

7   안장걸이 : 안장의 모양이 흐트러지지 않게 고정시켜 주는 도구.
8   채찍 : 채찍의 모습은 위의 사진과 같다.

104   섬용지 · 권제 4

톱니를 만들어 말갈기를 빗겨 주는 도구가 있는데, 이를 '말빗'이라고 한다.《금화경독기》

鐵作細齒以櫛馬毛者, 日 "馬梳".《金華耕讀記》

5) 도둔[9]

표범가죽이나 사슴가죽으로 직사각형 방석을 만들고 말이나 소의 털로 속을 넣어 안장 위에 걸쳐 놓는다. 양쪽에는 끈을 두어서 등자에 매니, 사람들이 말을 타고서 앉는 데 편하게 하기 위한 용도이다. 말에서 내리면 둘둘 말아서 바닥에서는 방석으로 쓴다. 그러나 안장에 도둔을 놓으면 도둔이 바로 앞쪽 안교를 덮어서 사람이 잡는 데 방해된다. 요즘에는 다른 방법이 있어서, 보로로 소나 말의 털을 감싸 주고 따로 작고 둥근 방석을 만드는데, 앞에는 반원형의 구멍을 만들어 앞쪽 안교의 반원형 고리가 이 구멍 위로 빠져나오게 하니, 역시 좋은 방법이다.《금화경독기》

挑臀

或用豹皮, 或用鹿皮, 作 墮方褥, 以馬牛毛爲胎, 跨 挂鞍上. 兩邊有縷, 繫於 鐙, 所以便人騎坐也. 下馬 則捲, 下作坐褥. 然鞍上設 此, 便掩却前橋, 妨人執 持. 近有一法, 用氈氌包牛 馬毛, 造小圓褥, 前作半圓 穴, 令前橋上半圓釘露出 穴上, 亦良制也.《金華耕讀 記》

---

9 도둔:말안장 위에 걸쳐 놓는 방석 종류. 사람이 말을 탈 때 편하게 앉기 위한 도구이다.

2. 타는 도구

【안 《이운지·명승지 여행》에 안차(安車)[1]와 편교 (便轎)[2]의 제도가 있는데, 이 내용과 함께 참고할 만하다.】

乘具

【案 《怡雲志·名勝游衍》類 有安車、便轎之制, 可與此 參考.】

1) 태평차(太平車)[3]

타는 수레를 '태평차'라 한다. 바퀴 높이가 팔꿈 치까지 오고, 30개의 살이 하나의 바퀴통에 연결되 어 있으며, 대추나무로 둘레를 만들어 쇳조각과 쇠

太平車

乘車曰"太平車". 輪高及肘, 三十輻①共一轂, 棗木圍 成, 鐵片、鐵釘圍遍輪身.

태평차(박제가 저, 안대회 역주, 《북학의》)

---

1 안차(安車) : 말 한 필이 끄는 작은 수레로 덮개가 달려 있다.
2 편교(便轎) : 2~4명이 손으로 들거나 멜빵에 걸어 메고 사람을 태워 운반하는 가마.
3 태평차(太平車) : 태평차의 개략적인 모습은 위의 그림과 같다.
① 輻 : 저본에는 "幅". 오사카본에 근거하여 수정.

못으로 바퀴 몸통을 두른다. 위에는 원형 승차 칸을 만드는데, 3명을 태울 수 있다. 승차 칸에는 청포(靑布)나 능라[綾緞]나 우단(羽緞, 벨벳)으로 휘장을 달거나, 상렴(緗簾, 누런 빛깔이 나는 발)을 늘이고 은꼭지를 달아 여닫기도 한다. 승차 칸 좌우에 유리를 붙여 창문을 내고, 승차 칸 앞에는 가로 널빤지를 설치하여 마부를 앉히고 승차 칸 뒤에도 승차 칸 앞처럼 가로 널빤지를 설치하여 종자(從者)를 앉힌다.4 나귀 1마리에 멍에를 씌우고 가는데, 길이 멀면 말이나 나귀를 늘린다.【안】 연경의 귀인들이 타는 수레는 모양과 만드는 방법이 이와는 조금 다르다. 수레의 승차 칸은 네 칸막이가 똑바로 서 있고 지붕은 아치형이다. 또 태평차의 바퀴가 승차 칸 아래에 있어서 언제나 타고 있는 사람이 흔들거려 불안해하는 일이 걱정되는데, 이 수레는 바퀴를 조금 뒤에 설치한 덕분에 앉는 사람이 편안하다. 민간에서는 이 수레를 '한림차(翰林車)'라 부른다. 우리나라에도 더러 수입해 오는 사람이 있기도 한데, 수레 한 대 값이 백금(白金) 50냥을 넘기도 한다.】《열하일기》5

上爲圓屋, 可容三人. 屋以靑布或綾緞或羽緞爲帳, 或垂緗簾, 用銀鈕開閉. 左右傅玻璃爲牕, 屋前設橫板以坐御者, 屋後亦坐從者. 駕一驢而行, 遠道則益馬與騾.【案】 燕京貴人所乘, 形製稍異. 其屋四墻豎②起, 而有蓋穹隆. 且太平車輪在屋下, 故每患乘者搖戛不平, 此則設輪稍後, 故坐者安穩. 俗呼"翰林車". 東人或有貿來者, 一車之直或過白金五十兩.】《熱河日記》

2) 쌍륜차(두바퀴수레)

끌채 둘에 바퀴 둘이다. 바퀴는 태평차 바퀴와 같지만 그보다 약간 작고, 끌채는 우리나라 부인교

雙輪車

兩轅雙輪. 輪如太平車輪而差小, 轅如我東婦人轎

---

4 승차……앉힌다: 승차 칸 가운데에 주인이 앉는다.
5 《熱河日記》〈馹汎隨筆〉"車制".
② 豎: 저본에는 "堅". 오사카본에 근거하여 수정.

(婦人轎, 부인용 가마)의 끌채와 같지만 앞으로 나온 부분은 그보다 길어서 말에 멍에를 지우고, 뒤로 나온 부분은 짧아서 단지 손으로 잡고 수레를 밀 수 있을 뿐이다. 끌채 위에 동자기둥[侏儒柱] 4개를 세우고 그 기둥 위에 승차 칸을 설치한다. 승차 칸의 제도 또한 부인교와 같으나 지붕은 대자리로 싸고, 또 앞에는 발을 달지 않는 점이 다르다. 우리나라 도로는 대부분 경사져 있어서 3~5명이 곁에서 붙들지 않으면, 바로 쉽게 뒤집어진다. 이 때문에 승차 칸 아래의 앞뒤에 모두 짧은 채를 가로로 대어 4명은 좌우에서 채를 잡고 1명은 뒤에서 수레를 미니, 재력 있는 사람이 아니면 탈 수가 없다.《금화경독기》

轅, 而前出者長以駕馬, 後出者短, 只可手執推車而已. 轅上豎侏儒柱四, 柱上設屋. 屋之制亦如婦人轎, 而蓋用竹簟裹, 且前不設簾爲異耳. 我東路多傾仄, 除非三五人傍扶, 則輒易翻跌, 故屋下前後皆橫設短杠, 四人左右執杠, 一人在後推車, 非有力者, 不能騎也.《金華耕讀記》

3) 독륜차

제도는 쌍륜차와 같다. 두 다리 사이에 바퀴 1개를 끼운 점만은 요즘 재상들이 타는 초헌(軺軒)[6]과 같지만 다리가 그보다 짧고 바퀴는 크다.【다리는 초헌의 다리에 비하면 약간 짧고, 바퀴는 초헌의 바퀴에 비하면 약간 크다.】쌍륜차로 좁은 길이나 비탈진 오솔길을 다니기는 불편하기 때문에 외바퀴로 바꾼 것이다. 그러나 곁에서 잡고 있는 사람이 실수라도 한 번 하면, 그 위험은 쌍륜보다 크다. 또 승차 칸이 없고 위에는 의자 모양을 만들고 아래에는 발판이 있

獨輪車

制與雙輪車同. 惟兩脚夾一輪, 如今宰相軺車, 而脚短輪大.【脚比軺車之脚則差短, 輪比軺車之輪則差大.】以雙輪不便行窄路、仄徑, 故易以隻輪. 然傍扶者一或失手, 其危甚於雙輪也. 又有無屋而上作椅形, 下有踏板, 令可踞坐如軺

---

6 초헌(軺軒): 초헌의 모습은 위의 그림과 같다.

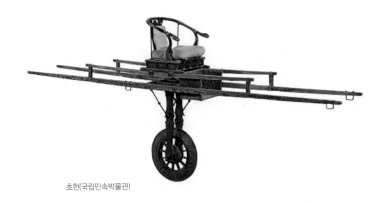

초헌(국립민속박물관)

어서 초헌처럼 걸터앉도록 한 독륜차가 있는데, 모양이나 제도가 승헌(乘軒, 초헌)과 상당히 비슷해서 산촌에 알맞은 수레가 아니다.《금화경독기》

車者, 則形制頗疑於乘軒, 非山家所宜也.《金華耕讀記》

4) 이차(쟁기수레)

이차를 만들려면 꼭 먼저 자연적으로 굽은 나무 두 그루를 구해야 한다.【그 모양은 땅에서 곧게 몇 척 자라다가 갑자기 1척 정도 비스듬하게 휘고, 다시 곧게 몇 척 자란 형태이다. 깊은 산에는 이런 나무가 많은데, 나뭇결 및 크기와 길이가 크게 차이 나지 않는 나무를 잘 골라 그중에 두 그루를 베어서 끌채 2개를 만들 재료로 쓴다.】물에 담갔다가 불에 말려서 완전히 마르면 깎아서 끌채 2개를 만든다. 끌채의 휜 곳이 가운데 오고 끌채 2개 사이의 너비가 2척이며, 끌채에서 앞으로 나온 부분을 짧은 바퀴통 위에 얹는데 길이는 3척 남짓이다.【앞 끌채의 길이를 나누어 한가운데에 바퀴통을 설치한다.】바

犁車

將爲犁車, 必先求天生句曲木兩株.【其形自地直長幾尺, 忽斜屈尺許, 復直長幾尺. 深山多有如此者, 揀木理及大小、長短不相徑庭者, 斫取兩株, 用作兩轅之材.】水漚火煏, 俟透乾, 斲成兩轅. 其屈曲處居中, 而兩轅相距③之廣二尺, 轅之前出者, 駕在短轂上, 長三尺餘.【分前轅之長, 正中設轂.】轂之兩頭設輪.【其

---

③ 距 : 저본에는 "拒". 오사카본에 근거하여 수정.

퀴통의 양 끝머리에 바퀴를 설치한다.【그 바퀴는 두 꺼운 판목을 끼운 뒤 완전히 동그랗게 깎고서 주위를 철엽(鐵葉, 철판)을 박아 감싼다. 바퀴의 원지름은 태평차 바퀴의 절반 정도이다.】동자기둥 4개는 앞쪽 끝채에 세우고 네 귀퉁이 기둥 위에 들보를 두며, 들보 위에는 발이 없는 둥근 의자를 만드는데, 모양이 초헌과 같다.

수레 위를 장식하는 제도 : 아래에는 칸 하나를 두고 뒤에는 들어열개[弔門]를 설치하여 이부자리나 음식 그릇 등 일체의 여행 도구를 보관한다. 뒤 끝채는 길이가 3척 남짓으로 1명이 뒤에서 두 끌채를 끼고서 수레를 민다.【삼줄을 짜서 넓은 줄을 만든 뒤 수레를 미는 사람은 그 줄을 뒤쪽 두 끌채에 걸고서 들어 올리고 어깨에 엇갈리게 건다.】그 수레가 앞 끌채는 낮고 뒤 끌채는 높아서, 사람이 수레를 밀면 밭 가는 쟁기[犁]와 완전히 비슷하기 때문에 '이차'라고 한다. 일반적으로 끌채, 기둥, 승차 칸, 의자는 모두 옻칠한다.《금화경독기》

輪用厚板木相嵌, 斲成正圓, 而鐵葉釘裹. 圓徑半於太平車輪.】四侏儒柱豎在前轅, 四隅柱上有梁, 梁上作無足圓椅, 形如軺車.

上裝之制 : 下有一格, 後設弔門, 以藏衾褥、肴盒等一切行具. 後轅長三尺餘, 一人在後夾轅而推車.【用麻繩織作廣絛, 挂擧後兩轅, 而交絡于人肩.】其車前轅低而後轅高, 人之推車一似耕犁然, 故名"犁車". 凡轅、柱、箱、椅竝髹漆之.《金華耕讀記》

5) 가마

옛날에는 견여(肩輿), 재여(載輿), 담자(擔子), 두자(兜子) 등의 가마 이름이 있었다. 비록 그 모양과 만드는 방법이 일치하지는 않지만, 요컨대 모두 지금의 타는 가마 종류이다. 듣자니 중국인이 타는 가마는 모두 우단(羽緞)으로 삼면에 장막을 만들고, 유리를 붙여 창을 낸다고 한다. 가마채를 설치할 때는 반드시 가마 허리에다가 만들고 푸른 실을 꼬아서

轎

古有肩輿、載輿、擔子、兜子之稱. 雖其形製不一, 要皆今乘轎之類也. 聞華人乘轎皆羽緞爲障三面, 付玻璃爲牕. 其設杠必在轎腰, 以靑絲繩橫絞杠之前後. 再以丹杠, 當中貫絞,

만든 줄을 채의 앞뒤에 가로로 얽는다. 다시 이 붉은 채를 가운데로 꿰어 꼬아서 양 끝을 어깨에 메고 4명이 한결같이 보폭을 맞춰 걸어가면 움직이지도 않고 흔들리지도 않으면서 공중에 매달려 간다고 한다. 길이 멀면 다시 4명이 뒤를 따르다가 5리마다 교대로 멘다고 한다. 대개 가마채를 허리에 설치하는 이유는 좌우로 기우는 현상을 막기 위해서이고, 붉은 채에 꿰어 꼬아서 공중에 매달려 가도록 하는 이유는 안정되어 흔들리지 않게 하고자 해서이다.【안 연경에 갔다 온 사람의 말을 들으니, "길에서 어떤 관리가 작은 가마를 타고 가는 것을 보았는데, 가마의 허리를 뚫어 채를 끼웠으므로 옆에서 가마를 잡는 사람이 기울지 않으며, 앞뒤로 각각 2명이 가마를 메고 있었지만 뒤에는 10명 남짓한 사람이 말을 타고 따르면서 5리나 3리마다 교대로 멘다고 한다. 이렇게 하면 비록 천 리 길이라도 사람이 가마를 메고서 목적지에 도달하는 데 곤란하지 않을 것이다.】 마땅히 그 제도를 본뜨되 약간 조절하고, 집에 가마를 하나씩 두고서 노인이나 병자를 옮기는 데 대비해야 한다.《금화경독기》

兩頭肩荷, 四人八蹄, 一行接武, 不動不搖, 懸空而行. 長途遠程, 則更有四人隨後, 五里一遞擔云. 蓋設杠在腰者, 所以防左傾右仄也, 貫絞懸空者, 欲令安穩不搖也.【案 聞赴燕人言"路見一官人乘小輿, 穿輿之腰而杠之, 故無夾持者而不傾, 前後各二人縱擔之, 後有十餘人, 騎馬而隨, 每五里或三里而遞擔云. 如是則雖千里, 亦不難人擔而致矣.】 宜倣其制, 而稍加省略, 家置一轎, 以備老病者之需.《金華耕讀記》

근년 여염집에 가마제도가 하나 있는데, 승차 칸은 있으나 지붕이 없다. 승차 칸 모양은 지금의 부인교(婦人轎) 같은데, 아랫부분을 장식했고 앞 끝채와 뒤 끝채는 그 길이가 같다. 앞뒤로 각각 한 사람씩 멜빵을 채에 걸고 가지만, 험하거나 좁은 길을 지나가도 모두 매우 편안하다. 민간에서는 이를 '초교

近歲閭閻有一轎制, 有箱而無覆. 屋形如今婦人轎, 下桱而前杠與後杠齊其長. 前後各一人用繩挂杠而行, 歷險度隘皆極安穩, 俗呼"草轎". 舊爲里巷婦女所

(草轎)[7]라고 부른다. 예전에는 동네 부녀자들이 타던 가마였으나 지금은 사대부 중에도 타는 사람이 있다.《금화경독기》

乘, 今士大夫或有騎之者. 同上

6) 부인교(부인용 가마)

가마채 2개에 승차 칸을 하나 싣는데, 가마채 중에서 앞으로 나온 부분은 길이가 1척이 안 되고, 뒤로 나온 부분은 길이가 4~5척이 된다. 승차 칸의 네 귀퉁이에는 작고 둥근 구멍을 파고, 작은 기둥 4개를 구멍에 세운 뒤 기둥 위에 지붕을 끼워 덮는다. 지붕은 아청색[鴉靑] 칡베를 발라서 꾸미고, 다시 아청색 칡베로 휘장을 만들어 사방을 가리며, 앞에는 주칠한 주렴을 단다. 10리 이내의 길을 갈 때는 4명이 메고, 10리 밖 길을 갈 때는 말 등에 짐을 싣고 2명이 곁을 붙들고 1명이 손을 하늘로 올려 끌채를 잡고 간다.《금화경독기》

婦人轎

兩杠戴一箱, 而杠之前出者, 長不滿一尺, 後出者, 長可四五尺. 箱之四隅有小圓孔穿, 立四小柱, 柱上嵌覆屋蓋. 蓋用鴉靑褐布塗飾, 復以鴉靑褐布爲帳, 障蔽四面, 前設朱漆簾子. 十里以內四人肩擔, 以外馱載馬背, 兩人傍扶, 一人仰手, 執後杠而行.《金華耕讀記》

---

7 초교(草轎):《광재물보》에서는 지붕이 없는 가마라고 했다.

3. 여행에 쓰는 기타 도구

【안 《이운지·명승지 여행》과 참고해야 한다.】

行李雜具

【案 當與《怡雲志·名勝游衍》類互考.】

1) 침롱

싸리나무 가지를 엮어 칸막이 넷을 만들되, 덮개도 바닥도 없다. 여기에 종이로 안팎을 바르고, 다시 소가죽으로 겉면을 기워 상자를 만든다. 푸른 면포를 속에 대어 칸막이 넷을 싸고, 칸막이 위에 여분으로 나오는 가죽 네 폭을 접고 만나는 곳을 이어서 덮개를 만든다. 만나는 곳 위아래마다 사슴가죽 끈을 끼우고 소가죽을 묶어서 고정시킨 다음, 여기에 누렇게 기름을 먹이거나 옻칠을 한다. 침롱 속에 이부자리, 옷, 빗 상자, 사미합(四美盒), 약 바구니, 다구(茶具) 등 일체의 여행 도구를 담고, 삼줄로 짠 자리로 농을 싸서【이렇게 싼 침롱을 민간에서는 '농삼장[籠三丁]'[1]이라고 부른다.】 뒤따르는 수레에 싣는다.《금화경독기》

寢籠

編杻條爲四墻, 無蓋無底. 紙塗內外, 更用牛革, 縫作外匣. 靑綿布供裏, 包裹四墻, 墻上剩出四革幅, 摺疊交襟爲蓋. 每於交襟上下, 綴鹿皮纓, 結固其革, 或油黃或髹漆. 內貯衾褥、衣服、梳匣、四美盒、藥籃、茶具等一切行具, 麻繩編席裹籠,【俗呼"籠三丁".】 馱在後乘.《金華耕讀記》

2) 상롱(침상 겸 침롱)

얇은 널빤지로 궤짝 4개를 만드는데, 궤짝 각각은 길이가 4척, 너비가 2척, 높이가 1척이다. 몸통

牀籠

用薄板造四櫃, 各長四尺, 廣二尺, 高一尺. 渾身牛筋

---

1 농삼장[籠三丁]:농삼장의 모습은 다음 페이지의 사진과 같다.

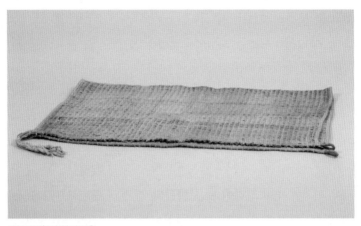

지승농삼장(국립민속박물관)

전체에 소 힘줄을 붙여 묶고 옻칠을 하고 한쪽 끝에 서랍[抽舌]를 달아 여닫도록 한다. 궤짝 4개의 모양과 만드는 방법은 치수를 서로 맞추고 깔개와 덮개, 일체의 여행 도구를 나누어 담을 수 있도록 한다. 궤짝을 2개씩 포개어 쌓고 삼줄로 짠 자리로 싼 다음 말총으로 묶어서 고정시킨 뒤, 말 1마리가 등에 지고서 뒤를 따르도록 한다. 여관에 머무를 때마다 궤짝 4개를 잇대어 깔면 하나의 침상이 되어서 벼룩이나 지네를 피할 수 있다. 대개 침롱이면서 여행용 평상[行榻]을 겸하기 때문에 물건은 하나이지만 쓰임새는 두 가지이다.《금화경독기》

膠絡而髹漆之, 一頭作抽舌啓閉. 四櫃形製, 尺寸相準, 分藏鋪蓋及一切行具. 每二櫃疊累, 用麻繩席包裹, 鬆繩絡固, 一馬馱載隨後. 每店房止宿, 連鋪四櫃, 便一臥牀, 可辟蚤、蝎. 蓋寢籠而兼行榻, 一物兩用者也.《金華耕讀記》

3) 사미합

자단나무로 상자를 만들어 속에 소형 벼루, 붓, 먹, 주묵, 물레가락, 칼, 송곳, 족집게, 귀이개, 이쑤시개, 약저울, 산판(算板), 도서(圖書), 인주통, 계척

四美盒

花梨爲匣, 內貯小硏、筆、墨、朱、挺子、刀、錐、鑷子、空耳、挑齒、藥稱[1]、算板、

(界尺, 괘선을 그을 때 쓰는 자), 문진(서진), 연적, 오갑경(鳥匣鏡)² 등의 물건을 담는다. 근년에 사신단이 사미합을 사서 귀국하는 경우가 많은데, 대개 중국 사람들이 여행 중에 필요한 물건이라 한다.《금화경독기》

圖書、印色池、界尺、鎮紙、研滴、鳥匣鏡等物. 近歲貢輅多有貿來者, 蓋彼中行旅所需云.《金華耕讀記》

4) 금대(이불 자루)

혼자 말을 타고 가서 뒤따르는 수레가 없을 경우 겹으로 된 면포로 직사각형 자루를 만든다. 자루 주둥이는 뒤쪽 한가운데에 두어 얇은 솜이불과 깔개, 철침(접이식 쇠베개), 대야, 수건 따위를 꾸려 넣고 안장 위에 걸쳐 놓은 다음, 좌우에 줄을 두어 등교(鐙橋)에 묶는다. 자루 겉면은 표범 가죽을 입혀서 사슴 가죽으로 네 가장자리에 가선을 장식하거나, 전체를 사슴 가죽으로 입히거나, 그대로 면포를 염색하여 낙타색[駝色] 또는 침향색을 내어 누벼서 입히고, 사슴 가죽으로 네 가장자리에 가선을 장식하기도 한다.《금화경독기》

衾帒

單騎無後乘者, 用綿布裌造長方帒. 帒口在後面正中, 以裝入薄絮衾襪② 及鐵枕、盥、帨等物, 跨挂在鞍上, 左右有纓, 繫于鐙橋. 其帒外面, 或被以豹皮而鹿皮緣飾四邊, 或全用鹿皮爲衣, 或仍以綿布染作駝色、沈香色, 線縷爲衣而鹿皮緣飾四邊.《金華耕讀記》

5) 철침(접이식 쇠베개)

쇠막대 2개가 교차하는 위아래에 모두 좁고 작은 가죽 조각이 있다. 쇠막대를 세우면 가죽이 펼쳐지

鐵枕

兩鐵③條交叉, 而上下皆有狹小革片. 架起則張撑爲

---

2 오갑경(鳥匣鏡):주머니나 허리춤에 차고 다니면서 용모를 가다듬을 때 수시로 사용했던 휴대용 거울.

① 稱 : 저본에는 "枰". 오사카본에 근거하여 수정.

② 襪 : 韤과 同字로 추측됨.

③ 鐵 : 저본에는 "枕". 오사카본에 근거하여 수정.

면서 지탱하여 베개가 되고, 풀어서 접으면 나무판처럼 접힌다.《금화경독기》

枕, 弛摺則翕貼如木板.《金華耕讀記》

6) 괘안낭(안장에 거는 주머니)

가죽으로 주머니 2개를 만드는데, 모두 덮개가 있어 접어서 덮을 수 있으며 황동 장식물로 잠글 수 있다. 가죽끈 2개로 양쪽 주머니를 이어 붙이고 앞쪽 안장에 매달아 노잣돈, 붓, 벼루, 거울, 빗, 차, 향초 등의 여행 도구를 담는다. 어떤 사람은 갈포로 좁고 긴 자루를 만들어 뒤쪽 안장에 걸쳐 놓고 여행 도구를 좌우의 아래로 늘어뜨린 곳에 나눠 담으면 사람과 말이 모두 편하다고도 한다.《금화경독기》

挂鞍囊

革造雙囊, 皆有蓋摺掩, 黃銅裝飾令可鎖鑰. 兩革條連綴兩囊, 挂在鞍之前橋, 藏盤纏、筆、研、鏡、梳、茶、蒳等行具. 或言用褐布, 作夾長帒, 跨在鞍之後橋, 而分貯行具于左右下垂處, 則人與馬皆便云.《金華耕讀記》

7) 수젓집

자색 사슴 가죽으로 만들거나 검은 갈포로 만들고, 푸른 실을 꼬아 만든 줄을 끈으로 삼는다.《금화경독기》

匙筯囊

或紫鹿皮造, 或黑褐布造, 靑絲繩爲纓.《金華耕讀記》

8) 풍안경[3]

여행길에는 티끌이 제일 성가시다. 한 변의 길이가 0.1척 되는 사각형 유리 두 알을 검은 단[黑緞]으로 유리 가장자리를 두르고서 단(緞)으로 유리 두 알을 이어 붙여 돋보기처럼 두 눈에 걸어 보호한다.

風眼鏡

行路最厭塵坌. 用方寸玻璃兩片, 黑緞飾邊, 仍以緞連綴兩片, 挂護兩眼如靉靆樣, 而左右有小帶圍繞,

---

3 풍안경:바람과 티끌이 심한 곳에서 싸울 때 병사들이 쓰던 안경.

좌우로 작은 띠가 있어 이를 둘러서 머리 뒤에서 묶는다. 바람이나 먼지를 막지 않는 것은 아니지만 김이 서려 유리가 뿌예지는 점이 상당히 흠이다.《금화경독기》

至腦後結紐. 非不障風遮塵, 而頗欠氣蒸令玻璃昏暗.《金華耕讀記》

9) 오동 요강

갈이틀로 오동나무를 깎아 요강을 만들고, 안팎에는 모두 옻칠한다. 새끼를 엮어 주머니를 만들고서 요강을 넣은 다음 안장 뒤에 건다.《금화경독기》

桐溺器

旋桐作溺器, 內外皆髹漆. 結繩爲囊, 挂在鞍後.《金華耕讀記》

시장에서 파는 요강은 대부분 잡목으로 만들어 오래지 않아 터져 갈라진다. 풀 먹인 종이를 틀에 찍어 내서 만든 요강도 오래 견디지 못한다. 소가죽으로 만들어 기름을 먹인 요강이 좋다.《금화경독기》

市賣者多用雜木, 不久坼裂. 或糊紙脫模而成者, 亦不耐久. 或用牛革造而灌油者佳. 同上

10) 비옷

비옷 제작법.
복령(茯苓)[4]과 낭독(狼毒)[5] 및 천선자[天仙][6]에다가,
패모(貝母)[7]와 창출(蒼朮)[8]은 같은 분량 가득.
반하(半夏)와 개구리밥은 갑절 더하고,
9승(九升) 물에 삶으며 더 넣지 않네.
모락모락 약한 불에 정결히 졸이고,

雨衣

造雨衣法:
茯苓、狼毒與天仙,
貝母、蒼朮等分全.
半夏、浮萍加一倍,
九升水煮不須添.
騰騰慢火熬乾淨,

---

4 복령(茯苓): 소나무에 기생하는 균체에서 겉면을 제거하고 만든 약재.
5 낭독(狼毒): 대극과에 속하는 다년생 초본식물.
6 천선자[天仙]: 가짓과 식물인 사리풀의 여문 씨를 말린 약재.
7 패모(貝母): 백합과에 속하는 다년생 초본식물.
8 창출(蒼朮): 조선 삽주 및 같은 과 식물의 뿌리줄기를 말린 약재.

비 오면 그대를 챙기고 곳곳에서 입지.
적삼은 본디 베옷이라 말하지 말게.
몇 겹 털옷 입는 것보다 나으니.《농정전서》[9]

雨下隨君到處穿.
莫道單衫元是布,
勝如披着幾重氎.《農政全書》

옷에 미음을 먹여 비가 새지 않게 하는 법:초오(草烏),[10] 백급(白芨),[11] 백복령(白茯苓),[12] 낭독, 천선자, 백반 각각 1냥씩을 고운 가루로 갈아 미음 속에 개어 넣고, 옷에 미음을 먹이면 비가 새지 않는다.《고금비원》[13]

漿衣不透雨法:草烏、白芨、白茯苓、狼毒、天仙子、白礬各一兩, 硏爲細末, 和入漿內, 漿衣不透雨.《古今秘苑》

우리나라의 유삼(油衫, 기름에 결은 비옷) 제조법:옷은 고운 명주 26척,【방사주(方絲紬)[14]이면 더욱 좋다.】 깃은 삼승포(三升布)[15] 반폭 1.6척으로 만든다.【옷은 일반적으로 8폭이다. 폭마다 길이가 3.2척인데, 등쪽 2폭은 전폭을 쓰고, 좌우 폭은 모두 비스듬히 잘라 위는 좁고 아래는 넓게 한다. 앞쪽 옷깃은 반폭을 1.5척으로 비스듬히 잘라 오른쪽 가장자리에 붙인다. 뒤쪽 풍편(風遍, 바람막이)은 전폭 0.5척을

東國油衫造法:衣用細紬④二十六尺,【方絲紬尤好.】領用三升布半幅一尺六寸爲之.【衣凡八幅, 每幅長三尺二寸, 背後二幅用全幅, 左右幅則皆斜割, 令上狹下廣, 前襟則斜割半幅一尺五寸, 付於右邊, 後面風

---

9 《農政全書》卷42〈製造〉"營室" '造雨衣法'(《農政全書校注》, 1224쪽).

10 초오(草烏):바꽃의 덩이뿌리.

11 백급(白芨):난초과의 여러해살이풀인 자란의 덩이줄기를 말린 약재.

12 백복령(白茯苓):땅속의 솔뿌리에 기생하는 흰 복령.

13 《古今秘苑》〈一集〉卷4 "漿衣不透雨法".

14 방사주(方絲紬):방사주(方紗紬), 방사주(紡絲紬)와 같다. 실을 켜서 짠 명주를 말한다.

15 삼승포(三升布):석새삼베. 1승(升)은 날실 80올이므로, 240올의 날실로 짠 성글고 굵은 베.

④ 紬:저본에는 "細". 오사카본·한국은행본·《增補山林經濟·雜方·造雨衣法》에 근거하여 수정.

쓴다.】

　참기름과 들기름 각각 5홉을 섞어 입에 머금었다가 옷에 고루 뿜어 준 뒤 옷을 조심스레 손으로 고루 문지르고 바로 기름종이로 싼다. 차갑지도 뜨겁지도 않은 곳에 이 옷을 놓아두었다가 5~6일 지나면, 꺼내어 먼지 없고 바람 통하는 그늘진 마루에 펼쳐서 걸어 둔다. 1개월쯤 되면 따로 들기름 4승을 3승이 되도록 졸이고 다른 그릇에 부어서 열기가 점차 빠지게 한다. 다시 다른 그릇에 약간의 기름을 덜어 낸 뒤 여기에 백반 약간을 조금씩 기름 속에 넣으면 백반이 저절로 녹는다. 녹는 대로 원래의 기름에 붓는다. 이를 반복하여 백반이 1냥 다 들어갈 때까지 한다.【기름에 백반을 넣는 이유는 백반의 성질이 차가워서 옷에 불이 붙는 것을 막을 수 있는 데다가 옷이 끈적이는 문제를 방지할 수 있기 때문이다. 백반을 끓는 기름 속에 넣지 않는 이유는 좁쌀처럼 부서지기만 하고 완전히 녹지 않을 수 있기 때문이다.】 고운 베수건으로 찌꺼기를 걸러 낸다.

　옷을 가져다 기름종이 위에 펼쳐 놓고 졸인 기름으로 고루 칠하여 기름이 젖어들게 한다. 햇볕 드는

遍用全幅五寸⑤.】

以麻油、荏油各五合相和, 含口勻噴, 愼⑥手揉勻, 卽裹以油紙. 置不寒不熱處, 過五六日, 取出張掛於無塵通風之陰軒⑦. 近一朔, 另以荏油四升, 煎至三升, 傾出他器, 令熱氣稍減. 又用別器分出若⑧干油, 以白礬少許⑨少少投入油中, 則礬自融化, 隨化隨傾於元油中, 以盡白礬一兩⑩爲度.【油中入礬者, 以礬性涼能防生火, 且防膠粘之患也. 不投礬沸油中者, 恐碎散如粟, 不盡融化也⑪.】用細布巾濾去滓.

取衫布展于油紙上, 以煎過之油, 勻塗浹洽. 張掛向

---

⑤ 衣凡…五寸:《增補山林經濟·雜方·造雨衣法》에는 본문.
⑥ 愼:《增補山林經濟·雜方·造雨衣法》에는 "信".
⑦ 軒:《增補山林經濟·雜方·造雨衣法》에는 "廳上".
⑧ 若:底本에는 "略".《增補山林經濟·雜方·造雨衣法》에 근거하여 수정.
⑨ 少許:《增補山林經濟·雜方·造雨衣法》에는 "一兩亦除出若干".
⑩ 以盡…一兩:《增補山林經濟·雜方·造雨衣法》에는 "直至礬盡且融".
⑪ 油中…化也:《增補山林經濟·雜方·造雨衣法》에는 없음.

곳에 펼쳐 넣어 두면 기름이 어김없이 밑으로 흐르는데, 기름이 바닥으로 떨어지기 전에 또 뒤집어 넣어서 기름이 다시 아래로 흐르게 한다. 이렇게 3~4번 하여 기름이 다 마를 때까지 기다린다. 문질러서 기름이 손가락에 묻지 않으면 다시 앞의 기름을 바르고 그늘에서 말린다. 일반적으로 1회는 햇볕에 말리고 1차례는 그늘에서 말리는데, 이렇게 10여 차례 한다. 그제야 물 위로 던져 띄운 뒤 수포석(水泡石)[16]【민간에서는 '속돌'이라고 부른다.】으로 살짝살짝 문질러 가며 먼지나 때를 깨끗이 벗겨 조금도 울퉁불퉁해진 곳이 없게 한다. 옷을 꺼내 말렸다가 다시 기름을 3~4차례 바르는데, 앞뒤 공정에서 기름 바르는 작업이 많게는 15~16차례 정도는 되어야 비로소 최상품이 된다. 처음부터 끝날 때까지 기름을 입힐 때마다 손바닥으로 문지르는데, 손바닥이 부르트고 팔이 뻐근해지면 베틀북의 등으로 문지른다.

일반적으로 유의(油衣, 유삼)를 만들 때는 8월이나 9월에 기름을 입히기 시작하여 다음 해 3월에 작업을 끝내야 한다. 여름에 만들면 모기나 파리가 옷에 바른 기름 위에서 사람에게 맞아 죽을 일이 걱정되니, 절대로 모기나 파리를 때려죽이는 대로 시체를

陽處[12], 則油必下流, 又倒掛之, 令油復下流. 如是三四次, 俟油乾淨. 拭不染指, 復加前油, 陰乾. 凡一番陽乾, 一番陰乾, 如是十餘次. 乃投浮于水面, 以水泡石【俗稱"속돌[13]".】輕輕磨弄, 令塵垢淨去, 少無礙指疹粟之處. 取起待乾, 又加油三四次, 前後加油, 多至十五六次, 方爲上品矣. 自初至終, 每於加油時, 以手掌磨拭之, 掌繭腕疲, 則以梭背磨之.

凡造油衣, 要八九月始[14]加油, 至明年三月訖工. 夏月造者, 每患蚊蠅撲死於油上, 切勿隨撲隨摘, 待油乾, 用布巾漬水拭去. 此義

---

16 수포석(水泡石):화산의 용암이 갑자기 식어서 만들어진 가벼운 돌.

[12] 向陽處:《增補山林經濟·雜方·造雨衣法》에는 "陰處".

[13] 속돌:오사카본·《增補山林經濟·雜方·造雨衣法》에는 "속돌".

[14] 始:底本에는 "如". 규장각본·오사카본·한국은행본·《增補山林經濟·雜方·造雨衣法》에 근거하여 수정.

집어내지 말고 기름이 마르거든 베수건에 물을 묻혀 치워 낸다. 이것이 의주(義州)[17]에서 기름옷 만드는 방법이다.【안 지금 개성[松京][18] 사람들이 지삼(紙衫, 종이 비옷)을 잘 만드는데, 팔도 제일이다.】

일반적으로 유의를 비가 올 때 입었으면 집으로 돌아가자마자 바로 털어서 바람이 통하는 곳에 널어 둔다. 습한 채로 접어 두는 짓을 절대 삼가야 하니, 그렇게 해 버리면 반드시 눅눅해져서 검게 변하고 진땀이 끈적끈적하게 엉겨 붙어서 쓸 수가 없다.《증보산림경제》[19]

다른 방법 : 처음에는 참기름을 발라 그늘에서 말린다. 따로 달걀 7개, 납분 5전, 활석(滑石)[20]가루 4전, 송진가루 3전,【송진을 여러 번 녹여 찌꺼기를 제거하여 가루 낸다.】메주콩을 간 즙 약간과 들기름 적당량을 한데 넣고 고루 섞어서 곱게 간다. 이를 비옷의 안팎에 4~5차례 바르면 끈적거리지 않아서 아주 좋다.《증보산림경제》[21]

버드나무겨우살이를 양에 상관없이 꺾어서 부수

州造油衫法也.【案 今松京人善造紙衫, 爲諸道最.】

凡油衣, 衣雨中, 歸卽拂, 掛通風處. 切忌帶濕摺貼, 必致鬱浥變黑, 生汗黏綴, 不可用也.《增補山林經濟》

一法 : 初則塗胡麻油, 陰乾. 另用鷄卵七箇, 鉛粉五錢, 滑石末四錢, 松脂末三錢,【松脂累次熔化, 去滓爲末.】黃豆泡汁少許, 荏油隨所, 入同右件一處, 和勻細研. 塗雨衣內外四五次, 則不黏極妙. 同上

柳寄生不拘多少, 挫碎爛煎

---

17 의주(義州) :《신증동국여지승람》 권53〈평안도〉에는 평안도 의주목. 중국 사신들이 한양에 오기 전 이곳에 도착하면, 조선의 접빈사가 의주까지 가서 맞이하여 왔다. 현 평안북도 의주군.

18 개성[松京] :《신증동국여지승람》에는 개성부. 현 북한 개성시.

19 《增補山林經濟》卷16〈雜方〉"造雨衣法"(《農書》 5, 180~183쪽).

20 활석(滑石) : 마그네슘을 주성분으로 하는 무른 성질의 암석.

21 《增補山林經濟》, 위와 같은 곳, 184쪽.

고 흐물흐물해지도록 달여서 진한 즙을 낸다. 이를
베에 바르고서 말리면 비를 막는 데 효과가 매우 빼
어나다. 이 즙을 베주머니에 바르면 물을 담아도 물
이 새지 않는다.《증보산림경제》[22]

取濃汁. 塗布乾之, 防雨甚
妙. 此汁塗布囊, 則貯水不
漏. 同上

밤나무겨우살이 열매를 4~5월에 따고 자연즙을
내서 우구(雨具)에 바르면 끈적거리지도 새지도 않는
다.《증보산림경제》[23]

栗寄生實, 四五月摘取, 取
自然汁, 塗雨具則不黏不
漏. 同上

어저귀에서 흰 껍질을 취한 뒤 이를 엮어서 비
옷을 만들면 오래 입어도 썩지 않는다.《증보산림
경제》[24]

茼麻取白皮, 結成雨衣, 耐
着不腐. 同上

11) 끈적거리거나 새는 유의 수선법

治油衣黏漏法

사람 오줌을 따뜻하게 데워 옷을 씻고서 햇볕에
깨끗이 말리고, 보통 방법대로 기름을 칠한다.《증보
산림경제》[25]

用人尿溫洗, 晒淨, 依常法
加油.《增補山林經濟》

팥가루는 유의의 끈적거림을 없앤다.《증보산림경
제》[26]

赤小豆粉解油衣黏. 同上

---

22 《增補山林經濟》, 위와 같은 곳, 183쪽.
23 《增補山林經濟》, 위와 같은 곳, 183~184쪽.
24 《增補山林經濟》, 위와 같은 곳, 184쪽.
25 《增補山林經濟》, 위와 같은 곳, 183쪽.
26 《增補山林經濟》, 위와 같은 곳.

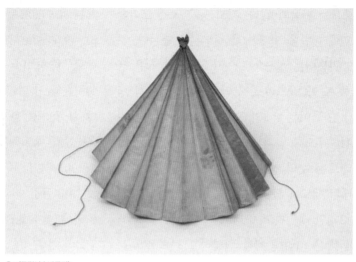
우모(국립민속박물관)

12) 우모(雨帽, 비모자)[27]

영남이나 호남에서 두꺼운 종이로 만든 우모가
좋다. 한양의 가게에서 파는 우모는 대부분 얇고 질
나쁜 종이를 풀칠하고 배접해 만들어서 오래지 않
아 망가지거나 찢어진다.《금화경독기》

13) 입가(갓 지지대)

우모가 비를 오래 맞으면 축 처진다. 그러면 비가
새면서 갓의 양태(챙)가 떨어져 나가므로 반드시 입
가를 사용해 밖으로는 우모를 받쳐 주고 안으로는
갓의 양태를 보호한다.

雨帽

嶺、湖南厚紙造者佳. 京肆
賣者, 率用薄劣紙, 糊褙爲
之, 不久破裂.《金華耕讀
記》

笠架

雨帽受雨久則蹲蹙. 蹲蹙
則雨漏而笠簷脫落, 必用
此以外架雨帽, 內護笠簷.

---

27 우모(雨帽) : 비가 올 때 갓 위에 덮어쓰는 모자. 우모의 모습은 위의 사진과 같다.

그 제도는 다음과 같다. 작고 둥근 모전 조각의 가장자리에 비단을 덧대어 갓 윗부분을 덮는다. 모전의 네 귀퉁이는 실끈으로 잇고, 끈 끝에 작은 뿔갈고리를 달아 갈고리로 갓의 양태를 걸어서 당긴다. 네 귀퉁이는 4개의 끈으로 비스듬히 지탱하여 위로는 우모를 받쳐 우모가 축 처지지 않게 하고, 아래로는 갓의 양태에 걸어 뒤집히지 않게 한다. 근래의 제도에서는 뿔갈고리를 쓰지 않고 그저 댓가지 2개만 옻칠하고 구리로 가지의 양 끝에 씌운 다음 작은 고리를 각각 연결하고 끈으로 묶는데, 뿔갈고리를 쓰는 것보다 더욱 튼튼하다.《금화경독기》

其制:用小圓氊片, 繪飾邊沿, 覆在笠頂. 四隅綴以絲繩, 繩末綴小角鉤, 以鉤引笠簷. 四隅則四繩斜撑, 上承雨帽, 令不蹲蹙; 下鉤笠簷, 令不翻披. 近制或不用角鉤, 但用兩竹條髹漆, 銅冒兩頭, 各綴小環以繫繩, 更覺牢固.《金華耕讀記》

14) 우산

《통속문(通俗文)》에서 "비단을 펼쳐 비를 피하는 도구를 우산[繖]이라고 한다."[28]라 했다. 대개 옛날에는 비단에 기름을 먹여 만들었고 후대에는 종이로 대신했다. 우리나라는 조정의 귀인이 아니면 우산을 쓰지 않는다. 그중 짧고 작은 우산은 부녀자나 아이들이 집 안에서 비를 막는 도구이다.《금화경독기》

雨傘

《通俗文》曰:"張帛避雨, 謂之繖." 蓋古以帛灌油爲之, 後世代以紙. 我東非朝貴則不張傘. 其短小者, 爲婦女、兒童門徑內庇雨之具.《金華耕讀記》

15) 우구 말리는 법

비옷이나 우모를 쓰고 나면 대나무 장대에 꿰어

晾雨具法

雨衣、雨帽用過, 用竹竿穿

---

28 출전 확인 안 됨.

바람이 통하는 곳에 걸어서 바람에 말렸다가 걷어서 보관한다. 절대 햇볕에 말려서는 안 되니, 만약 햇볕에 한 번이라도 쪼여서 말리면 쉽게 망가지거나 부러진다.《인사통》[29]

掛透風之處, 晾乾收藏. 切不可晒, 若日一晒, 則易碎易折.《人事通》

우산은 날이 개면 즉시 펼쳐서 햇볕에 완전히 말린 다음 식혀서 거두면 오래간다. 만약 우산을 습한 채로 두면 쉽게 망가진다. 햇볕의 열기를 머금은 채로 바로 거둬도 안 되니, 기름종이는 햇볕에 말려서 물러지면 바로 찢어지기 때문이다. 반드시 볕의 열기를 완전히 식혀야 우산이 손상되지 않는다.《인사통》[30]

雨傘候天晴卽撑開, 晒乾冷透收起則耐久. 若任其潮濕則易壞. 亦不可乘晒熱卽收, 因油紙晒脆則急裂. 須冷透纔不損傘. 同上

여름철 비옷은 그늘진 마루의 바람 통하는 곳에 걸어 두어야 한다. 만약 접어서 깊숙한 곳에 저장하면 찌는 열에 눌어붙어 결국 쓰레기가 된다.《금화경독기》

夏月雨衣, 宜掛在涼軒通風處. 若捲摺深藏, 則蒸熱膠黏, 遂成棄物.《金華耕讀記》

16) 우구갑(우구 보관함)

가벼운 나무로 만드는데, 쇠 배목과 문고리를 달아 여닫을 수 있게 하고, 사방에는 작은 구멍을 여기저기 뚫어 바람이 통할 수 있게 한다. 속에는 비옷, 우모를 담는다. 더러는 면포를 바느질해 좁고 긴

雨具匣

用輕木爲之, 設鐵樞環, 令可啓鎖, 四廂亂鑿小孔, 令可通風. 內貯雨衣、雨帽. 或用綿布縫作狹長帒, 內

---

29 《傳家寶》〈人事通續集〉 “雨衣雨帽”, 358쪽.
30 《傳家寶》〈人事通續集〉 “雨傘木屐”, 359쪽.

자루를 만든 뒤 안에 비옷과 우모를 담아 종자에게 메게 하기도 한다.《금화경독기》

貯雨衣、雨帽, 令從者荷之.《金華耕讀記》

수송 기구

운輸之具

1. 배

1) 중국의 제도

중국의 배 건조법: 세로로는 길고 가로로는 짧은 널빤지를 쓰되, 널빤지를 거울처럼 평평하게 대패질하고 겹쳐서 만든다. 잇댄 틈은 유회(油灰), 역청을 발라 들러붙게 한다.【안 중국에서 배를 수리할 때는 모두 유동기름에 석회를 타서 사용한다고 한다. 우리나라에서 그 방법을 본뜨고자 한다면 먼저 들깨나 유동을 심어서 기름을 채취해야 한다.】 일반적으로 곡식을 실을 때 모두 배 안에 그대로 부은 뒤 가로 널빤지로 덮으면 아래가 창고가 된다. 위는 사람이 있는 곳인데, 모두 판옥(板屋)이거나 층루(層樓)로 되어 있으며 누 위에도 물건을 실을 수 있다. 비록 나루터의 지붕 없는 작은 배라도 반드시 마루처럼 가로 널빤지가 있다.《북학의》[1]

2) 우리나라의 제도

우리나라는 이미 수레의 이로움을 버린 데다 배도 온전히 활용하지 못한다. 운반선이든 나룻배든

華制

中國裝船之法:縱用長板, 橫用短板, 鏴平如鏡而複造焉. 縫隙黏襯油灰、瀝青.【案 中國艙船, 皆用桐油和石灰云. 我東欲效其法, 宜先樹藝荏、桐取油.】凡盛米穀, 皆直寫于中, 覆以橫板, 下爲倉庫, 上卽人所處者, 皆板屋或層樓, 樓上又可貯物. 雖津渡無屋小船, 亦必有橫板如軒.《北學議》

東制

我國旣失車利, 又不盡舟船之用. 無論運船、津船,

---

1 《北學議》〈內編〉"船"(《農書》6, 97쪽).

뱃전(문화콘텐츠닷컴)

관계없이 배 틈으로 들어오는 물이 늘 가득 차서 배 안에 있으면 마치 내를 건너는 듯 정강이가 축축하다. 배 속의 물을 퍼서 버리는 데에 날마다 한 사람의 힘을 낭비해야 한다. 곡식을 실을 때면 반드시 엮은 나무를 그 바닥에 깔지만 아래쪽에 있는 곡식은 여전히 썩거나 눅눅해질 일이 걱정된다. 또 위는 누마루 구조이고 아래는 창고 구조인 배의 제도가 없어 사람이나 집기는 뱃전[舷]² 까지 채우고 말아야 하며, 곡식은 볏짚으로 싸고 자루들은 새끼줄로 동여매니 1곡만 실어도 꼭 2곡을 실은 듯하다. 간혹 뜸[篷]이 있어도 폭이 매우 짧으니 비만 오면 배가 비 담는 그릇이 된다.

隙水常滿, 舟中之脛, 如涉川然. 舀而棄之, 日費一人之力. 載穀必用編木鋪其底, 而居下者猶患腐濕. 又無上軒下倉之法, 人身·器什限舷而止, 穀用藁包, 囊以藁索, 一斛之載, 恰容二斛. 或有篷而短甚, 天雨則船爲貯雨之器.

---

2 뱃전[舷] : 배의 양쪽 가장자리 부분. 뱃전의 모습은 위의 그림과 같다.

또 선착장에는 다리를 설치하지 않아서 따로 옷을 벗은 사람들 한 무리가 물에 들어가 품삯을 받고 짐을 진다. 나룻배에는 또한 사람을 업고서 올라가고 말을 펄쩍 뛰게 하여 들어가도록 하기도 한다. 뱃전이 이미 문지방 같아서 다리를 설치해도 될 정도의 높이에서 말이 문지방처럼 깊은 배 속으로 뛰니, 다리가 부러지지 않을 말이 몇 마리나 되겠는가. 그러므로 말을 살 때 배를 잘 타는 말이니 배를 잘 못 타는 말이니 하는 명칭이 있는 이유는 뱃전에 가로 널빤지가 갖추어지지 않았기 때문이다.《북학의》3

又泊岸不橋, 另有一隊裸民入水雇負. 津船亦負人以上, 躍馬令入. 舷旣如閾, 以可橋之高, 躍如閾之深, 幾何而馬不折脚也? 故買馬有善舟、不善舟之稱, 不備橫板故也.《北學議》

3) 야항(野航, 농가의 작은 배)4【항(航)은 호(胡)와 랑(郞)의 반절이다.】

농부가 쓰는 작은 거룻배이다. '책맹(舴艋)'이라고도 하는데, 모양이 벼메뚜기[舴蜢]와 같아서 이런 이름을 붙였다고 한다.【'舴'은 직(直)과 격(格)의 반절이고 '艋'은 막(莫)과 경(梗)의 반절이며, 작은 배이다.】 시골 같은 곳은 물과 뭍이 떨어져 있으니[間]【간(間)은 거성(去聲)이다.5】 어찌 사는 곳마다 다리를 모두 다 갖출 수 있겠는가? 그러므로 이 배를 만들어 오고 가기에 편하게 한다.

제도는 상당히 소박하여 너비가 겨우 8~10척 정도라 사람이나 가축 한둘을 실을 수 있어서 사람

野航【航, 胡郞切】

田家小渡舟也. 或謂之"舴艋", 謂形如舴蜢①, 因以名之.【舴, 直格切 ; 艋, 莫梗切, 小舟也.】如村野之間, 水陸相間,【去聲.】豈所在橋梁皆能畢備? 故造此以便往來.

制頗樸陋, 廣纔尋丈, 可載人畜一二, 不煩人駕. 但于

---

3 《北學議》, 위와 같은 곳.
4 야항(野航) : 야항의 모습은 위의 그림과 같다.
5 간(間)은 거성(去聲)이다 : 거성일 때는 '사이에 두다'라는 뜻으로 풀어야 한다는 지시이다.
① 蜢 : 저본에는 "艋". 《王禎農書·農器圖譜·舟車門》에 근거하여 수정.

야항(《왕정농서》)

이 운전하기에 복잡하지 않다. 단 양쪽으로 물을 건널 때는 대나무나 풀로 된 새끼를 묶는데, 그 길이를 강 폭의 갑절로 하여 지나는 사람이 새끼를 당기면 바로 반대쪽 기슭으로 간다. 간단하게 상앗대나 노를 구비하면 농민이 편하게 쓴다. 두보의 시에서 "야항(野航)은 딱 두세 명 태울 수 있지."[6]라 했으니, 바로 이 배를 말한다.【안】 야항은 농민들에게만 필요한 배가 아니다. 일반적으로 포구 또는 해변이나 냇가 가까이에 있는 집에서도 이 배가 없어서는 안 되

渡水兩傍, 維以竹草之索, 各倍其長, 過者挈索, 卽抵彼岸. 或略具篙楫, 田農便之. 杜詩"野航恰受兩三人.", 卽謂此也.【案】野航不專爲田農所需. 凡居近浦浜、川瀆之家, 不可無此船, 以通行旅往來, 且可傳輸米穀、藁薪等一切貿遷

---

6 《成都文類》卷7〈詩〉"南鄰".

니, 이 배로 여행객들이 왕래하는 교통수단으로 삼는 데다가 곡식이나 땔감 등 모든 무역품을 나를 수도 있다. 그러므로 이 항목에 실었다. 아래의 화선(划船)도 이와 같다.]《왕정농서》[7]

之需. 故系之於此. 下划船倣此.]《王氏農書》

4) 화선(划船)[8]['划'는 호(戶)와 화(花)의 반절이다.]
《집운》[9]에서 "화(划)는 '배를 저어 나아간다.'는 뜻이다."라 했다. 그 배의 제도가 짧고 작으며 가볍고 편해서 배를 저어 나가기 쉽기 때문에 '화선'이라 한

划船【划, 戶花切】
《集韻》"划, 謂撥進也". 其船制短小輕便, 易於撥進, 故曰"划船", 別名"秧塌".

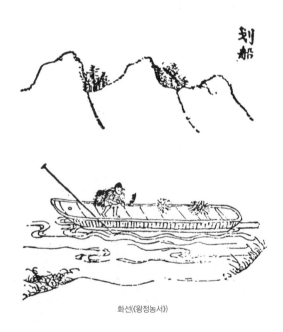

화선(《왕정농서》)

---

7 《王禎農書》卷17〈農器圖譜〉12 "舟車門"'野航', 313쪽;《農政全書》卷23〈農器〉"圖譜"3 '野航'(《農政全書校注》, 582쪽).
8 화선(划船): 화선의 모습은 위의 그림과 같다.
9 《集韻》卷3〈平聲〉3 "麻"第9 '划找'.

다. 달리 '앙탑(秧塌)'이라고도 한다.

예전에 살펴보니 회수(淮水)의 물가와 나루터 근처의 논에서는 겨울과 봄에 물이 마르면 밭을 갈아 두었다가, 초여름에 이르러 얕은 물이 불어서 넘치면 곧 이 배를 타고 저어 나가면서 물에 담가 축축하게 만든 볍씨를 이 배에 싣고 논의 물속에 두루 뿌린다. 물이 조금 빠지면, 볍씨의 싹이 바로 나오기 때문에 조생 벼를 수확할 수 있다.

또 살펴보니 강남에서는 봄여름 사이에 이 배에다 거름과 못단을 빽빽하게 실어 농사짓는 곳으로 간다. 만약 논이 물가 근처에 있으면 가래나 노를 저어 가고, 뭍에 이르렀는데 논이 거기에서 떨어져 있으면 배에 묶어 둔 줄을 끌어당겨서 간다. 진흙탕이나 풀 위 같은 곳에서는 더욱 부드럽게 잘 나간다. 물과 뭍에 함께 쓰니 농사에 편하다.《왕정농서》[10]

嘗見淮上瀕水及灣泊田土, 待冬春水涸耕過, 至夏初遇有淺漲所漫, 乃划此船, 就載宿泡稻種, 徧撒田間水內. 候水脈稍退, 種苗卽出, 可收早稻.

又見江南春夏之間, 用此箱貯泥糞及積載秧薹, 以往所佃之地. 若際水, 則以鍬棹撥;至或隔陸地, 則引纜挈去. 如泥中、草上, 尤爲順快. 水陸互用, 便於農事.《王氏農書》

5) 윤선(輪船)[11]

《단연총록(丹鉛總錄)》에서 "장지화(張志和)[12]의 〈어부곡(漁夫曲)〉에 '얼레로 낚시하며 궐두선(橛頭船)[13] 타고 있네. 즐거움 강호에 있으니 신선 될 필요 없지.'라는 말이 있다. 그리고 당나라 담용지(譚用之)[14]의

輪船

《丹鉛總錄》"張志和〈漁父曲〉'車子釣, 橛頭船. 樂在風波, 不用仙.' 唐 譚用之詩'碧玉蜉蟒迎客酒, 黃金

---

10 《王禎農書》卷17〈農器圖譜〉12 "舟車門" '划船', 312~313쪽.

11 윤선(輪船): 물레바퀴의 힘으로 운항하는 배.

12 장지화(張志和): 730~810. 당나라 때 문장가. 처음 이름은 구령(龜齡). 자(字)는 자동(子同). 벼슬을 그만두고 낙향한 뒤로 강호에 은거하며, 〈어부사(漁父詞)〉를 지었다.

13 궐두선(橛頭船): 뱃머리가 뾰족한 작은 배.

14 담용지(譚用之): 932~?. 오대십국~송나라 초기 사람. 시를 잘 지어, 《전당시(全唐詩)》에 그의 시가 1권으로 실려 있다.

시에서는 '벽옥 같은 부의주[蜉蝣]15는 손님맞이용 술, 황금빛 도르래는 고기 잡는 얼레.'라 했고, 또 '출렁이는 술잔 날 갠 포구에 향기 피우고, 도르래 같은 얼레 고깃배에 소리 울리네.'"라 했다. 《송사(宋史)》에서 "동정호(洞庭湖)의 도적 양요(楊么)가 네 바퀴로 물을 치게 하자 배가 나는 듯이 가서 관군들이 잡을 수가 없었다."16라 하고, 또 "우윤문(虞允文)17이 병사들에게 거선(車船)을 밟게 하자, 중류(中流)에서 나는 듯이 나아갔다."18라 했다. 이강(李綱)19의 소(疏)에서는 "형호(荊湖)20 지역의 거선은 당나라 조왕(曹王) 이고(李皐)가 전한 제도인데, 크기가 수레 30~40대에 맞먹는 이 배는 쌍으로 된 바퀴를 끼고 있으니, 발로 굴려 나가면 전투마보다 빠릅니다."21라 했다. 그러니 대개 윤선 제도는 그만큼 오래되었을 것이다.

우리나라의 정후조(鄭厚祚)22와 성호(星湖) 이익(李

轂轆釣魚車.' 又云'翩翩蠻橇薰晴浦, 轂轆魚車響釣船.'"《宋史》"洞庭賊[2]楊么四輪[3]激水, 船行如飛, 官軍不能制", "虞允文踏車船, 中流如飛". 李綱疏云: "荊湖間車船, 乃唐曹王皐遺制, 其大至有三四十車者, 挾以雙輪, 鼓蹈而進, 駛於陣馬." 蓋輪船之制, 其來久矣.

我東鄭厚祚、星湖李瀷俱

---

15 부의주[蜉蝣]: 찹쌀과 누룩가루로 만든 술. 모양이 개미가 떠다니는 듯하여 부의주라고 한다. 《정조지》권 7 〈술〉 "이류" 참조.
16 《丹鉛總錄》卷8 〈物用類〉 "車子釣".
17 우윤문(虞允文): 1110~1174. 송(宋)나라 장수 사람. 금(金)나라가 쳐들어오자 강회(江淮)에서 수군을 이끌고 채석대첩을 이끌었다. 효종(孝宗) 때에 재상이 되어 옹국공(雍國公)에 봉해졌다.
18 《宋史》卷383 〈列傳〉 第142 "虞允文".
19 이강(李綱): 1083~1140. 1126년에 금(金)나라 군대가 경성(京城)을 포위하여 공격하려고 할 때 천도를 반대하고 성에 올라서 적군을 격퇴했다.
20 형호(荊湖): 형주와 호주 사이에 있는 양자강 유역의 오호(五湖) 일대.
21 《梁谿集》卷103 〈劄子〉 1 "與宰相論捍賊劄子".
22 정후조(鄭厚祚): 1758~1793. 지지서(地誌書)인 《사예고(四裔考)》의 제작자. 정상기(鄭尙驥, 1678~1752)의 《동국지도(東國地圖)》를 자기 형인 정철조(鄭喆祚, 1730~1781)와 함께 수정 편집해 해주본을 만들기도 했다.
[2] 賊: 底本에는 "賦". 《丹鉛總錄·物用類·車子釣》에 근거하여 수정.
[3] 輪: 底本에는 "輪". 《丹鉛總錄·物用類·車子釣》에 근거하여 수정.

瀷)23이 모두 기록한 내용이 있는데, 정후조는《사예고(四裔考)》24에 그 제도를 다음과 같이 자세하게 기록했다.

윤선 제조법 : 배의 크기에 관계없이 배 전후와 좌우에 각각 기둥 2개를 설치하고, 그 기둥 윗끝은 '요(凹)' 자 모양으로 파서 바퀴축을 받친다. 축의 길이는 배의 너비를 가늠해서 그보다 조금 더 길게 만들어 바퀴가 축과 결합할 때 배 밖에서 바퀴를 돌릴 수 있도록 한다. 그리고 바퀴통을 축에 결합시켜 바퀴를 만든다. 그 바큇살을 길게 하여 물을 젓는 물부채를 만드는데, 물부채 길이는 배의 크기와 관계없이 바퀴축에서 배 밑바닥까지를 기준으로 한다. 물부채 뿌리 부분 중 바퀴통에 끼우는 곳은 반드시 두껍게 만들되, 부채의 너비와 비교하여 반드시 그보다 1/3을 줄인다. 부채의 끝부분 중 물에 들어가는 곳은 노의 끝처럼 점점 얇으면서 뾰족하고 둥글게 만든다. 그 뒤 반드시 큰 밧줄이나 쇠밧줄을 이용해 물부채 중 물에 들어가지 않는 곳들을 단단히 묶어 바퀴 테두리를 대신하게 한다. 이때 반드시 흔들려서 빠지는 우려가 없게 해야 한다. 만약 둘레를 단단히 묶은 밧줄이 물에 들어가면 반드시 물을 젓는 물부채가 물 치는 것을 방해한다.

또 기둥머리의 바퀴축을 받치는 곳과 바퀴축 중에서 기둥에 걸치는 곳은 모두 쇠로 싼다. 여기에

有所記, 而鄭厚祚《四裔考》詳其制度.

其法 : 毋論船之大小, 前後左右, 各設兩柱, 其柱之上端, 缺作凹字形以受軸焉. 軸之長視船之廣, 稍加長之, 使輪合軸, 可以轉輪於船外, 合轂於軸, 以作輪焉. 長其輻以作挽水簑, 簑長毋論船之大小, 自軸至船底以爲度. 簑根之揷轂處必厚之, 比其廣必殺三之一. 簑端之入水處, 漸薄而尖圓之如櫓之端, 必用大索或鐵索, 堅束於簑之出水處, 以代輪之郭焉. 必勿使有動搖拔脫之患焉. 若索之緊束周紉者入於水, 則必防於挽簑激水也.

又於柱頭之受軸處及軸之當柱處, 皆用鐵裹之. 不

---

23 이익(李瀷) : 1681~1763. 성호는 그의 호이다. 조선 후기 학자로 저서 중에《성호사설》이 유명하다.
24 출전 확인 안 됨.

쇠를 쓰지 않으면 두 나무 사이가 반드시 마찰이 일면서 불이 난다. 또 바퀴축의 중간에 십자축을 설치하여 도르래를 만듦으로써 손으로 돌리거나 발로 밟기에 편하게 한다. 빨리 가려면 빨리 돌리고, 천천히 가려면 천천히 돌린다. 왼쪽으로 돌리려면 왼쪽 바퀴를 들고서 오른쪽 바퀴만 돌리고, 오른쪽으로 돌려면 이와 같은 방식으로 한다. 반드시 앞 기둥은 높고 뒷기둥은 낮게 만들고, 앞바퀴는 크고 뒷바퀴는 작게 만들어야 한다.《국사소지》[25]

用鐵則兩木之間必憂而生火矣. 又於軸之中間設十字, 作爲轆轤, 用便於手捘或足踏也. 欲速則速轉, 欲遲則遲轉. 左旋者懸左輪而獨轉右輪, 欲右旋者亦如之. 必使前柱高而後柱低也, 前輪大而後輪小也.《菊史小識》

---

25 출전 확인 안 됨.

2. 수레

2. 車

1) 대차(大車)[1]

바퀴가 넷인 대차도 있고, 바퀴가 둘인 대차도 있다. 그 위에 얹는 받침대는 모두 축 위에 천두식(穿斗式)[2]으로 세운다. 바퀴가 넷인 대차는 앞뒤로 각각 가로축을 하나씩 놓고, 축 위의 짧은 기둥에 직

大車

有四輪者, 有雙輪者. 其上承載支架, 皆從軸上穿鬪而起. 四輪者, 前後各橫軸一根, 軸上短柱起架直

대차(박제가 저, 안대회 역주, 《북학의》)

---

1 대차(大車): 대차의 모습은 위의 그림과 같다.
2 천두식(穿斗式): 기둥에 구명을 뚫어 인방재들을 길게 관통시켜 연결함으로써 기둥을 연결하는 구조법.

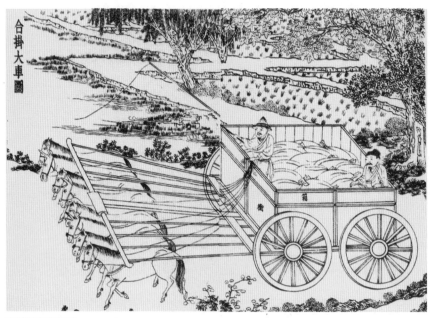

합괘대차도(《천공개물》)

선 들보를 걸고서, 들보 위에 네모난 덮개를 얹는다. 말이 정지하여 멍에를 벗길 때도 수레 위가 평평하고 반듯하여 마치 방에 편안히 있는 모양과 같다. 바퀴가 둘인 대차는 말에 멍에를 씌워서 갈 때 말이 그 앞에서 수레를 끌면 네모난 덮개가 수평을 이루지만, 말의 멍에를 벗기면 짧은 나무를 땅에 받쳐 고정시켜야 하니, 그러지 않으면 수레가 기울어진다.

일반적으로 수레바퀴 하나를 '원(輞)'이라 한다.【민

梁, 梁上載箱. 馬止[1]脫駕之時, 其上平正[2], 如居室安穩之象. 若兩輪者, 駕馬行時, 馬曳其前, 則箱地平整[3];脫馬之時, 則以短木從地支撐而住, 不然則欹卸也.

凡車輪一日"輞".【俗名"車

---

[1] 止:底本에는 "上".《天工開物·舟車·車》에 근거하여 수정.
[2] 正:《天工開物·舟車·車》에는 "整".
[3] 整:《天工開物·舟車·車》에는 "正".

간에서는 '차타(車陀)'라고 한다.] 그중에서 대차의 바퀴통【민간에서는 '차뇌(車腦)'라고 한다.】은 길이가 1.5척【《소융(小戎)》의 주희(朱熹)의 주를 보라.3】으로서 이른바 "바깥쪽으로는 바큇살을 받고, 속에는 축을 끼운다."는 것이다. 바큇살은 모두 30개인데, 바큇살 안쪽은 바퀴통에 끼우고 바깥쪽은 바퀴의 안테에 연결한다. 수레바퀴의 속은 안으로 바퀴에 모이고 밖으로 바퀴 테와 연결되는데, 둥글게 돌아가는 원형을 안테라고 한다. 바퀴 테 끝부분을 윤원(輪轅)이라고 한다.

일반적으로 대차는 멍에를 벗길 때 여러 부품을 분해하여 보관하고, 멍에를 매게 되면 먼저 두 축을 올린 다음에 차례로 부품을 걸어 올린다. 일반적으로 수레의 '손잡이용 앞가로장[軾]', '가로장[衡]', '수레뒤턱나무[軫]', '멍에[軛]' 따위는 다 축 위에 있는 받침이다.

일반적으로 사륜형 대차는 50석(石)을 실을 수 있는데, 나귀나 말을 많게는 12마리 달기도 하고 적게는 8마리 달기도 한다.

채찍을 잡고 대차를 모는 마부가 수레 칸의 가운

陀".】其大車之轂,【俗名"車腦".】長一尺④五寸,【見《小戎》朱註.】所謂"外受輻,中貫軸"者. 輻計三十根⑤, 其內挿轂, 其外接輔. 車輪之中, 內集輪外接輞, 圓轉一圈者, 是曰"輔"也. 輞際盡頭, 則曰"輪轅"也.

凡大車, 脫時則諸物星散收藏, 駕則先上兩軸, 然後以次間架. 凡軾、衡、軫、軛皆從軸上受基也.

凡四輪大車, 量可載五十⑥石, 騾、馬多者或十二掛, 少或八掛.

執鞭掌御者居箱之中, 立

---

3 《詩經集傳》卷3〈秦一之十一〉"駟驖三章章四句". "소융"은 《시경》〈진풍〉의 시이고, 이 부분에 해당하는 주희의 주석은 다음과 같다. "곡(轂)"은 수레바퀴의 가운데에서 바깥쪽으로는 '살[輻]'을 지탱하고 안으로는 축(軸)을 받는 곳이다. 대차의 곡은 1.5척이고 병거(兵車)의 곡은 길이가 3.2척이다. 그러므로 병거를 창곡(暢轂)이라고 한다.(轂者, 車輪之中, 外持輻, 內受軸者也. 大車之轂, 一尺有牛, 兵車之轂, 長三尺二寸, 故兵車曰暢轂.)

④ 尺:底本에는 "寸". 규장각본·오사카본·한국은행본·《天工開物·舟車·車》에 근거하여 수정.

⑤ 根:《天工開物·舟車·車》에는 "片".

⑥ 十:저본에는 "千".《天工開物·舟車·車》에 근거하여 수정.

데에 자리를 잡고서 높은 곳에 선다. 앞쪽 말을 두 조로 나누고서[4] 어저귀를 꼬아서 만든 긴 새끼줄을 말목에 나누어 매고, 이 줄로 만든 모든 고삐의 뒷부분을 한꺼번에 묶어서 가로장 안의 양옆으로 거두어들인다. 마부는 손으로 긴 채찍을 잡는다. 채찍은 삼으로 끈을 만드는데 길이가 7척 정도이고, 장대의 길이 역시 그와 같다. 힘 안 쓰는 놈을 보면 몸통에 채찍질한다. 상자 안에서는 2명이 고삐 밟는 일을 담당하는데, 반드시 말의 성질과 고삐의 특징을 아는 사람이 해야 한다. 말 달음질이 너무 빠르면 급히 일어나서 고삐를 밟는다. 그러지 않으면 수레가 뒤집어지는 사고가 일어나게 된다.

일반적으로 수레가 다닐 때 앞쪽에 지나가는 사람을 만나 이를 피해야 할 경우에는 마부가 급히 고함치는데, 그렇게 하면 모든 말이 멈춘다.

일반적으로 말고삐를 다발로 묶어서 가로장을 통과하여 수레 칸 안으로 들어오는 부분은 다 소가죽으로 묶는데, 《시경》에서 말하는 '협구(脅驅)[5]'가 이것이다.

일반적으로 대차를 끄는 말에 먹이를 줄 때는 마구간까지 가지 않고, 수레 위에 버들광주리를 실어

足高處. 前馬分爲兩班, 糾茵[7]麻爲長索, 分係馬項, 後套總結, 收入衡內兩傍. 掌御者手執長鞭, 鞭以麻爲繩, 長七尺許, 竿身亦相等. 察視不力者, 鞭及其身. 箱內用二人執[8]踹繩, 須識馬性與索性者爲之. 馬行太緊, 則急起踹繩. 否則翻車之禍, 從此起也.

凡車行時, 遇前途行人應避者, 則掌御者急以聲呼, 則群馬皆止.

凡馬索總係透衡入箱處, 皆以牛皮束縛, 《詩》所謂 "脅驅"是也.

凡大車飼馬, 不及肆舍, 車上載有柳盤, 解索而野食

---

4 앞쪽……나누고서:《天工開物》에서는 한 조당 4마리라고 했다. 그에 따르면 여기서는 총 8마리가 끄는 사례로 이해할 수 있다.
5 협구(脅驅):《詩經·秦風·小戎》에 다음과 같이 나온다. "고리 낀 말 잔등에 협구는 복마와 참마 사이(游環脅驅, 陰靷鋈續.)"
[7] 茵:《天工開物·舟車·車》에는 "黃".
[8] 執:《天工開物·舟車·車》에는 없음.

놓았다가 고삐를 풀고 들에서 먹인다.

수레를 타는 사람이 오르고 내릴 때는 모두 소형 사다리를 이용한다.

일반적으로 가운데가 높고 끝쪽이 낮은 아치교를 건널 경우, 10마리 가운데 가장 힘센 놈을 골라 수레 뒤에 맨다. 언덕을 내려갈 때는 9마리는 앞에서 서서히 끌고 1마리는 뒤에서 있는 힘껏 수레를 붙들어 잡아 내려가는 속도를 줄이니, 그렇게 하지 않으면 길이 위험하다.

일반적으로 수레의 재료는 먼저 긴 나무를 골라 축을 만들고 짧은 나무는 바퀴통으로 만든다. 거기에 쓰는 나무로는 홰나무, 대추나무, 박달나무, 느릅나무【참느릅나무[欅楡]를 쓴다.】를 상품으로 친다. 박달나무는 너무 오랫동안 열을 받으면 마찰이 생겨 불이 나므로, 신중한 사람들은 한 아름 되는 대추나무나 홰나무를 쓰니, 이 나무들이 아주 좋다. 그 밖에 수레뒤턱나무, 가로장, 수레 칸, 멍에는 여러 가지 나무로 만들 수 있다.《천공개물》[6]

대차는 바퀴 높이가 태평차보다 조금 낮고, 바큇살이 입(卄) 자 모양이다. 싣는 짐은 800근을 기준으

之.

乘車人上下, 皆緣小梯.

凡遇[9]橋梁中高邊下者, 十馬之中, 擇一最强力者, 係于車後. 當其下坂, 則九馬從前緩曳, 一馬從後竭力抓住, 以殺其馳趨之勢, 不然則險道也.

凡車質, 惟[10]先擇長者爲軸, 短者爲轂, 其木以槐、棗、檀、楡【用欅楡】爲上. 檀質太久熱[11]則發燒, 有愼[12]用者, 合抱棗、槐, 其至美也. 其餘輮、衡、軛[13]、軫則諸木可爲矣[14].
《天工開物》

大車, 輪高稍異於太平車, 輻爲卄字形. 載準八百斤

---

6 《天工開物》卷9〈舟車〉"車", 257~259쪽.
⑨ 遇:《天工開物·舟車·車》에는 "過".
⑩ 惟:底本에는 "爲".《天工開物·舟車·車》에 근거하여 수정.
⑪ 熱:《天工開物·舟車·車》에는 "勞".
⑫ 愼:底本에는 "恒".《天工開物·舟車·車》에 근거하여 수정.
⑬ 軛:底本에는 "厢".《天工開物·舟車·車》에 근거하여 수정.
⑭ 矣:《天工開物·舟車·車》에는 "耳".

로 말 2마리가 수레를 끌게 하고, 800근을 넘으면
짐을 헤아려 말을 늘린다. 짐 위에는 배의 뜸처럼 삿
자리로 방을 만들어 그 속에서 앉거나 눕는다. 대체
로 6마리를 수레에 매는데, 수레 밑에는 왕방울을
달고 말 목에도 조그만 방울 수백 개를 둘러서 방울
소리가 댕그랑댕그랑하면서 밤에도 경계를 하게 했
다. 태평차는 바퀴가 도는 반면 대차는 축이 도는
데, 두 바퀴가 정원(正圓)형이므로 똑같이 돌면서 빨
리 달릴 수 있다. 끌채 아래에 말을 맬 때는 반드시
건장한 말이나 나귀를 고르고, 가로장 멍에를 쓰지
않고, 작은 나무 안장을 쓰며, 다시 가죽띠로 된 봇
줄로 끌채 끝을 번갈아 매어서 멍에를 지운다. 나머
지 말들은 모두 소가죽으로 가슴걸이와 뱃대를 만
들고 여기에 줄을 묶어서 끌게 한다. 무거운 짐을 싣
는 대차는 멍에가 바퀴 밖으로 벗어나고 높이도 수
십 척이며, 끄는 말이 대부분 10여 마리에 이르기도
한다.

　마부는 '칸처더[看車的]'라 부르고, 짐 위에 높이 앉
아 손에 긴 채찍 한 개를 잡는다. 채찍 끝에 길이가
20척 정도 되는 끈 2개를 달아 끈을 휘둘러 힘쓰지
않는 말을 때리는데, 귀나 옆구리를 친다. 채찍질이
손에 익으면 기가 막히게 잘 때려서 채찍질 소리가
우레처럼 진동한다.《열하일기》[7]

駕兩馬, 八百斤以外, 量物
加馬. 載上以簟[15]爲屋如
船篷, 坐臥其中. 大率駕用
六匹, 車下懸大鐸, 馬項環
數百小鈴, 卽當警夜. 太平
車輪轉, 大車軸轉, 雙輪正
圓, 故能勻轉而行疾. 轅
下所駕, 必擇壯馬健騾, 不
用衡軛, 爲小木鞍, 再以革
條[16]套索, 互斂轅頭而駕
之. 餘馬皆以牛革爲鞅鞦,
繫繩而引之. 載重者駕出
輪外, 高或數丈, 引馬多至
十餘匹.

御者號稱"看車的", 高坐載
上, 手執一條長鞭. 係兩條
長可二丈, 揮條[17]打中不用
力者, 中耳中脅. 手慣妙中,
鞭打之響, 震動如雷.《熱河
日記》

7　《熱河日記》〈馹汛隨筆〉"車制", 567쪽.
[15] 簟:底本에는 "廂".《天工開物·舟車·車》에 근거하여 수정.
[16] 矢:《天工開物·舟車·車》에는 "耳".
[17] 條:저본에는 "條". 규장각본·오사카본·한국은행본.《熱河日記·馹汛隨筆·車制》에 근거하여 수정.

우리나라 군대의 대차는 너무 커서 빈 수레로 다녀도 이미 소를 피곤하게 만든다. 다시 큰 나무로 소의 목을 누르니 소가 대부분 병들어 죽는다. 일반적으로 수레를 메었던 소는 고기를 먹을 수 없고 뿔도 쓸 수 없으니, 피로가 극심해져서 독성이 배출된 결과임을 알 수 있다.

함경도에서는 본래 수레를 사용했는데, 꽤나 가볍고 빠르다. 다만 바퀴통에 귀가 1척 정도 나왔으니, 대개 아직도 원나라의 옛 제도를 사용해서 그런 것이다. 준천사(濬川司)[8]에도 사차(沙車)가 있고, 민간에서도 사적으로 수레를 만들기도 하지만 다 규격에 부합하지 않는다.

일반적으로 수레의 크기, 무게, 속도에 대한 분류는 중국 사람들이 겪어 오면서 연구한 성과도 이미 깊으니, 뛰어난 장인에게 본떠 만들게 하면 된다. 중국의 기준과 조금이라도 차이가 있으면 수레가 아니다.《북학의》[9]

2) 독륜차(외바퀴 수레)[10]

북쪽 지방의 독륜차는 사람이 수레 뒷부분을 밀고 나귀가 수레 앞부분을 끈다. 행인(行人) 중에 말타기를 견디지 못하는 사람이 품삯을 주고 찾는다. 그 위에 자리를 아치형으로 구부려 바람과 해

我國軍門大車大質, 空車而行, 已疲一牛, 又用大木壓牛項, 牛多病死. 凡駕車之牛, 肉不可食, 角不可用, 勞之極而毒發可知也.

咸鏡道自用車, 頗輕快. 但轂有耳出尺許, 蓋猶用蒙元舊制也. 濬川司有沙車, 或人家私造車, 皆不合規度.

凡車之大小、輕重、疾徐之分, 中國之人所以閱歷而相度之者亦已深, 只令巧工倣而造之. 毫釐有差, 便非車矣.《北學議》

獨輪車

北方獨轅車, 人推其後, 驢曳其前, 行人不耐騎坐者, 則雇覓之. 鞠席其上, 以蔽風日. 人必兩傍對坐, 否則

---

8 준천사(濬川司):조선 영조(英祖) 36년(1760)에 창설된 관아로, 서울 안의 개천을 치는 일과 사산(四山)을 지키는 일을 담당했다.
9 《北學議》〈內編〉 "車"(《農書》6, 81쪽).
10 독륜차(외바퀴 수레):북쪽 지방과 남쪽 지방의 독륜차의 모습은 다음 페이지의 그림과 같다.

南方獨推車圖

남방독퇴거도(《천공개물》)

쌍추독원거(《천공개물》)

를 가린다. 사람이 반드시 양옆으로 마주 앉아야 지 그러지 않으면 기울어서 뒤집어진다. 사람을 태 우지 않을 때는 대략 화물 5석 정도를 싣는다. 남 쪽 지방의 독륜차는 한 사람의 힘에 의지하는데, 2 석을 실을 수 있고, 움푹한 곳을 만나면 바로 멈춰 야 하고, 가장 멀리 가 봐야 100리 정도일 뿐이다. 《천공개물》[11]

欹倒. 不載人者, 載貨約[18] 重五石而止. 南方獨輪推 車, 則一人之力是視, 容載 二石, 遇坎卽止, 最遠者止 達百里而已.《天工開物》

---

11 《天工開物》卷9〈舟車〉“車”, 259~260쪽.
[18] 貨約:底本에는 “約貨”.《天工開物·舟車·車》에 근거하여 수정.

독륜차는 뒤에서 한 사람이 끌채를 겨드랑이에 끼고 민다. 수레 한가운데에 바퀴를 다는데 바퀴의 반이 이미 수레 위로 나와 있으니, 좌우에 짐칸을 만들어 물건을 싣되 무게가 한쪽으로 쏠리게 해서는 안 된다. 바퀴가 닿는 부분은 북을 반으로 자른 모양으로 만들고, 바퀴를 끼고 간격을 두어서 바퀴와 물건이 서로 장애가 되지 않게 한다. 겨드랑이에 끼우는 두 끌채 밑에는 짧은 막대가 양쪽으로 내려오게 설치하여, 수레가 가면 끌채와 함께 들리고, 수레가 멈추면 바퀴와 함께 정지하니, 이는 지탱하고 버텨서 기울어 뒤집히지 않게 하기 위함이다.

길가에서 떡이나 과일 따위를 파는 사람들이 다 독륜차를 쓴다. 논밭으로 거름을 나르는 데 더욱 편하다. 그중 물을 싣는 수레는 좌우에 각각 통이 5~6개 있다. 만약 싣는 물건이 무겁고 크면 한 사람이 줄을 매어 앞에서 끌거나 2~3명이 배 닻줄을 당기듯 끌기도 한다.《열하일기》[12]

3) 발차(發車)[13]

끌채가 2개, 바퀴가 2개이다. 끌채의 길이는 20척 남짓이다. 끌채 뿌리 쪽은 굵고 끝 쪽은 줄어들되, 허리 부분부터 앞쪽까지는 조금씩 점점 높이가 올라가고, 끝에는 가로장을 하나 질러서 소에 씌운

獨輪車, 自後一人腋轅而推之. 當中爲輪, 輪之半旣出輿上, 則左右爲箱載物, 毋得偏重. 當輪處爲半皷形, 夾輪以隔離之, 使輪與物不相礙. 腋轅下有短棒雙垂, 行則與轅俱擧, 止則與輪俱停, 所以支吾撑柱, 使不傾翻也.

沿路賣餠餌、菓蓏者, 皆用獨輪車, 尤便於田中輸[19]糞. 其載水者, 左右各五六桶. 若載物重且阜, 則一人繫繩而曳之, 或二人三人如船之牽纜.《熱河日記》

發車

兩轅兩輪. 轅長二丈餘. 本大末殺, 自腰至前, 稍次次矯擧, 末橫一衡以駕牛. 自腰以後, 相間七八寸, 橫設

---

12 《熱河日記》〈馹汛隨筆〉"車制", 567쪽.
13 발차(發車): 소 한 마리가 끄는 수레로, 작은 돌 따위를 나를 때 사용한다. 발차의 모습은 위의 그림과 같다.
[19] 輪:底本에는 "輪". 규장각본·오사카본·《熱河日記·馹汛隨筆·車制》에 근거하여 수정.

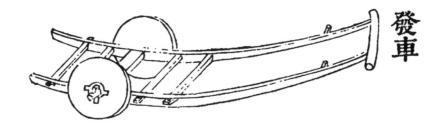

발차(《화성성역의궤》)

다. 허리 부분 뒤로 수레 몸체까지는 0.7~0.8척의
간격을 두고서 가로로 10여 개의 인방을 설치하여
물건을 싣는다. 양옆에 바퀴가 있는데, 바퀴는 두꺼
운 나무판을 깎아 정원형을 만든다. 어떤 수레는 바
퀴 없이 끌채 밑을 매끈하게 다듬어 땅에 접하도록
하여 끌기도 한다. 관동과 관북에 이런 수레 제도가
있으니, 땔감과 볏짚을 싣고 산을 내려가거나 언덕
을 달리는 데 물 흐르듯 막힘이 없어 마치 평지를 가
는 듯하다. 싣는 물건이 수천 근이면 소 1~2마리를
더할 수 있다. 민간에서는 '발고(發高)'라고 하지만,
이는 음이 와전된 것이다.《금화경독기》

十餘枋以載物. 兩傍有輪,
輪用厚板, 斲成正圓. 或無
輪而轅底削治光滑, 襯地
曳走. 關東、北有此一等車
制, 載柴薪、穀秸, 下山走
坂, 滾溜無礙, 若在坦途.
載物累千斤, 則可加一二
牛. 俗呼"發高", 音轉而訛
也.《金華耕讀記》

4) 타차(拖車)[14]

타각차(拖【'拖'는 토(吐)와 라(羅)의 반절이다】脚車), 즉 다
리를 잡아끄는 수레이다. 길이가 4척 정도 되는 각

拖車

拖【吐羅切.】脚車也. 以脚
木二莖, 長可四尺, 前頭

---

14 타차(拖車) : 타차의 모습은 다음 페이지의 그림과 같다.

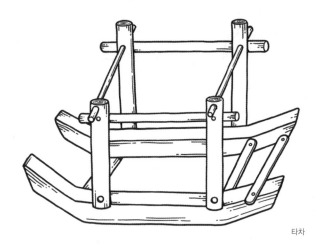

타차

목(脚木, 다리로 쓸 목재) 2개를 앞머리는 약간 높게 하고, 그 위에 4개의 기둥[簨]을 세워 가로 댄 나무로 고정시킨다. 너비는 대략 3척이고 높이는 2척에 이르며, 농기구 및 꼴 등을 싣고 논밭에 간다. 위에 풀을 덮어서 집꼴을 만들어 비바람을 막는 수레도 있다. 밭갈이 소가 끌고 가서 바퀴를 대신하기 때문에 '타차(拖車)'라고 한다. 중원에서 많이 쓴다.【안】 이는 원래 농기구이지만 다른 물건을 두루 실을 수도 있어서 이 항목에 실었다.】《왕정농서》[15]

微昂, 上立四簨, 以橫木括之. 闊約三尺, 高及二尺, 用載農具及芻種等物, 以往耕所. 有就上覆草爲舍, 取蔽風雨. 耕牛輓行以代輪, 故曰"拖車". 中土多用之.【案 此本農具, 而亦可通載他物, 故系之于此.】《王氏農書》

5) 동차(童車)[16]

네 바퀴 모두 나무판을 깎아 만든다. 짐칸이 있기도 하고, 짐칸 없이 사방으로 테두리를 두르고 인

童車

四輪皆用木板斲成. 或有廂, 或無廂而但有四框二

---

15 《王禎農書》 卷17 〈農器圖譜〉 12 "舟車門" '拖車', 316쪽;《農政全書》 卷23 〈農器〉 "圖譜" 3 '拖車'《農政全書校注》, 583쪽).
16 동차(童車) : 작은 짐을 나르는 기구로, 동차의 모습은 위의 그림과 같다.

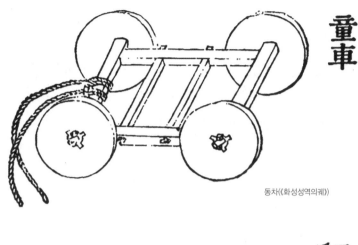

동차(《화성성역의궤》)

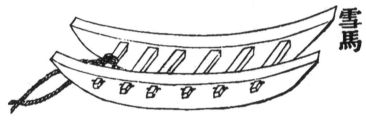

썰매(《화성성역의궤》)

방만 둘이 있는 것도 있다. 앞 테두리에 밧줄을 매어 사람 힘으로 끄는데, 평지에서 적은 짐을 운송하는 도구이다.《금화경독기》

枋. 前框繫索, 用人力曳輓, 蓋平地小小運輸之具也.《金華耕讀記》

6) 썰매[雪馬][17]

두꺼운 널빤지 2개를 좌우에 똑바로 세우고서 널빤지 밑부분은 다 둥글게 깎고, 양 끝머리는 위로

雪馬

兩厚板左右豎立, 板底皆圓剡而兩頭矯昂. 兩板之

---

17 썰매[雪馬] : 썰매의 모습은 위의 그림과 같다.

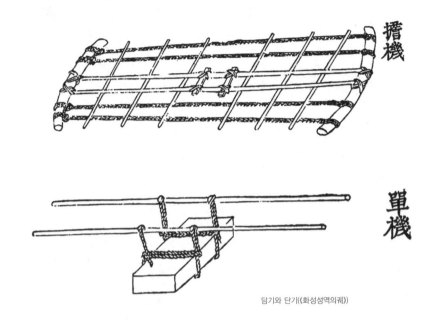

담기와 단기(《화성성역의궤》)

올라가게 만든다. 두 널빤지 사이는 2척 남짓 정도
이고 인방 6~7개를 가로로 설치한다. 맨 앞 인방에
줄을 묶어 사람 힘으로 끄는데, 배 닻줄을 당기는
원리와 같다.《금화경독기》

間可二尺餘, 橫設六七枋.
繫絙前枋而曳以人力, 如舟
之牽纜也.《金華耕讀記》

7) 담기(擔機)[18]

　끌채 두 짝은 길이가 20척 남짓이고 끌채 사이의
거리가 1척 남짓이다. 끌채 앞뒤의 양 끝에 모두 가

擔機

雙轅長二丈餘, 相距尺餘.
前後盡頭皆橫嵌一衡, 衡

---

18 담기(擔機):짐을 운반하는 기구로, 성을 쌓을 때는 주로 경칫돌 같은 것을 운반한다. 석공들이 비석이나 상
　석 등을 운반하는 데도 이용한다. 여기에서 설명한 담기와 단기의 모습과 비슷한 그림은 위의 그림과 같다.

로로 가로장을 하나씩 끼우는데, 가로장의 길이는 7~8척이다. 삼줄로 끌채 앞뒤를 세로로 묶고 가로장의 좌우에 다시 들채 6개를 그 삼줄에 가로로 끼우는데, 간격이 2척 남짓이면 밧줄과 들채가 만나는 부분이 '정(井)'자 모양 칸이 된다. 그 1칸마다 1명씩 줄을 메고 들채를 든다. 앞 6명, 뒤 6명이 담기 1개를 함께 메는데, 물건이 무거우면 칸과 사람을 배로 한다. 일반적으로 식초항아리나 술독 같은 물건을 가까운 곳으로 나르거나, 산길이나 비탈진 언덕처럼 나무와 돌을 나를 때 수레를 쓸 수 없는 곳에서 이 담기를 사용해 물건을 멘다. 멜 물건이 조금 가벼워서 단지 들채 2개에 줄을 매어 메는 기구는 '단기(單機)'라고 한다.《금화경독기》

長七八尺. 用麻紐縱絡前後, 衡之左右, 復以六杠橫貫其紐, 相距二尺餘, 則紐杠相交之處, 便作一井. 每一井一人擔紐執杠. 前六人, 後六人, 共擔一機, 物重則井與人倍之. 凡近地搬運如醯甕、酒罈之類, 或山路、峻坂運輸木石, 不可行車處, 用此機擔之. 其擔物稍輕, 但用雙杠紐懸而擔者, 曰"單機".《金華耕讀記》

3. 무거운 물건을 들어 올리는 여러 기구

起重諸器

1) 거중기[1]

擧重器

선대 왕 갑인년(정조 18년, 1794년) 수주(隋州)[2]에 성을 쌓을 때 거중기 한 대를 놓았다. 그 제도는 다음

先朝甲寅, 城隋州內, 下擧重器一部. 其制:四脚戴一

거중기(《기기도설》)

---

1 거중기:이 기구는 정조가 화성을 건설할 때 사용한 것이다. 정조가 《고금도서집성》에 있는 《기기도설》을 다산 정약용에게 하사하자, 정약용이 이를 참고하여 거중기 제작법과 이용법을 자세히 기록했다. 《고금도서집성》은 서유구의 부친인 서호수가 중국에 사행으로 갔다 오면서 사 온 책인데, 서유구가 거중기에 대한 내용을 소략하게 적은 이유는 《기기도설》을 열람하지 못했기 때문이다. 《임원경제지:조선 최대의 실용백과사전》〈섬용지 해제〉, 909~910쪽 참조.

《기기도설》에 있는 거중기의 모습과 정약용이 그린 거중기의 모습은 위의 그림과 같다.
2 수주(隋州):지금 경기도 수원시 일대.

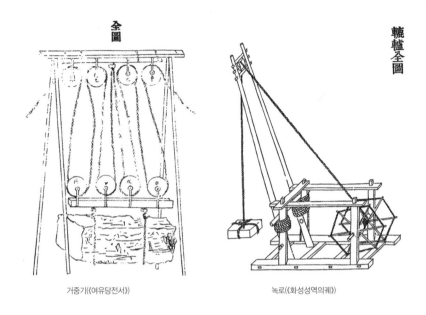

거중기(《여유당전서》)　　　　　　녹로(《화성성역의궤》)

과 같다. 다리가 4개에 가로 들보 1개를 이고, 그 아
래에는 유량(游梁)[3] 2개를 달았으며, 좌우에 각각 물
레를 두고는 굵은 삼줄로 물건을 매단다. 좌우에 나
눠 선 일꾼들이 힘껏 물레를 돌려 무거운 물건을 들
어 올린다. 일반적으로 건물을 지을 때는 이 기구가
없어서는 안 된다.《금화경독기》

横梁, 下懸兩游梁, 左右各
有繀車, 用大麻絚懸物. 左
右分立役夫, 用力轉繀車而
起重. 凡營造者, 不可無此
器.《金華耕讀記》

2) 녹로[4]

기둥이 4개, 들보가 3개, 인방이 2개이다. 한 쪽
에는 물레를 설치하고, 다른 한쪽에는 장대 2개를
비스듬히 세운다. 장대 머리에는 짧은 들보 2개가

轆轤

四柱、三梁、兩枋. 一邊設
繀車, 一邊斜立兩長竿. 竿
頭有兩短梁, 兩梁中間有

3　유량(游梁):도르래가 설치된 들보.
4　녹로:녹로의 모습은 위의 그림과 같다.

있고, 이 들보 가운데에는 짧은 축이 있다. 이 짧은 축에 굵은 삼줄을 걸어 한쪽 끝으로는 물건을 묶고, 다른 한 쪽 끝은 물레 위에 감는다. 물레를 돌리면 물건이 올라간다.【안 녹로 제도는《본리지》〈그림으로 보는 농사 연장〉에 상세하다.[5]】《금화경독기》

短軸, 掛大麻絚, 一端繫物, 一端繞在纑車之上. 纑轉則物起.【案 制詳《本利志·農器圖譜》.】《金華耕讀記》

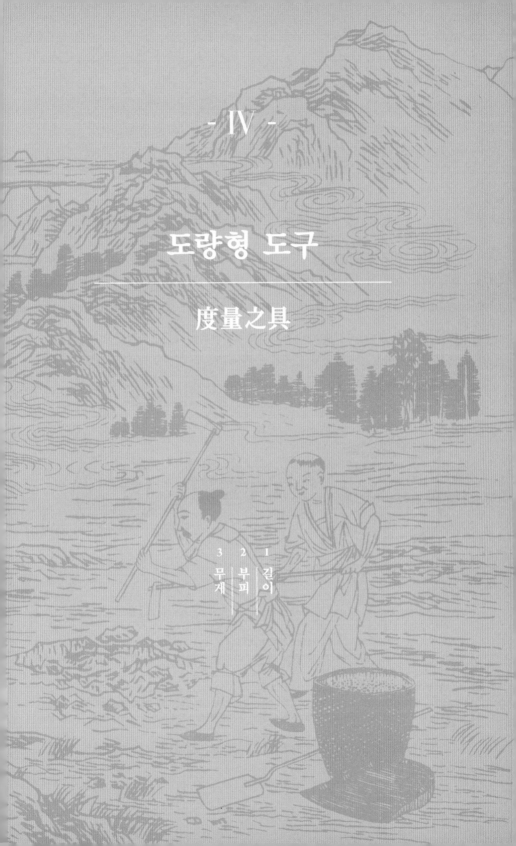

- IV -

도량형 도구

度量之具

3　2　1
무　부　길
게　피　이

1. 길이[1]

度

1) 주척(周尺)[2]

주척은 전해지지 않은 지 이미 오래되어 논설이 분분한데, 오직 서진(西晉)의 순욱(荀勗)[3]이 주척을 상고하여 옛 유물로 견주어 본 설이 대부분 주척에 부합한다. 그러므로 《수서(隋書)》〈율력지(律曆志)〉[4]에서는 15가지 주척을 열거하면서 순욱의 주척을 기준으로 했다. 북송(北宋)의 정도(丁度)[5] 또한 "유흠(劉歆)[6]이

周尺

周尺失傳已久, 論說紛紜, 惟晉 荀勗, 尺考校古物多合. 故《隋 · 志》列十五等尺, 以荀尺爲本. 宋 丁度亦謂"劉歆鑄銅斛時, 所鑄錯刀 · 大泉五十 · 王莽 天鳳

구리되

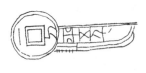

착도(《사고전서》)

대천오십(《사고전서》)

---

1 길이 : 길이에 대해서는 《본리지》 권1 〈토지제도〉 "경묘법과 결부법" '역대의 척도'와 '우리나라의 척법'에서 이미 상세히 소개했다.

2 주척(周尺) : 자의 하나로, 《주례(周禮)》에 규정된 자.

3 순욱(荀勗) : ?~289. 중국 위진(魏晉) 연간의 정치가. 처음에는 위(魏)에서 벼슬했다가 진(晉)에 들어가 후에 제북군공(濟北郡公)에 봉해졌다.

4 《隋書》卷16 〈律歷〉上 第11 '審度'.

5 정도(丁度) : 930~1053. 북송의 관료이자 학자이다. 추밀부사(樞密副使), 참지정사(參知政事) 등을 역임하다가 해임된 뒤 관문전학사(觀文殿學事)를 지냈다. 음운학에 밝았으며 저서로 《집운(集韻)》, 《예부운략(禮部韻略)》 등이 있다.

6 유흠(劉歆) : BC 53?~BC 23. 전한(前漢) 말의 유학자. 경서와 서지학에 밝았다. 왕망이 찬탈한 뒤 왕망을

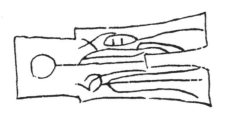

화포(《사고전서》)   화천(《사고전서》)

구리되[銅斛][7]를 주조할 때, 함께 주조한 착도(錯刀)[8]나 대천오십(大泉五十)[9]이라는 화폐들과 왕망(王莽)[10]이 천봉(天鳳) 연간[11]에 주조한 화포(貨布)나 화천(貨泉)[12]과 같은 종류의 화폐로 분(分)·촌(寸)을 견주어서 주척의 척도를 알 수 있다"[13]라 했다. 그 말이 순욱과 천 년의 시간을 두고 부절(符節)을 맞춘 듯이 들어맞으니, 가장 근거가 있다. 지금 착도·화포·화천과 같은 종류의 화폐가 종종 우리나라로 흘러들어 오는 경우가 있고, 명나라 주재육(朱載堉)[14]의 《율려정의(律呂精義)》[15]에 화포, 화천, 대천오십의 모양을 그린 그림이 있으

中鑄貨布·貨泉之類, 可參校分寸, 可得周尺之度", 其言與荀氏千載同符, 最有依據. 今錯刀、貨布、貨泉之類, 往往有流傳東來者, 明 朱載堉《律呂精義》有貨布、貨泉、大泉五十圖, 近世人翁方綱《兩漢金石記》, 有漢 建初銅尺圖, 皆可參互校挈, 以求周尺眞度, 而

죽이려 하다가 발각되어 자살했다.

7 구리되[銅斛] : 구리로 만든 곡(斛)을 재는 용기이다.

8 착도(錯刀) : 한(漢)나라 때의 화폐이다.

9 대천오십(大泉五十) : 한나라 때의 화폐. 왕망이 폐지했다.

10 왕망(王莽) : BC 45~AD 23. 전한 말의 정치가. 한나라를 멸망시키고 신(新)나라를 건국했다. 주(周)나라 때의 정책을 본떠 복고정책을 펼쳤으나 내부의 반란과 외침이 지속되었다.

11 천봉(天鳳) 연간 : 신(新) 왕망의 연호(14~19년).

12 화포(貨布)나 화천(貨泉) : 왕망이 천봉 원년(14)에 주조한 화폐.

13 유흠(劉歆)이……있다.《尙書通考》卷4 "度".

14 주재육(朱載堉) : 1536?~1610. 명나라의 황족으로 율수학(律數學)에 밝았다. 저서로 《악률전서(樂律全書)》와 《율려정론(律呂正論)》,《가량산경(嘉量算經)》,《역산산차지법(曆算算差之法)》 등이 있다.

15 《율려정의(律呂精義)》 : 주재육의 음악이론서로, 악조의 기초가 되는 척도를 중심으로 연구했다.《악률전서(樂律全書)》에 포함되어 있다.

며,[16] 근세 사람인 옹방강(翁方綱)[17]의 《양한금석기(兩漢金石記)》[18]에도 후한(後漢) 건초(建初) 연간[19]의 동척도가 있다. 이 자료들을 모두 서로 참조하고 견주어서 주척의 원래 척도를 구하면 여러 학자들의 영향력 있는 설들을 모두 없애도 될 것이다. 주척은 구리로 주조해야 하지만 성천(成川)[20]에서 나는 옥돌로 만들기도 하고, 상아로 만들기도 한다.《금화경독기》

諸家影響之說悉可廢也. 尺宜銅鑄, 或用成川玉石造, 或用象牙造.《金華耕讀記》

2) 영조척

요즘 목수들이 쓰는 곱자는 대개 노반(魯般)[21]에서부터 전하여 당(唐)나라에 이르렀다. 당나라 사람들은 그 자를 '대척(大尺)'이라 불렀다. 이는 당나라 때부터 지금까지 쓰여 '금척(今尺)' 또는 '영조척(營造

營造尺

今木匠所用曲尺, 蓋自魯般傳至于唐, 唐人謂之"大尺", 由唐至今用之, 名曰"今尺", 又名"營造尺", 古所謂"車

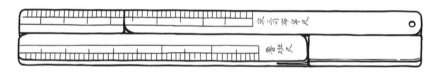

중국의 영조척

---

16 《율려정의》에…있으며 : 위 화폐들의 그림은 《악률전서》 권10 〈율려정의내편〉 "審度" 제11에 있다.

17 옹방강(翁方綱) : 1733~1818. 청(淸)나라 때 금석학자. 금석, 보록(譜錄), 서화, 사장(詞章) 등에 정통했으며, 《사고전서》의 찬수관, 내각학사 등을 역임했다. 김정희(金正喜)의 금석학도 그에게 영향을 받았다.

18 《양한금석기(兩漢金石記)》 : 전한, 후한의 금석문을 모아 고증한 서적. 옹방강이 저술했다.

19 건초(建初) 연간 : 후한 장제(章帝) 때의 연호(76~84년).

20 성천(成川) : 지금의 평안남도 성천군.

21 노반(魯般) : ?~?. 중국 노나라 사람. 공수반(公輸般)이 본명이라는 설도 있다. 운제(雲梯)를 만들어 유명해졌다.

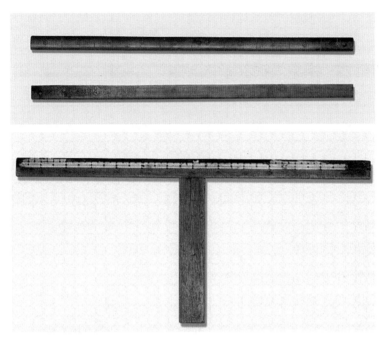

조선의 영조척(문화콘텐츠닷컴)

尺)[22]이라 하니, 옛날에 말하던 '차공척(車工尺)'이다. 한방기(韓邦奇)[23]는 "금척 가운데 차공척만이 가장 표준에 가까우니, 모든 집에서 털끝만 한 차이도 나지 않는다. 길이가 조금이라도 같지 않으면 수레가 다니기에 편리하지 않으니, 이를 누가 그렇게 만들었겠는가? 옛날부터 지금까지 그대로 물려받아 자연스러워진 척도인 것이다."[24]라 했다. 한방기가 말한 차공 工尺". 韓邦奇曰:"今尺惟車工之尺最準, 萬家不差毫釐. 少不同則不利載, 是孰使之然哉? 古今相沿, 自然之度也." 韓氏所謂車工, 卽造騾車之匠人. 語云"閉門造車, 出門合轍", 指此尺

---

22 영조척(營造尺):중국의 영조척과 조선시대 영조척의 모습은 위의 그림과 같다.

23 한방기(韓邦奇):1476~1555. 명나라의 학자. 《원락지락(苑洛志樂)》,《역학계몽의견(易學啓蒙意見)》 등을 저술했다.

24 금척…것이다:《苑洛志樂》卷1 "度".

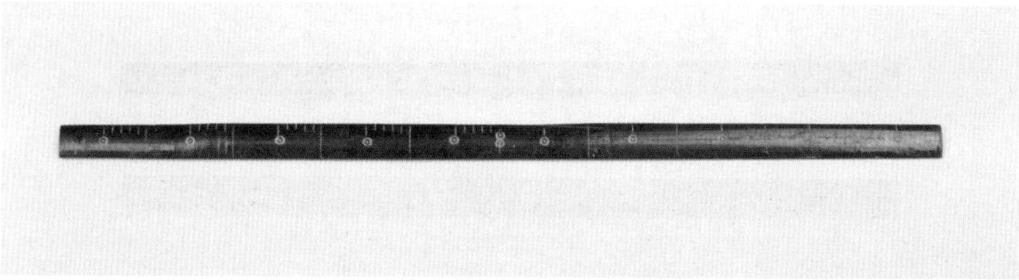

포백척(국립민속박물관)

은 곧 노새수레를 만드는 장인이다. 옛말에 "문 닫
고 수레를 만들어도, 문을 열고 나가 보면 바퀴 간
격이 맞아떨어진다."라 했으니 이 자의 정확함을 가
리켜 말한 것이다. 자 가운데 가장 오래됐지만 항상
쓸 수 있는 것은 오직 이 자뿐이다.

【안】 우리나라는 궤도를 통해 수레를 운행한 적
이 없다. 이 때문에 지금 목수들의 영조척은 단지
집을 짓는 용도로 쓰이지만 지금 쓰이는 자 가운데
서 이 영조척이 가장 표준에 가깝다. 그래서 가령
털끝만 한 차이가 있더라도 지금의 포백척(布帛尺)25
처럼 심하게 어긋나지는 않는다. 중국 영조척의 길
이는 명나라 보초(寶鈔)26에 박혀 있는 검은 테두리
길이와 서로 같다. 주재육의 《율려정의》에 보초도
(寶鈔圖)27가 있으니, 이를 살펴보면 중국 영조척의 길
이를 구할 수 있다. 영조척을 구리로 주조하거나 상

而言也. 尺中最古而可常用
者, 惟此尺耳.

【案】東國不曾行車, 故今木
匠營造尺, 但作建造宮室
之用, 然今行尺度中, 此尺
最有準, 則假令少有毫釐
之差, 亦不甚牴牾如今布
帛尺之甚也. 中國營造尺
之長, 與皇明寶鈔黑邊相
齊. 朱載堉《律呂精義》有
寶鈔圖, 可按而求中國營
造尺度也. 宜銅鑄或牙造,

---

25 포백척(布帛尺) : 천의 길이를 재어 매매하거나 옷을 만들 때 썼던 자. 모습은 위의 그림과 같다.

26 보초(寶鈔) : 명나라 때의 지폐이다. 홍무 8년(1375) 대명보초(大明寶鈔)가 발행되어 명말까지 쓰였다.

27 보초도(寶鈔圖) : 《율학신설(律學新說)》에 수록되어 있다. 가장자리 좌우측 상단에 각각 보초 종이의 테두
리[寶鈔紙邊]라는 글이 있고, 테두리 안쪽으로 보초의 검은색 테두리[寶鈔黑邊]라는 글이 있다. 보초의
검은색 테두리와 영조척의 길이가 일치한다.

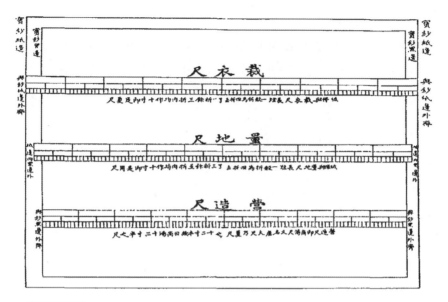

보초도(《사고전서》)

아로 만들어 집에 1개씩 가지고 있다가 집을 지을 때마다 목수의 영조척과 기준을 맞춰야 한다.】《율려정의》[28]

家藏一尺, 每有營造, 與木匠尺考準.】《律呂精義》

3) 포백척

우리나라의 포백척은 집집마다 길이가 달라 제멋대로여서 일정한 기준이 없다. 관동 삼척부(三陟府)[29]에 구리로 주조한 포백척이 있는데, 뒷면에 "정통(正統)[30] 11년 12월 상정 신조포백척(正統十一年十二月詳定

布帛尺

我國布帛尺, 家家異度, 漫無準則. 關東 三陟府有銅鑄布帛尺, 背刻"正統十一年十二月詳定新造布帛尺"

---

28 《樂律全書》卷22〈律學新說〉"審度". 해당 내용은《율려정의》에 실려 있지 않다.《본리지》에는 출전이《율학신설》이라 되어 있으므로, 이곳의 출전 표기는 오기라 생각된다.

29 삼척부(三陟府): 지금의 강원도 삼척시 도계읍.

30 정통(正統): 명(明)나라 영종(英宗)의 연호로 1435~1449년이다.

新造布帛尺)"이라는 15글자가 있으니 곧 세종 때에 도량형 제도를 같게 한 것이다. 이 포백척을 영조척과 비교해 보면 포백척이 0.45척 길다. 포백척은 이 기준으로 쇠를 주물하여 은으로 눈금을 새기거나 또는 대나무로 만들어야 한다.《금화경독기》

十五字, 卽世宗朝同律度之制也. 以營造尺較之, 長四寸五分, 宜用此度, 鐵鑄銀錯, 或竹木造.《金華耕讀記》

2. 부피 量

1) 승(升)[1]

1승은 10홉 분량이다. 《한서》〈율력지〉에서 "검은 기장알 중간 크기의 낱알 1,200개를 약(龠)에 채우고 우물물을 넣어 평평하게 깎는다. 2약이 1홉이 되고 10홉이 1승이 된다."[2]라 했다.《왕정농서》[3]

升, 十合量也. 《前漢志》云:"以子穀秬黍中者千二百實其龠, 以井水準其槪. 二[1]龠爲合, 十合爲升."《王氏農書》

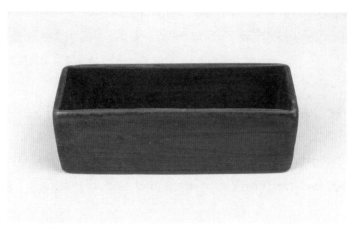

승(국립민속박물관)

---

1 승(升):승의 모습은 위의 그림과 같다.
2 검은……된다:《漢書》卷21上〈律曆志〉第1上, 967쪽.
3 《王禎農書》卷16〈農器圖譜〉10 "倉廩門" '升', 297쪽;《農政全書》卷23〈農器〉"圖譜"3 '升'(《農政全書校注》, 579쪽).
[1] 二:《漢書·律曆志》에는 "合".

두(국립민속박물관)

2) 두(斗)⁴

1두는 10승 분량이다. 《한서》〈율력지〉에서 "10승이 1두가 된다. 두는 승을 모은 분량이다."⁵라 했다.《왕정농서》⁶

서광계는 "옛날과 지금의 용량 단위는 아주 다르다."라 했고, 또 "《주례(周禮)》에서 '고기 1두(豆)를 먹고, 술 1두를 마시는 것이 보통 사람의 식사량이다.'⁷라 했다. 제갈량(諸葛亮)⁸이 매 끼니마다 먹

斗

斗, 十升量也.《前漢志》云:"十升爲斗. 斗者, 聚升之量也."《王氏農書》

徐玄扈謂"古今斗斛絕異", 且曰:"《周禮》食一豆肉, 飲一豆酒, 中人之食也'. 孔明每食不過數升, 而仲達以

---

4 두(斗):두의 모습은 위의 그림과 같다.

5 10승이……분량이다:《漢書》卷21上〈律曆志〉第1上, 967~968쪽.

6 《王禎農書》卷16〈農器圖譜〉10 "倉廩門" '斗', 297쪽;《農政全書》卷23〈農器〉"圖譜"3 '斗'(《農政全書校注》, 579쪽).

7 1두(豆)를……식사량이다:《周禮註疏》卷42〈冬官考工記〉下 "梓人"(《十三經注疏整理本》9, 1335쪽).

8 제갈량(諸葛亮):181~234. 촉한(蜀漢)의 정치가. 공명은 그의 자(字)이다. 유비를 도와 촉한(蜀漢)을 건국했고 승상이 되었다.

는 양이 몇 승을 넘지 못하자, 사마의(司馬懿)[9]가 '먹는 양은 적고 하는 일은 많다.'라 했으니,[10] 만약 지금의 두와 같은 분량이라면 보통 사람이 어찌 전부 먹을 수 있을 것이며,【안 춘추좌전(春秋左傳)》에서 "4승이 1두(豆)가 된다."[11]라 했으니,《주례》에서 말한 1두는, 곧 4승의 분량일 뿐이고 1두(斗)를 말하는 것이 아니다. 그러나 4승의 고기와 술이라 해도 역시 보통 사람이 끼니마다 전부 먹을 수 있는 음식물은 아니다.】제갈량의 몇 승이 이미 그 자체로 적은 양이 아닌데 염파(廉頗)가 먹었다는 5두(斗)[12]는 너무 많은 양이 아니겠는가?"[13]라 했는데, 그 말이 믿을 만하다.《농상집요(農桑輯要)》[14]는 곧 원나라 지원(至元) 연간[15]에 편찬한 책인데,《제민요술》의 "1묘(畝)에서 10석을 거둔다[畝收十石]."[16]라는 문장을 주석으로 첨부하며, "1석은 지금의 2.7두(斗)이니, 10석은 지금의 27두이다."[17]라 했다. 이와 같

爲食少事煩, 若如今斗, 則中人豈能頓盡,【案《左傳》"四升爲豆",《周禮》所謂一豆, 卽四升之量耳, 非謂一斗也. 然四升肉、四升[2]酒, 亦非中人一時頓盡之物.】孔明數升已自不少, 而廉頗五斗得無太多?"其說信矣.《農桑輯要》卽元至元年間所撰, 而其註《齊民要術》"畝收十石"之文曰: "一石, 今二斗七升; 十石, 今二石七斗." 如此則元時斗斛之制, 視後魏三倍而有餘. 此亦可證古今斗斛之不侔矣. 然《漢志》"龠容

---

9 사마의(司馬懿) : 179~251. 조위(曹魏)의 정치가 및 장수. 중달은 그의 자이다. 제갈량의 공격을 방어하여 군공을 세웠으며 위제왕(魏齊王) 조방(曹芳) 때 승상이 되었다. 손자 사마염(司馬炎)이 찬탈한 뒤 진(晉) 선제(宣帝)로 추존되었다.
10 제갈량(諸葛亮)이……했으니 :《資治通鑑》卷72〈魏紀〉4 "靑龍二年", 484쪽.
11 《春秋左傳正義》卷42 "昭二年"《十三經注疏整理本》18, 1359쪽).
12 염파(廉頗)가……5두(斗) : 염파는 중국 전국시대 조(趙)나라의 장수로, 나이가 들어서도 5두의 밥을 먹고 활시위를 당기는 데 가장 많은 힘이 들어가는 강궁(强弓)을 당겼다고 한다.
13 옛날과……아니겠는가 :《農政全書》卷5〈田制〉"農政訣田制篇"《農政全書校注》, 112쪽).
14 《농상집요(農桑輯要)》: 중국 최초의 관찬(官撰) 농서이다. 중국 원나라 때 사농사(司農司)에서 창사문(暢師文), 맹기(孟祺), 묘호겸(苗好謙) 등이 1273년에 집성했고 1286년에 간행했다. 고려시대 이암(李嵒, 1297~1364)이 이 책을 수입했다.
15 지원(至元) 연간 : 원 세조(世祖) 때의 연호(1260~1294년).
16 1묘(畝)에서……거둔다 :《齊民要術》卷1〈耕田〉《齊民要術校釋》, 38쪽).
17 1석은……27두이다 :《農桑輯要》卷2〈耕墾〉"耕地"《農桑輯要校注》, 31쪽).
[2] 升 : 저본에는 "斤". 규장각본·한국은행본에 근거하여 수정.

다면 원나라 시기의 용량 단위의 제도는 후위(後魏)의 그것에 비해 3배가 되고도 남는다. 여기에서 또한 옛날과 지금의 용량 단위 제도가 나란하지 않다는 사실을 확인할 수 있다. 그러나 《한서》〈율력지〉에서 "1약(龠)은 1,200알의 기장을 담는다. 2약이 1홉이 되고, 10홉이 1승이 된다."라 했으니, 1승에 채워지는 낱알은 꼭 기장 2만 4,000알이 되어야 할 것이다. 내가 예전에 중간 크기의 검은 기장을 가져다가 지금 사람들이 보통 쓰는 10홉들이 승에 담아 세어 보니 2만 2,330알이었다. 옛날의 승과 비교하면 1,660여 알 정도만 모자랐다.【인가에서 쓰는 두와 승도 크기가 같지 않지만 헤아려 보면 그다지 큰 차이가 나지는 않는다. 만약 조금 큰 승을 가져다가 기장을 담으면 당연히 2만 4,000알 전후가 담길 것이다. 관청에서 쓰는 승은 이에 비하여 더욱 작다.】이것으로 우리나라 승과 두의 제도가 오히려 옛 제도에 가까우며 중국의 후대의 용량 단위가 지나치게 잘못되었다는 사실을 알 수 있다.《금화경독기》

승과 두(斗)는 굳이 옛 제도에 얽매일 필요가 없다. 지금 제도는 단지 보통 사람이 한 끼에 먹는 음식량을 헤아려 맞춘 분량이다. 지금 민간에서 날마다 쓰는 승이 표준에 가장 알맞은 제도이니, 이 제도에 따라 만들어야 할 것이다.【안 승과 두는 모두 느릅나무로 만들고 철엽(鐵葉)으로 아가리를 따라 장식했다. 두의 모양은 윗부분은 좁게 만들고 아랫부

一千二百黍, 二龠爲合, 十合爲升", 則是一升之實恰爲二萬四千黍矣. 余嘗取秬黍中者, 實于今人常用十合之升而計之, 得二萬二千三百三十零. 比古升, 尙欠一千六百六十餘黍.【人家斗升, 大小不一, 要不甚徑庭. 若取稍大者實黍, 當爲二萬四千左右. 若官用之升, 視此尤小矣.】是知我東升斗之制, 猶之近古, 而中國後世斗斛, 失之過大也.《金華耕讀記》

升斗不必拘古制. 今制只當酌量中人一時飯食之量, 今民間日用之升, 最得適中之制, 當依此制造.【案 升斗竝用黃楡木造, 鐵葉裝飾口沿. 斗則上弇下侈, 四隅合縫處, 竝用鐵葉裝飾.

분은 넓게 만드는데, 귀퉁이 4개가 합쳐지는 곳에는 모두 철엽으로 장식했다. 양 옆면에는 쇠고리를 박아 손으로 잡고 사용하기 편리하도록 했다.}《금화경독기》

兩頰, 釘鐵環以便持使.

3) 곡(斛)

곡(斛)은 10두의 분량이다. 《한서》〈율력지〉에서 "10두가 1곡이다. 곡은 각이 진 두(斗)로, 양을 재는 되[量][18]이다."[19]라 했다. 《광아(廣雅)》에서 "곡은

斛

十斗量也. 《前漢志》云"十斗爲斛. 斛者, 角斗平多少之量也", 《廣雅》曰"斛謂之

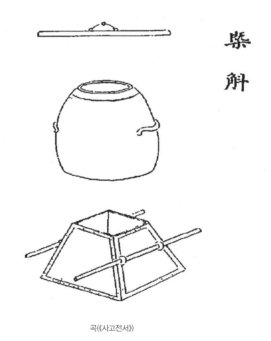

紫斛

곡(《사고전서》)

---

18 되[量] : 분량을 헤아리는 데 쓰는 그릇.
19 10두가……되[量]이다 : 《漢書》卷21上〈律曆志〉第1上, 967~968쪽. 곡의 모양은 위의 그림과 같다.

고(鼓)라 하고 네모난 곡은 각(角)이라 한다."[20]라 했다. 《주례》에서는 "율씨(栗氏)가 되를 만들 때 구리와 주석을 거듭 달구면 더 이상 줄어들지 않는데, 총량이 줄어들지 않게 된 뒤에 저울로 재고, 저울로 잰 뒤에 같은 크기로 두드리고, 같은 크기로 두드린 뒤에 측량한다.[21] 그 명(銘)에는 '이에 문덕(文德) 있는 임금이 생각하고 찾아 참으로 그 표준에 이르렀다. 아름다운 되가 이미 만들어져서 사방의 나라에 드러났다. 길이 그 뒤를 열어 이 물건만을 법칙으로 삼으라 했다.'"【'문덕 있는 임금이 생각하고 찾았다[時文思索]'는 것은, 바로 이 깊은 덕을 지닌 임금이 생각하고 구하여 백성들을 위해 법도를 세우고 되를 만들었다는 말이다.】라 했다.[22]

《한서》에서 "5가지 되를 만드는 방법은 다음과 같다. 사방 1척짜리 구리를 사용하여 그 겉면을 둥글게 하는데, 그 옆에 조(庣)【'庣'는 지(止)와 조(彫)의 반절이다.】가 있다.【안사고(顏師古)는 "조(庣)는 가득 차지 않은 곳이다."라 했다.】 이 용기의 윗부분은 곡(斛)이 되고 아랫부분은 두(斗)가 되며,【윗부분은 하늘을 향해 개방되어 있는 곡이 되고, 아랫부분은 곡을 엎어 놓은 모양의 바닥이 되는데, 여기에 1두를 담는다.】 왼쪽 귀에 달린 되는 승(升)이 되고 오른

鼓, 方斛謂之角③", 《周禮》曰: "栗氏爲量, 改煎金錫則不耗, 不耗然後權之, 權之然後準之, 準之然後量之. 其銘曰: '時文思索, 允臻其極. 嘉量旣成, 以觀四國. 永啓厥後, 玆物維則.'"【時文思索, 言是玄德之君思求索, 爲民立法而作量.】

《漢書》: "五量之法: 用銅方尺而圓其外, 旁有庣【止彫切.】焉.【師古曰: "庣, 不滿之處也."】上爲斛, 下爲斗,【上爲仰斛, 下爲覆斛之底, 受一斗也.】左耳爲升, 右耳爲合、龠. 夫量者躍于龠, 合于合, 登于升, 聚于斗, 角于斛. 職在太倉, 大司農

---

20 곡은……한다:《廣雅》卷8.
21 율씨(栗氏)가……측량한다:《주례주소》를 참조하여 옮겼다.
22 율씨(栗氏)가……했다:《周禮註疏》卷40〈冬官考工記〉第6"栗氏"《十三經注疏整理本》9, 1295~1298쪽).
③ 角:《廣雅》에는"桶".

쪽 귀에 달린 되는 흡(合)과 약(龠)이 된다. 무릇 되는 약(龠)에서 뛰고, 흡(合)에서 합하고, 승(升)에서 오르며, 두(斗)에서 모이고, 곡(斛)에서 모난다. 이 용기의 역할은 태창(太倉)[23]에서 곡식을 되는 데 있고, 대사농(大司農)[24]이 이를 담당한다."[25]라 했다.

지금 농가에서 수확한 곡식은, 일반적으로 관청에 수납하거나 시장에 팔거나 가정에 쌓아 둘 때에 양이 많으면 곡, 양이 적으면 두, 양이 그보다 적으면 승으로 재고, 다시 반드시 평미레로 평평하게 되니, 가난하건 부유하건 모두 빠뜨릴 수 없는 도구이다.《왕정농서》[26]

옛날에는 두(豆)·우(區)【'區'는 오(烏)와 후(候)의 반절이다.】·부(釜)·종(鍾)·유(庾)·병(秉)이라는 되가 있었다. 《춘추좌전》에서 "4승이 1두이고, 4두가 1우이고, 4우가 1부이며, 10부가 1종이다.[27] 또 2.5부가 1유이고, 16곡이 1병이다."라 했으니, 모두 옛 되의 이름이다. 지금은 오직 승(升)·두(斗)·곡(斛)을 기준으로 삼는데, 명칭이 가장 간단하고 요긴하여

掌之."

今夫農家所得穀數, 凡輸納于官, 販鬻于市, 積貯于家, 多則斛, 少則斗, 零則升, 又必槪以平之, 貧富皆不可闕者.《王氏農書》

古有豆、區【烏候切】、釜、鍾、庾、秉之量.《左傳》曰 "四升爲豆, 四豆爲區, 四區爲釜, 十釜爲鍾. 又二釜半爲庾, 十六斛爲秉", 皆古量之名也. 今唯以升、斗、斛爲準, 最號簡要, 蓋出納

---

23 태창(太倉):중국 고대 수도에 설치된 곡식창고.

24 대사농(大司農):한나라 때의 관직으로 국가재정을 담당했다. 처음에는 치속내사(治粟內史)라고 했다가 경제(景帝) 때 대농령(大農令), 무제(武帝) 때 대사농으로 변경되었다. 재정을 담당하는 관직이었기 때문에 조선에서는 호조판서(戶曹判書)의 별칭으로 쓰이기도 했다.

25 《漢書》卷21上〈律曆志〉第1上, 967~968쪽.

26 《王禎農書》卷16〈農器圖譜〉10 "倉廩門" '斛', 299쪽;《農政全書》卷23〈農器〉"圖譜"3 '斛'《農政全書校注》, 579~580쪽).

27 4승이……1종이다:《春秋左傳正義》卷42 "昭二年"《十三經注疏整理本》18, 1359~1360쪽).

대개 출납하는 일을 계산하기 쉽기 때문이다.《왕정농서》[28]

옛날부터 지금까지 대대로 모두 10두를 1곡【곡은 곧 석(石)이다.】으로 삼았지만, 우리나라는 15두를 1곡으로 삼으니, 이는 잘못된 기준을 답습하고 미봉책에 의지해서 그렇게 된 것이다. 수량을 세는 기준을 잃으면 길이와 부피의 쓰임이 어그러지니, 그 단위를 바로 고쳐 10두를 1곡으로 삼아야 한다.

【더러는 우리나라에서 쓰는 두가 작아서 우리의 15두가 중국의 10두에 해당하기 때문에 이와 같은 결과가 되었다고 한다. 그러나 이 말도 옳지 않다. 정말로 두를 작게 만들었다면 두와 승을 고쳐 참다운 크기를 구해야 할 것이니, 그 근본을 바로잡지 않고 말단만 가지런히 해서는 안 된다. 천지(天地)의 수(數)는 1에서 나오고 10에서 완성되니, 10은 수의 기준이다. 이 때문에 작(勺)이 쌓여 홉(合)이 되고, 홉이 쌓여 승(升)이 되며, 승이 쌓여 두(斗)가 되고, 두(斗)가 쌓여 곡(斛)이 되니, 모두 10을 기준으로 했다. 이 때문에 옛날 두의 크기가 작더라도 10두가 1곡이었고, 지금 중국 두의 크기가 크더라도 10두가 1곡이다. 10두가 1곡인 점은 옛날부터 지금까지 바뀌지 않은 제도인 것이다. 만약 바꾸어서는 안 되는데도 바꾼다면 만물이 그 법칙을 잃어 그 용도가 실제

之司易會計也. 同上

古今歷代皆以十斗爲斛,【卽石】而我國以十五斗爲斛, 是襲謬因苟而然. 失算數之紀, 乖度量之用, 宜釐改之, 以十斗爲斛.

【或以爲我國斗小, 十五斗當中國十斗, 故如此, 是亦不然. 果令斗小, 則當改其斗升, 以求大小之中, 不可不正其本而但齊其末也. 天地之數, 生於一而成於十, 十者數之極也. 是以積勺爲合, 積合爲升, 積升爲斗, 積斗爲斛, 皆以十爲度. 是以古者斗小而十斗爲斛, 今中國斗大而亦十斗爲斛. 十斗爲斛, 古今不易之制也. 苟不可易而易之, 則物失其則而用乖於事, 夫如是, 故今斛擬之於數, 則

---

28 《王禎農書》卷16〈農器圖譜〉10 "倉廩門", 298~299쪽;《農政全書》卷23〈農器〉"圖譜"3(《農政全書校注》, 580쪽).

일에서 어그러진다. 무릇 이와 같으므로 지금의 곡을 15라는 수에 맞추면 그 기준을 잃는 것이고, 되를 헤아리는 법칙을 기준으로 삼으면 그 도수(度數)를 어기는 것이다. 지금의 곡으로 계산하면 수량이 십진법으로 똑 떨어지지 않아 쓰기 어렵고, 나귀에 짐을 실으면 너무 무거워 운반하기 어렵다. 이 어찌 잘못된 점을 그대로 구차하게 답습하여 끝내 고치지 않을 일이겠는가?

또 우리나라의 두가 작더라도 꼭 잘못된 것은 아니고, 중국의 두가 크더라도 꼭 옳은 것은 아니다. 옛날 두의 크기를 비록 밝힐 수 없지만 위(魏)나라 이회(李悝)[29]의 말을 살펴보면, "100묘의 농지에서 평년에는 조 150석을 거두고, 큰 풍년이면 4배로 600석을 거두며, 작은 풍년이면 2배로 300석을 거둔다. 1인당 1개월에 1.5석을 먹는다."[30]라 했으니, 조 1.5석은 좁쌀 7두이다. 또 한나라 제갈량이 하루에 먹는 양이 몇 승을 넘지 못하자 사마의는 그에 대해 먹는 양은 적고 하는 일은 많다고 여겼다. 이런 여러 주장으로 미루어보면 우리나라의 두와 승이 옛 제도에서 멀지 않고, 오히려 지금 중국의 두와 승의 규모가 너무 큰 것이 잘못인 것이다. 지금 중국의 두 중에 우리나라의 두보다 2배가 넘는 것을 '당두(唐斗)'라 하고, 또 작은 두로서 당두에 비해 겨우 절반

失其紀;準之於法, 則違其度. 以之會計則奇零而難用, 以之馱載則過重而難運, 是豈可仍循苟且而終不之改者乎?

且我國斗小未必爲失, 而中國大斗亦未必是. 古斗雖不可考, 按魏 李悝之言曰"百畝之田, 平歲, 收粟百五十石;大熟則四倍, 收六百石;下熟自倍, 收三百石. 人月食一石半"云, 則粟一石半爲粟米七斗矣. 又漢 諸葛亮一日所食不過數升, 而司馬懿以爲食少事煩. 以此諸說推之, 則我國斗升與古制不相遠, 而今中國斗升失於太多也. 今中國斗倍過於我國斗者, 名"唐斗", 又有小斗, 較唐斗

29　이회(李悝):BC 455~BC 395. 전국시대의 정치가. 위(魏)나라 문후(文侯)를 섬겼다. 변법(變法)을 주장하고 지력(地力)을 다 활용할 것을 주장하여, 농민들에게 밭을 깊게 갈게 하여 생산량을 증가시켰다. 위나라가 이로 인해 부강해져 전국시대 초기의 강대국의 하나가 되었다.

30　100묘의……먹는다:《文獻通考》卷8〈錢幣考一〉"歷代錢幣之制".

크기인 두를 '주두(周斗)'라 한다고 한다. 대체로 되의 크기는, 율관(律管)[31]의 크기를 정해 소리와 기(氣)의 호응을 구한 뒤에야 그 올바름을 얻을 수 있다. 하지만 10두를 1곡으로 하는 것은 바꿀 수 없는 제도이다.

【안】 지금 민간의 두와 곡의 제도는 껍질을 깨끗이 대낀 곡식 15두를 1석으로 삼고 껍질을 대끼지 않은 곡식은 20두를 1석으로 삼는다. 하지만 이제는 유형원의 주장대로 나무로 10두들이 곡을 만들어 미곡을 출납하고, 쌀은 따로 작은 둥구미를 만들어 둥구미 1개마다 10두씩 담아야 한다. 껍질을 대끼지 않은 곡식은 예전대로 큰 둥구미를 쓰되 둥구미 1개에 2곡씩 담는다. 나무로 만든 곡은 윗부분은 좁게 만들고 아랫부분은 넓게 만드는데, 네 모서리와 아가리를 모두 철엽으로 감싸서 못질하고 양옆면에는 쇠고리 한 쌍을 박은 다음 길이 5~6척인 팔뚝만 한 나무를 끼워서 들기 편하게 한다.】《반계수록》[32]

4) 평미레【'槩'는 공(功)과 대(代)의 반절이다.】

곡과 두를 평평하게 되는 도구이다. 《설문해자》에서 "평미레는 두와 곡을 평평하게 한다. 목(木)

僅半者, 謂之"周斗"云. 大抵量之大小, 則定律管而求聲氣之應, 然後可以得其正④矣, 而至於十斗爲斛則乃不易之制也.

【案】 今民間斗斛之制, 精鑿以十五斗爲一石, 皮穀以二十斗爲一石, 當依柳氏說. 木造十斗之斛以出納米穀, 而米則另作小篅, 一篅容十斗. 皮穀則依前用大篅, 一篅容二斛. 其斛上弇下侈, 四隅及口, 皆鐵葉裹釘, 兩頰釘雙鐵環, 貫以五六尺臂膊大木, 以便持擧.】《磻溪隨錄》

槩【功代切】

平斛斗器. 《說文》云: "槩, 杚斗斛. 從木旣聲. 杚【古

---

31 율관(律管): 대나무를 잘라 만든, 음정을 정하는 도구. 대나무 관(管)의 길이로 음계를 확정한다. 저음부터 계산하여 율(律)로 불리는 6개의 홀수 관과 여(呂)로 불리는 6개의 짝수 관을 정하는데, 이를 합쳐서 '12율(律)'이라 한다.

32 《磻溪隨錄》 卷25 〈續篇〉 "度量衡".

④ 正: 저본에는 "定". 규장각본·한국은행본·오사카본·《磻溪隨錄·續篇·度量衡》에 근거하여 수정.

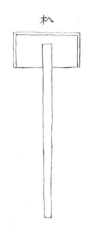

고무래(《본리지》)

평미레(국립민속박물관)

의 뜻을 따르고 기(旣)로 소리 낸다. 골(扢)은【'扢'은 고(古)와 몰(沒)의 반절이다.】 평평하게 한다는 뜻이다."[33]라 했다.

【안】 지금 제도에서 곡을 평평하게 되는 평미레는 모양이 농가에서 곡식을 거둬들일 때 쓰는 고무래와 같다.[34] 한 사람이 평미레의 자루를 잡고 곡의 머리맡에 서서, 곡식을 잴 때마다 가득 차서 넘치면 평미레로 곡의 윗면을 밀어 평평하게 한다. 《삼재도회(三才圖會)》에 실린 그림은 자루가 없고 꼭지가 달렸으며 상당히 짧고 작으니,[35] 대개 두로 양을 될 때 쓰는 평미레이다.】《왕정농서》[36]

沒切], 平也."

【案】 今制平斛之槪, 形如農家斂穀之扙. 一人執柄立斛頭, 每量穀滿溢, 用此戞斛而槪之. 若《三才圖會》所圖, 無柄有鈕, 而頗短小, 蓋用之斗量者也.】《王氏農書》

---

33 평미레는⋯⋯뜻이다:《說文解字》卷6上. □(槪)□斗斛从木旣聲工代切. □(扙)平也从木聲古沒切.

34 지금⋯⋯같다:고무래의 모습은 위의 그림과 같다.《본리지》권10〈그림으로 보는 농사 연장〉상 "갈이 연장과 삶이 연장" '고무래' 참조.

35 《삼재도회(三才圖會)》에⋯⋯작으니:《삼재도회》에 실린 모양의 평미레 유물은 위의 사진과 같다.

36 《王禎農書》卷16〈農器圖譜〉10 "倉廩門" '槪', 298쪽;《農政全書》卷23〈農器〉"圖譜"3 '槪'(《農政全書校注》, 580쪽).

5) 밀승[37]

놋쇠로 만든다. 모양은 지금의 밥그릇과 같지만 자루가 달려 있다. 지금 민간에서 쓰는 밀승은 크기가 일정하지 않으니, 적절한 크기를 헤아려서 집 안에 1개씩 두어야 할 것이다.《금화경독기》

6) 유승[38]

놋쇠로 만든다. 자루와 귀때가 달려 있다. 크기는 밀승을 가늠해서 그에 맞춘다. 지금 시장에서 파는 유승은 상당히 작아 겨우 밀승의 절반 크기이다.《금화경독기》

7) 2가지 두를 쓰지 마라

지금 민간의 두와 곡은 집집마다 제도가 다르다. 게다가 한 집 안에도 반드시 크고 작은 2가지 두를 두어서 받을 때는 큰 두를 쓰고 내줄 때는 작은 두를 쓴다. 이러한 방법으로 자잘한 이익을 이롭게 여기면서도 그것이 속임수를 키워 풍속을 무너뜨리는 일임을 스스로도 알지 못하니, 얻는 이익은 작지만 잃어버리는 신뢰는 크다. 일반적으로 원야(園野)에 땅을 골라 집을 짓고 일족이 모여 살거나, 뜻을 함께하는 사람들을 규합하여 모임의 규약을 맺을 때는, 먼저 승과 두의 제도를 바로잡아 집집마다 서로 기

蜜升

鍮爲之, 形如今飯盂而有柄. 今民間用者, 大小不一, 宜酌量大小之中, 家置一器.《金華耕讀記》

油升

鍮爲之, 有柄有嘴. 大小視蜜升. 今市賣者頗小, 僅[5]爲蜜升之半.《金華耕讀記》

論勿用兩斗

今民間斗斛, 家家異制. 且一家必有大小二斗, 入以大斗, 出以小斗. 以利其斗筲之剩, 不自知其長姦僞而壞風俗, 所得者細而所傷者大也. 凡卜築園野, 聚族而居, 或倡率同志, 結作社約, 宜先正升斗之制, 家家相準, 出納同量. 此張橫渠思得一鄉之地, 畫爲井田

---

37 밀승:꿀의 용량을 잴 때 쓰는 도구.
38 유승:기름의 용량을 잴 때 쓰는 도구.
[5] 僅:저본에는 "菫". 문맥에 근거하여 수정.

준을 정하고 출납할 때는 되를 같게 만들어야 한다.　　之意也.《金華耕讀記》
이것이 장재(張載)[39]가 한 고을의 땅을 얻어 정전(井田)
을 통해 실현하려고 계획했던 뜻이다.《금화경독기》

---

[39] 장재(張載) : 1020~1077. 북송대의 학자로, 횡거(横渠)는 그의 호이다. 정호(程顥), 정이(程頤)의 외숙부이
며 성리학의 이론적 기틀을 마련하여 주돈이(周敦頤), 소옹(邵雍), 정호, 정이와 함께 북송오자(北宋五子)
로 꼽힌다.

3. 무게

權

1) 저울[1]

秤

윗면에 가로로 분(分)·전(錢)·냥(兩)·근(斤)이라
는 글자를 새긴 저울을 '형(衡)'이라 하고, 줄에 저울
추와 쟁반을 매단 저울을 '준(準)'이라 한다. 그 저울
추를 '권(權)'이라 하는데, 권과 쟁반은 모두 구리로
만든다. 그 제도는 10리(釐)가 1분이고, 10분이 1전

上橫而刻分、錢、兩、斤曰
"衡"、以繩懸錘與槃曰"準"、
其錘曰"權"、權與槃皆銅爲
之. 其制, 十釐爲分, 十分
爲錢, 十錢爲兩, 十六兩爲

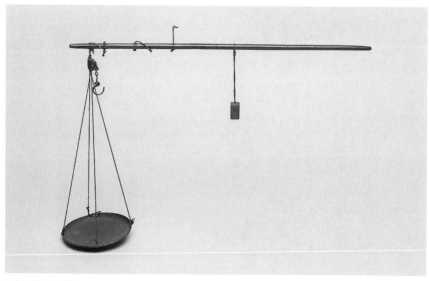

저울(국립민속박물관)

---

1 저울 : 저울의 모습은 위의 사진과 같다.

이고, 10전이 1냥이며, 16냥이 1근이다. 큰 저울은 100근까지 달고, 중간 저울은 30근까지 달고, 작은 저울은 3근이나 1근까지 단다. 그중에 큰 저울과 중간 저울에는 모두 횃대를 만들어 매다는데, 횃대의 모양은 옷 거는 횃대와 같다.《금화경독기》

斤. 大秤百斤, 中秤三十斤, 小秤三斤或一斤. 其大、中秤皆作架懸之, 架形如衣枷.《金華耕讀記》

- V -

공업 총정리

工制總纂

1. 목재 가공

攻木

1) 자귀[1]

강철로 날을 만들고 굽은 나무로 자루를 만드는데, 나무를 다듬기 위한 도구이다. 일반적으로 나무를 가공하여 껍질을 벗길 때는 이 도구가 아니면 안 된다.《금화경독기》

斤

鋼鐵爲刃, 曲木爲柄, 所以斫木也. 凡攻木去皮, 非此不可.《金華耕讀記》

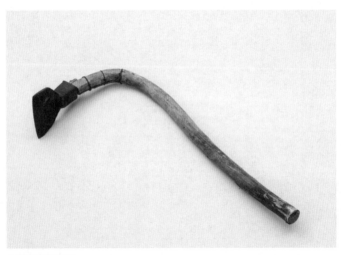

자귀(국립민속박물관)

---

1 자귀:목재를 찍어서 깎고 가공하기 위해 쓰는 연장. 자귀의 모양은 위의 사진과 같다.

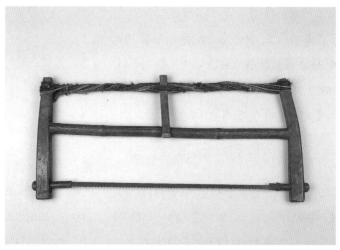
톱(국립민속박물관)

2) 톱

일반적으로 톱은 시우쇠²를 단련하여 얇은 가락으로 만드는데, 강철로 만들지도 않고 담금질하지도 않는다.【안 강철로 만드는 방법과 담금질하는 방법은 모두 아래의 쇠 다루기 제도에 나온다.】용광로 속의 불을 빼내어 열기가 가신 뒤에 차가운 망치로 여러 번 망치질하여 쇠의 성질을 단단하게 하고, 줄[鑢]로 갈아 톱니를 낸다. 양 끝에 톱자루로 쓰일 나무를 물려 이 나무에 연결되도록 들보(동발)를 만든 다음, 대껍질을 꼬아 탕개줄을 만들어

鋸

凡鋸, 熟鐵鍛[1]成薄條, 不鋼, 亦不淬健.【案 鋼法、淬健法竝見下攻金之制.】出火退燒後, 頻加冷鍾堅性, 用鑢開齒. 兩頭銜木爲梁, 糾篾張開, 促緊使直. 長者剖木, 短者截木, 齒最細者截竹. 齒鈍之時, 頻加鑢銳[2]而後使之.《天工開

---

2 시우쇠 : 뜨거운 불에 충분히 달구어진 상태의 무쇠.
[1] 鍛 : 저본에는 斷.《天工開物 · 錘鍛 · 鋸》에 근거하여 수정.
[2] 銳 : 저본에는 "脫". 오사카본 ·《天工開物 · 錘鍛 · 鋸》에 근거하여 수정.

이를 펼치고 팽팽하게 잡아당겨 곧게 한다.[3] 긴 톱
으로는 나무를 가르고, 짧은 톱으로는 나무를 자르
며, 톱니가 가장 자잘한 톱으로는 대나무를 자른다.
톱니가 무뎌질 때는 줄로 자주 이빨을 갈아 날카롭
게 만든 뒤에 사용한다.《천공개물》[4]

物》

3) 대패

일반적으로 대패는 강철을 물린 사방 0.1척짜리
쇠를 갈고, 대팻날이 약간 드러나게 해서 대패아가
리에 비스듬히 나오게 하니, 나무를 평평하게 깎기
위한 도구이다.[5] 대패의 옛 이름은 '준(準)'이다. 큰
것은 대패가 누워 있고 날이 드러나 있어서 깎을 나
무를 잡고 **빼내면서** 깎는데, 이를 '추포(推鉋, 미는 대
패)'라 한다. 둥근 통을 만드는 목공들이 이 대패를
사용한다. 평상시에 사용하는 대패는 가로나무가
양 날개처럼 벌어져 있어서, 이를 손으로 잡고 앞으
로 미는 방식이다.[6]

목수가 세밀한 작업을 할 때 쓰는 대패로 '기선
포(起線鉋)'가 있는데, 날의 너비가 0.02척 정도 된다.
또 나무를 매끈하게 다듬어 극도로 윤이 나게 하는

鉋

凡鉋, 磨礪嵌[3]鋼寸鐵, 露
刃秒忽, 斜出木口之面, 所
以平木. 古名曰"準". 巨者
臥準露刃, 持木抽削, 名曰
"推鉋", 圓桶家使之. 尋常
用者, 橫木爲兩翅, 手執前
推.

梓人爲細功者有"起線鉋",
刃闊二分許. 又刮[4]木使極
光者[5], 名"蜈蚣鉋", 一木

3　양 끝에……한다 : 이 구절에서 설명하는 톱의 모습은 앞쪽 페이지의 사진과 같다.
4　《天工開物》卷10〈錘鍛〉"鋸", 272~273쪽.
5　대패는……도구이다 : 이 구절에서 설명하는 대패의 모습은 다음 페이지 위쪽 사진과 같다.
6　평상시에……방식이다 : 이 구절에서 설명하는 대패의 모습은 다음 페이지 아래쪽 사진과 같다.
[3]　嵌 : 저본에는 "散". 《天工開物·錘鍛·刨》에 근거하여 수정.
[4]　刮 : 저본에는 剳. 《天工開物·錘鍛·鉋》에 근거하여 수정.
[5]　者 : 저본에는 없음. 《天工開物·錘鍛·鉋》에 근거하여 보충.

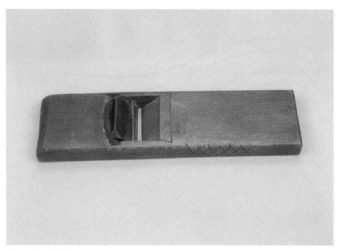

대패(국립민속박물관)

대패(국립민속박물관)

대패를 '오공포(蜈蚣鉋)'[7]라 하는데, 나무 하나에 10여 개의 작은 칼날이 물려 있는 모습이 마치 지네[蜈蚣]

之上銜十餘小刀, 如蜈蚣之 足.《天工開物》

7 오공포(蜈蚣鉋):목재의 겉면을 다듬어 윤을 내기 위해 쓰는 도구. 그 모습은 다음 페이지의 그림과 같다.

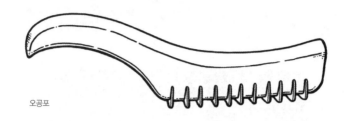

오공포

의 다리와 같다.《천공개물》[8]

4) 끌[9]

일반적으로 끌은 시우쇠를 단련하여 강철로 만들고, 끌 아가리에 강철을 끼운다. 강철의 밑 부분은 속이 빈 둥근 모양이어서 이곳에 나무자루를 끼운다.【이에 앞서 철골(鐵骨)을 두드려 나무자루를 끼워 넣는 틀을 만드는데, 이를 '양두(羊頭, 양머리)'라 한다. 국자 자루에도 이 틀이 마찬가지로 사용된다.】끌은 자루를 망치로 두들겨서 끌날이 나무를 파고 들어가게 하여 홈을 뚫는다. 넓은 끌날은 너비가 0.1척정도이고, 좁은 끌날은 0.03척에 그친다. 나무에 둥근 홈을 내려면 둥근 활 모양의 날이 달린 끌인 완착(剜鑿)을 만들어 뚫는다.《천공개물》[10]

鑿

凡鑿, 熟鐵鍛成, 嵌鋼于口, 其本空圓, 以受木柄.【先打鐵骨爲模, 名曰"羊頭". 杓柄同用.】斧從柄催, 入木透眼. 其末粗者闊寸許, 細者三分而止. 需圓眼者, 則制成剜鑿爲之.《天工開物》

---

8 《天工開物》卷10〈錘鍛〉"刨", 273쪽.
9 끌 : 나무에 구멍을 파거나 깎고 다듬기 위해 쓰는 도구. 그 모습은 위의 사진과 같다.
10 《天工開物》卷10〈錘鍛〉"鑿", 274쪽.

끌(국립민속박물관)

5) 송곳

일반적으로 송곳은 시우쇠를 두드려 만들되 강철을 섞지 않는다. 서적류를 제본할 때는 둥근 송곳을 쓰고, 가죽에 구멍을 낼 때는 납작한 송곳을 쓴다. 목수가 송곳자루에 연결된 줄을 돌려 구멍을 내고 여기에 못을 박아 나무판을 결합시킬 때는 사두찬(蛇頭鑽)[11]을 쓴다. 사두찬의 제도는 송곳날의 길이가 0.02척 정도에, 한 면은 둥근 모양이고 두 면은 깎여 들어가 있으며, 양쪽으로 두 모서리가 나와 밧줄을 돌리기 편하게 하였다.

구리조각에 구멍을 낼 때는 계심찬(鷄心鑽)을 쓴다. 몸통 전체가 세모난 송곳은 '선찬(旋鑽)'이라

錐

凡錐, 熟鐵錘成, 不入鋼和. 治書編之類用圓錐, 攻皮革用扁錐. 梓人轉索通眼, 引釘合木者, 用蛇頭鑽. 其制穎上二分許, 一面圓, 二面剜入, 傍起兩稜, 以便轉索.

治銅葉用鷄心鑽. 其通身三稜者, 名"旋[6]鑽", 通

---

11 사두찬(蛇頭鑽):목재에 구멍을 뚫는 용도로 사용되는 돌대송곳을 말하는 것으로 보인다. 돌대송곳은 자루, 쇠목, 돌대로 구성되어 자루 끝과 쇠목 끝에 실이 연결되어 있으며 돌대 끝에 송곳날이 박혀 있다. 돌대송곳의 모습은 다음 페이지 사진과 같다.
[6] 旋:저본에는 없음.《天工開物·錘鍛·錐》에 근거하여 보충.

하고, 몸통 전체가 네모나고 끝이 날카로운 송곳은 '타찬(打鑽)'이라 한다.《천공개물》[12]

身四方而末銳者, 名"打[7] 鑽".《天工開物》

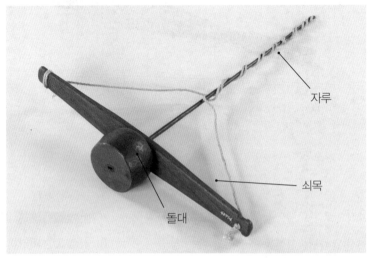

자루

쇠목

돌대

돌대송곳(국립민속박물관)

변탕 대패(국립민속박물관)

---

12 《天工開物》卷10〈錘鍛〉"鑿", 272쪽.
[7] 打 : 저본에는 "釘".《天工開物·錘鍛·錐》에 근거하여 수정.

6) 변탕 [錫]¹³

탕(錫)은 《홍무정운(洪武正韻)》에서 "음은 당(儻)이며, 장인이 나무를 다듬는 도구이다."¹⁴라 했고, 《운회(韻會)》에서는 "쇠로 잇몸을 만든다. 일반적으로 나무나 돌에 자귀질이나 도끼질한 흔적이 있을 때 이를 문질러서 평평하게 하는 도구이다."라 했다.¹⁵ 대개 그 제도는 쇠를 다듬는 줄과 비슷하다.《금화경독기》

錫

錫, 《正韻》"音儻, 工人治木器", 《韻會》"以鐵爲齗. 凡木石有斤斧痕迹者, 摩之令平也." 蓋其制, 與治金之鑢相似也.《金華耕讀記》

7) 갈이틀¹⁶

나무틀[枋] 하나를 땅에 누인 뒤, 왼쪽에는 홑틀[單簨]을 세우고 오른쪽에는 쌍틀[雙簨]을 세운다. 쌍틀은 간격이 몇 촌 정도이며, 가운데에 나무막대 2개를 끼우고 고정해서 정(井)자 모양을 만든다. 큰 나무를 누운 축으로 삼되, 이에 앞서 이를 대패로 둥글고 매끈하게 다듬어, 한쪽 끝은 홑틀에 끼워 넣고 다른 끝은 쌍틀 속 정(井)자의 가운데에 끼워 튀어나오게 하여 축이 되게 한다.

쌍틀에 끼운 나무 축 끝에는 쇠못 6~7개가 둥글게 박혀 있다. 나무를 둥글게 깎을 때마다 깎을 나

旋木車

一枋臥地, 左立單簨, 右立雙簨. 雙簨相距數寸, 而中有兩木條嵌固, 作井字形. 用膊大木爲臥軸, 鉋治圓滑, 一頭嵌入單簨, 一頭貫出雙簨中間井字之中而軸之.

頭有鐵釘六七環列. 每旋木, 以所旋木料, 釘住在軸

---

13 변탕[錫] : 목재의 가장자리를 턱지게 깎기 위한 도구. 그 모습은 위의 사진과 같다.

14 장인이……도구이다 :《洪武正韻》卷13〈十七漾〉"儻……工人平木器."

15 쇠로……도구이다 :《康熙字典》卷31〈戌集〉上"金部"'金鍚'.

16 갈이틀 : 목재를 둥근 모양으로 가공하기 위한 기계이다. 둥근 나무그릇 같은 용기를 만드는 이 기계는 그릇을 빚는 물레와 비슷한 역할을 하며, 모양은 현대의 목선반과 비슷하다. 전통 갈이틀의 모습은 다음과 같다. 본문에서 설명하고 있는 갈이틀의 구조는 아래의 그림 가운데 김준근의 그림과 가장 비슷하지만, 조공이 가죽끈을 축에 감아서 돌리면 장인이 칼을 잡고 나무에 갖다 대어 깎는 모습은 윤두서와 조영석의 그림과 유사하다.

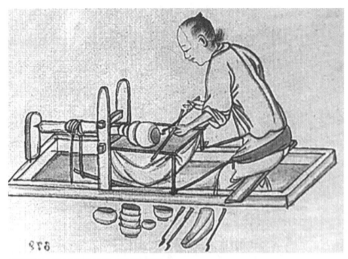

김준근의 풍속화 〈가질간〉(라이덴 국립민속박물관)

윤두서의 〈선차도〉

무릎 축머리에 못 박아 놓고, 1명이 가죽 끈으로 축의 가운데를 둘둘 감는다. 좌우에 남은 끈이 각각 몇 척씩 되는데, 그 사람이 왼손과 오른손으로 끈을 잡고 풀었다 당겼다 하면, 그 축이 멈추지 않고 돌아

頭, 而一人用革條絆軸腰. 左右餘紳各數尺, 其人左右手執紳, 一縱一挽, 則其軸不住輪轉.

조영석의 〈목기 깎기〉

간다.

다른 1명이 선도(旋刀, 갈이칼)【머리가 약간 휘고 좌우로 날이 섰다. 나무자루는 길이가 1척 정도이다.】를 잡고 깎을 곳에 갖다 댄다. 이때 흔들리거나 움찔거리지 않으면 대패질한 듯이 나무가 깎이는데, 일의 관건은 오로지 칼을 잡고 있는 사람의 솜씨에 달려 있다. 칼에는 크기에 따라 2~4등급이 있는데, 정밀하게 깎을지 거칠게 깎을지에 따라 달리 사용한다.《금화경독기》

一人執旋刀,【頭微鉤而左右雙刃. 木柄長尺許.】住在當仡處. 不搖不蹙, 則削木如鉋, 其妙專在執刀者手法. 刀有大小數三等, 精粗異用.《金華耕讀記》

8) 숫돌[17]

숫돌은 칼날을 가는 돌이다. 채옹(蔡邕)[18]의 명

礪

磨刀石也. 蔡邕銘曰: "木

---

17 숫돌: 숫돌의 모습은 다음 페이지 사진과 같다.

18 채옹(蔡邕): 132~192. 중국 후한(後漢)의 학자이자 문인, 서예가.

(銘)에, "나무는 먹줄로 재어야 곧아지고 쇠는 담금질해야 강철이 되듯, 반드시 숫돌에 갈아야 날이 예리해지지."[19]라 했다. 일체의 칼류의 도구들은 숫돌이 아니면 날을 세울 수가 없다. 중국에서는 남창(南昌)[20]에서 난 숫돌이 좋고, 우리나라에서는 연일(延日)[21]에서 난 숫돌이 가장 좋다. 단단한 숫돌, 중간 숫돌, 고운 숫돌 등 여러 제품이 있고, 양주(楊州),[22] 보성(寶城),[23] 고산(高山),[24] 나주(羅州),[25] 황주(黃州),[26] 평산(平山),[27] 고원(高原),[28] 갑산(甲山)[29] 등 여러 곳에서

以繩直, 金以淬鋼, 必須砥礪, 就其鋒鋩." 一切刀器, 非礪不可. 中國以南昌産者爲佳, 我東以延日産爲最. 有剛礪石、中礪石、細礪石諸品, 楊州、寶城、高山、羅州、黃州、平山、高原、甲山諸處皆産礪石.《金華耕讀記》

숫돌(국립민속박물관)

---

19 나무는……예리해지지 :《農政全書》卷22〈農器圖譜〉"礪"(《農政全書校注》, 554쪽).
20 남창(南昌) : 지금의 중국 양자강(揚子江) 중남부의 강서성(江西省) 일대에 위치한 현(縣).
21 연일(延日) : 지금의 경상북도 포항시 영일군 일대.
22 양주(楊州) : 지금의 경기도 양주시 일대.
23 보성(寶城) : 지금의 전라남도 보성군 일대.
24 고산(高山) : 지금의 전라북도 완주군과 충청남도 논산시 남부 일대.
25 나주(羅州) : 지금의 전라남도 나주시 일대.
26 황주(黃州) : 지금의 황해도 황주군 일대.
27 평산(平山) : 지금의 황해도 평산군 일대.
28 고원(高原) : 지금의 함경남도 고원군 일대.
29 갑산(甲山) : 지금의 함경북도 갑산군 일대.

모두 숫돌이 난다.《금화경독기》

9) 사피(鯊皮, 말린 상어껍질)[30]

상어껍질에는 모래알만 하게 돋아난 돌기가 있다. 나무를 다듬을 때는 그 껍질을 가져다 아교로 나무막대에 붙여 놓고 대패질한 자국을 갈아서 평평하게 만드는 데에 사용한다. 이는 마치 쇠를 가공할 때 줄을 사용하는 것과 같다.《금화경독기》

鯊皮

海鯊皮有疹粟如沙. 治木者取其皮, 膠付木條上, 用以磨平鉋痕, 猶攻金之有鑢也.《金華耕讀記》

10) 속새[31]

속새에는 마디가 있어 표면이 거칠고 껄끄럽다. 나무 뼈대를 다듬을 때는 속새를 사용하여 갈고 문지르면 윤이 나고 깔끔해진다.《본초강목》[32]

木賊

木賊有節, 面糙澁. 治木骨者, 用之磋擦則光淨.《本草綱目》

11) 부레풀[鰾膠]

부레는 바로 물고기의 하얀 오줌통처럼 생긴 기관이다. 부레를 달여 아교를 만들고 물건을 붙이면 매우 단단하게 부착된다. 본초서에 따르면 "여러 물고기의 부레로 모두 아교를 만들 수 있다."[33]라 했는데, 중국 사람들은 대부분 조기[石首魚] 부

鰾膠

鰾卽魚之白脬也. 煎熬爲膠黏物, 甚固. 據本草, "諸魚鰾皆可爲膠", 而華人多用石首魚鰾, 東人多用鮸[8]魚鰾. 其法, 取鰾剉

---

30 사피(鯊皮):상어껍질의 돌기는 다음과 같이 돌출되어 있다. 이 오돌토돌한 돌기가 지금의 사포와 같은 역할을 했다.

31 속새:주로 산지에서 자라는 속새목 속새과의 양치식물로, 속새 마디의 표면은 다음 페이지 사진과 같다.

32 《本草綱目》卷15〈草部〉"木賊", 1011쪽.

33 여러……있다:《本草綱目》卷44〈鱗部〉"鱁鮧", 2483쪽.

8 鮸:底本에는 "鮀".《林園經濟志·佃漁志》에 근거하여 수정.

속새의 마디(위키피디아)

레를 사용했고, 우리나라 사람들은 대부분 민어
[鮸魚] 부레를 사용했다. 부레로 풀칠하는 법은, 부
레를 가져다 잘라서 도가니에 넣고 물을 부어 진
하게 달인 다음 대나무 꼬챙이에 그 즙을 묻혀 접
착시킬 나무에 바르는 것이다. 이때 사용하는 도
가니는 반드시 곱돌로 만들어야 한다.《금화경
독기》

入罐, 注水濃煎, 以竹籤蘸
其汁塗木上. 罐必用膏石
造.《金華耕讀記》

12) 대나무에 무늬 새기는 법

석회를 물에 섞어 대나무 조각을 삶는다. 몇 번
끓인 다음 꺼내서 대나무에 무늬를 새기면 연뿌리를
자르듯이 쉽다.《증보산림경제》[34]

刻竹法

石灰和水, 煮竹片. 數沸取
出雕刻, 易如切藕.《增補山
林經濟》

---

[34] 출전 확인 안 됨.

2. 금속 가공

攻金

1) 금

金

  중국에서 금이 나는 지역은 대략 100여 곳이나 되어 일일이 거론하기가 어렵다. 산의 바위 속에서 나는 금 중에 큰 금을 '마제금(馬蹄金)'[1]이라 하고, 보통 금을 '감람금(橄欖金)'[2] 또는 '대과금(帶胯金)'[3]이라 하며, 작은 금을 '과자금(瓜子金)'[4]이라 한다. 물속의 모래에서 나는 금 중에 큰 금을 '구두금(狗頭金)'[5]이라 하고, 작은 금을 '부맥금(麩麥金)'[6] 또는 '강금(糠金)'[7]이라 한다. 평지에 우물을 파내어 얻는 금을 '면사금(麪沙金)'[8]이라 하는데, 그중에 큰 금을 '두립금(豆粒金)'[9]이라 한다. 모두 물로 일어 씻어 낸 뒤에 제련하여 덩어리로 만든다.[10]

中國産金之區, 大約百餘處, 難以枚擧. 山石中所出, 大者名"馬[1]蹄金", 中者名"橄欖金"、"帶胯金", 小者名"瓜子金". 水沙中所出, 大者名"狗頭金", 小者名"麩麥金"、"糠金". 平地掘井得者名"麪沙金", 大者名"豆粒金". 皆淘洗後冶鍊而成顆塊.

---

1 마제금(馬蹄金) : 말발굽과 비슷한 형태의 금이라는 뜻이다.
2 감람금(橄欖金) : 올리브와 비슷한 크기의 금이라는 뜻이다.
3 대과금(帶胯金) : 허리띠를 장식하는 용도로 쓰인 금이라는 뜻이다.
4 과자금(瓜子金) : 참외씨처럼 작은 형태의 금이라는 뜻이다.
5 구두금(狗頭金) : 형태가 일정하지 않은 과립 모양의 금으로, 개의 머리와 비슷하다는 뜻이다.
6 부맥금(麩麥金) : 밀기울과 비슷한 크기의 금이라는 뜻이다.
7 강금(糠金) : 쌀겨와 비슷한 크기의 금이라는 뜻이다.
8 면사금(麪沙金) : 밀가루나 모래알 크기의 작은 금이라는 뜻이다.
9 두립금(豆粒金) : 콩알 크기의 금이라는 뜻이다.
10 산의……만든다 : 여기에 등장하는 금의 이름은 대체로 크기나 모양을 기준으로 붙였다.
[1] 馬 : 저본에는 없음. 《天工開物·五金·黃金》에 근거하여 수정.

금은 대부분 중국의 서남 지역에서 나는데, 금을 캐는 사람이 산에 10장(丈) 남짓까지 구멍을 뚫었다가, 반금석(伴金石)[11]이 보이면 바로 금을 찾을 수 있다. 반금석은 갈색으로, 한쪽 끝머리가 불에 그을린 듯이 거무스름하다. 물에서 채취하는 사금(砂金)은 대부분 운남성(雲南省) 금사강(金沙江)[12]【옛 이름은 여수(麗水)이다.】에서 난다. 또 사천성 북쪽 동천(潼川)[13]의 여러 고을과 호광(湖廣)[14]의 완릉(浣陵),[15] 서포(漵浦)[16] 등의 지역에서도 모두 강의 모래를 일어서 사금을 얻는다. 수백 번 사금을 일어야 구두금 한 덩어리를 얻는데, 이를 '금모(金母)'라 한다. 그 나머지는 모두 밀기울만 한 부스러기 형태이다. 사금을 용광로에 넣어 제련하면 처음 나올 때는 옅은 황색이지만 다시 단련한 뒤에는 적색으로 바뀐다.

해남도(海南島)의 담주(儋州)[17]와 애주(崖州)[18]에는 금밭이 있는데, 금이 모래흙 속에 섞여 있어서 굳이 땅속을 깊이 파서 찾지 않아도 얻을 수 있지만

金多出西南, 取者穴山至十餘丈, 見伴[2]金石, 即可見金. 其石褐色, 一頭如火燒黑狀. 水金多出雲南 金沙江.【古名麗水.】又川北 潼川等 州邑與湖廣 浣[3]陵、漵浦等, 皆于江沙中, 淘沃[4]取金. 千百中間有獲狗頭金一塊者, 名曰"金母", 其餘皆麩麥形. 入冶煎煉, 初出色淺黃, 再煉而後轉赤也.

儋、崖有金田, 金雜沙土之中, 不必深求而得, 取太頻則不復産. 河南蔡·鞏等州

11 반금석(伴金石) : 지표면에 드러나 있는 석영석(石英石)과 황철석(黃鐵礦) 등의 광맥을 말한다.
12 금사강(金沙江) : 지금의 양자강 상류의 티베트고원에 있는 강.
13 동천(潼川) : 지금의 사천성(四川省) 재동현(梓潼縣) 일대.
14 호광(湖廣) : 지금의 호남성(湖南省)·호북성(湖北省) 일대.
15 완릉(浣陵) : 호남성 서쪽 원강(沅江) 상류에 위치한 현.
16 서포(漵浦) : 호남성 서쪽 원강 상류에 위치한 현.
17 담주(儋州) : 지금의 해남도(海南島) 서북쪽 일대.
18 애주(崖州) : 지금의 해남도 서남쪽 일대.
[2] 伴 : 저본에는 "作".《天工開物·五金·黃金》에 근거하여 수정.
[3] 浣 : 저본에는 "沇".《天工開物·五金·黃金》에 근거하여 수정.
[4] 沃 : 저본에는 "汰".《天工開物·五金·黃金》에 근거하여 수정.

너무 자주 캐면 다시는 금이 나지 않는다. 하남성(河南省)의 채주(蔡州),[19] 공주(鞏州)[20] 등의 고을과 강서성(江西省)의 낙평(樂平),[21] 신건(新建)[22] 등의 마을에서는 모두 평지에 깊은 우물을 파서 고운 모래를 일어내고 제련하여 금을 만든다. 그러나 사람들이 일한 값이나 대 줄 수 있을 뿐 얻는 양은 얼마 되지 않는다.

일반적으로 금은 재질이 매우 무겁다. 구리가 사방 0.1척마다 무게가 1냥이라 할 때, 은에 그 기준을 적용하면 0.1척마다 무게가 3돈씩 증가하고, 은이 사방 0.1척마다 무게가 1냥이라 할 때, 금에 그 기준을 적용하면 0.1척마다 무게가 2돈씩 증가한다.[23] 일반적으로 금의 성질은 물러서 버드나무 가지처럼 굽힐 수 있다.

금의 함량에 따른 색은 금이 7/10일 때는 청색, 8/10일 때는 황색, 9/10일 때는 자주색, 순금일 때는 적색이다. 시금석(試金石)[24]【이 돌은 광신군(廣信郡)[25]의 강 속에 매우 많다. 큰 돌은 말박[斗]만 하고,

邑、江西樂平·新建等邑, 皆平地掘深⑤井, 取細沙淘煉而成, 但酬答人功, 所獲亦無幾耳.

凡金質至重. 每銅方寸重一兩者, 銀照依其則, 寸增重三錢 ; 銀方寸重一兩者, 金照依其則, 寸增重二錢. 凡金性又柔, 可⑥屈折如枝柳.

其高下色, 分七青, 八黃, 九紫, 十赤. 登試金石上, 【此石廣信郡河中甚多. 大者如斗, 小者如拳. 入鵝湯

---

19 채주(蔡州) : 지금의 하남성(河南省) 여남현(汝南縣) 일대.
20 공주(鞏州) : 지금의 하남성 공현(鞏縣) 일대.
21 낙평(樂平) : 지금의 강서성 경덕진(景德鎭) 인근에 위치한 현.
22 신건(新建) : 지금의 강서성 경덕진 인근에 위치한 현.
23 일반적으로……증가한다 : 구리와 은, 금의 부피당 무게를 비교한 설명으로, 같은 부피일 때 구리보다 은이 30퍼센트 무겁고, 은보다 금이 20퍼센트 무겁다고 했다. 그러나 실제 구리와 은, 금의 비중은 8.92 : 10.5 : 19.3으로, 이 내용과는 차이가 있다.
24 시금석(試金石) : 규산으로 이루어진 조약돌로 석영, 종유석 및 소량의 단백석을 함유하고 있다. 금을 시금석에 대고 긁어서 흠을 내면 금의 성분을 가늠하기 쉽다.
25 광신군(廣信郡) : 지금의 강서성(江西省) 신강(信江) 유역에 위치한 현.
⑤ 深 : 저본에는 "新".《天工開物·五金·黃金》에 근거하여 수정.
⑥ 可 : 저본에는 "又可".《天工開物·五金·黃金》에 근거하여 삭제.

작은 돌은 주먹만 하다. 거위탕 속에 넣고 삶으면 빛깔이 옻을 칠한 듯이 검어진다.]에 금을 문질러 흠집을 내 보면 바로 색깔이 분명하게 나타난다.

일반적으로 순금과 다른 금속을 섞어서 속여 팔 때는 오직 은만 섞을 수 있으며, 나머지 금속은 기대할 수 없다. 만약 은을 빼내고 금만 남기고 싶으면 그 금을 두들겨 얇은 조각을 만들고, 잘게 자른 뒤에 덩어리마다 진흙으로 싸서 바른 다음 도가니 속에 넣고 붕사와 함께 녹인다. 그러면 은은 곧바로 흙 속에 흡수되고 금물[讓金]이 흘러나와 순금이 된다. 그런 뒤에 납 소량을 별도로 도가니에 넣고 흙 속의 은을 꺼내 보면, 은이 조금의 손실도 없이 모두 도가니에 들어 있다.《천공개물》[26]

우리나라는 금이 나지 않는 곳이 없지만, 관서의 성천(成川),[27] 희천(熙川)[28] 등의 지역과 해서(海西)의 수안(遂安),[29] 곡산(谷山)[30] 등의 지역, 관북의 단천(端川),[31] 영흥(永興)[32] 등의 지역에서 더욱 성하게 나

中煮, 光黑如漆.】立見分明.

凡足色金參和僞售者, 唯銀可入, 餘物無望焉. 欲去銀存金, 則其金打成薄片剪[7]碎, 每塊以土泥裹塗, 入坩堝[8]中, 硼砂鎔化. 其銀卽吸入土內, 讓金流出, 以成足色, 然後入鉛少許, 另入坩堝內, 勾出土內銀, 亦毫釐俱在也.《天工開物》

我東無處不產金, 關西之成川·熙川等地、海西之遂安·谷山等地、關北之端川·永興等地尤盛, 關東金

---

26 《天工開物》卷14〈五金〉"黃金", 336~339쪽.
27 성천(成川):지금의 평안남도 성천군(成川郡) 일대.
28 희천(熙川):지금의 평안북도 희천군(熙川郡) 일대.
29 수안(遂安):지금의 황해도 수안군(遂安郡) 일대.
30 곡산(谷山):지금의 황해도 곡산군(谷山郡) 일대.
31 단천(端川):지금의 함경남도 단천군(端川郡) 일대.
32 영흥(永興):지금의 함경남도 영흥군(永興郡) 일대.
[7] 剪:저본에는 "煎".《天工開物·五金·黃金》에 근거하여 수정.
[8] 堝:저본에는 "鍋".《天工開物·五金·黃金》에 근거하여 수정. 이하 모든 "鍋"는 "堝"로 수정하며 교감기를 달지 않음.

고, 관동의 금강산 아래 여러 고을에서는 적금(赤金)[33]이 난다. 삼남(三南) 지역에서는 서북 지역처럼 성하게 나지 않는다. 그러나 남원(南原), 순창(淳昌) 사이에 적성강(赤城江)[34]이 있는데, 강의 상류와 하류를 따라서 금이 많이 나니, 그렇다면 남쪽 지방에서도 금이 나지 않는 곳이 없다. 다만 남쪽 사람들은 농사일에 매달리느라 금 캐는 작업을 일삼지 않을 뿐이다.

剛山下諸邑産赤金. 唯三南不如西北之盛. 然南原、淳昌之間有赤城江, 沿江上下多産金, 則南方未嘗不産金. 而特南民捐捐田疇, 不以採金爲事耳.

대체로 우리나라의 금은 대부분 물가의 모래흙 속에서 얻어지는데, 일반적으로 산을 옆에 끼고 흐르는 물가에 흙빛이 맑고 고우면서 석양이 비추었을 때 일종의 반짝거리는 기운이 있으면 반드시 금이 난다. 그곳에는 기장껍질과 같은 형태의 금이 모래흙 속에 섞여 있으니, 중국 사람들이 말하는 '부금(麩金)'이 이것이다.

大抵東金多得之水濱沙土中, 凡傍山臨流, 土色明麗, 斜日照之, 有一種晃爍之氣者必産金. 形如稷穀, 雜在沙土中, 華人所謂"麩金"是也.

금을 채집하는 사람은 나무바가지 하나, 포대 하나, 작은 가래 하나를 들고 가서 가래로 흙을 파 포대에 담은 다음 나무바가지에 물을 담아 모래흙을 일면서 금을 얻는다. 하루에 10여 알을 얻기도 하고 3~4알을 얻기도 하는데, 얻은 금이 비록 미량이어도 팔 때는 200~300전은 받는 데다 어린아이나 부녀자도 모두 충분히 할 수 있는 일이니, 힘을 반만 들이고도 이익은 배가 되어 사람들이 다투어 몰려

採者携一木瓢、一布袋、一小鍬以往, 用鍬掘土, 用袋盛之, 仍就水以瓢, 淘泥而得金. 一日或得十餘粒, 或得三四粒, 所得雖微, 猶售錢二三百, 小兒、婦女皆足充事, 功半利倍, 人競趨之.

---

33 적금(赤金) : 보통 적금은 적동(赤銅)과 같은 의미로 쓰여 구리라는 의미를 가지지만, 여기서는 금의 함량이 10푼인 금, 즉 순금을 말한다.

34 적성강(赤城江) : 전라남·북도의 동쪽 지리산 기슭을 지나 남해의 광양만으로 흘러드는 지금의 섬진강을 말한다.

든다.

일반적으로 금이 나는 곳에서는 농민들 태반이 쟁기를 버려두고 논밭과는 이별하며, 사방의 백수들이 떼 지어 모여 마을을 이루기 때문에 조정에서는 법을 엄격하게 하여 채취를 금지하였다. 그러나 이익이 있는 곳이라 끝내 몰래 금을 채굴하는 잠채(潛採)를 막을 수 없었다. 우리나라에서는 금을 사용하는 일이 많지 않다 보니, 매년 중국 상인들이 몰래 연경으로 사들이는 금의 양이 얼마인지 그 끝을 알 수 없다. 해마다 7, 8월부터 10월까지 금값이 갑자기 오르면 개성, 평양, 안주(安州),35 의주 등의 중국 상인들이 모여드는 곳으로 가지고 가서 1푼당 돈 40~50문에 판다.《금화경독기》

凡産金處, 農戶太半捨耒耜離壠畝, 而四方遊手麇集成村, 朝家嚴法禁之. 然利之所在, 終不能止其潛採也. 國中用金無多, 而每歲燕商之潛賷入燕者, 不知紀極. 每年七八月至十月, 金直頓踊, 携往開城、平壤、安州、義州等燕商湊集處, 一分售錢四五十文.《金華耕讀記》

2) 금에는 모조품 15종이 있다

즉 수은금(水銀金), 단사금(丹砂金), 웅황금(雄黃金), 자황금(雌黃金), 유황금(硫黃金), 증청금(曾靑金), 석록금(石綠金), 석담금(石膽金), 모사금(母砂金), 백석금(白錫金), 흑연금(黑鉛金)은 약과 함께 조제해서 만든 금이고, 동금(銅金), 생철금(生鐵金), 숙철금(熟鐵金), 유석금(鍮石金)은 약을 넣어 변화시킨 금이다.36《강희자전》37

金有十五種假品

卽水銀金、丹砂金、雄黃金、雌黃金、硫黃金、曾靑金、石綠金、石膽金、母砂金、白錫金、黑鉛金, 併藥制成者;銅金、生鐵金、熟鐵金、鍮石金, 竝藥點成者.《康熙字典》

---

35 안주(安州) : 지금의 평안남도 안주군(安州郡) 일대.

36 약과⋯⋯금이다 : 약과 함께 조제해서 만든 금은 약품을 처음부터 함께 넣어 만들었다는 의미이고, 약을 넣어 변화시킨 금은 약품을 금에 떨어뜨려 원래의 성분을 변화시켰다는 의미이다.

37 출전 확인 안 됨;《本草綱目》卷8〈金石部〉"金", 460쪽.

3) 금 제조법[38]

공청(空靑)[39]을 제련하여 단(丹)[40]과 결합시키면 납이 금으로 변화하고,[41] 여기에 웅황을 떨어뜨리면 황금으로 변화하므로 '황금석(黃金石)'이라 한다. 구리로도 금을 만들 수 있다.[42]《본초강목》

4) 금 판별법

금 중에 은이 섞였을 때는 성질이 부드럽기 때문에 시금석에 문지르면 푸른빛이 돌고, 구리가 섞였을 때는 성질이 단단하기 때문에 시금석에 문지르면 소리가 난다.《본초강목》[43]

5) 금박

일반적으로 금박은 금 7리(釐)[44]마다 사방 0.1척짜리 금을 1,000조각 만들 수 있는데, 감쌀 물건의 겉면에 금박을 붙여서 펼치면 가로와 세로 각 3척인 넓이를 덮을 수 있다. 일반적으로 금박을 만들 때는 금을 얇은 조각으로 만든 뒤에 오금지(烏金紙)[45] 안에 감싸 넣고

製金法

空靑以合丹成, 則化鉛爲金, 雄黃入點化黃金, 故名"黃金石". 得銅可作金.《本草綱目》

辨金法

金之和銀者性柔, 試石則色靑 ; 和銅者性硬, 試石則有聲.《本草綱目》

金箔

凡金箔, 每金七釐造方寸金一千片, 粘鋪物面, 可蓋縱橫三尺. 凡造金箔, 旣成薄片後, 包入烏金紙內, 竭力揮椎打成⑨.【打金椎, 短

---

38 금 제조법 : 이 기사의 내용은 합리적인 근거가 없는 말로, 중국의 고대 연금술을 기록한 것이다.

39 공청(空靑) : 탄산염류로 된 광석인 남동광(Azurite)으로, 푸른색을 띠며 크기는 계란만 하다.

40 단(丹) : 광석을 고온의 화로에 제련하여 만든 광물성 가루로, 수은과 유황 성분이 들어 있다.

41 공청을……변화하고 :《本草綱目》卷10〈石部〉"空靑", 594쪽.

42 여기에……있다 :《本草綱目》卷9〈石部〉"雄黃", 535~536쪽.

43 《本草綱目》卷8〈金石部〉"金", 460쪽.

44 7리(釐) : 명나라 도량형 제도를 기준으로 보았을 때 7리는 7푼(分)이어야 한다.《天工開物》下卷〈五金〉"黃金", 339쪽 주5 참조.

45 오금지(烏金紙) : 금이나 금빛이 도는 재료를 발라 만든 종이. 금사(金絲)를 만드는 배지(背紙, 맨 아래에 놓이는 종이)로 사용된다.

⑨ 成 : 저본에는 成箔.《天工開物·五金·黃金》에 근거하여 삭제.

힘껏 망치를 두드려 만든다.【금을 두드리는 망치는 자루가 짧고 대략의 무게는 8근(觔)이다.】

오금지는 소주(蘇州)[46]와 항주(杭州)[47]에서 만들어지며, 종이는 동해에서 나는 큰 대나무의 얇은 꺼풀을 바탕으로 사용한다. 콩기름으로 등불을 켜고 차단막으로 주변 공기를 막되, 다만 바늘구멍만 한 여지를 두어 공기가 통하게 한 다음 등불에 훈증하고 그을려서 이 종이를 만든다. 종이 1장마다 금박을 50번 두드린 뒤에 버린다. 그러나 이렇게 버린 오금지로 약방에서 주사(硃砂)를 싸는 데에 써도 오금지가 여전히 파손되지 않는다. 대개 오금지는 사람의 절묘한 솜씨로 만들어 낸 특별한 종이이다.

일반적으로 오금지로 감싸고 망치로 두드려 금박을 만든 뒤에 우선 초석으로 무두질한 고양이가죽을 팽팽하게 잡아 늘려 작은 네모판[48]을 만든다. 또 선향(線香)[49] 태운 재를 고양이가죽 위에 펴 바른다. 그리고 오금지 속에 있는 금박을 꺼내어 그 위에 엎어 두고 날이 무딘 칼로 경계를 사방 0.1척으로 구획

柄, 約重八觔.】

烏金紙由蘇、杭造成, 其紙用東海巨竹膜爲質. 用豆油點燈, 閉塞周圍, 止[10]留針孔通氣, 熏染煙光而成此紙. 每紙一張, 打金箔五十度, 然後棄去, 爲藥鋪包[11]硃用, 尚未破損, 蓋人巧造成異物也.

凡紙內打成箔後, 先用硝熟猫[12]皮繃急爲小方板, 又鋪線香灰, 撒墁皮上. 取出烏金紙內箔, 覆于其上, 鈍[13]刀界畫成方寸. 口中屏息, 手執輕杖, 唾濕而

---

46 소주(蘇州) : 지금의 중국 강소성(江蘇省) 남부에 위치한 상업도시의 일대.
47 항주(杭州) : 지금의 중국 절강성(浙江省)의 성도(省都) 일대.
48 네모판 : 초석(硝石)으로 무두질하여 부드러워진 고양이가죽으로 만든 판으로, 캔버스와 같은 모양으로 보인다.
49 선향(線香) : 향료 가루를 가늘고 긴 실선 모양으로 만든 향.
[10] 止 :《天工開物·五金·黃金》에는 "只".
[11] 包 : 저본에는 없음.《天工開物·五金·黃金》에 근거하여 보충.
[12] 猫 : 저본에는 "猫".《天工開物·五金·黃金》에 근거하여 수정.
[13] 鈍 : 저본에는 "純".《天工開物·五金·黃金》에 근거하여 수정.

한다. 그런 다음 호흡을 멈추고, 손으로 가벼운 막대를 잡고서 침을 바르면서 금박을 들추어 작은 종이 사이에 끼워 넣는다. 금박으로 물건을 꾸밀 때는 숙칠(熟漆)[50]액을 바닥에 깔아 놓은 뒤에 금박을 물건에 붙인다.【금박으로 만든 글자를 붙일 때는 대부분 닥나무 풀을 쓴다. 안《본초강목》에서도 "닥나무즙이 가장 잘 붙는다. 지금 사람들은 이것으로 금박을 붙인다."[51]라 했다.】

일반적으로 금박을 물건에 붙이고서 뒷날 버릴 때는 금박 부분만 깎아서 태우는데, 그러면 거기에 있던 금이 재 속에 그대로 남는다. 여기에 참기름 몇 방울을 떨어뜨리면 기름과 함께 바닥에 고이니, 이를 일어서 씻고 용광로에 넣으면 조금도 탈이 없다.【안 우리나라 사람들도 두드려서 금박을 만들수 있지만 오금지를 쓴다는 말은 아직 들어 본 적이 없다.】《천공개물》[52]

挑起, 夾于小紙之中. 以之華物, 以熟漆鋪地, 然後粘貼.【貼字者多用楮樹漿. 案《本草綱目》亦云 : "構汁最粘. 今人用粘金箔."】

凡金箔粘物, 他日敝棄之時, 刮削火化, 其金仍藏灰內. 滴淸油數點, 伴落聚底, 淘洗入爐, 毫釐無羌.【案 東人亦能打造金箔, 但未聞有用烏金紙者.】《天工開物》

6) 피금(皮金)[53]

진중(秦中)[54]에서 피금을 만들 때는 초석으로 무두질한 양가죽을 늘여 가장 얇게 만든 뒤, 금을 그 위에 붙여 마름질하거나 옷을 꾸미기에 편리하게 한

皮金

秦中造皮金者, 硝擴羊皮使最薄, 貼金其上, 以便剪裁服飾用.《天工開物》

---

50 숙칠(熟漆) : 옻나무에서 채취한 칠액. 화칠(化漆)이라고도 한다.
51 닥나무즙이……붙인다 :《本草綱目》卷36〈木部〉"楮", 2078쪽.
52 《天工開物》卷14〈五金〉"黃金", 339~340쪽.
53 피금(皮金) : 옷을 꾸미기 위해 금을 얇은 양가죽으로 둘러싼 장식.
54 진중(秦中) : 지금의 중국 섬서성(陝西省) 중부에 있는 평원 일대.

다.《천공개물》[55]

7) 구리 도금법

먼저 괭이밥[酸薑][56]즙에 구리를 며칠 동안 담그고, 다시 염상매(鹽霜梅)[57]와 함께 한나절 동안 삶는다. 그런 다음에 구리를 숯가루와 함께 볶아서 말리고 깨끗하게 불에 쬐어 말린 뒤, 수은으로 구리의 표면을 살짝살짝 칠해 나간다. 그런 뒤에 구리에 금을 붙이면 금은 모두 흰색으로 변하는데, 이때 불 위에 올려놓고 열을 가하여 금이 녹아 본래 모습처럼 되면 윤이 나는 구슬로 두드리면서 문지른다.《고금비원》[58]

8) 쇠 도금법

초장 1사발과 다져서 빻은 마늘 3개와 개기름 5돈을 쇠그릇에 함께 넣고, 즙의 흰색이 변하지 않을 때까지 물속에서 달인다. 그런 다음 쇠그릇을 꺼내어 말린 뒤에 그릇에 금을 3~5겹으로 붙이고, 불 위에 올려 파란 연기가 가득 일어날 때까지 가열한다. 쇠그릇을 꺼낸 다음 푸른 구슬로 문질러 광을 낸

銅上鍍金法

先以酸薑汁浸數日, 却以鹽霜梅煮半日. 炭末炒乾, 淨烘乾, 水銀輕輕塗過, 然後貼金, 金皆變白色, 火上烘熱, 候金還元, 光珠打磨《古今秘苑》

鐵上鍍金法

酸醬一碗、大蒜三枚搗碎、狗油五錢, 同鐵器入, 水中煮以呆⑭白色爲度, 取出放乾, 然後貼金三五重, 火上烘, 以靑煙徹⑮起爲度, 取出, 用靑珠見⑯光.《古今秘

---

55 《天工開物》卷14〈五金〉"黃金", 340쪽.
56 괭이밥[酸薑] : 괭이밥과에 속하는 여러해살이풀. 괭이밥으로 거울이나 구리그릇을 문지르면 광택이 난다.
57 염상매(鹽霜梅) : 익어서 떨어질 무렵의 매실을 소금에 절여 발효시킨 매실액.
58 《古今秘苑》卷1〈一集〉"銅上渡金", 2쪽.
⑭ 呆 : 저본에는 "果".《古今秘苑·鐵上鍍金》에 근거하여 수정.
⑮ 徹 : 저본에는 "微".《古今秘苑·鐵上鍍金》에 근거하여 수정.
⑯ 見 : 저본에는 "兒".《古今秘苑·鐵上鍍金》에 근거하여 수정.

다.《고금비원》[59]

9) 홍동(紅銅)[60]을 희게 변색시키는 법

수은 2돈, 백반 1냥, 비단(飛丹)[61] 1돈을 말정강
이뼈로 가루가 될 때까지 간다. 홍동을 깨끗이 씻
고 앞에서 갈아 놓은 약을 문지르면 곧바로 하얘진
다.《고금비원》[62]

紅銅變白法

水銀二錢、白礬一兩、飛丹
一錢, 用脛[17]研末爲度. 以
銅洗淨, 用前藥搽之, 卽
白[18].《古今秘苑》

구리 문지르는 법:괭이밥을 소금과 섞어 구리를
문지르면 색이 하얘져 새것이 된다.《고금비원》[63]

擦銅法:用酸虀草, 拌鹽擦
銅, 色白而新. 同上

10) 금그릇에 약 바르는 법

구운 초석, 녹반, 소금을 질그릇 속에 넣고 물
을 섞어 불 위에 올려 두고 끓이다가 색이 변하면
가열을 멈춘다. 그런 뒤에 이를 금그릇 겉면에 칠
하고 불에 쬐어 말린다. 이어서 금그릇을 불에 넣
고 약간 타서 그을린 색이 나타나면 급히 깨끗한 물
로 솔질하여 씻어 내야 한다. 이때 금그릇이 누렇
게 변하지 않으면 다시 위의 과정을 반복한다.《고금
비원》[64]

金器窖藥法

燔硝、綠礬、鹽, 放窯器內,
水調火上煎, 色變則止. 然
後塗金器上烘乾. 入火略
燒焦色, 須急將淨水刷洗.
不黃更上.《古今秘苑》

---

59 《古今秘苑》卷1〈一集〉"鐵上鍍金", 2~3쪽.
60 홍동(紅銅):금이 조금 섞인 구리이다. 적동(赤銅)의 다른 명칭으로, 자동(紫銅)·적석(赤錫)이라고도 한다.
61 비단(飛丹):도가에서 사용하는 단약(丹藥)의 일종.
62 《古今秘苑》卷1〈一集〉"紅銅變白", 3쪽.
63 《古今秘苑》卷1〈一集〉"搽銅法", 3쪽.
64 《古今秘苑》卷1〈一集〉"金器窖藥", 3쪽.
[17] 脛:저본에는 "唾".《古今秘苑·紅銅變白》에 근거하여 수정.
[18] 卽白:저본에는 "其白如銀".《古今秘苑·紅銅變白》에 근거하여 수정.

11) 은

중국에서 은이 나는 곳은 일일이 거론하기 어렵지만 운남성(雲南省)에서 가장 많이 난다. 일반적으로 돌산의 동굴 속에 은광(銀礦)이 있으면 그 위에는 옅은 갈색을 띤 작은 돌들이 겹겹이 쌓인 것이 아(丫)자 모양으로 나뉘어 작은 통로를 이루고 있다. 은을 채취할 때는 흙을 10장이나 20장 깊이로 파는데, 공사 기간이 얼마나 걸릴지 날짜 계산을 할 수는 없고, 흙 속의 은광 묘맥(苗脈)을 찾은 뒤에야 초(礁)와 사(砂)가 있는 곳을 찾을 수 있다.

일반적으로 초(礁)와 사(砂)는 깊은 흙 속에 묻혀 나뭇가지처럼 이리저리 뻗어 있으니, 은을 캐는 사람마다 묘맥에 따라 통로를 나누어 옆으로 흙을 파내 가면서 은광을 찾는다. 위로는 가로널빤지를 걸치고 통로 천장을 받쳐서 은광의 붕괴를 막는다. 또 은을 캐는 인부들은 구등(篝燈)[65]을 비춰 가며 통로를 따라 곡괭이로 땅을 파들어 가다가 은이 나는 광맥에 닿으면 비로소 곡괭이질을 멈춘다.[66]

일반적으로 흙 속에 묻혀 있는 은광 묘맥은 부서진 황색 잔돌과 섞여 있거나 흙 틈, 돌 틈에 엉클어진 실 모양으로 남아 있으니, 이와 같은 모습이 나타나면 은광맥이 멀지 않은 징후이다. 일반적으로

銀

中國出銀處難以枚擧, 而雲南最盛. 凡石山硐[19]中有礦[20]砂, 其上現磊然小石微帶褐色者, 分丫成徑路. 探者穴土十丈或二十丈, 工程不可日月計, 尋見土內銀苗, 然後得礁、砂所在.

凡礁、砂藏深土如枝分派別, 各人隨苗分徑, 橫窆而尋之. 上楮橫板架頂, 以防崩壓. 探工籌燈逐徑施钁, 得礦方止.

凡土內銀苗, 或有黃色碎石, 或土隙、石縫有亂絲形狀, 此卽去礦不遠矣. 凡成銀者曰"礁", 至碎者曰

---

65 구등(篝燈) : 바람을 막기 위해 불어리(바람을 막는 제구)를 씌운 등.

66 일반적으로……멈춘다 : 은광에서 은을 채취하는 모습을 표현한 그림은 다음 페이지의 그림과 같다.

[19] 硐 : 저본에는 "峒". 《天工開物 · 五金 · 銀》에 근거하여 수정.

[20] 礦 : 저본에는 "鋓". 《天工開物 · 五金 · 銀》에 근거하여 수정.

圖礦銀採開

井口狹

苗

苗

은광에서 은을 채취하는 모습(《천공개물》)

덩어리진 은을 '초(礁)'라 하고, 매우 잘게 부서진 은을 '사(砂)'라 하고, 그 표면이 나뭇가지 모양처럼 아(丫) 자 모양으로 나뉜 은을 '류(鉚)'라 하며, 겉면을 돌덩어리가 감싸고 있는 은을 '광(礦)'이라 한다. 광석 중에 큰 것은 말박만 하고 작은 것은 주먹만 한데, 쓸모가 없어 버리는 광석이다. 그중에 초와 사는 모양이 매탄과 같지만 바닥에 돌을 받치고 있어서 아주 검지는 않다. 그 품질에는 등급이 있다.【상인들은 은광을 파서 사(砂)를 채취하면 먼저 관청에 올려 검정을 받은 뒤에 세금을 정한다.】 땅에서 캔 초와 사는 말[斗] 단위로 계산하여 대장장이에게 넘기

"砂", 其面分丫若枝形者曰 "鉚", 其外包環石塊曰"礦". 礦石大者如斗, 小者如拳, 爲棄置無用物. 其礁、砂形 如煤炭, 底襯石而不甚黑. 其高下有等數.【商民鑿穴 得砂, 先呈官府驗辨, 然後 定稅.】出土以斗量, 付與冶 工, 高者六七兩一斗, 中者 三四兩, 最下一二兩.【其礁、 砂放光甚者, 精華泄漏, 得

는데, 품질이 좋은 초와 사의 값은 1말에 6~7냥, 보통 초와 사는 3~4냥, 품질이 가장 나쁜 초와 사는 1~2냥이다.【초와 사 가운데 빛이 심하게 번쩍거리는 것은 속에 묻힌 은의 정화(精華)가 새어나가 은을 얻는 양이 적다.】

일반적으로 초와 사를 용광로에 넣을 때는 이에 앞서 잘 골라내어 깨끗이 일어야 한다. 은을 제련하는 용광로에는 흙으로 큰 돈대를 쌓는데, 높이는 5척 정도이고 바닥에는 사기 가루와 숯을 태운 재를 깐다. 용광로마다 초와 사 2석을 넣고, 밤나무 숯 200근을 그 주위에 둘러쌓는다. 용광로를 받치는 벽돌 담장 한편은 높이와 너비를 모두 1장 남짓으

銀少.】

凡礁、砂入爐, 先行揀淨淘洗. 其爐土[21] 築巨墩, 高五尺許, 底鋪瓷屑、炭灰. 每爐受礁、砂二石, 用栗木炭二百斤, 周遭叢架. 靠爐砌磚墙一朵, 高闊皆丈餘. 風箱安置墙背, 合兩三人

풀무(국립민속박물관)

[21] 土: 저본에는 "上".《天工開物·五金·銀》에 근거하여 수정.

로 한다. 풀무[67]는 벽돌 담장 뒤에 두고 2~3명이 힘을 합쳐 풀무질하여 연결된 관을 통해 바람을 불어 넣는다. 벽돌 담장이 뜨거운 열기를 막아 주어야 풀무질하는 사람이 비로소 몸을 편안하게 할 수 있다. 숯이 다 탈 즈음에는 긴 철차(鐵叉, 끝이 쇠스랑 모양인 삽)로 숯을 넣어 준다. 바람과 화력이 금속이 녹는점에 도달하면 초와 사가 녹아 덩어리가 된다. 이때까지는 은이 여전히 납 속에 묻혀 아직 빠져나오지 않은 상태이다. 초와 사 2석에서 녹아 나온 덩어리를 계산해 보면 대략 100근이다.[68]

덩어리가 식고 굳은 뒤에 꺼내어 따로 분금로(分金爐)[69] 안에 넣고,【분금로는 일명 '하마로(蝦蟆爐)'이다.】소나무 숯으로 두른 다음 문을 하나 내어 불빛을 살핀다. 분금로에는 풀무를 두어 바람을 넣기도 하고 부채질을 하기도 하는데, 불의 열기가 일정한 온도에 도달하면 덩어리가 녹아 납이 침전되면서 바닥 부분이 된다.【그 바닥 부분의 납이 밀타승(密陀僧)[70] 모양으로 되면 따로 용광로에 넣고 제련하여 또 납작한 납덩이를 만든다.】버들가지를 문틈을 통해 분금로 속으로 자주 넣으면서 태워 납이 기화되어 모두 날아가면 순은[世寶]이 뭉쳐 형상을 이

力, 帶拽透管通風. 用墻以抵炎熱, 鼓鞲之人方克安身. 炭盡之時, 以長鐵叉添入. 風火力到, 礁、砂鎔化成團. 此時銀隱鉛中, 尚未出脫, 計礁、砂二石鎔出團, 約重百觔.

冷定取出, 另入分金爐內, 【一名"蝦蟆爐"】[22]用松木炭匝圍, 透一門以辨火色. 其爐或施風箱, 或使交簑, 火熱功到, 鉛沈下爲底子.【其底已成陀僧樣, 別入爐煉, 又成扁担鉛.】頻以柳枝從門隙入內燃照, 鉛氣淨盡, 則世寶凝然成象矣.

---

67 풀무:불을 피우는 용광로에 바람을 불어넣는 도구. 앞면 하단에는 통풍구가 있고, 양쪽 측면에는 덮개로 덮힌 정사각형 구멍이 있으며, 한쪽에 손잡이가 있다.

68 초와……100근이다:초와 사를 용광로에서 녹여 은과 납으로 분리하는 모습은 위의 그림과 같다.

69 분금로(分金爐):은을 추출하기 위해 쇠를 녹이는 화로.

70 밀타승(密陀僧):황색 분말의 산화납(PbO)이다.

[22] 一……爐:저본에는 본문. 《天工開物·五金·銀》에 근거하여 주석으로 수정.

은 광석을 녹여 은을 추출하는 모습((천공개물))

납을 침전시키고 은을 응결시키는 모습((천공개물))

룬다.[71]

이때 처음 추출된 은을 '생은(生銀)'이라고도 하는데, 부어서 응고된 뒤에도 실무늬[72]가 나타나지 않으면 곧바로 다시 불로 달구되, 가운데에 둥근 별 모양한 점이 나타날 때까지 한다. 운남성[滇][73] 사람들은 이렇게 제련한 은을 '다경(茶經)'이라 한다. 잠시 뒤에 여기에 구리를 약간 넣고, 거듭 납의 힘을 빌려 용해시킨다. 그런 뒤에 녹은 은을 홈통에 부으면 실무늬가 된다.【실무늬는 반드시 녹은 은을 홈통에 부어야 나타나는데, 이는 그래야 사방의 둘레가 틀로 고정되어 은의 보배스런 기운이 넘쳐흐르거나 흩어지지 않기 때문이다.】

초웅(楚雄)[74]【안 운남성의 은광(銀礦)은 초웅과 영창(永昌),[75] 대리(大理)[76]에서 가장 성하다.】에서 은을 추출하는 과정은 이와 또 다르다. 그곳의 동사(硐砂)[77]에는 납 기운이 매우 적어서 여러 군(郡)에서 납을 사다가 은의 제련을 돕는다. 그래서 초(礁) 100근

此初出銀, 亦名"生銀", 傾定無絲紋, 卽再經一火, 當中止現一點圓星, 滇人名曰"茶經". 逮後入銅少許, 重以鉛力鎔化. 然後入槽成絲.【絲必傾槽而見, 以四圍匡住, 寶氣不橫溢走散.】

其楚雄【案 雲南銀礦以楚雄、永昌、大理爲最盛】所出又異, 彼硐[23]砂, 鉛氣甚少, 向諸郡購鉛佐鍊. 每礁百斤, 先坐鉛二百斤于爐內,

---

71 버들가지를……이룬다 : 버들가지로 은과 납이 섞인 광석을 태우면 납은 기화되어 날아가고, 은은 기화되지 않은 채로 남아 있게 된다. 이런 방식으로 은을 제련하는 방법을 회취법(灰吹法)이라 한다. 《天工開物》, 352~353쪽 주3. 회취법을 보여 주는 그림은 앞쪽 페이지 그림과 같다.

72 실무늬 : 용해된 은의 표면에 나타나는 결정 현상으로, 순도가 비교적 높을 때 이 무늬가 나타난다. 《天工開物》, 347쪽 주4.

73 운남성[滇] : 전(滇)은 운남성(雲南省)의 옛 지명이다. 진(秦)·한(漢)대에는 운남성이 전국(滇國)의 땅이어서 그렇게 불렸다.

74 초웅(楚雄) : 운남성 중부에 위치한 현.

75 영창(永昌) : 감숙성(甘肅省) 금창시(金昌市)에 위치한 현.

76 대리(大理) : 지금의 운남성 대리현(大理縣).

77 동사(硐砂) : 아직 제련을 거치지 않은 자연 은 광석.

[23] 硐 : 저본에는 "碙". 《天工開物·五金·銀》에 근거하여 수정.

마다 먼저 납 200근을 용광로 안에 앉힌 뒤에 바람을 불어 넣으면서 제련하여 덩어리를 만든다. 그 덩어리를 다시 하마로에 넣고 납을 가라앉혀 은을 응결시키는 과정은 위에서 말한 방법과 같다.

일반적으로 은을 제련할 때는 홍동(紅銅)과 납두 가지 금속을 섞어 넣어 모조 은을 만들 수 있다. 그러나 은 부스러기를 합쳐 반정(鈑釘)[78]을 만들 때에는 불순물을 제거하여 순도를 높여야 하는데, 용광로의 세찬 불 속에서 도가니에 담아 제련할 수 있다. 초석을 약간 뿌리면 구리와 납이 모두 도가니 바닥에 머무는데, 이를 '은수(銀銹, 은의 녹)'라 한다. 또 용광로의 재를 깔아 놓은 곳으로 떨어진 부분을 '노저(爐底)'라 한다. 이 은수와 노저를 분금로 속에 함께 넣고 흙 시루 안에 숯을 가득 채워 불을 지피면 납이 먼저 녹아 낮은 곳으로 넘쳐 흐르고, 도가니에 있는 구리와 눌어붙어 남은 은을 쇠꼬챙이로 갈라서 나누면 구리와 은이 깨끗하게 분리되어 뒤섞이지 않는다.[79]【안 우리나라에서도 곳곳에 은이 나서 은광(銀鑛)을 뚫고 은장(銀場)[80]을 설치하기도 하는데, 간혹 열리기도 하고 닫히기도 한다. 오직 관북의 단천(端川), 관서의 강계(江

然後煽煉成團[24]. 其再入蝦蟆爐, 沈鉛結銀則同法也.

凡煉銀, 用紅銅與鉛兩物, 可雜入成僞. 然當其合瑣碎而成鈑[25]釘, 去疵僞而造精純, 高爐火中, 坩堝足煉. 撒硝少許而銅、鉛盡滯鍋底, 名曰"銀銹". 其灰池中敲落者, 曰"爐底". 將銹與底同入分金爐內, 塡火土甑之中, 其鉛先化, 就低溢流, 而銅與粘帶餘銀, 用鐵條逼就分撥, 井然不紊.【案 我東亦處處産銀, 開礦設場, 或開或閉, 唯關北之端川、關西之江界等地, 至今開礦收稅. 其煎煉之法, 與中國大同少異.】《天工開物》

반정(鈑釘):은을 주조하여 길게 뽑아낸 가락.

이상에서 설명한, 분금로에서 은수와 노저에서 은을 추출하는 모습은 다음 페이지의 그림과 같다.

은장(銀場):은점(銀店)에서 은을 제련하는 곳.

[24] 團:저본에는 "圓". 《天工開物·五金·銀》에 근거하여 수정.

[25] 鈑:저본에는 "飯". 《天工開物·五金·銀》에 근거하여 수정.

공업 총정리   211

底銹清爐金分

분금로에서 은을 추출하는 모습(《천공개물》)

界)[81] 등의 지역에서만 지금까지 은광을 열어 세금
을 거두고 있다. 은을 달궈 제련하는 방법은 중국
과 대동소이하다.}《천공개물》[82]

12) 은에는 모조품 15종이 있다

수은은(水銀銀), 초사은(草砂銀), 증청은(曾青銀), 석
록은(石綠銀), 웅황은(雄黃銀), 자황은(雌黃銀), 유황은
(硫黃銀), 담반은(膽礬銀), 영초은(靈草銀)은 약과 함께

銀有十三種假品

水銀銀、草砂銀、曾青銀、
石綠銀、雄黃銀、雌黃銀、
硫黃銀、膽礬銀、靈草銀、

---

81 강계(江界) : 지금의 평안북도 강계시 일대.
82 《天工開物》 卷14 〈五金〉 "銀", 344~350쪽.

조제해서 만든 은이고, 단양은(丹陽銀), 동은(銅銀), 철은(鐵銀), 백석은(白錫銀)은 약을 넣고 변화시킨 은이다.《강희자전》[83]

併藥制成者；丹陽銀、銅銀、鐵銀、白錫銀，併藥點化者.《康熙字典》

13) 오은(검정은)

유황으로 은을 훈증하여 이틀간 재웠다가 부으면 색이 검어지는데, 이 은물로 그릇을 만든다. 양생가(養生家)들은 이 그릇에 약을 달여 높이가 1~2장인 곳에 올려 두고 밤에 이슬을 쏘여 마시면 장수하면서 악한 기운을 물리칠 수 있다고 한다.《본초강목》[84]

烏銀

用硫黃熏銀，再宿瀉之則色黑，製器. 養生家以器煮藥，兼於一二丈處，夜承露醴飲之，長生辟惡.《本草綱目》

14) 단천(端川) 지역의 은 제련법

생은을 채취하고 용광로 밑바닥을 파서 작은 구덩이를 만든 다음 뜨거운 재를 이곳에 쌓아 올린다. 이어서 먼저 납 조각을 재 위에 놓고 생은을 그 위에 펼쳐 놓은 다음 사방에서 숯으로 불을 땐다. 아름드리 소나무로 용광로를 덮고 풀무질하면 납이 먼저 녹아내리고, 생은은 천천히 녹는다. 새로 녹은 납물과 먼저 녹은 납물이 표면에서 번갈아 끓다가, 갑자기 한가운데가 열리면서 순은이 윗면에 모이고 납 찌꺼기는 바닥 구덩이에 있는 재 속으로 스며든다. 이때 은에 물을 부어 은 조각이 단단하게 굳어지면 꺼낸다. 그

端川煉銀法

採取生銀，掘爐下爲小坎，築以烈灰. 先置鉛片，以生銀鋪置其上，四圍炭火. 覆以松木連抱者，煽火則鉛先熔下，生銀旋旋熔化. 新舊鉛水交沸皮面，忽然中開，銀精聚在上面，鉛滓滲入灰中. 以水沃之，俟銀片堅凝摘出. 更以鉛滓滲灰者，再熔爐火，則灰去鉛存矣.《輿地圖書》

---

83 《節本康熙字典》〈戌集〉上"金部" '銀', 460쪽.
84 《本草綱目》卷8〈金石部〉"銀", 464쪽.

런 다음에 재 속에 스며든 납 찌꺼기를 다시 용광
로 불에 녹이면 재는 사라지고 납만 남게 된다.《여지
도서》[85]

15) 주사은 珠砂銀

엉터리 방사(方士)[86]는 장생불사(長生不死)의 약을
만든다고 하면서 사람들을 현혹하는데, 유달리 주
사은은 어리석은 사람들이 쉽게 속는다. 주사은을
만드는 방법은 다음과 같다. 같은 양의 납과 주사,
그리고 백은을 항아리[罐]에 넣어 아가리를 봉하고
21일 동안 따뜻하게 놓아두면 주사가 은의 기운을
훔친다. 그런 다음 가열하면 지극히 보배롭다는, 은
처럼 보이는 금속이 만들어진다.

虛僞方士以爐火惑人者, 唯
珠砂銀, 愚人易惑. 其法:
以投鉛、珠砂與白銀等分,
入罐封口[26], 溫養三七日
後, 砂盜銀氣, 煎成至寶.

그러나 막상 그 은을 꺼내 보면 모양은 은이지만
은의 본질이 없어져서 덩어리진 채로 말라빠진 물건
에 불과하다. 이 주사은에 납을 넣고 가열하면 화기
에 따라 쉽게 부러지고, 다시 몇 번 가열하다 보면
터럭만큼도 남지 않는다. 이리하여 주사와 숯을 구
입한 비용만 날리는 셈인데도 어리석은 사람들은 미
혹되고서도 여전히 깨닫지 못한다.《천공개물》[87]

揀出其銀, 形存神喪, 塊
然枯物. 入鉛煎時, 逐火輕
折, 再經數火, 毫忽無存.
折去砂價、炭資, 愚者貪惑
猶不解.《天工開物》

16) 은박 銀箔

은박을 만드는 방법은 금박을 두들겨 만드는 방 造法, 與打金箔法大同少

---

85 《輿地圖書》下〈咸鏡道(關北邑誌)〉"咸鏡南道端川府誌" '山川'.
86 방사(方士) : 신선(神仙)의 술법을 연구하여 방술(方術)이라는 기예를 구사한 사람.
87 《天工開物》卷14〈五金〉"附珠砂銀", 350쪽.
26 口 :《天工開物·五金·銀》에는 固.

법과 대동소이하다. 우리나라 사람들도 은박을 잘 만들 수 있지만 은박을 만들 때에 오금지를 쓴다는 말은 아직 들어 본 적이 없다.《금화경독기》

異. 東人亦能爲之, 但未聞 用烏金紙.《金華耕讀記》

17) 구리

《산해경》에서 "구리가 나는 산이 437곳"[88]이라 했는데, 지금 중국에서 쓰이는 구리는 사천성(四川省), 귀주성(貴州省)[89]에서 가장 많이 나고, 호광성(호북성과 호남성의 총칭)의 무창(武昌),[90] 강서성의 광신(廣信)[91]에도 모두 구리 광산이 풍부하다. 일반적으로 구리가 나는 산에는 흙에 돌이 섞여 있어 몇 장 깊이로 파내야 구리를 얻는데, 구리 표면을 광(礦)이 감싸고 있다.[92] 광(礦)은 생강 모양의 돌과 같은 모양인데, 구리가 여기에 알알이 박혀 있어서 이를 '동박(銅璞)'[93]이라고도 한다.

동박을 용광로에 넣고 불로 제련하면 여기에서 구리가 흘러나오니, 은을 추출할 때 버리는 은광(銀礦)과는 다르다. 일반적으로 동사(銅砂)는 광(礦) 속에 들어 있는데, 형상이 일정하지 않아서 크기도 하고 작기도 하며, 빛이 나기도 하고 어둡기도 하

銅

《山海經》言"出銅之山四百三十七", 今中國所用, 四川、貴州最盛, 湖廣 武昌、江西 廣信皆饒銅穴. 凡出銅山夾土帶石, 穴鑿數丈得之, 仍有礦包其外. 礦狀如薑石而有銅星, 亦名"銅璞".

煎煉仍有銅流出, 不似銀礦之爲棄物. 凡銅砂在礦內, 形狀不一, 或大或小, 或光或暗, 或如鍮石, 或如薑鐵.

---

88 구리가……437곳:《山海經》卷5 "中山經".
89 귀주성(貴州省):지금의 중국 남서부 고원지대에 위치한 성.
90 무창(武昌):지금의 중국 남동부에 위치한 호북성(湖北省)의 성도(成都).
91 광신(廣信):지금의 중국 광서장족자치구(廣西壯族自治區) 동부에 있는 오주시(梧州市) 일대.
92 일반적으로……있다:산에서 구리를 채취하는 모습은 다음 페이지의 그림과 같다.
93 동박(銅璞):황동광(黃銅礦), 휘동광(輝銅礦), 남동광(藍銅礦)과 같이 반점이 있는, 품질 낮은 광석.

鉛銅取穴

산에서 구리를 채취하는 모습(《천공개물》)

며, 유석(鍮石, 황동광) 같기도 하고 강철(薑鐵)[94] 같기도
하다.

　구리를 제련할 때는 일어 내고 씻어서 흙 찌꺼기
를 제거한 뒤에 용광로에 넣고 달구어 제련한다.
훈증되어 용광로 옆으로 흘러내리는 물질이 자연
동(自然銅)인데, 이를 '석수연(石髓鉛)'이라고도 한다.
일반적으로 구리 광석의 성분에는 몇 가지 종류가
있다. 그중에 전체 성분이 모두 구리여서 납이나

淘洗去土滓, 然後入爐煎
煉, 其熏蒸傍溢者爲自然
銅, 亦曰"石髓鉛". 凡銅質
有數種, 有全體皆銅, 不夾
鉛、銀者, 洪爐單煉而成.
有與鉛同體者, 其煎煉爐

구리를 깨끗이 일어 용광로에서 제련하는 모습(《천공개물》)

94　강철(薑鐵) : 광(礦)을 감싸고 있는 맥석(脈石)을 제거하면 나타나는 돌로, 그 모양이 생강과 비슷한 돌. 표
　면에 흑색의 구리 녹이 끼어 있어서 쇠처럼 보인다.

은이 들어 있지 않은 종류는 홍로(洪爐)⁹⁵에서 한 번만 제련하면 구리가 된다. 납과 함께 섞여 있는 구리 광석은 불에 달궈 용광로에서 제련하는 방법을 쓰는데, 용광로 옆에 높고 낮은 구멍 2개를 뚫는다. 그러면 납 성분은 먼저 녹으므로 윗구멍에서 흘러나오고, 구리 성분은 나중에 녹으므로 아랫구멍에서 흘러나온다.⁹⁶

일본 같은 동쪽 나라에서 나는 구리 광석은 또한 은광석 속에 구리가 함께 들어 있다. 구리 광석을 용광로에 넣고 제련할 때에 은은 표면에서 응결되고 구리는 밑으로 침전된다. 상선이 떠돌다 중국으로 들여온 구리를 '일본동(日本銅)'이라 하는데, 직사각형의 판 조각 모양이다. 복건성(福建省)의 장주(漳州)⁹⁷ 사람 중에 일본동을 얻으면 용광로에서 다시 제련하여 소량의 은을 산출해 낸 뒤에 다시 부어서 얇은 떡 모양으로 만들고 이 덩어리를 마치 사천(四川)에서 난 구리인 양 판매했던 이가 있었다.《천공개물》⁹⁸

《오대사(五代史)》⁹⁹에서 다음과 같이 말했다. "고

法, 傍通⟨27⟩高低二孔, 鉛質先化, 從上孔流出, 銅質後化, 從下孔流出.

東夷銅又有托體銀礦內者. 入爐煉時, 銀結于面, 銅沈于下. 商船漂入中國, 名曰"日本銅", 其形爲方長板條. 漳郡人得之, 有以爐再煉, 取出零銀, 然後寫成薄餠, 如川銅一樣貨賣者.《天工開物》

《五代史》云:"高麗地産銅、

---

95 홍로(洪爐):강철(鋼鐵) 등의 금속을 제련하는 큰 용광로.

96 구리를……흘러나온다:이상에서 설명한 구리를 제련하는 모습은 앞쪽 페이지의 그림과 같다.

97 장주(漳州):지금의 중국 복건성(福建省) 남부에 위치한 상업 도시.

98 《天工開物》卷14〈五金〉"銅", 354~356쪽.

99 《오대사(五代史)》:중국 후량(後梁)·후당(後唐)·후진(後晉)·후한(後漢)·후주(後周)의 오대(五代, 907~960) 역사를 기록한 정사(正史).《구오대사(舊五代史)》·《신오대사(新五代史)》의 2가지가 있다. 《구오대사》는 일찍이 유실되었으며, 현행본은 후대에《영락대전(永樂大典)》등에서 분실된 글을 모아 복원한 것이다.

⟨27⟩ 通:저본에는 없음.《天工開物·五金·銅》에 근거하여 보충.

려 땅에 구리와 은이 나서, 후주(後周) 세종(世宗, 954~959년 재위) 때에 상서수부원외랑(尙書水部員外郎)[100] 한언경(韓彥卿)[101]을 보내어 고려에서 비단 수천 필로 구리를 사들여 동전을 주조했다. 현덕(顯德)[102] 6년에 고려왕 소(昭)[103]가 사신을 보내어 황동 5만 근을 조공했다."[104] 그러나 우리나라에서 구리가 나지 않는 것은 아니지만 구리 제련법을 몰라 지금까지 광산을 열어 구리를 캐낸 적이 없었다.

적동(赤銅)은 일본에서 나는 노감석(爐甘石)[105]에서 온 것으로, 이를 중국에 팔기도 하고 제련하여 황동(黃銅)으로 만들기도 했으니, 사실 우리나라에서 쓰는 황동이나 적동은 모두 우리의 토산이 아니다. 이 당시에는 중국이 일본과 직접 교류하지 않아 일본의 구리가 반드시 우리나라에 먼저 수입되었다가 다시 중국에 되팔렸다. 그러므로 중국 사람들이 마침내 우리나라산이라 여겨 영남의 영해(寧海)[106]산 구리라 서로 전한 것이다. 그러나 수천 년 동안 아직 광산을 열어 구리를 캐냈다는 말은 듣지 못했으니, 그렇다면 비록 구리가 있더라도 없는 것과 마찬가지

銀, 周世宗時遣尙書水部員外郎韓彥卿, 以帛數千匹市銅於高麗以鑄錢. 顯德六年高麗王昭遣使貢黃銅五萬斤." 然我東非不産銅, 而不知煉銅之法, 迄無有開礦採取者.

赤銅來自日本爐甘石, 貿之中國, 煉成黃銅, 其實我國所用黃、赤銅, 皆非土産. 是時中國不通日本, 日本之銅必先輸于我國, 以轉售于中國, 故華人遂謂我東之産耳, 相傳嶺南寧海産銅. 然數千年來, 未聞有開礦採取者, 則雖有而與無同矣. 《寧海邑志》云"銅舊出大所山, 今無此", 殊可笑.

---

100 상서수부원외랑(尙書水部員外郎):《당육전(唐六典)》권7〈상서공부(尙書工部)〉에 따르면 공부상서(工部尙書)의 관할 속아문[司]이 4곳 있는데 수부(水部)가 그중에 한 곳이라고 하였다. 원외랑은 각 관사의 장관인 낭중(郎中)에 다음가는 벼슬이다.

101 한언경(韓彥卿):미상. 중국 후주(後周)의 관료로 추정된다.

102 현덕(顯德):후주 세종의 연호(954~959).

103 고려왕 소(昭):고려 광종(光宗, 925~975)의 이름이다.

104 고려 땅에……조공했다:《五代史》卷74〈四夷附録〉.

105 노감석(爐甘石):능아연광(菱亞鉛鑛, 탄산아연)으로 섭씨 300도에서 분해하여 산화아연과 이산화탄소로 분해된다.

106 영해(寧海):지금의 경상북도 영덕군 영해면 일대.

다.《영해읍지》에서 "구리가 예전에는 대소산(大所山)[107]에서 났지만 지금은 이마저도 없다."라 했으니, 몹시 우스운 일이다. 이 산이 존재한 이래로 본디 단 한 번이라도 풀무질하여 구리를 제련한 적이 없었으니, 예전에 있었다는 구리는 귀신이 가져왔다가 가져간 것인가?

이익(李瀷)[108]은 "우리나라에는 구리가 나는 산이 바둑판처럼 펼쳐져 있다."[109]라 했다. 또 유형원[柳磻溪][110]의 《여지지(輿地志)》에 다음과 같은 말이 있다. "경기도 영평(永平),[111] 호서의 공주·진잠(鎭岑),[112] 호남의 순창·창평(昌平)[113]·흥양(興陽)[114]·진산(珍山)[115]·영광·강진·해남, 영남의 영해·거제, 관동의 평창·금성(金城),[116] 해서의 수안(遂安)[117]·장연(長淵),[118] 관서의 구성(龜城)[119]·삼등(三登)[120]에서다 구리가 나는데도, 일체의 구리를 흙과 돌 속에 봉해 두고 해마다 비싼 값을 지불하며 멀리 일본에서 사들이니, 이는 참으로 '곡간을 봉해 두고

自有此山以來, 元不曾一番鼓鑄, 則舊有之銅, 其將鬼輪神搬而去耶?

李星湖謂"我東銅山出某布", 且據柳磻溪《輿地志》: "京畿之永平、湖西之公州·鎭岑、湖南之淳昌·昌平·興陽·珍山·靈光·康津·海南·嶺南之寧海·巨濟、關東之平昌·金城、海西之遂安·長淵、關西之龜城·三登皆産銅, 而一切封椿於土石之中, 年年用重值, 遠市於日本, 此眞所謂

---

107 대소산(大所山) : 지금의 경상북도 영덕군 축산면 도곡리에 위치한 산. 해발 282미터.
108 이익(李瀷) : 1681~1763. 성호(星湖)는 그의 호(號)이다.
109 우리나라에는……있다 : 《星湖僿說》卷8 〈人事門〉 "生財".
110 유형원[柳磻溪] : 반계(磻溪)는 그의 호이다.
111 영평(永平) : 지금의 경기도 포천시 영중면 일대.
112 진잠(鎭岑) : 지금의 대전광역시 대덕구 일대.
113 창평(昌平) : 지금의 전라남도 담양군 일대.
114 흥양(興陽) : 지금의 전라남도 고흥군 일대.
115 진산(珍山) : 지금의 충청남도 금산군 일대.
116 금성(金城) : 지금의 강원도 김화군 일대.
117 수안(遂安) : 지금의 황해도 수안군 일대.
118 장연(長淵) : 지금의 황해도 장연군 일대.
119 구성(龜城) : 지금의 평안북도 구성군 일대.
120 삼등(三登) : 지금의 평안남도 강동군 일대.

이웃집에서 곡식을 구걸하는' 격이다." 이익은 또 "만약 천금을 가지고 구리 제련법 알아내기를 솜 빨래할 때 손이 터지지 않는 약 만드는 법을 구하 듯이 한다면[121] 어찌 얻지 못할 리가 있겠는가?"[122] 라 했다. 그러나 이는 더욱 제대로 알지 못하고 한 주장이다. 지금 《천공개물》을 살펴보면, 구리 제련 은 별다른 방법이 있는 것이 아니라 요즘의 은 제 련법과 같다. 나는 이용후생을 위한 도구에 뜻을 두는 사람이 없다는 게 걱정스러울 뿐이다.《금화경 독기》

'封囷箱而乞糴於鄰'者也." 星湖又云："若以千金求煉 銅之法, 如洴澼絖, 則豈 有不得之理？" 此又未達之 論. 今考《天工開物》, 鍊銅 無他法, 與今煉銀法同, 但 患無人留意於利用厚生之 具耳.《金華耕讀記》

관북의 갑산(甲山), 안변(安邊)[123] 등의 지역에서 구 리가 가장 풍부하게 난다. 최근에는 광산을 열어 구 리를 캐는 일이 많은데, 채취한 구리로 동전을 주조 하면 거두는 이익이 몇 배나 된다. 그러나 구리로 그 릇을 만들면 너무 단단하고 강해지는 흠이 생겨 끝 내 일본산에 미치지 못한다. 이는 구리 제련법에 서 아직 그 미묘한 비법을 터득하지 못했기 때문이 다.《금화경독기》

關北 甲山、安邊等地產銅 最饒, 近多開礦採取, 用之 鑄錢, 獲利倍蓰. 然製造 器物, 頗欠勁猛, 終不及倭 產. 此由鍊法之未得其妙 故也. 同上

18) 구리에는 모조품 4종이 있다

석록동(石綠銅), 석청동(石靑銅), 백동(白銅)이나 청

銅有四種假品

石綠銅、石靑銅、白·靑銅、

---

121 만약……한다면：《장자(莊子)》〈소요유(逍遙遊)〉에 나오는 다음과 같은 고사를 반영한 내용이다. 송나라 에서 솜을 빠는 일을 하는 사람이 손을 트지 않게 하는 약을 잘 만들었는데, 그는 그 약을 기껏 솜을 세탁 할 때에 사용했다. 그 약의 가치를 알아본 어떤 객(客)이 그에게서 약을 조제하는 방법을 알아내어 수군(水 軍)이 전쟁을 치르는 데 활용하여 크게 출세했다.
122 만약……있겠는가：《星湖僿說》卷8〈人事門〉"生財".
123 안변(安邊)：지금의 함경남도 안변군 일대.

동(靑銅)은 약과 함께 조제해서 만든 구리이고, 철동(鐵銅)은 고담수(苦膽水)【즉 담반수(膽礬水)이다】에 구리를 담가 붉은 녹이 슬게 하고, 불에 그을리게 제련하여 검으면서 단단한 구리이다.《본초강목》[124]

일반적으로 구리는 불에 달궜다가 물에 넣은 다음 달궈진 채로 구부리면 매우 부드럽고 무르다. 일반적으로 구리는 녹여도 양이 많이 줄지는 않지만, 자칫 염분이 조금이라도 잘못 들어가면 바로 구리의 양이 줄어든다. 그러므로 구리를 다루는 장인은 염분을 가까이해서는 안 된다.《화한삼재도회》[125]

19) 오동(검붉은 구리)

일본에서는 오동을 '적동(赤銅)'이라 한다. 하지만 적동은 검은색을 바탕으로 자주색을 약간 띠므로, '적(赤)'이라는 글자는 근거가 없다. 오동 만드는 방법은 다음과 같다. 구리 100목(目)【즉 10냥】에 백랍(白鑞)[126] 30목【즉 3냥】을 더하여 녹인 금속을 '자흑목(煮黑目)'이라 하는데, 이 자흑목 100목에 금 4돈을 더한다. 자흑목이 녹아 금과 섞인 금속이 만들어지면 초(醋) 4냥, 녹청【동록(구리 녹)】 4돈, 물 1되를 진하게 달여 여기에 담그면 검은색이 된다.《화한삼재

併藥制成者, 鐵銅以苦膽水【卽膽礬水】浸銅至生赤, 煤熬鍊成而黑堅者.《本草綱目》

凡銅燒火入水, 乘熱銌之, 甚柔軟. 凡鎔銅而不多耗, 誤鹽小入, 則正銅耗減. 故銅工不可近鹽.《和漢三才圖會》

烏銅

倭稱"赤銅", 赤銅者, 黑色帶少紫也而赤字無據. 造法 : 用銅百目【卽十兩】加白鑞三十目【卽三兩】鎔化, 謂之"煮黑目", 百目加金四錢. 目鎔化成, 以醋四兩、綠靑【銅綠】四錢, 水一升濃煎浸之, 爲黑色.《和漢三才圖會》

124《本草綱目》卷8〈金石部〉"朱銅", 465쪽.
125《和漢三才圖會》卷59〈金類〉"銅"(《倭漢三才圖會》6, 22쪽).
126 백랍(白鑞) : 랍(鑞)은 납과 주석의 합금이므로, 백랍은 하얀 납과 주석의 합금이다. 땜납을 가리킨다.

도회》[127]

20) 모조 오동 만드는 법

구리그릇을 달궈 유황으로 문지르면 바로 오동 색이 난다. 그런 다음 생베[生布][128]나 노루가죽 또는 사슴가죽으로 문질러 구리그릇에 광을 낸다. 《속방》[129]

假烏銅法

熱銅器, 擦以硫黃, 奄作烏銅色. 用生布或麞、鹿皮, 潤而生光.《俗方》

21) 모조 오동

초(醋) 4냥, 녹청【동록】 4돈, 물 1되를 진하게 달이고, 여기에 구리를 담가 검은색을 낸다. 그런 다음 다시 구리를 유황 연기에 훈증하여 모조 오동을 만든다.[130]《화한삼재도회》[131]

贋烏銅

以醋四兩、綠青【銅綠】四錢、水一升濃煎, 浸銅成黑色, 又以銅熏硫黃煙以成.《和漢三才圖會》

구리에 간혹 옻칠을 하여 오동색을 내기도 한다.《속방》[132]

銅上或塗漆, 成烏銅色.《俗方》

22) 황동

우리나라 사람들은 구리를 제련하여 황색을 띠게 그릇을 주조하는데, 민간에서는 이를 '유기(鍮器)'라 부르지만, 이는 방언이 와전된 말이다. 《자서(字

黃銅

東人用銅升黃鑄器, 俗呼 "鍮器", 此方言之轉訛者也. 案《字書》, 鍮是石名,

---

127 《和漢三才圖會》卷59〈金類〉"赤銅"(《倭漢三才圖會》6, 41쪽).

128 생베[生布] : 천을 짠 뒤에 잿물에 삶아 희고 부드럽게 처리하는 과정을 거치지 않은 베.

129 출전 확인 안 됨.

130 앞서의 오동(烏銅)은 구리, 백랍, 금의 합금을 초와 녹청, 물을 섞은 액체에 담갔고, 모조 오동은 달군 구리를 유황으로 문질렀는데, 여기서는 구리를 이 액체에 담갔다가 유황 연기에 그을리고 있다.

131 《和漢三才圖會》卷59〈金類〉"赤銅"(《倭漢三才圖會》6, 41쪽).

132 출전 확인 안 됨.

書》를 살펴보니, 유(鍮)는 돌 이름으로, "페르시아[133]에서 나며 그 색이 금과 비슷하다."라 했고, 최방(崔昉)[134]이 말한 "구리 1근, 노감석 1근을 제련하여 유석(鍮石)[135]을 만든다."라는 설명에서 유석이 바로 가유석(假鍮石)이다.[136] 가유석은 바로 본초서에서 말하는 황동(黃銅)이다.

《본초강목》에서 "적동(赤銅)을 노감석으로 제련하여 황동을 만들고, 비석(砒石)으로 제련하여 백동을 만들며, 잡석(雜錫)으로 제련하여 향동(響銅)[137]을 만든다."[138]라 했다. 《천공개물》에서는 다음과 같이 말했다. "일반적으로 세상에 쓰이는 구리로는 적동만이 있을 뿐이다. 적동에 노감석이나 왜연(倭鉛, 아연)【《천공개물》에는 따로 왜연을 논한 조목이 하나 있는데, 거기에서 다음과 같이 말했다. "왜연은 고서(古書)에 본래 없는 금속으로, 근세에 만들어진 명칭이다.[139] 왜연의 바탕은 노감석을 제련하여 만든다. 노감석을 10근씩 진흙 도가니 한 그릇 속에 쟁여 넣고 진흙 도가니 바깥쪽은 진흙을 발라 봉한 뒤 진흙

"生波斯國, 其色似金." 若崔昉所謂"銅一斤、爐甘石一斤煉之, 成鍮石"者卽假鍮石也. 假鍮石卽本草所謂黃銅也.

《本草綱目》云："赤銅以爐甘石煉爲黃銅, 砒石煉爲白銅, 雜錫鍊爲響銅."《天工開物》云："凡銅共 28 世用, 止有赤銅. 以爐甘石或倭鉛【《天工開物》另有論倭鉛一條, 云："倭鉛古書本無之, 乃近世所立名色. 其質用爐甘石熬鍊而成, 每爐甘石十斤, 裝入一泥罐內, 封裹泥固, 以漸砑 29 乾, 勿使見火坼裂. 然後逐層用

---

133 페르시아 : BC 6세기부터 AD 7세기까지 이란 고지대를 중심으로 서아시아, 중앙아시아, 코카서스 지방을 포함하는 넓은 지역을 통치하던 고대 제국을 통칭하는 말.

134 최방(崔昉) : 미상(未詳).

135 유석(鍮石) : 구리에 아연을 10~45퍼센트 넣어 만든 합금으로, 놋쇠를 말한다. 유철(鍮鐵)·진유(眞鍮)라고도 하였다.

136 페르시아에서……가유석(假鍮石)이다 : 《御定康熙字典》 卷31 〈戌集〉 上 "金部" 鍮(《節本康熙字典》, 464쪽).

137 향동(響銅) : 구리에 아연 대신 주석을 넣어 만든 금속.

138 적동(赤銅)을……만든다 : 《本草綱目》 卷8 〈金石部〉 "赤銅", 465쪽.

139 왜연은……명칭이다 : 왜연은 아연으로, 비하자(飛霞子)가 지은 《보장론(寶藏論)》(918년)에 '鋅'라는 글자로 이미 나온 바 있어서 이 말이 맞지 않다. 《天工開物》, 359쪽 주1 참조.

28 共 : 《天工開物》에는 "供".

29 砑 : 저본에는 "研". 《天工開物·五金·附倭鉛》에 근거하여 수정.

표면을 매끄럽게 다듬고 서서히 말려야지, 불에 쬐 　煤炭餠墊盛, 其底鋪薪, 發
고 말렸다가 터져 갈라지게 해서는 안 된다. 그런 뒤 　火煅紅, 罐中爐甘石熔化

왜연을 만드는 모습(《천공개물》)

에 매탄 덩어리와 진흙 도가니를 켜켜이 밑에서부터 쌓고, 그 밑에는 땔감을 간다. 불을 붙여 벌겋게 달구면 진흙 도가니 속의 노감석이 녹아 덩어리진다. 이 덩어리가 식어서 굳으면 진흙 도가니를 부수어 꺼낸다.[140] 이때 노감석은 2/10가 줄어드는데, 이렇게 만들어진 금속이 바로 왜연이다.[141] 이 왜연이 구리에 흡수되지 않으면 화기에 닿자마자 곧바로 연기가 되어 날아간다.[142] 그 모양은 납과 비슷하지만 성질이 그보다 더 맹렬하기 때문에 '왜연'이라 이름을 붙였다고 한다."[143]을 섞어 넣으면 적동의 색이 변하여 황동이 되고, 비상(砒礵)[144] 등의 약을 넣어 제련하면 백동이 되고, 명반이나 초석 등의 약으로 제련하면 청동이 되고, 주석[廣錫]【《천공개물》에는 따로 주석을 논한 조목이 하나 있는데, 거기에서 다음과 같이 말했다. "일반적으로 주석은 중국 서남부의 군읍(郡邑)에 치우쳐 나는데, 지금 천하

成團[30]. 冷定毁罐取出, 每十耗去其二, 卽倭鉛也. 此物無[31]銅收伏, 入火卽成煙飛去. 以其似鉛而性猛, 故名之曰'倭鉛'云."】參和, 轉色爲黃銅, 以砒礵等藥制鍊爲白銅, 礜、硝等藥制鍊爲靑銅, 廣錫【《天工開物》另有論錫一條, 云:"凡錫偏[32]出西南郡邑, 今衣被天下者, 獨廣西、南丹、河池二州居其十八, 衡、永次之. 有山錫、水錫兩種, 山錫中又有錫瓜、錫砂兩種. 錫瓜塊大如小瓠, 錫砂如豆粒, 皆穴土不甚深而得之, 間

---

140 노감석을……꺼낸다 : 노감석을 제련하여 왜연을 만드는 모습은 앞쪽 페이지의 그림과 같다.

141 이때……왜연이다 : 노감석은 도가니 바깥의 숯불이 타는 온도에서 산화아연(ZnO)과 이산화탄소로 분해되어 이산화탄소는 도가니의 틈으로 빠져나간다. 산화아연은 도가니 틈으로 들어온 일산화탄소에 의해 환원되어 아연이 된다. 이 과정에서 노감석이 아연이 되는 비율은 52.1퍼센트로 화학식을 통해 추정할 수 있다. 따라서 잃는 양이 47.9퍼센트가 되어 여기에서 언급한 2/10와는 다소 차이를 보인다.《天工開物》, 359쪽 주3 참조.

142 이 왜연이……날아간다 : 아연(왜연)의 녹는점과 끓는점은 각각 섭씨 419.5도와 907도이고, 구리의 그것은 각각 섭씨 1,083도와 2,336도이다. 이로 인해 아연 자체만으로는 쉽게 증발하지만 구리와 아연의 합금은 그렇지 않다.《天工開物》, 359쪽 주4 참조.

143 이 왜연이……한다 :《天工開物》卷14〈五金〉"附倭鉛", 358쪽.

144 비상(砒礵) : 비석(砒石)에 열을 가하고 승화시켜 얻은 결정체. 독약으로 쓰인다.

[30] 團 : 저본에는 "圓".《天工開物·五金·附倭鉛》에 근거하여 수정.

[31] 無 : 저본에는 "與".《天工開物·五金·附倭鉛》에 근거하여 수정.

[32] 偏 : 저본에는 "徧".《天工開物·五金·附倭鉛》에 근거하여 수정.

에서 쓰는 주석 중에 오직 광서성(廣西省)의 남단(南丹)[145]과 하지(河地)[146] 2주(洲)에서 난 주석이 8/10을 차지하고, 형주(衡州)[147]와 영주(永州)[148]가 그다음을 차지한다. 주석에는 맥석(脈錫)과 사석(砂錫)[149] 2종류가 있고,[150] 맥석 중에는 또 석과(錫瓜)와 석사(錫砂) 2종류가 있다. 석과는 덩어리가 커서 작은 호리병박만 하고, 석사는 콩알만 한데, 모두 땅을 깊이 파지 않아도 얻을 수 있다. 간혹 땅속의 주석 광맥이 가득 차올라 침식과 풍화로 산의 흙이 저절로 무너져 내려 사람들이 마음껏 주워 가는 경우도 있다. 사석은 형주나 영주에서는 개울에서 나고, 광서성에서는 남단의 강 속에서 난다. 사석의 바탕은 검은색인데, 여러 번 채에 거른 밀가루처럼 곱다. 남단의 강에서 나는 사석의 경우 그곳에 거주하는 사람들은 10일 전에 남쪽에서 북쪽까지 훑고, 10일 뒤에는 또 북쪽에서 남쪽까지 훑어 내어 채취하는데, 훑어 낼수록 그 사석이 나날이 자라나 100년이 지나도 고갈되지 않는다.[151]

일반적으로 주석은 물에 일어 흙찌꺼기를 씻어 낸 뒤에 용광로에 넣는다. 일반적으로 주석을 제련

或土中生脈充牣, 致山土自頹, 恣人拾取者. 水錫, 衡、永出溪中, 廣西則出南丹州河內. 其質黑色, 粉碎如重羅麵. 南丹河出者, 居民旬前從南淘至北, 旬後又從北淘至南, 愈經淘取, 其砂日長, 百年不竭.

凡錫以水淘洗土滓, 然後入爐. 凡煎鍊亦用洪爐. 入

---

145 남단(南丹): 지금의 중국 광서장족자치구(廣西壯族自治區) 서북 지역 일대로, 귀주성(貴州省)과 인접해 있다.
146 하지(河地): 지금의 중국 광서장족자치구 하지시(河池市)일대로, 남단과 인접해 있다.
147 형주(衡州): 지금의 중국 호남성(湖南省) 형양시(衡陽市) 일대.
148 영주(永州): 지금의 중국 호남성 남부에 위치한 영주시(永州市) 일대.
149 맥석(脈錫)과 사석(砂錫): 원문에는 각각 산석(山錫)과 수석(水錫)으로 적혀 있다. 이는 모두 과거의 명칭이다.
150 주석에는……있고: 하지에서 나는 맥석과 남단에서 나는 사석을 채취하는 모습은 다음과 같다.
151 훑어 낼수록……않는다: 사석을 훑어 낼수록 하천의 상류에서 흘러 내려오거나 물이 소용돌이쳐서 위로 올라오기 때문에 고갈되지 않는 것이지, 사석이 자라기 때문이 아니다. 《天工開物》, 369쪽 주4 참조.

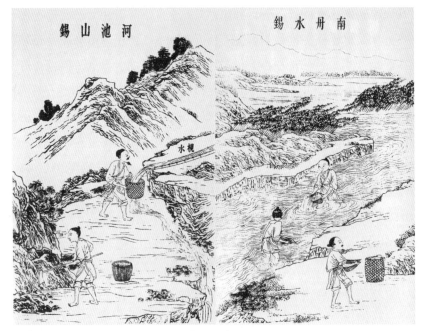

하지의 맥석(왼쪽)과 남단의 사석(오른쪽)을 채취하는 모습(《천공개물》)

할 때에도 홍로(洪爐)를 쓴다. 홍로에 사석 수백 근을 넣고 목탄 또한 수백 근을 켜켜이 얹어 풀무질하면서 사석을 녹인다. 화력이 이미 충분히 녹일 만한 온도에 도달했는데도 사석이 곧바로 녹지 않을 때는 납을 약간 넣어 사석을 끌어내면 비로소 주석이 콸콸 흘러내린다.[152] 간혹 인가에서 주석을 제련하고 남은 재로 사석을 끌어내기도 한다.[153] 이때 홍로의

砂數百斤, 叢架 [33] 木炭亦數百 [34] 斤, 鼓鞴鎔化. 火力已到, 砂不卽鎔, 用鉛少許句引, 方始沛然流注. 或有用人家炒錫剩灰句引者, 其爐底炭末、鼇灰鋪作平地 [35], 傍安鐵管小槽道, 鎔

---

152 납을……흘러내린다 : 납과 주석의 합금의 녹는점은 주석의 그것보다 낮은 데다 유동성도 좋기 때문에 이 같은 효과가 있다. 《天工開物》, 370쪽 주1 참조.
153 간혹……한다 : 주석을 제련하고 남은 찌꺼기는 환원 작용과 용해를 돕는 작용을 한다.
[33] 架 : 저본에는 "加". 《天工開物·五金·錫》에 근거하여 수정.
[34] 百 : 저본에는 "十". 《天工開物·五金·錫》에 근거하여 수정.
[35] 地 : 《天工開物·五金·錫》에는 "池".

바닥에는 매탄가루와 사기 재를 깔아서 평평한 바닥을 만들고, 그 옆에 쇠관(管)으로 조그마한 홈통을 만들면 주석이 녹을 때에 홍로 밖의 낮은 곳으로 흘러나온다.154 처음 흘러나오는 주석은 깨끗하고 하

時流出爐外低地36. 其質初出潔白, 然過鋼, 承錘卽坼裂. 入鉛制柔, 方充造器用. 售者, 雜鉛太多, 欲取

납을 넣어 주석을 제련하는 모습(《천공개물》). 홍로 아래쪽에 낸 쇠관에서 주석이 흘러나오고 있다.

---

154 이 단락에서 설명한, 납을 넣어 주석을 제련하는 모습은 위의 그림과 같다.
36 地:《天工開物·五金·錫》에는 "池".

얇지만 너무 단단하여 망치로 두들기면 곧바로 터져 갈라진다. 이때는 주석에 납을 넣어 부드럽게 만들어야 비로소 그릇을 쓰기에 충분하다. 시장에서 파는 주석에는 납이 너무 많이 섞여 있다. 주석의 순도를 높여 깨끗하게 하려면 주석을 녹여서 초에 넣고 8~9번 담금질하면 그릇 속에 섞인 납이 모두 재가 되어 없어진다."[155]을 더하면 향동이 되며, 왜연을 섞어 부으면 주동(鑄銅)이 된다."[156]

또 다음과 같이 말하기도 했다. "일반적으로 홍동(紅銅)을 황색을 띠게 제련하고 단조하여 쓸 수 있는 금속을 만들 때는 자풍매탄(自風煤炭)《천공개물》의 저자 주(注)에서 "이 자풍매탄은 분가루처럼 고운데, 진흙에 이겨 떡 모양으로 만든다. 불에 태울 때에는 풀무질을 하지 않아도 온통 붉게 타오르면서 낮부터 밤까지 계속 탄다. 강서성(江西省)에서는 원군(袁郡)[157]과 신유읍(新喩邑)[158]에서 난다."라 했다.】 100근으로 홍로 속에서 불을 사르되, 진흙 도가니에 구리 10근을 넣고 이어서 노감석 6근을 넣은 다음 홍로 속에 넣으면 자연스럽게 구리와 노감석이 녹는다. 후대 사람들은 노감석이 홍로에서 연소되어 날아가 손실되기 때문에 왜연으로 바꾸어 사용했

淨則鎔化, 入醋淬八九度, 鉛盡化灰而去也."】參加爲響銅, 倭鉛和寫爲鑄銅."

又云:"凡紅銅升黃色爲錘鍛用者, 用自[37]風煤炭【自注云:"此煤碎如粉, 泥糊作餅, 不用鼓風, 通紅則自晝達夜. 江西則産袁郡及新喩邑."】百斤, 灼于爐內, 以泥瓦罐, 載銅十斤, 繼以爐甘石六斤, 坐于爐[38]內, 自然鎔化. 後人因爐甘石煙洪飛損, 改用倭鉛. 每紅銅六斤, 入倭鉛四斤, 先後入罐鎔化. 冷定取出, 卽成黃銅.

---

155 일반적으로 주석은……없어진다:《天工開物》卷14〈五金〉"錫", 367~370쪽.
156 일반적으로 세상에……된다:《天工開物》卷14〈五金〉"銅", 354쪽.
157 원군(袁郡):지금의 중국 강서성 의춘현(宜春縣) 일대.
158 신유읍(新喩邑):지금의 중국 강서성 신여현(新餘縣) 일대.
[37] 自:저본에는 없음.《天工開物·五金·銅》에 근거하여 보충.
[38] 爐:저본에는 "罐".《天工開物·五金·銅》에 근거하여 수정.

다.[159] 홍동 6근마다 왜연 4근을 넣고 차례대로 도가니에 넣어 녹인 다음 식어서 굳은 뒤에 꺼내면 바로 황동이 된다.

일반적으로 구리로 악기를 만들 때에는 산에서 나는 주석 중에 납 기운이 없는 것을 넣는다. 징이나 탁(鐲)[160]과 같은 종류는 모두 홍동 8근에 주석 2근을 넣으며, 작은 징[鐃]이나 자바라[鈸][161] 같은 종류는 구리와 주석을 섞고 더욱 정교하게 제련해서 만든다.

凡用銅造響器, 用出山廣錫無鉛氣者入內. 鉦、鐲之類, 皆紅銅八斤, 入廣錫二斤. 鐃、鈸, 銅與錫更加精鍊.

일반적으로 그릇을 주조할 때에 품질이 떨어지는 그릇은 홍동과 왜연을 같은 분량으로 넣거나 심지어 왜연과 구리를 6:4의 비율로 넣어 주조하기도 한다. 반면에 품질이 좋아 '삼화황동(三火黃銅)' 또는 '사화숙동(四火熟銅)'이라 하는 그릇은 구리와 왜연을 7:3의 비율로 넣어 주조한다."[162]

凡鑄器, 低者紅銅、倭鉛均平分兩, 甚至鉛六銅四；高者名"三火黃銅"、"四火熟銅", 則銅七而鉛三也."

이와 같은 여러 주장을 살펴보고, 우리나라의 말을 참조해 보면, 우리나라에서 말하는 '주석(朱錫)'은 바로 황동이고, 우리나라에서 말하는 '놋쇠[鍮]'는 바로 향동이며, 우리나라에서 말하는 '함석(含錫)'은 바로 주석이나 잡석(雜錫)이다.

觀此諸說, 參互于我東方言, 則我東所謂"朱錫"卽黃銅也, 我東所謂"鍮"者卽響銅也, 我東所謂"含錫"卽廣錫、雜錫也.

---

159 후대……사용했다: 노감석이 섭씨 300도에서 용해되면 산화아연과 이산화탄소로 분리되는데, 이때 이산화탄소와 산화아연이 기화되어 날아간다. 이에 반해 왜연은 녹는점이 섭씨 419.5도이고 끓는점이 섭씨 970도로 산화아연에 비해 안정적이기 때문에 노감석을 대체한 것이다. 《天工開物》, 위와 같은 곳, 357쪽 주2 참조.

160 탁(鐲): 손잡이가 달린 조그마한 종(鍾).

161 자바라[鈸]: 무쇠로 2쌍을 이룬 심벌즈와 비슷한 형태의 악기. 가운데에 구멍을 뚫어 두 쌍을 연결시키기도 한다.

162 일반적으로 홍동을……주조한다: 《天工開物》, 위와 같은 곳, 357쪽.

지금 해마다 중국에 공물을 바치는 사신단이 사들이는 함석이 수천 근 아래로 내려가지 않는데, 전부 놋쇠를 주조하는 데에 사용된다. 놋쇠를 주조할 때는 여기에 다시 유랍(鍮鑞)[163]을 넣어 섞은 뒤에야 비로소 그릇을 주조할 수 있다고 한다. 이는《천공개물》에서 말한 "주석에 납을 넣어 부드럽게 만들어야 비로소 그릇을 만들어 쓰기에 충분하다."[164]는 것과 합치된다. 그러므로 놋쇠가 바로 향동임을 더욱 확인할 수 있겠다.

다만《천공개물》에 이미 황동이 있는데, 또 주동(鑄銅)이 있고, 적동에 섞어 넣는 금속이 모두 왜연이라 하니, 이는 매우 의심스럽다. 어찌 주동(鑄銅)을 제련하는 왜연과 노감석을 녹여 만든 왜연이 이름은 같으면서 실질이 다르다는 것인가? 또 살펴보면, 우리나라 구리그릇 가운데 또 민간에서 '퉁'이라 부르는 그릇이 있으니, 이는 바로 흑연과 적동을 녹이고 제련해서 만든 것으로, 역시 향동 중에서 품질이 떨어지는 그릇이다.

일반적으로 구리를 주조해서 만든 노구솥, 새옹[鈔用] 등의 그릇은 모두 흑연과 적동을 녹여 만든, 이 구리를 쓴다. 역시 이 구리로 주발과 같은 종류의 그릇을 만든 다음 가짜 놋그릇을 솔질하고 윤을 내서 파는 경우도 있으니, 잘 분별해야 할 것

今每歲貢輶貿來含錫, 不下累數千斤, 皆爲鑄鍮所用, 鑄時更入鍮鑞參和, 然後始可鑄器云. 與《天工開物》所謂"入鉛制柔, 方充造器物"者沕合, 尤可驗鍮之爲響銅矣.

但《天工開物》既有黃銅, 又有鑄銅, 而其參和之劑同一倭鉛, 此殊可疑. 豈鍊鑄銅之倭鉛與爐甘石鎔化之倭鉛, 名同而實異耶? 又案, 我東銅器又有俗名"퉁"者, 卽用黑鉛與赤銅, 鎔鍊而成者, 亦響銅之下劣者也.

凡鑄銅鏀口、鈔用等器皆用此銅. 亦或以造盂鉢之類, 刷光假鍮以售者, 宜辨之.《金華耕讀記》

---

163 유랍(鍮鑞):놋쇠를 만들 때에 섞어 넣는 아연.
164 납을 넣어……충분하다:《天工開物》卷14〈五金〉"錫", 370쪽.

이다.《금화경독기》

23) 구리 다루기

일반적으로 홍동(구리)을 황색을 띠게 제련한 뒤에 용광로에 녹여 그릇을 만든다. 구리에 비석(砒石)을 섞으면 백동(白銅)이 되는데, 비용이 배나 들고 만들기 어려워 사치스런 사람들이 사용한다. 일반적으로 황동은 본래 노감석을 구리에 넣고 제련하여 만든 금속인데, 화기가 가시기 전에 망치질(단조)해야 한다. 반면에 왜연을 섞어 제련한 금속은 용광로에서 꺼내 화기가 가신 다음 망치질해야 한다.

일반적으로 네모나거나 둥근 그릇은 땜질로 접합하거나 불에 달구어 접합하는데, 작은 그릇을 땜질할 때는 주석가루를 쓰고, 큰 그릇을 땜질할 때는 향동가루를 쓴다.【구리를 부숴 가루로 만들 때는 밥알에 이겨서 함께 빻은 다음 물에 넣어 밥알을 씻어 내면 구리가루가 모두 그대로 남는다. 이렇게 하지 않으면 구리가루는 흩어져 버린다.】만약 은 그릇을 때우려면 홍동가루를 쓴다. 일반적으로 구리는 망치질을 거친 뒤에는 색깔이 희끄무레해지지만, 줄로 간 뒤에는 다시 누런 광택이 돈다.《천공개물》[165]

治銅

凡紅銅升黃而後鎔化造器. 用砒升者爲白銅, 工費倍難, 侈者事之. 凡黃銅, 原從爐甘石升者, 不退火性受錘;從倭鉛升者, 出爐退火性, 以受冷錘.

凡方圓用器, 走鏷炙火粘合, 用錫末者爲小鏷, 用響銅末者爲大鏷.【碎銅爲末, 用飯粘和打, 入水洗去飯, 銅末具存. 不然則撒散.】若鏷銀器, 則用紅銅末. 凡銅經錘之後, 色成啞白, 受鑢後復見[39]黃光.《天工開物》

165《天工開物》卷10〈錘鍛〉"治銅", 278~280쪽.
[39] 見:《天工開物·鍛造·治銅》에는 "現".

24) 유석(鍮石) 만드는 법

구리 1근, 아연 1/3근, 납 1/6근을 같이 제련하면 가장 상품이 된다.《화한삼재도회》[166]

鍮石造法

銅一斤、亞鉛三分之一、鉛六分之一共鍊成者爲上.《和漢三才圖會》

25) 유석을 갈아 광내는 법

일반적으로 유석은 색이 어두운데, 목화 열매 태운 재로 갈면 새것처럼 광이 난다.《화한삼재도회》[167]

鍮石打光法

凡眞鍮色黯, 磨之用綿實灰則新.《和漢三才圖會》

소루쟁이(위키피디아)

---

166 《和漢三才圖會》卷59〈金類〉"鍮石"(《倭漢三才圖會》6, 37쪽).
167 《和漢三才圖會》, 위와 같은 곳.

소루쟁이[羊蹄菜][168] 잎으로 유석의 표면을 깨끗이 문지를 수 있다.《화한삼재도회》[169]

羊蹄菜葉可潔擦鍮石. 同上

26) 흑연을 끓여 주석 만드는 법

좋은 흑연을 가루 내어 민들레[黃花地丁草]즙에 넣고 끓이면 주석이 된다.《고금비원》[170]

煮錫法

好黑鉛作汁, 下黃花地丁草汁煮卽成錫.《古今秘苑》

27) 구리그릇 씻는 법

구리그릇이나 유석에 푸른 녹이 끼었을 때는 식초에 하룻밤 동안 담갔다가 씻으면 저절로 떨어진다.《물류상감지》[171]

洗銅器法

銅器或鍮石上靑, 以醋浸過夜洗之, 自落.《物類相感志》

주석그릇에 검은 때가 끼었을 때 닭이나 거위를 삶은 탕으로 씻는다.《물류상감지》[172]

錫器黑垢上, 用燖鷄鵝湯洗之. 同上

구리나 주석으로 만든 그릇을 솔질할 때는 기와나 벽돌조각을 빻아 가루 낸 다음 물에 담갔다가 그릇에 문질러 솔질하면 광이 나서 머리카락을 비추어 볼 수 있을 정도이다.《금화경독기》

刷銅錫器, 搗破瓦磚爲末, 蘸水磨刷, 則光明照毛髮.《金華耕讀記》

28) 납을 단단하게 하는 법

납의 형태를 단단하게 하려면 어찌 자배(紫背)를

堅鉛法

如要形堅, 豈忘紫背?【紫

---

168 소루쟁이[羊蹄菜]: 마디풀과에 속하는 다년생초.

169《和漢三才圖會》卷97〈水草〉"羊蹄"(《倭漢三才圖會》12, 9쪽).

170《古今秘苑》〈一集〉卷1 "煮錫法", 3쪽.

171《物類相感志》〈器用〉, 10쪽.

172《物類相感志》, 위와 같은 곳.

개구리발톱(국립중앙과학관)

잊을 수 있겠는가?【자배는 바로 개구리발톱[天葵][173] 背卽天葵.】《雷公炮炙論》

이다.】《뇌공포자론》[174]

29) 백랍(땜납) 만드는 법

일본에서는 백랍을 '백목(白目)'이라 한다. 백랍은
납 1근, 주석[唐錫] 10냥을 함께 섞고 제련하여 만드
는데, 이는 일본의 방법이다. 백랍은 구리나 쇠로 만
든 귀고리를 잇거나, 솥에 생긴 구멍을 때우는 데 쓴

造白鑞法

倭稱"白目". 以鉛一斤、唐
錫十兩, 相和鍊成, 此倭法
也. 每用繼銅鐵之耳環、釜
鍋之脫漏, 或注藥罐裏, 否

---

173 개구리발톱[天葵] : 미나리아재빗과에 속하는 풀. 뿌리는 천규자(天葵子), 씨는 천년모자시종자(千年耗子
屎種子)라 한다.
174 《雷公炮炙論》〈雷公炮炙論序〉, 1쪽.

다. 간혹 약탕관 속에 붓기도 하는데, 그렇게 하지 않으면 그 약탕관의 탕약에서 구리 냄새가 나기 때문이다. 주석이 많고 납이 적게 함유된 백랍그릇은 비록 지나치게 끓이더라도 망가지지 않는다.《화한삼재도회》[175]

則其湯銅臭. 錫多鉛少者, 雖過沸不敗.《和漢三才圖會》

30) 백랍그릇 씻는 법

하경(荷梗)[176]【하경은 연꽃잎이다.】 삶은 물로 씻으면 납그릇의 때와 기름이 저절로 닦여 새것처럼 된다. 또 다른 방법으로는 조초(糟醋)[177]로 백랍그릇을 문질러 씻기도 한다.《만가휘요》[178]

洗鑞器法

荷梗【花葉也.】煎湯洗之, 鑞器垢膩自新. 一方, 用糟醋磨洗.《萬家彙要》

31) 쇠

일반적으로 철광은 곳곳에 있으며, 원석이 지면에서 얕은 곳에 묻혀 있지, 깊은 구덩이 속에서 나지는 않는다. 또 평원이나 구릉에서는 쇠가 매우 많이 나지만 고산준령에서는 나지 않는다.[179] 철의 원석에는 흙덩어리 모양의 정철(錠鐵), 부서진 모래 모양의 사철(砂鐵) 등 여러 종류가 있다.[180] 일반적으로 흙덩어리 모양의 정철은 지표면에 노출되어서 검게 덩어리져 있고, 모양은 저울추 같다. 멀리서 보면 쇠와

鐵

凡鐵場所在有之, 其質淺浮土面, 不生深穴. 繁生平陽、岡埠, 不生峻嶺高山. 質有土錠、碎砂數種. 凡土錠鐵, 土面浮出黑塊, 形如秤錘. 遙望宛然如鐵, 撚之則碎土. 若起冶煎煉, 浮者拾之, 又乘雨濕之後, 牛耕

---

175 《和漢三才圖會》卷59〈金類〉"白鑞"(《倭漢三才圖會》6, 39쪽).
176 하경(荷梗) : 본래 연꽃의 잎자루와 꽃자루를 말한다.
177 조초(糟醋) : 술지게미를 발효시켜 만든 식초.
178 출전 확인 안 됨.
179 또……않는다 : 당시의 채굴 풍토에서는 지표면을 주로 채굴했지만, 실제로 반드시 그렇지는 않다.
180 철의……있다 : 과거에는 철광석의 겉모양만으로 분류했다. 지금은 쇠의 화학적 성분에 따라 분류하는데, 적철석(Fe_2O_3)·자철석(Fe_3O_4)·갈철석($2Fe_2O_3 \cdot 3H_2O$)·능철석($FeCO_3$) 등이 있다.

흙을 개간하여 정철을 줍는 모습(《천공개물》)

흡사하지만, 손으로 비비면 흙처럼 부수어진다. 만 약 대장간을 세워 쇠를 제련하려면 지표면에 드러난 철광석을 줍고, 또 비가 와서 지면이 축축해진 뒤에 소로 쟁기질하여 흙을 갈아엎어서 땅속 몇 촌 깊이 에 매장되어 있는 철광석을 줍는다.[181] 땅을 갈아 개 간한 뒤로는 철광석 덩어리가 날마다 자라나므로 써

起土, 拾其數寸土內者. 耕 墾之後, 其塊逐日生長, 愈 用不窮.

---

181 또……줍는다：이를 보여 주는 그림은 위의 그림과 같다.

사철을 물에 일어 씻는 모습(《천공개물》)

도 써도 없어지지 않는다.[182]

　일반적으로 사철(砂鐵)[183]은 덮여 있는 흙 표면을 한 번 걷어 내면 바로 그 형태가 드러나며, 이를 가져다 물에 일어서 씻고 용광로에 넣어 제련하는데,[184] 철광석이 녹은 뒤에는 정철과 다르지 않다.

凡砂鐵, 一抛土膜, 卽見其形, 取來淘洗, 入爐煎煉, 鎔化之後, 與錠鐵無二也.

---

182 땅을……않는다 : 땅을 갈면 속에 있던 철광석이 드러나서 채취하는 것이지, 철광석이 실제로 자라는 것은 아니다.

183 사철(砂鐵) : 적철석이나 갈철석 등이 이에 해당한다.

184 일반적으로……제련하는데 : 사철을 채취하는 모습은 위의 그림과 같다.

일반적으로 쇠는 무쇠(생철)와 시우쇠(숙철)로 나뉘는데, 용광로에서 쇠를 꺼내어 볶지 않았으면 무쇠이고, 볶았으면 시우쇠이다.[185] 무쇠와 시우쇠를 함께 섞어 제련하여 만들면 강철이 된다. 일반적으로 쇠를 제련하는 용광로는 소금을 넣어 만드는데, 소금에 진흙을 섞고 쌓아 올린다. 이런 용광로는 대부분 산속 동굴 곁에 만들거나 큰 나무로 주위를 둘러싼 곳에 만든다. 소금 넣은 진흙을 빚을 때에는 1개월 정도 공력을 들여야 하니, 급하게 서둘러서는 안 된다. 소금 섞은 진흙에 틈이 생기면 앞에 했던 일이 모두 허사가 되기 때문이다. 일반적으로 쇠를 제련하는 용광로 1개에 철광석 2천여 근을 넣을 수 있다. 땔감으로는 단단한 땔나무나 매탄이나 목탄을 쓰는데, 남북의 지역에 따라 각각 구하기 편리한 연료를 쓴다. 용광로에 바람을 불어 넣는 풀무는 반드시 4명이나 6명이 함께 풀무질해야 한다.

철광석이 녹아 쇳물로 변한 뒤에는 쇳물이 용광로 허리 부분의 구멍으로 흘러나오는데, 이 용광로 구멍은 이에 앞서 진흙으로 막아 둔다. 해가 떠 있는 12시간 중에 2시간마다 1번 쇳물을 흘러나오게 하되, 쇳물이 나왔으면 바로 또 용광로 구멍을 진흙으로 막고 풀무질하여 다시 철광석을 녹인다.

凡鐵分生、熟, 出爐未炒則生, 旣炒則熟. 生、熟相和, 鍊成則鋼. 凡鐵爐用鹽做造, 和泥砌成, 其爐多傍山穴爲之, 或用巨木匡圍. 塑造鹽泥, 窮月之力, 不容造次. 鹽泥有罅, 盡棄前[40]功. 凡鐵一爐載土二千餘斤. 或用硬木柴, 或用煤炭, 或用木炭, 南北各從利便. 扇爐風箱必用四人、六人帶掁.

土化成鐵之後, 從爐腰孔流出, 爐孔先用泥塞. 每朝晝六時, 一時出鐵一陀. 旣出卽又泥塞, 鼓風再鎔.

---

185 용광로에서……시우쇠이다: 쇠를 볶는다는 말은 용광로에서 갓 나온 무쇠를 시우쇠로 만드는 공정을 뜻한다. 이 공정에 대한 설명이 아래에서 이어진다.
[40] 前:《天工開物·五金·鐵》에는 "全".

일반적으로 무쇠를 만들어 주조용으로 쓰려면 이 구멍에서 긴 막대나 둥근 덩어리 모양의 거푸집 속으로 흘러나오도록 했다가 꺼내어 사용하면 된다. 그런데 만약 시우쇠를 만들려면 무쇠가 흘러나올 때, 용광로와 연결될 수 있는 몇 척 안쪽 범위에, 높이를 몇 촌 낮춰서 네모진 못 1개를 쌓되, 낮은 담장으로 쇳물을 막아서 모으도록 한다. 쇳물이 못 안으로 흘러 들어오면, 몇 명이 버드나무 몽둥이를 잡고 나란히 담장 위에 늘어선다. 이에 앞서 갯벌의 진

凡造生鐵爲冶鑄用者, 就此流成長條、圓塊範內取用. 若造熟鐵, 則生鐵流出時相連數尺內, 低下數寸, 築一方塘, 短墻抵之. 其鐵流入塘內, 數人執持柳木棍排立墻上. 先以污潮泥曬乾, 舂篩[41]細羅如麵, 一人疾手撒攬[42], 衆人柳棍

무쇠와 시우쇠를 제련하는 모습(《천공개물》)

---

[41] 篩: 저본에는 "爲". 《天工開物·五金·鐵》에 근거하여 수정.
[42] 攬: 《천공개물》의 일본 교토대본에는 "灧", "揽"의 오류로 보인다.

흙을 햇볕에 말린 뒤 빻고, 고운 체로 쳐서 밀가루처럼 곱게 만들어 놓는다. 한 사람이 재빨리 이 가루를 쇳물에 골고루 흩뿌리면, 나머지 사람들은 버드나무 몽둥이로 빠르게 쇳물을 휘젓는다.[186] 그러면 무쇠가 볶아져 시우쇠가 된다.[187] 버드나무 몽둥이는 쇳물을 1번 볶을 때마다 그 끝부분이 0.2~0.3척씩 타서 없어지므로, 다시 휘저으려면 또 교체해야 한다. 쇳물을 볶고 나서 약간 식었을 때에 못 속에서 네모난 덩어리로 잘라 내기도 하고, 꺼낸 다음 망치로 두들겨 둥글게 만든 뒤에 팔기도 한다.

일반적으로 강철을 제련하는 방법은 다음과 같다. 시우쇠를 망치로 두들겨서 손가락 끝의 너비와 0.15척 정도 길이의 얇은 조각으로 만든 다음, 쇳조각으로 시우쇠 조각을 꽉 묶어 싸고 무쇠를 그 위에 올려놓는다. 또 헌 짚신으로 그 위를 덮고【헌 짚신에는 진흙이 붙어 있어서 금방 불에 타지 않는다.】그 바닥에는 진흙을 바른다. 홍로에 풀무질하여 화력이 녹는점에 도달하면 무쇠가 먼저 녹아 시우쇠 속으로 스며들면서 두 철의 성질이 서로 합쳐진다. 이를 꺼내어 망치질한 뒤, 다시 제련하고 다시 망치

疾攪, 卽時炒成熟鐵. 其柳棍每炒一次, 燒折二三寸, 再用則又更之. 炒過稍冷之時, 或有就塘內斬劃成方塊者, 或有提出揮椎打圓後貨者.

凡鋼鐵鍊法, 用熟鐵打成薄片如指頭闊, 長寸半許, 以鐵片束包尖緊, 生鐵安置其上, 又用破草履蓋其上,【粘帶泥土者, 故不速化.】泥塗其底下. 洪爐鼓鞴, 火力到達, 生鐵43先化, 滲淋熟鐵之中, 兩情投合. 取出加錘, 再煉再錘, 不一而足. 俗名"團鋼"【亦曰"灌

---

186 이에……휘젓는다 : 갯벌 진흙가루에는 규산철(硅酸鐵)과 산화철이 들어 있어서 무쇠 속의 탄소를 산화시켜 탄소 함량을 줄게 한다. 이 밖에도 가루 속의 규소(실리콘)는 쇳물 속의 산화철과 결합하여 산화철을 쇳물과 분리시킴으로써 순도 높은 시우쇠를 만들 수 있다. 버드나무로 휘젓는 이유도 공기와 활발하게 접촉하도록 하여 이상의 효과를 높이기 위해서이다.

187 일반적으로……된다 : 무쇠와 시우쇠를 제련하는 모습은 앞쪽 페이지의 그림과 같다. 용광로 곁에서 풀무질하는 사람들과 용광로 허리 부분에 난 구멍으로 쇳물이 흘러나오는 모습, 흘러나온 쇳물을 거푸집에 담아 놓은 뒤 다시 네모난 못으로 흘러 들어가게 하여 그곳에 갯벌 진흙가루를 뿌리고 버드나무 막대로 휘저어 시우쇠를 제련하는 공정들이 자세히 묘사되어 있다.

43 鐵 : 《天工開物·五金·鐵》에는 "鋼".

질하기를 여러 차례 반복해야 강철이 되기에 충분하다. 민간에서 '단강(團鋼)'【'관강(灌鋼)'이라고도 한다.】이라 하는 강철이 이것이다.

【안 《몽계필담》에서 다음과 같이 말했다. "세간의 단철(鍛鐵)은 이른바 '강철(鋼鐵)'인데, 유철(柔鐵)[188]을 휘어 구불구불하게 만든 다음 그 사이를 무쇠로 채워 넣고 진흙으로 봉하여 제련한다. 이렇게 불에 달구어 유철과 무쇠가 서로 섞인 쇠를 '단강(團鋼)'이라 하고, '관강(灌鋼)'이라고도 한다. 그런데 이는 곧 가짜 강철일 뿐이다. 잠시 무쇠의 성질을 빌려 단단해지긴 했지만 이를 용광로에 넣어 2~3번 다시 제련하면 그 속의 무쇠가 저절로 시우쇠로 변하면서, 결국 유철로 되돌아온다. 그런데도 이 쇠를 세상에서 아무도 강철이 아니라고 하지 않는 것은 대개 아직 진짜 강철이 무엇인지 알지 못하기 때문이다. 나는 자사(刺史)로 부임하여 자주(磁州)[189]에 있는 대장간에 이르렀는데, 그곳에서 쇠를 제련하는 모습을 보고서야 비로소 진짜 강철을 알게 되었다. 일반적으로 쇠에 강(鋼)이 들어 있는 것은 밀 속에 근(筋:점성)이 들어 있는 것과 같다. 밀의 부드러운 부분을 다 씻어 내면 밀의 근이 비로소 드러나듯이 쇠를 제련하는 일 역시 그러하다.

鋼".】者是也.

【案 《夢溪筆談》云:"世間鍛鐵, 所謂'鋼鐵'者, 用柔鐵屈盤之, 乃以生鐵陷其間, 泥封煉之. 煅令相入, 謂之'團鋼', 亦謂之'灌鋼'. 此乃偽鋼耳. 暫假生鐵以爲堅, 二三煉則生鐵自熟, 仍是柔鐵. 然而天下莫以爲非者, 蓋未識眞鋼耳. 予出使, 至磁州鍛坊, 觀煉鐵, 方識眞鋼. 凡鐵之有鋼者, 如麪中有筋. 濯盡柔麪, 則麪筋乃見, 煉鋼亦然. 但取精鐵, 鍛之百餘火. 每鍛稱之, 一鍛一輕, 至累鍛而斤兩不減, 則純鋼也, 雖百煉不耗矣. 此乃鐵之精純者. 其色淸明, 磨瑩之則黯黯然靑且[44]黑, 與

---

188 유철(柔鐵):앞서의 숙철(熟鐵), 즉 시우쇠에 해당한다.

189 자주(磁州):지금의 중국 하북성(河北省) 자현(磁縣) 팽성진(彭城鎭) 일대. 이곳에는 대규모의 가마터와 대장간이 있었다.

[44] 且:저본에는 而且.《夢溪筆談·辨證》에 근거하여 수정.

강철을 제련할 때는 순도가 높은 쇠만 가져다가 불 속에서 100여 차례 단련한다. 단련할 때마다 쇠의 무게를 달아 보면 1번 단련할 때마다 조금씩 가벼워진다. 이렇게 여러 차례 단련해도 무게가 줄지 않으면 순 강철이 되니, 이 강철은 비록 100번을 단련하더라도 무게가 줄지 않는다. 이것이 철 중에 순도가 높은 철이니, 그 색은 맑으면서 밝고, 갈아서 광을 내면 어두운 듯 푸르면서도 검은빛이 돌아 보통의 철과는 사뭇 다르다. 또한 제련이 다 끝날 때까지도 전혀 강(鋼)이 드러나지 않는 쇠도 있는데, 이는 모두 어떤 땅에서 산출되느냐에 달려 있다."[190]

常鐵迥異. 亦有煉之至盡而全無鋼者, 皆繫地之所産".

이에 근거하면《천공개물》에서 말한 '단강'은 가짜 강철일 뿐이다. 그러나 진짜 강철을 쉽게 볼 수 없더라도 도끼, 못, 송곳처럼 일상에 쓰는 도구를 가짜 강철로 만들어 쓸 수는 없다. 진짜 강철이 아니더라도 쇠를 담금질하는 공정에 법도가 있으면, 또한 저절로 단단해지고 날카로워져 충분히 쓸 만할 것이다.】

據此則《天工開物》所言"團鋼"卽僞鋼耳. 然眞鋼未易覯, 則如斧斤、釘、錐等常用之器, 不得用僞鋼. 苟其淬健有法, 則亦自犀利充使.】

일반적으로 쇠 속에는 망치질할 때 두들길 수 없을 정도로 단단한 곳이 있다. 이를 '철핵(鐵核)'이라 하는데, 여기에 향유(香油)를 발라 두드리면 바로 풀어진다.[191]《천공개물》[192]

凡鐵內有硬處不可打者, 名"鐵核", 以香油塗之卽散.《天工開物》

---

190 세간의……달려 있다:《夢溪筆談》卷3〈辨證〉, 14~15쪽.
191 이를……풀어진다:철핵은 녹지 않은 작은 자철석을 가리킨 듯하다. 향유는 보통 참기름을 말하지만 향이 있는 여러 기름을 뜻하기도 한다. 향유는 고온에서 탄화되면서 환원제로 작용하기 때문에, 향유를 발라

32) 쇠 주조[192]

일반적으로 솥을 주조할 때는 무쇠나 폐주철 그릇을 재료로 삼는다. 솥의 크기에는 일정한 규격이 없으나 일상적으로 사용하는 솥은 아가리의 지름 2척을 기준으로 하고, 두께는 대략 0.02척이다. 작은 솥은 아가리의 지름을 1척으로 하되, 두께는 줄이지 않는다. 솥 만드는 거푸집은 안팎으로 두 층이다. 먼저 거푸집의 안쪽을 빚어 여러 날 동안 말렸다가, 위쪽에서 솥의 크기를 맞춰 본 뒤에 바깥층에 씌울 거푸집을 빚는다. 이 거푸집을 빚는 작업은 가장 정밀해야 하니, 털끝만큼이라도 어긋나면 솥은 쓸모가 없다.

거푸집이 만들어지면 말린 뒤에 진흙을 빚어 용광로를 만든다. 용광로의 속은 솥과 같아서, 그 속에 무쇠를 넣는다. 용광로의 뒤쪽에는 관을 뚫어 바람이 통하게 하고, 용광로 앞쪽에는 주둥이를 빚어 쇳물이 흘러나오게 한다. 용광로 하나에 녹이는 쇳물은 대략 솥 10~20개를 주조할 수 있는 분량이다. 쇠가 물처럼 녹으면 진흙으로 고정시킨 순철 국자로 주둥이에서 흘러나오는 쇳물을 받는다. 국자 1개에 대략 솥 1개를 주조할 수 있는 분량이다.

쇳물을 거푸집 바닥에 있는 구멍 속에 붓고 쇳물이 식어서 굳어지기 전에 바로 바깥층의 거푸집을

鑄鐵

凡鑄釜用生鐵或廢鑄鐵器爲質. 大小無定式, 常用者, 徑口二尺爲率, 厚約二分. 小者徑口半之, 厚薄不減. 其模內外爲兩層, 先塑其內, 俟日久乾燥, 合釜形分寸于上, 然後塑外層蓋模. 此塑匠最精, 差之毫釐則無用.

模既成就乾燥, 然後泥捏冶爐. 其中如釜, 受生鐵于中. 其爐背透管通風, 爐面捏嘴出鐵. 一爐所化約十釜、二十釜之料. 鐵化如水, 以泥固純鐵柄杓從嘴受注, 一杓約一釜之料.

傾注模底孔內, 不俟冷定, 即揭開蓋模, 看視罅綻未

두들기면 자철석이 산화철이나 철로 환원되어 부드러워진다.
192《天工開物》卷14〈五金〉"鐵", 361~365쪽.

들어 올려 빈틈이나 갈라진 곳, 아직 쇳물이 닿지 않은 곳이 있는지 살펴본다. 이때 솥 몸통이 여전히 온통 벌겋게 달궈져 아직 검게 식지 않은 상태에서 쇳물이 닿지 않은 곳이 있을 수 있다. 그렇다면 바로 그 위에 쇳물을 약간 부어 보완한 뒤, 축축한 짚풀 조각으로 평평하게 눌러 주면 아무런 자국이 남지 않는다.[193]

일반적으로 무쇠로 처음 솥을 주조하면 보완해야 하는 경우가 매우 많지만, 깨진 솥만을 녹여서 주조하면 다시는 틈새가 생기지 않는다.[194]

【조선의 풍속은 깨진 솥을 반드시 산속에 버리고서, 다시는 용광로에 녹이지 않는다. 안 이 말은 잘못이다. 요즘의 행상 중에는 오로지 깨진 철만 사가는 사람이 있다. 이들은 마을에서 고물 팔라고 소리치고 다니면서 깨진 솥들이나 망가진 보습이나 볏을 사서 주로(鑄爐:대장간)에 판다. 이들은 팔도 민가를 거의 다 돌아다니며 깨진 솥들이 있으면 일일이 거둬들여서 새로 주조한 물건과 바꾸는 용도로 쓰는 것이다. 송응성이 '산속에 버린다.'라 한 말은 어느 변방 나라의 풍속을 전해 들은 것인지는 모르겠지만 우리나라에 잘못 연관시킨 것이다.

周之處. 此時釜身尙通紅未黑, 有不到處, 卽澆少許于上補完, 打濕草片按平, 則無痕跡.

凡生鐵初鑄釜, 補綻者甚多, 惟廢破釜鎔鑄, 則無復隙漏.

【朝鮮國俗, 破釜必棄之山中, 不以還爐. 案 此言[45]妄也. 今行商有專貿破鐵者. 唱號閭里, 貿去破釜鍋、廢鑱鐴以售於鑄爐者, 殆徧八域人家, 凡有破釜廢鍋, 一一收儲, 用以換貿新出爐者. 宋氏所云"棄之山中", 未知傳聞何國夷俗, 而誤系之吾東也.

---

193 그렇다면……않는다 : 이 방법은 부득이할 때만 사용하는 것이 좋다. 거푸집을 들어 올리면 주조된 솥의 온도가 섭씨 700~800도를 넘지 않고 응고가 진행되고 있는 상태이기 때문에 보완한 쇳물이 여기에 일체가 되기는 어렵다.
194 이상에서 설명한 쇠 주조법을 보여 주는 그림은 위의 그림과 같다. 그림에서는 무쇠를 받는 모습, 거푸집에 쇳물을 붓는 모습, 거푸집을 들어 올려 보완하는 모습을 표현하고 있다.
[45] 言 : 저본에는 "書". 규장각본·한국은행본에 근거하여 수정.

솥 주물(《천공개물》)

우안 일반적으로 무쇠를 녹여 그릇을 만드는데, 보습과 볏, 준설삽, 과하(鍋鏵)[195] 등과 같은 기구를 주물할 때는 모두 거푸집을 빚고 그 속에 쇳물을 부

又案 凡用生鐵鎔鑄爲器, 如鑱鏵、濬鍤、鍋鏵[46] 等器, 皆塑模鎔注而成. 其

---

195 과하(鍋鏵):농기구의 일종으로 보이지만 정확히 어떤 도구인지 확인이 안 됨.
[46] 鏵:《天工開物》에는 鏵.

어 만든다. 그 방법은 솥을 주조하는 방법과 다르지 않으니, 다시 일일이 기록하지 않는다.》《천공개물》[196]

33) 단철(쇠 단련)

일반적으로 쇠를 불려 그릇을 만들 때는 불에 달군 시우쇠로 만든다. 먼저 쇠를 주물하여 쇠모루[197]를 만들고, 이를 망치질을 받는 받침대로 삼는다. 속담에, "모든 그릇은 집게가 조상이다."라 했는데, 이는 근거 없는 말이 아니다. 일반적으로 용광로에서 불에 달궈 꺼낸 시우쇠를 '모철(毛鐵)'이라 하는데, 이를

法, 與鑄釜法一同無異, 不復一一臚載云.》《天工開物》

鍛鐵

凡治鐵成器, 取炒熟鐵爲之. 先鑄鐵成砧, 以爲收錘之地. 諺云"萬器以鉗爲祖", 非無稽之說也. 凡出爐熟鐵, 名曰"毛鐵", 受煅之時, 十耗其三爲鐵花、鐵

쇠모루(국립민속박물관)

---

196 《天工開物》 卷8 〈治鑄〉 "釜", 219~220쪽.
197 쇠모루 : 쇠를 불릴 때 대장간에서 사용하는 받침대. 쇠모루의 모양은 위의 사진과 같다.

단조할 때에 3/10이 쇳가루[鐵花]나 쇠똥[鐵落]으로 없어진다. 만약 이미 망가진 물건이 되었지만 아직 녹슬지 않은 그릇이면 이를 '노철(勞鐵)'이라 한다. 이를 고쳐서 다른 그릇이나 원래 그릇을 만들기 위해 다시 단조를 거치면 그중 1/10만 없어진다.

일반적으로 용광로 속에서 쇠를 달구는 연료로는 숯을 쓰는데, 그중에 석탄[煤炭]이 7/10, 목탄(木炭)이 3/10을 차지한다. 일반적으로 숲이 우거져 석탄이 없는 곳에서는 대장장이가 먼저 단단한 나뭇가지를 골라 불에 태워서 화묵(火墨)[198]을 만든다. 【민간에서는 '화시(火矢)'라 한다. 화묵은 세차게 타오르기 때문에 재로 변하지 않아 용광로 구멍을 막지 않는다.】 화묵의 불길은 석탄보다 더욱 맹렬하다. 석탄을 사용할 때도 별도로 '철탄(鐵炭)'이라는 석탄의 일종을 쓴다. 철탄은 불길의 성질이 안으로 쏠려 들어가고 불꽃이 들뜨지 않는 장점이 있다. 밥지을 때 쓰는 석탄과 모양은 같지만 종류가 구분된다.

일반적으로 쇠는 쇠마디를 따라 접합할 수 있다. 이음매에 누런 진흙을 바른 뒤, 불에 넣어 벌겋게 달구고서 쇠망치로 두들겨 붙이면 흙 찌꺼기가 적어지면서 다 빠져나온다.[199] 이는 흙의 신묘한 기운

落. 若已成廢器未鏽爛者, 名曰"勞鐵". 改造他器與本器, 再經錘鍛, 十止耗去其一也.

凡爐中熾鐵用炭, 煤炭居十七, 木炭居十三. 凡山林無煤之處, 鍛工先擇堅硬條木, 燒成火墨.【俗名"火矢". 揚燒不閉穴.】其炎更烈于煤. 卽用煤炭, 亦別有鐵炭一種, 取其火性內攻, 焰不虛騰者, 與炊炭同形而有分類也.

凡鐵性逐節粘合, 塗上黃泥于接口之上[47], 入火揮鎚, 泥滓成枵而去, 取其神氣爲媒[48]合. 膠結之後, 非

---

198 화묵(火墨): 비교적 단단한 재질의 목탄(木炭)으로, 견탄(堅炭)이라고도 한다.
199 이음매에……빠져나온다: 누런 진흙은 이음매 부분의 온도를 일정하게 유지시켜 줌과 동시에 이음매에서 생기는 쇳물이 흘러나가지 않도록 하며, 이음매의 산화를 방지하는 효과가 있다.
[47] 上: 저본에는 "土".《天工開物·錘鍛·治鐵》에 근거하여 수정.
[48] 媒: 저본에는 "煤".《天工開物·錘鍛·治鐵》에 근거하여 수정.

을 매개로 하여 쇠를 접합한 것이다. 쇠가 일단 단단하게 결합된 뒤에는 쇠를 불에 벌겋게 달궈 도끼로 자르지 않는 한 영원히 끊을 수 없다.

灼紅斧斬, 永不可斷也.

일반적으로 시우쇠와 강철은 이미 용광로에서 불에 달군 뒤에 망치질했더라도 담금질이 충분히 되지 않으면[水火未濟]²⁰⁰ 쇠의 재질이 단단하지 못하다. 불 속에서 꺼내는 대로 맑은 물에 넣어 담금질한 쇠를 '건강(健鋼)'이나 '건철(健鐵)'이라 한다. 이는 물과 불로 담금질하기 전의 강(鋼)이나 철(鐵)에는 약한 성질이 여전히 남아 있다는 말이다.

凡熟鐵、鋼鐵已經爐錘, 水火未濟, 其質未堅. 乘其出火時, 入清水淬之, 名"健⁴⁹ 鋼"、"健鐵". 言乎未健之時, 爲鋼爲鐵, 弱性猶存也.

일반적으로 쇠를 땜질하는 방법으로 서양 여러 나라에서는 따로 독특한 약품을 사용하고 있다. 중국에서는 작게 땜질할 때는 백동가루를 쓰고, 크게 땜질할 때는 망치로 힘껏 두들겨 억지로 접합시키는데, 여러 해가 지나면 끝내 접합면이 약해진다.《천공개물》²⁰¹

凡銲鐵之法, 西洋諸國別有奇藥, 中華小銲, 用白銅末, 大銲則竭力揮錘而强合之, 歷歲之久, 終不可堅.《天工開物》

달자(達子)²⁰²【안 달자(㺚子)라고도 쓰는데, 바로 달단(㺚靼)이다. 지금은 몽고(蒙古)를 달자(達子)라 한다.】에서는 쇠를 제련할 때 말똥불[馬糞火]²⁰³을 연

達子【案 亦作㺚子, 卽㺚靼. 今以蒙古爲達子.】錬鐵, 用馬糞火. 鐵有生鐵、

---

200 담금질이……않으면[水火未濟]:수화미제는 본래 《주역》의 마지막 64번째 괘의 이름이다. 물과 불이 만나 잘 조화되는 괘가 기제(旣濟)이고 아직 제대로 조화되지 못한 것, 즉 건너가지 못한 상태가 미제(未濟)이다. 여기서는 불에 달궜다가 물로 식혀 가며 쇠를 담금질하는 공정에 비유했다.

201《天工開物》卷10〈錘鍛〉"治鐵", 266~267쪽.

202 달자(達子):몽골계 유목민족인 타타르(Tatar)족이 세운 나라로, 12세기에 칭기즈칸이 세운 몽골제국에 병합되었다.

203 말똥불[馬糞火]:몽골의 지형은 초원지대로 이루어져 광석을 채취할 수가 없다. 그래서 대개 건조시킨 말똥이나 소똥을 연료로 사용했는데, 이 연료를 '아르갈'이라 한다.

⁴⁹ 健:저본에는 없음. 《天工開物·錘鍛·治鐵》에 근거하여 보충.

료로 쓴다. 쇠에는 무쇠와 시우쇠가 있다. 무쇠는 불에 녹이면 그대로 녹으므로 풀무질하고 주조하여 솥이나 정(鼎)을 만든다. 시우쇠는 찌꺼기를 많이 함유하여 불에 넣으면 두사(豆查)【안 두사는 두부를 만들고 남은 찌꺼기인 콩비지이다.】처럼 녹아서 흘러내리지 않으므로 대장장이가 대나무집게[竹夾]【안 협(夾)은 음이 갑(甲)이다. 물건의 좌우를 잡는 도구이다.】로 집어서 꺼낸 다음 나무망치[木捶]【나무막대기로 두드리는 것이다.】로 두들겨 쇳덩어리를 만들거나, 대나무칼로 용광로 속에서 긋고 갈라서 칼이나 총을 만든다. 쇠의 명칭에는 다음과 같은 3가지가 있다. 첫째는 방철(方鐵), 둘째는 파철(把鐵), 셋째는 조철(條鐵)이다. 쇠의 용도는 성분이 정순한 쇠와 거친 쇠로 나뉘지만, 본디 한 종류에서 나온 것이다.

철공(鐵工)은 흙을 걸러 낸 물에 담금질한다[焠]. 【안 '焠'의 음은 쉬(倅)이다. 쉬(焠)는 칼날을 달궜다 물에 넣어 단단하게 만드는 공정으로, 쉬(淬)와 통용한다.】 쇠를 불에 넣어 매우 뜨겁게 달구면 쇠 찌꺼기가 나오는데, 이를 쇠망치로 두드리면 쇠 찌꺼기가 빠져나가면서 깨끗해진다. 무쇠와 시우쇠를 합쳐서 쇠를 처음 제련할 때는 색이 희고 소리가 탁하지만, 오랫동안 제련하면 색이 파래지고 소리가 맑아

熟鐵. 生鐵火鎔則化, 鼓鑄以爲鍋鼎. 熟鐵多糞滓, 入火則化如豆查【案 豆腐滓也.】不流走, 冶工以竹夾【案 夾, 音甲, 左右持也.】夾出, 以木捶【以杖擊也.】捶, 使成塊, 或以竹刀, 就鑪中畫以開之, 用以造刀、銃. 其名有三：一[50]方鐵, 二把鐵, 三條鐵. 用有精粗, 原出一種.

鐵工焠【案 音倅, 燒刃納水以堅之, 通淬.】以泥漿, 入火極熟[51], 糞出, 以鐵捶捶之, 則查滓瀉而淨. 鐵合初鍊, 色白而聲濁, 久鍊則色靑而聲淸.

---

[50] 一 : 저본에는 "寸". 규장각본·오사카본·한국은행본에 근거하여 수정.
[51] 熟 : 저본에는 "熱". 오사카본·《武編·前集·鐵》에 근거하여 수정.

진다.

숙강(熟鋼)은 나는 곳이 없다. 간혹 무쇠와 시우쇠를 함께 넣고 주조하는데, 용광로의 온도가 매우 뜨거워져 무쇠가 녹아 흐르려 하면 무쇠로 시우쇠 위를 문질러[擦]【안 '擦'은 음이 찰(察)로, 급히 문지르는 것이다.】다시 용광로에 넣는다. 이 숙강은 무쇠와 시우쇠를 합쳐서 주조하여 제련하는 과정을 두 번 거친 데다 여기에 다시 약간의 모래흙이나 찌꺼기를 합쳐서 만들기 때문에 모든 장인이 쉽게 제련할 수 있다.

쇠를 단조할 때는 먼저 모철(毛鐵)을 덩어리마다 용광로에 넣고 가열했다가 약간 붉어지면 집게로 꺼낸 다음 볏짚 태운 재를 쇳덩어리에 뒤섞어 준다. 이를 다시 용광로에 넣어 센 불로 가열하되, 풀무질로 바람을 불어 넣고 불길이 벌겋게 일어나 철화(鐵花:붉은 쇳가루)가 날릴 즈음 집게로 꺼내고 쇠망치로 두들겨 판자 모양을 만든다. 이때 강참(鋼鏨, 강철로 만든 끌)【안 작은 끌을 '참(鏨)'이라 한다.】으로 쇠를 종횡으로 파서 그 위에 무늬를 깊이 새기는데, 그 무늬는 모두 일정한 간격을 둔다. 이와 같은 공정을 3번 반복하는데, 첫 번째는 1개를 제련하여 1개로 만들고, 두 번째는 2개를 합하여 1개로 만들고, 세 번째는 4개를 합하여 1개로 만든다.

熟鋼無出處, 或生鐵與熟鐵垃鑄, 待其極熱[52], 生鐵欲流, 則以生鐵於熟鐵上擦【案 音察, 摩之急[53]也.】而入之. 此鋼合二鐵, 兩經鑄鍊之手, 復合爲一少沙土糞滓, 故凡工鍊之爲易也.

一先將毛鐵, 逐塊下罏入火, 候微紅時, 鉗出, 用稻草灰, 拌鐵身. 却入大火, 扇透紅發, 値鐵花飛冒之際, 鉗出, 鎚成板子. 就以鋼鏨【案 小鑿曰"鏨"】鏨縱橫, 深紋於其上, 其紋路俱隔分數. 如此三遍, 初次一鍊一, 二次二合一, 三次四合一. 其蘸【案 音醮, 以物投水.】灰鏨紋, 總同前法. 其色勝銀, 其聲清而有韻.《武編》

---

[52] 熱:《武編·前集·鐵》에는 "熟".
[53] 急: 저본에는 "意". 규장각본·오사카본·한국은행본에 근거하여 수정.

이렇게 반복하는 공정에서 담금질하고[蘸].【안] '蘸'
은 음이 잠(蘸)으로, 물건을 물에 담그는 것이다.】
무늬를 새기는 과정은 앞의 방법과 전반적으로 같
다. 다만 3번 반복하는 공정을 거치면 쇠의 색이 은
보다 빼어나고, 그 소리는 맑으면서도 여운이 있다.
《무편》204

34) 쇠를 담금질하여 강철 만드는 법

지수(地溲)205는 도랑의 흐르는 물이나 물을 끌어
와서 대는 밭 주변에 많이 있다. 지수의 모양은 기름
같기도 하고 또 진흙 같기도 한데, 색은 황금과 같고
냄새가 매우 강렬하다. 유철(柔鐵)을 벌겋게 달군 뒤,
겨울에 채취한 지수에 2~3번 담그면 그 강도가 옥
을 자를 정도로 단단해진다.206《본초강목》207

담금질하는 법을 시에서 다음과 같이 읊었다.
"머리카락과 양뿔을 묶어
각각 태운 재를 곱게 가네.
이를 한곳에 쌓아 두고
쓸 때마다 잘 섞어서 칼에 바르지.
불구멍 위에서208 칼을 벌겋게 달궜다 갈면

淬鐵成鋼法

地溲, 溝澗流水及引水灌
田之次多有之. 形狀如油,
又如泥, 色如黃金, 甚腥
烈. 冬月收取, 以柔鐵燒赤
投之二三次, 剛可切玉.《本
草綱目》

點鋼法詩:"括血餘羊角,
各化灰研細. 將來一處堆,
每用調搽刀. 口上燒紅磨,
快却如錐."《異苑》

204《武編前集》卷5 "鐵".
205 지수(地溲): 나프타(naphtha), 석유, 콜타르, 함유셰일(含油shale) 따위를 증류하여 얻는 탄화수소의 혼합
    물을 말한다.
206 유철(柔鐵)을……단단해진다: 아래의 '도검' 항목에 나오는 《천공개물》 기사에서는 여기서 설명한 담금질의
    효과를 이야기하면서 지수가 중국에서는 나지 않는다고 했으나, 이는 잘못이다.
207《本草綱目》卷9〈石部〉"石腦油", 571쪽.
208 불구멍 위에서: 내용으로 보면 풀무 입구나 아궁이 같은 것으로 보이는데, 앞뒤 설명이 없다.

칼이 송곳처럼 날카롭도다." 《이원》[209]

35) 쇠를 갈아 광내는 법

쇠에 논병아리(뇌강오리)기름[鸒鴦膏]을 바르면 빛이 난다.《본초강목》[210]

자라기름으로 쇠를 문지르면 밝게 빛난다.《본초 강목》[211]

磨鐵生光法

鐵得鸒鴦膏則瑩.《本草綱目》

黿脂磨鐵則明. 同上

36) 도검

도검 중에 가장 품질이 뛰어난 것은, 백련강(百 鍊鋼)[212]으로 바깥 면을 감싸고 그 속에는 강철이 없고 시우쇠로 뼈대를 이룬 도검이다. 만약 강철로 표면을 감싸고 시우쇠로 골격을 이루지 않으면 도검이 강한 힘을 가했을 때 곧바로 부러진다. 그다음으로, 품질이 일반적인 칼과 도끼는 단지 겉면에만 강철을 박아 넣은 것이다. 값비싼 보도(寶刀)로서, 쇠못이나 일반적인 쇠를 자를 수 있는 도검이라도 숫돌에 수천 번 갈고 나면 강철 부분이 다 닳아서 그 속의 시우쇠가 드러난다.

일본도는 칼등의 너비가 0.02척 정도도 안 되지만, 칼등을 손가락 위에 얹어도 기울어 넘어지지 않

刀劍

刀劍絕美者, 以百鍊鋼包裹其外, 其中仍以無鋼鐵爲骨. 若非鋼表鐵裏, 則勁力所施, 卽成折斷. 其次尋常刀斧, 止嵌鋼于其面. 卽重價寶刀可斬釘截凡鐵者, 經數千遭磨礪, 則鋼盡而鐵現也.

倭國刀背闊不及二分許, 架于手指之上, 不復欹倒. 不

---

[209] 출전 확인 안 됨.

[210] 《本草綱目》 卷47 〈金部〉 "鸒鴸", 2572쪽.

[211] 《本草綱目》 卷45 〈介部〉 "黿", 2509쪽.

[212] 백련강(百鍊鋼) : 백 번 제련한 강철이라는 뜻으로, 시우쇠를 수없이 두드리면 그 속에 들어 있는 불순물이 밖으로 빠져나오면서, 강도가 높아진다.

는다. 어떤 방법으로 망치질했는지 알 수 없는데, 중국에는 아직 그 방법이 전해지지 않았다.

일반적으로 열처리를 거친 도부(刀斧)는 모두 강철을 박아 넣거나 통째로 감싸고서 이를 잘 다듬은 뒤에 물에 담가 담금질한다. 칼날을 날카롭게 하는 것은 또 숫돌에서 갈아 효과를 내는 데에 달려 있다.《천공개물》[213]

일본 도검(刀劍) 가운데는 수없이 단련해서 순도가 높은 강철로 만든 도검이 있는데, 이를 햇빛이 드는 처마 밑에 두면 온 방 안이 눈이 부시도록 빛난다. 이런 강철은 무쇠와 시우쇠를 함께 섞어서 제련하지 않는다. 일본 사람들은 중국의 강철을 가리켜 하품이라고 말한다고 한다. 일본 사람들은 또 지수(地溲)【지수는 곧 석뇌유(石腦油)[214]의 일종으로, 중국에서는 나지 않는다.[215]】로 도검을 담금질할 수도 있는데, 강철이 옥을 자를 정도로 단단하다고 한다. 그러나 이런 도검도 역시 아직까지 보지 못했다.《천공개물》[216]

쇠는 많은 단련이 필요하다. 칼날은 순수한 강철

知何錘. 中國未得其傳.

凡健刀斧, 皆嵌鋼、包鋼[54], 整齊而後入水淬之. 其快利則又在礪石成功也.《天工開物》

倭夷刀劍有百鍊精純, 置日光簷下, 則滿堂輝曜者. 不用生、熟鐵相和鍊, 指中國鋼鐵爲下乘云. 夷人又有以地溲淬刀劍者,【地溲乃石腦油之類, 不產中國.】云鋼可切玉, 亦未之見也. 同上

鐵要多鍊. 刃[55]用純鋼,

---

213 《天工開物》卷10〈錘鍛〉“斤斧”, 268~269쪽.

214 석뇌유(石腦油) : 석유.

215 지수는……않는다 : 이 설명과 달리 중국에서는 일찍이 석유를 활용했다.

216 《天工開物》卷14〈五金〉“鐵”, 364~365쪽.

54 包鋼 : 저본에는 없음.《天工開物·錘鍛·斤斧》에 근거하여 보충.

55 刃 : 저본에는 “刀”.《武備志·腰刀》에 근거하여 수정.

을 쓰고, 【안 이는 《천공개물》의 '강철로 표면을 감싸고 시우쇠로 골격을 이룬다.'는 말과 다른데, 어느 쪽이 옳은지 모르겠다.】칼등에서부터 평평하게 깎는[劇]【안 산(劇)은 잔(剗)과 같으니, 깎는다는 뜻이다.】방법을 쓰는데, 칼날에 이르기까지 평평하게 깎고, 칼날을 평평하게 갈아서 어깨처럼 삐죽 나온 부분이 없어야만 날카로워지니,217 이 공정의 핵심은 칼날을 뾰족하게 가는 데에 있다.

근래의 장인들은 작업을 할 때 칼날을 두드려서 두껍게 만들지, 평평하게 갈려 하지 않으며, 칼날의 옆면만 꺾고[鉎]【안 좌(鉎)는 좌(挫)와 같다.】가로로 칼날을 내서, 칼날의 양쪽이 어깨가 벌어진 듯이 내려오니, 물건을 잘라 내려 해도 깊이 들어가지 않는다. 그러다 칼날이 한번 벗겨지면 그 칼은 바로 무딘 쇠가 된다. 칼은 손으로 잡았을 때 가벼워야 한다.218 《무비지》219

일본도는 크기와 길이가 각각 다르다. 일본에서는 사람마다 긴 칼을 하나씩 차고 다니는데, 이 칼을 '패도(佩刀)'라 하고, 패도 위에 또 작은 칼을 하나 꼽아 다양한 용도로 쓰기에 편하게 한다. 또 길이 1

【案 此與《天工開物》"鋼表鐵裏"之說不同, 未知孰是.】自背起用平剗,【案 剗與劃同, 削也.】平削至刃, 刃56芒平磨, 無肩乃利, 妙尤在尖.

近時匠役將刀打厚, 不肯平磨, 止用側鉎【案 鉎同挫】橫出芒, 兩下有肩, 斫入不57深. 刃58芒一禿卽爲頑鐵. 刀要與手相輕.《武備志》

日本刀, 大小、長短不同. 每人有一長刀, 謂之"佩刀", 其刀上又揷一小刀, 以便雜用. 又一刺刀長尺者, 謂之"解

---

217 어깨처럼……날카로워지니 : 칼의 단면이 역삼각형이 아닌 역오각형으로 만들어지면 칼날 양쪽의 각이 진 곳이 마치 어깨처럼 벌어지게 된다. 어깨는 이때 돌출되는 부분을 말한다.
218 이상의 내용은 요도(腰刀, 허리에 차는 칼)를 설명한 것으로, 그 그림은 위의 그림과 같다.
219 《武備志》卷231 "腰刀".
56 刃 : 저본에는 "刀". 《武備志·腰刀》에 근거하여 수정.
57 不 : 저본에는 없음. 《武備志·腰刀》에 근거하여 보충.
58 刃 : 저본에는 "刀". 《武備志·腰刀》에 근거하여 수정.

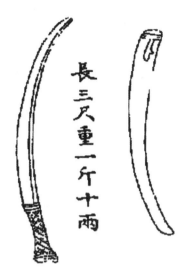

요도(《연병실기(練兵實記)》)

척짜리 찌르기용 칼을 '해수도(解手刀)'라 한다. 길이
가 1척 남짓한 칼을 '급발(急拔)'이라 하는데, 역시 찌
르기용 칼이다. 이 3가지 칼은 일본 사람들이 몸에
지니고 다니며 반드시 사용하는 칼이다. 일본도는
매우 단단하고 날카로워 중국에서 만든 칼이 그에
미치지 못한다.

　칼의 크기에 관계없이 칼자루 한쪽 면에는 반드
시 장인의 이름을 새기고 다른 한쪽 면에는 자호(字
號)를 새겨 제작 시기와 칼의 품질을 분별할 수 있게
했다. 일본의 상고도(上庫刀)는 산성군(山城君)【안 산
성군은 바로 관백(關白)[220]이다.】이 전성기에 각 지역

手刀". 長尺餘者, 謂之"急
拔"[59], 亦刺刀之類. 此三
者乃隨身必用者也. 刀極
剛利, 中國不及也.

不論刀大小, 必於柄上一面
鐫名, 一面刻記字號, 以爲
古今賢否之辨. 日本上庫
刀, 山城君【案 山城君卽
關白.】盛時, 盡取各島名匠,

<hr />

220 관백(關白) : 임진왜란 때 조선을 침략했던 일본의 수장 도요토미 히데요시(豐臣秀吉, 1536~1598)이다.
[59] 拔 : 저본에는 없음. 《武備志·利刀》에 근거하여 보충.

의 명장(名匠)들을 모두 모아 창고[庫] 안에 가둬 두고, 기한을 정하지 않고 솜씨를 다하게 하여 만들었기에 이를 '상고도(上庫刀)'라 했다. 그 가운데서도 '영구(寧久)'라 불리는 칼이 더욱 품질이 좋다.《무비지》221

封鎖庫中, 不限歲月, 竭其工巧, 謂之"上庫刀", 其間號"寧久"者更嘉. 同上

용광로[堝]【안 '堝'는 음이 과(戈)이다. 감과(甘堝)는 금이나 은을 달구어 제련하는 용광로이다.】배 부분에 작은 구멍을 뚫으면 쇳물이 구멍을 통해 흘러나

堝【案 音戈. 甘堝所以烹煉金銀.】腹穿小孔, 則鐵流出於孔, 別以鐵器如箕

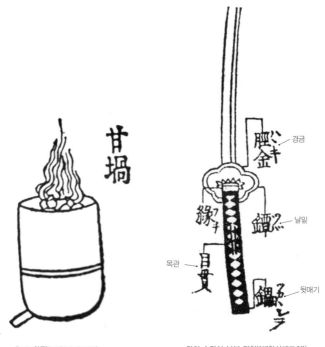

용광로[堝]《왜한삼재도회》

칼의 손잡이 부분 명칭《왜한삼재도회》

221《武備志》卷102 "利刀".

오는데, 이 쇳물은 속에 진흙을 바른, 키[箕] 모양의 쇠그릇을 써서 따로 받는다.222

본초서에서 말하는 무쇠(생철)는 일본 사람들이 '선철(銑鐵)'이라고 부르는 것이다. 7일을 쉬지 않고 녹이면 선철이 용광로에서 흘러나가고 둔철(鈍鐵, 순철)이 바닥에 고여 큰 덩어리가 되는데, 이를 2~3번 녹이고 소박(銷拍)하면【안 소박은 쇠를 제련하여 두드리는 공정을 뜻한다.】바로 시우쇠가 된다.

쇠를 11일 동안 녹이면 빛깔이 맑아지고 단단해지는데, 이를 '강철'이라 한다. 이 강철을 2~3번 소박하여 칼날을 만들기 때문에 '인금(刃金)'이라 한다.223 무쇠는 파주(播州)의 천초(千草)224에서 나는 것이 가장 좋고, 운주(雲州)의 인하(印賀)225 및 백주(伯州),226 작주(作州)227에서 나는 것이 그다음이며, 석주(石州)의 출우(出羽)228 역시 이와 마찬가지다. 일반적으로 쇠 단조에도 등급이 있는데, 도검을 만들려면 15번 단조하고, 작은 칼을 만들려면 5번 단조한다. 소박하여 칼을 만들 때에 너무 지나치게 단조를 하면 쇠의 성질이 오히려 무르고 둔해진다.《화한삼재도회》229

形, 中以土塗者承之.

本草所謂生鐵, 倭云"銑"是也. 七日不止鎔, 則銑流去, 鈍鐵填于底爲大塊, 再三銷拍【案 銷拍謂鍊而打之也.】卽爲熟鐵.

十一日鎔, 則色爽堅, 名"鋼鐵". 再三銷拍爲劍刃, 故稱"刃金". 生鐵[60]出於播州 千草者爲勝, 雲州 印賀及伯州、作州者次之, 石州 出羽亦如之. 凡鍛之有等, 作刀劍則十五度, 小刀則五度. 銷拍以造之, 如過度則性成柔鈍.《和漢三才圖會》

222 용광로……받는다:이 구절에서 설명하는 용광로의 그림은 위의 그림과 같다.
223 이상은《和漢三才圖會》卷59〈金類〉"生鐵"(《倭漢三才圖會》6, 32쪽).
224 파주(播州)의 천초(千草):지금의 일본 효고현(兵庫縣) 남서부 일대.
225 운주(雲州)의 인하(印賀):지금의 일본 이즈모현(出雲縣)과 시마네현(島根縣) 일대.
226 백주(伯州):지금의 일본 야마나시현(山梨縣) 하쿠슈(伯州) 일대.
227 작주(作州):지금의 일본 오카야마현(岡山縣) 북동부 일대.
228 석주(石州)의 출우(出羽):지금의 일본 시마네현(島根縣) 서부 일대.
229《和漢三才圖會》卷59〈金類〉"鋼"(《倭漢三才圖會》6, 34쪽).
[60] 鐵:《倭漢三才圖會》에는 "鋼".

파(欛)는 도검의 자루이다.[230] 칼끝을 '망봉(鋩鋒)'
이라 한다. 《주례》〈고공기〉의 주석에서 "칼자루
[劍莖]는 사람이 쥐는 곳으로, 날밑[鐔][231]의 위쪽이
다."[232]라 했다. 지금은 대부분 교(鮫)로【교는 상어
이다. 양안상순(良安尙順)[233]은 "상어를 갈고리로 잡
은 뒤에 잽싸게 바닥에 던지면 성질을 부리면서 검
은 모래처럼 생긴 가죽이 부풀어 오른다. 이 상어가
죽을 대나무 비로 여러 번 문지르면 비늘이 마모되
면서 하얀 구슬 모양이 된다. 등뼈 쪽에는 큰 알갱
이가 있는데, 이것으로 칼자루를 장식하면 아주 좋
다. 큰 알갱이와 작은 알갱이가 모두 갖춰진 상어가
죽은 값이 비싸다."[234]라 했다.】칼자루를 말아 자루
끈[緱]【'緱'는 음이 구(鉤)이다.】을 동여맨다. 구(緱)는
《자휘(字彙)》에서 "도검 머리를 동여매는 끈이다."[235]
라 했다.

날밑[鐔]은 칼의 콧등이다. 《사기》 주석에서 "날
밑은 칼 입구의 옆으로 돌출된 부분이다."[236]라 했
다. 금, 은, 구리, 철, 놋쇠 등을 사용하는데, 그중
에 쇠로 만든 것이 좋고 오래되면 더욱 좋다. 옛날에
만든 날밑은 반질반질한 검은색으로 약간 붉은빛을

欛, 刀劍柄也. 刀耑曰"鋩
鋒"也. 《考工記》云"劍莖,
人所握, 鐔以上也", 今多用
鮫【沙魚也. 良安尙順曰:
"鉤得急擲, 則忿恚黑沙起
脹, 以竹帚頻刷, 成白珠.
脊有大粒者, 飾欛甚良.
粒粒大小兼備者, 價貴."】
卷欛木而纏緱.【音鉤】緱,
《字彙》云:"刀劍頭纏絲也."

鐔, 劍鼻也. 《史記》注[61]
曰:"劍口旁橫出者." 用金、
銀、銅、鐵、眞鍮, 中以鐵
爲良, 久者愈佳. 其古者滑
黑色, 帶微赤, 皆椎[62]打作

---

230 이하에서 설명하는 칼의 부분 명칭을 보여 주는 원도(原圖)는 앞쪽 페이지 그림과 같다.

231 날밑[鐔] : 칼날과 칼자루 사이에 끼워 손을 보호하는 테.

232 칼자루[劍莖]는……위쪽이다:《周禮注疏》卷40〈冬官考工記〉"桃氏"(《十三經注疏整理本》9, 1290쪽).

233 양안상순(良安尙順) : 18세기 전반기에 활동한 《화한삼재도회》의 저자. 보통 데라시마 료안(寺島良安)이라
고 한다.

234 《和漢三才圖會》卷51〈魚類〉"鮫"(《倭漢三才圖會》5, 217쪽).

235 《字彙》〈未集〉"糸部""緱".

236 날밑[鐔]은……부분이다:《史記》에서는 확인 안 되고, 대신 《前漢書》卷94〈匈奴傳〉第64下에 보인다.

[61] 史記注:《倭漢三才圖會》에는 "師古".

띠는데, 모두 망치로 두드려 만든다. 싸구려 날밑은 주조하여 만든다.

뒷매기[鐳]【음이 뢰(雷)이다.】는 칼자루머리 장식이다. 목관(目貫 : 메누키)[237]은 칼자루머리 양쪽에 금철(金鐵)을 박아 색깔과 모양을 내어 꾸민다. 《광박물지(廣博物志)》에서 "용이 새끼 9마리를 낳았는데, 애자(睚眦)【용은 새끼를 9마리를 낳는데, 각각 이름이 있다. 애자는 새끼 9마리 가운데 하나이다.】가 살상을 좋아하므로, 칼자루머리를 장식하는 짐승이 되었다."[238]라 했다. 아마도 목관은 바로 애자의 상징일 것이다.

之. 賤者鑄之.

鐳【音雷】, 劍首飾也, 目貫, 劍首兩面, 以金鐵作色象飾之. 《廣博物志》曰："龍生九子, 睚眦【龍生九子, 各有名字. 睚眦, 九子中之一也.】好殺, 爲刀頭之獸." 蓋目貫卽睚眦之表[63]儀乎.

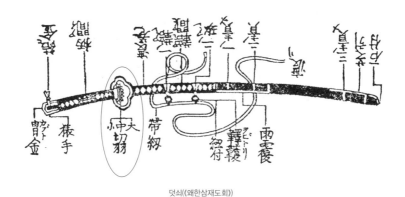

덧쇠(《왜한삼재도회》)

---

237 목관(目貫) : 자루 장식. 칼이 칼자루에서 빠지지 않도록 칼자루에 박아 놓은 쇠못. 또는 그 위를 덮어 장식한 쇠붙이를 말한다.

238 용이⋯⋯되었다 : 《廣博物志》 卷49 〈蟲魚〉 上.

62 椎 : 《和漢三才圖會·兵器·欄》에는 "錐".

63 表 : 저본에는 "來". 《和漢三才圖會·兵器·欄》에 근거하여 수정.

덧쇠[切羽]239는 날밑의 겉과 속을 장식하는 얇은 금으로 각각 2개씩이며, '큰덧쇠[大切羽]'·'작은덧쇠[小切羽]'라 한다. 경금(脛金, 하바키)240은 날밑 테두리에 도부(刀膚)241를 동여매어 날밑이 흔들리지 않게 하는데, 그 모습이 마치 정강이에 두르는 베와 같아서 이와 같이 이름을 붙였다. 경금은 하경(下脛)과 상경(上脛)의 두 겹으로 되어 있다.242

초(鞘)는 칼집이다.243 후박나무【《본초강목》에서는 "후박나무는 높이가 3~4장이고, 잎은 떡갈나무잎 같으며, 사계절 내내 잎이 시들지 않는다. 홍색 꽃에 청색 열매가 열리고 껍질은 매우 주름지면서 두껍다."244라 했다. 안 우리나라 남쪽 섬에도 간혹 후박나무가 있다.]로 칼집을 만드는데, 가볍고 부드러우면서 칼에 녹[鏽]【'鏽'는 음이 수(秀)로, 쇠에 생기는 녹이다.]이 슬지 않게 한다. 칼집에는 검은 칠이나 붉은 칠을 하며, 접는 칼집[摺], 깎은 칼집[剝], 두드린 칼집[敲], 가죽으로 싼 칼집[鞘], 상어가죽으로 싼 칼집[鮫] 등의 여러 종류가 있다. 그중 상어가죽으로 싼 칼집에는 하교(河鮫), 매화교(梅花鮫), 남교(藍鮫), 호

切羽, 鐔表裏飾薄金, 各二枚, 曰"大切羽"、"小切羽". 脛金, 鐔際纏刀膚, 令鐔不搖, 又如脚脛布, 故名之. 有下脛、上脛二重.

鞘, 刀室也. 用厚朴木《本草綱目》曰："高三四丈, 葉如槲葉, 四季不泯. 紅花青實, 皮極鱗皺而厚." 案 我國南邊海島中或有之.】作之, 輕輭而令刀不鏽.【音秀, 鐵生衣也.】黑漆或朱漆64, 有摺、剝、敲、鞘、鮫之數品. 其鮫有河鮫、梅花鮫、藍鮫、虎彪65菊蕈鮫等數品. 鏢, 刀鞘66末銅也, 今多用金、銀、銅、鐵及角.

---

239 덧쇠[切羽]：덧쇠에 대한 그림은 앞쪽 페이지의 그림과 같다.
240 경금(脛金)：날밑을 고정하는 쇠붙이.
241 도부(刀膚)：날밑을 보호하기 위해 둘러 감는 보호막.
242 이상은 《和漢三才圖會》卷21〈兵器〉"欄"《倭漢三才圖會》3, 331~332쪽)에 나온다.
243 이 단락에서 설명하는 칼집과 칼집뒷장식을 보여 주는 원도는 위의 그림과 같다.
244 후박나무는……두껍다：《本草綱目》卷35〈木部〉"厚朴", 1983쪽.
64 漆：저본에는 "染".《和漢三才圖會·兵器·鞘》에 근거하여 수정.
65 彪：저본에는 "豹". 오사카본·《和漢三才圖會·兵器·鞘》에 근거하여 수정.
66 鞘：저본에는 없음.《和漢三才圖會·兵器·鞘》에 근거하여 보충.

칼집(《왜한삼재도회》)

표국악교(虎豹菊蕚鮫) 등의 여러 종류가 있다. 칼집뒷
장식[鏢]은 칼집 끝부분에 있는 구리 장식으로, 지금
은 대부분 금, 은, 구리, 철 및 뿔을 쓴다.《화한삼재
도회》[245]

　일본의 고토바인(後鳥羽院, 1198~1221)[246]【왜국의 가
짜 황제의 호이다.】 시대에 여러 나라의 뛰어난 장인
들을 불러 대장간을 열었는데, 이곳에서 만든 칼을
모두 '영검(靈劍)'이라 불렀다. 또 종근(宗近), 국뢰(國

同上

日本 後鳥羽院【倭僞皇號
也.】時, 召諸國良工, 開鍛
冶, 皆稱"靈劍". 有曰宗近、
國賴、吉光、國友、國吉、國

245 이 단락은《和漢三才圖會》卷21〈兵器〉"鞘"(《倭漢三才圖會》3, 331쪽)에 나온다.
246 고토바인(後鳥羽院, 1198~1221) : 일본 가마쿠라 막부 초기의 왕이다.

賴), 길광(吉光), 국우(國友), 국길(國吉), 국강(國綱), 국종(國宗), 정종(正宗), 정종(貞宗), 정수(定秀), 행평(行平), 근충(近忠), 연방(延房), 겸정(兼定), 국행(國行)이라는 명공들이 있었으니, 이 이름을 칼 표면에 새긴 검은 모두 명검이다.《무예도보통지》[247]

綱、國宗、正宗、貞宗、定秀、行平、近忠、延房、兼定、國行, 鐫此名於刀面者皆名劍也.《武藝圖譜通志》

37) 쇠녹 제거법

쇠녹은 숯으로 갈고 씻는다. 무뎌진 칼날은 마른 부탄(焊炭)[248]으로 문지르면 날카로워진다.《물류상감지》[249]

去鐵銹法

鐵銹以炭磨洗之. 鈍以乾焊炭擦之則快.《物類相感志》

38) 도검 가는 법

칼에 녹이 슬었을 때 속새로 문지르면 녹이 저절로 떨어진다.《물류상감지》[250]

磨刀劍法

刀子銹用木賊草擦之, 則銹自落.《物類相感志》

오래된 칼을 갈 때는 절대 물이나 거친 돌을 사용하지 말고, 참기름을 결이 고운 돌 위에 바른 다음 이것으로 서서히 갈아 녹을 없애야 한다. 이어서 쇠를 두들기는 용광로 주변에 쇠를 두드리다 떨어진 철화(붉은 쇳가루) 3냥을 목탄 1냥, 수은 1돈에 넣고 함께 갈아 곱게 가루 낸 뒤, 이 가루를 칼 위에 뿌리고, 기름에 담근 베 조각으로 오래오래 문질러 칼에

磨古劍, 勿用水及䃋石, 當用香油, 就細石上, 慢磨去鏽. 却用打鐵爐旁打下鐵花三兩, 入木炭一兩、水銀一錢, 同爲細末, 糝劍上, 以布片蘸油, 耐久磨令光. 綿拭淨, 以酥塗, 掛壁

247 《武藝圖譜通志》卷2〈倭劍〉(《御定武藝圖譜通志》, 47쪽).
248 부탄(焊炭):나무를 태우고 남은 숯 덩어리.
249 《物類相感志》〈器用〉, 11쪽
250 《物類相感志》, 위와 같은 곳, 10쪽.

광이 나게 한다. 그 뒤 면으로 칼을 깨끗이 닦고 수유(酥油)[251]를 발라 벽에 걸어 둔다.《속사방》[252]

해석류(海石榴)【[안] 산다화(山茶花)의 일종으로, 우리나라 사람들은 '동백(冬柏)'이라 부른다.】에서 씨를 빼내어 기름을 짠 다음 도검에 바르면 녹이 슬지 않는다.《화한삼재도회》[253]

참기름에 칼을 담가 두면 칼이 물러지지 않는다.《물류상감지》[254]

배추씨에서 기름을 짜서 바르고, 또 언서(鼬鼠)【언서는 민간에서 두더쥐라 부른다.】털가죽으로 자주 문지르면 좋다.《산림경제보》[255]

대자석(代赭石)[256]으로 보검을 문지르면 더더욱 깨끗하고 밝다.《증보산림경제》[257]

땅에 묻혔던 옛 검에 녹이 심하게 슬었을 때는 먼

間.《俗事方》

海石榴【[案] 卽山茶花之一種, 東人呼爲"冬柏".】取仁, 榨油塗刀劍則不鏽.《和漢三才圖會》

香油蘸刀則刀不脆.《物類相感志》

菘菜子榨油塗之, 又鼬鼠皮毛【鼬鼠, 俗呼"두더쥐".】頻拭則良.《山林經濟補》

代赭石拭寶劍, 倍益精明.《增補山林經濟》

埋[67]地古劍銹甚者, 先以水

---

251 수유(酥油): 소·양의 젖에서 추출한 기름.
252 출전 확인 안 됨.
253 《和漢三才圖會》卷45〈灌木類〉"海石榴"(《倭漢三才圖會》10, 274쪽).
254 《物類相感志》〈器用〉, 11쪽.
255 출전 확인 안 됨;《增補山林經濟》卷16〈雜方〉"磨釖方"(《農書》5, 173쪽).
256 대자석(代赭石): 산화된 철광석의 일종으로, 광택(光澤)이 없고 어두운 붉은빛이며 잘 부스러지는 성질을 띤다.
257 출전 확인 안 됨;《五洲衍文長箋散稿》〈人事篇〉"器用類" '兵器'.
[67] 埋:《增補山林經濟·雜方》에는 "理".

저 결이 강한 숫돌에 물로 갈고, 그다음에는 보통 숫돌에 갈고, 그다음에는 결이 고운 숫돌에 간다. 검을 다 갈았으면 별도로 다른 칼을 이용해 일본제 숫돌을 자르고 그 가루를 칼 위에 뿌린 다음, 참기름에 담가 둔 버드나무 조각으로 오래오래 칼을 문지르면 그 광채가 마치 추수(秋水)[258]와 같다.《증보산림경제》[259]

磨於剛礪石, 次磨中礪石, 次磨細礪石. 既磨了, 另以他刀刮倭礪石, 取屑糝釖上, 用柳木片蘸[68]香油, 耐久磨擦, 則其光如秋水. 同上

39) 호미와 박(鎛)[260]

일반적으로 땅을 관리하면서 작물을 가꾸는 데에는 호미나 박 같은 제초용 농사 연장을 쓴다. 호미와 괭이는 시우쇠를 단조하여 만든 뒤에 무쇠를 녹여 호미나 박의 날에 입힌 다음 이를 물에 담가 담금질하면 바로 날이 단단해진다. 가래나 호미의 무게 1근마다 무쇠 3돈의 비율로 무쇠를 녹여서 날에 부어 입힌다. 무쇠가 이보다 적으면 날이 단단하지 않고, 많으면 너무 강해서 부러진다.【안 농사 연장 가운데 보습과 볏, 준설삽, 용조(龍爪 : 흙을 파는 기구) 등은 모두 무쇠를 녹여 거푸집에 부었다가 빼내어 만든다. 그 나머지인

鋤、鎛

凡治地生物, 用鋤、鎛之屬. 熟鐵鍛成, 鎔化生鐵淋口, 入水淬健, 即成剛勁. 每鍬、鋤[69]重一斤者, 淋生鐵三錢爲率. 少則不堅, 多則過剛而折.【案 農器中鑱鏵、濬鍤、龍爪等, 皆鎔[70]生鐵, 脫模而成. 其餘钁、鍤、鏟、鍬、鐵刃枚等, 一切劚土殺草之器, 用熟鐵錘鍛而成者, 其法皆

---

258 추수(秋水) : 번쩍거리는 빛을 내는 검의 비유.

259《增補山林經濟》, 위와 같은 곳.

260 호미와 박(鎛) : 모두 제초용 농사 연장이며 우리나라의 호미와 달리 자루가 길기 때문에 일어서서 김을 맨다.《임원경제지·본리지》권10 〈그림으로 보는 농사 연장〉上 "파종 연장과 김매기 연장" '호미'와 '박'을 참조 바람.

68 蘸 :《增補山林經濟·雜方》에는 "點".

69 鋤 : 저본에는 없음.《天工開物·錘鍛·鎈》에 근거하여 보충.

70 鎔 : 저본에는 "用". 오사카본에 근거하여 수정.

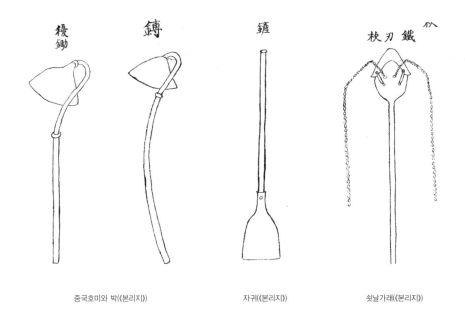

穩鋤　　鏄　　鏟　　枚刃鐵

중국호미와 박(《본리지》)　　　자귀(《본리지》)　　　쇳날가래(《본리지》)

괭이, 삽, 자귀[鏟],[261] 가래, 쇳날가래[262] 등은 모두 흙을 갈거나 제초하는 농사 연장으로, 시우쇠를 단조하여 만드는데, 그 만드는 방법은 모두 호미나 박을 만드는 방법을 기준으로 한다. 여기서 호미와 박만을 예로 든 까닭은 하나를 들어 나머지 농사 연장들의 예시로 삼기 위해서이다.}《천공개물》[263]

準此. 獨擧鋤、鏄者, 擧一而例餘也.}《天工開物》

261 자귀[鏟]: 땅을 평평하게 깎아 풀을 베는 연장.
262 쇳날가래: 도랑을 내거나 두렁을 만드는 데 쓰는 삽으로, 나무 날 끝에 쇠를 덮어 쓴다.
263《天工開物》卷10〈錘鍛〉"鋤鏄", 270쪽.

40) 줄

일반적으로 쇠줄은 순수한 강철로 만든다. 아직 쇠줄을 담금질하지 않았을 때에는 강철의 성질 역시 연하다. 이미 담금질을 거쳐 단단해진 강철 끌로 이 연한 강철을 그어서 세로로 비스듬히 무늬를 새겨 넣는다. 무늬를 새길 때에 끌을 비스듬히 그어 넣으면 쇠줄의 무늬에 불꽃 모양처럼 서슬이 생긴다. 무늬를 새긴 뒤에 줄을 불에 벌겋게 달궜다가 빼내서 약간 식힌 다음 물에 넣어 담금질한다. 쇠줄을 오래 써서 날이 뒤틀리거나 평평해지면 불에 넣어 강한 성질을 가시게 한 뒤, 다시 끌로 무늬를 새긴다.

일반적으로 줄은 톱니를 만들 때에는 삼각형 줄인 모엽차(茅葉鑢)를 쓴 뒤에 반원형 줄인 쾌현차(快弦鑢)를 쓴다. 동전을 다듬을 때는 긴 직사각형 줄인 방장견차(方長牽鑢)를 쓰고, 자물쇠를 다듬을 때는 단면이 네모나면서 가늘고 긴 줄인 방조차(方條鑢)를 쓰고, 뼈나 뿔을 다듬을 때는 검면차(劍面鑢)【주희(朱熹)의 《시경》 주석에서 '여탕(鑢錫)'이라 풀이한 줄이다.264】를 쓰며, 나무 그릇을 다듬으려면 세로로 비스듬한 무늬를 새긴 줄 대신 송곳으로 둥근 눈을 뚫은 줄을 사용하는데, 이 줄을 '향차(香鑢)'라

鑢

凡鐵鑢以純[71]鋼爲之. 未健之時, 鋼性亦頓. 以已健鋼鋤劃成縱斜文理, 劃時斜向入, 則文方成焰. 劃後燒紅, 退微冷, 入水健之. 久用乖平, 入火退去健性, 再用鋤劃.

凡鑢, 開鋸[72]齒用茅葉鑢, 後用快弦鑢. 治銅錢用方長牽鑢, 鎖鑰之類用方條鑢, 治骨角用劍面鑢.【《詩》注所謂"鑢錫".】治木末則錐成圓眼, 不用縱斜文者, 名曰"香鑢". 劃鑢紋時, 用羊角末和鹽醋先塗.《天工開物》

---

264 주희(朱熹)의……줄이다 : 《대학》에서 인용한 《詩經》〈衛風〉 "淇奧"의 구절인 "如切如磋"에 대한 주희의 다음과 같은 주석을 말한다. "뼈나 뿔을 다듬는 사람은 칼과 도끼로 자른 뒤에 다시 여탕으로 간다.(治骨角者 旣切以刀斧, 而復磋以鑢錫.)"

[71] 純 : 저본에는 없음. 《天工開物·錘鍛·鑢》에 근거하여 보충.

[72] 鋸 : 저본에는 "鉅". 《天工開物·錘鍛·鑢》에 근거하여 수정.

한다. 줄에 무늬를 새길 때는 양뿔가루를 소금 녹인
식초에 개어 미리 발라 둔다.[265]《천공개물》[266]

41) 물풀무[水排]

배(排)는 풀무[鞴]와 같으니, 가죽주머니로 불에
바람을 불어 넣는 기구이다. 대장간에서 밤낮으로
풀무질을 할 때는 그에 수반되는 노동력과 비용이
실제로 많이 소요된다.《후한서》에서 "두시(杜詩)[267]
가 남양(南陽)의 태수가 되었을 때 물풀무를 만들어
농사연장을 주조했다. 들이는 힘은 줄어들고 드러
난 효과는 커지니, 백성들이 물풀무를 편하게 여겼
다."라 했다. 그리고 그 주석에서 "쇠를 불려 주조할
때는 풀무로 숯에 바람을 불어 넣는다. 그런데 지금
은 물의 힘을 이용하여 풀무질을 한 것이다."[268]라
했다.《삼국지》〈위지(魏志)〉에서 "한기(韓暨)[269]는 자
(字)가 공지(公至)이다. 낙릉(樂陵) 태수가 되었다가 감
야알자(監冶謁者)[270]로 직책을 옮겼다. 예전에는 금
속을 불릴 때에 말의 힘을 이용한 풀무를 만들어

水排

排與鞴同, 韋囊吹火也. 冶
鑄之家日夜鼓鞴者, 奉用人
力勞費實多.《後漢書》:"杜
詩爲南陽太守, 造作水排,
鑄爲農器. 用力少而見功
多, 百姓便之." 注云:"冶鑄
者爲排吹炭. 今激水以鼓
之也."《魏志》曰:"韓[73]暨
字公至. 爲樂陵太守, 徙監
冶謁者. 舊時冶作馬排, 每
一熟石, 用馬百匹, 更作人
排, 又費工力. 暨乃因長流
水爲排, 計其利益, 三倍於
前, 由是器用充實."

---

265 줄에……발라 둔다 : 양뿔가루는 회백색이라서 이를 바른 뒤에는 무늬를 새긴 곳과 그렇지 않은 곳을 구별
하기 쉬워 가공이 편리하다. 또 새긴 뒤에 다시 달굴 때 양뿔가루의 탄소가 줄의 표면에 흡착하고 소금과
식초는 이 흡착 과정을 촉진시켜서 담금질 후에 줄의 경도를 높여 주는 효과가 있다.

266《天工開物》卷10〈錘鍛〉"鎈", 270~271쪽.

267 두시(杜詩) : ?~38. 후한 광무제(光武帝) 시기의 관료로, 시어사(侍御史)를 역임하고 남양(南陽) 태수가 되
었다.

268 두시(杜詩)가……것이다 :《後漢書》卷31〈郭杜孔張廉王蘇羊賈陸列傳〉第21 "杜詩傳", 1094쪽.

269 한기(韓暨) : 159~238. 자(字)는 공지(公至). 후한 말기 조위(曹魏)의 대신(大臣).

270 감야알자(監冶謁者) : 삼국시대 위(魏)나라에 있었던 관직명으로, '감야'는 금속을 생산하는 일을 관장한다
는 뜻이고 '알자'는 사자(使者)와 같은 뜻의 관직이다.

73 韓 : 저본에는 胡.《三國志·魏志·韓暨傳》에 근거하여 수정.

물풀무(《왕정농서》)

광석을 한 번 불릴 때마다 말 100필을 썼다가, 다시
인력을 이용한 풀무를 만들자 노동력이 더욱 들게
되었다. 한기는 이에 길게 흐르는 물을 이용하여 풀
무를 만들었으니, 그 이익을 따져보면 이전보다 3배
나 되었다. 이로 말미암아 대장간에서 만드는 물건
의 수요를 충분히 메울 수 있었다."[271]라 했다.

이는 모두 옛사람이 기구를 편리하게 만들어 백
성들을 이롭게 하기 위해 고심하여 만든 좋은 제도
이다. 두시와 한기가 만든 제도를 지금은 자세히 알
수 없으나, 《왕정농서》에 수배도(水排圖：물풀무 그림)가

此皆古人便器利民之苦心
良制也. 杜、韓[74]之制今不
可詳, 而《王禎農書》有水排
圖, 可按而造. 凡卜築, 近

---

271 한기는……있었다：《三國志》卷24〈魏志〉"韓崔高孫王傳" 第34, 677쪽.
[74] 韓：저본에는 胡.《三國志·魏志·韓暨傳》에 근거하여 수정.

있으니, 참조하여 만들 수 있다.[272] 일반적으로 건 물을 지을 때 근처에 물의 유속이 빨라 물을 끌어 올 수 있는 곳이 있다면 이런 제도가 없어서는 안 된 다.《금화경독기》

處有湍流可引, 則不可無此 制.《金華耕讀記》

---

[272]《왕정농서》에……있다:《왕정농서》에 실린 물풀무의 모습은 위의 그림과 같다. 원리는 수차나 물방아를 작 동하는 방식과 같다. 그림의 왼쪽 아래에는 쇳물로 주조하는 모습이 보인다.

3. 옥과 돌 가공

攻玉石

1) 옥 다루기

治玉

좋은 옥은 우전(于闐)[1]에서 나며, 원래는 백옥(白玉)과 녹옥(綠玉) 두 종류뿐이다.[2] 적옥(赤玉)·황옥(黃玉)은 모두 기이한 돌이나 낭간(琅玕)[3]의 종류로, 값이 옥보다 싸지는 않지만 옥은 아니다.[4]

일반적으로 옥을 처음 쪼갤 때는 쇠를 제련하여 원반을 만든 뒤 축에 끼워 세로로 설치하고, 물과 모래를 넣은 동이에 담아 둔다. 축과 연결된 판을 발로 밟아 원반을 돌리면서 모래를 첨가하여 옥을 쪼개되, 조금씩 잘라서 나눈다.[5] 중국의 옥 다듬는 모래[6]는 순천부(順天府)[7]의 옥전(玉田)[8]과 진정부(眞

良玉出于闐, 本只白玉、綠玉兩種. 其赤玉、黃玉皆奇石、琅玕之類, 價不下于玉, 然非玉也.

凡玉初剖時, 冶鐵爲圓槃, 以盆水、盆砂, 足踏圓槃使轉, 添沙剖玉, 逐忽劃斷. 中國解玉沙出順天 玉田與眞定 邢臺兩邑. 其沙非出河中, 有泉流出, 精粹爲麪,

---

1 우전(于闐):지금의 중국 신강(新疆) 위구르 자치구 화진현(和闐縣) 일대로, 한대(漢代) 서역(西域) 36국(國)의 하나였다. 우치(于寘)라고도 한다.

2 원래는……종류뿐이다:백옥과 녹옥이 나오는 곳은 각각 백옥하와 녹옥하인데, 그 모습은 위의 그림과 같다. 특히 녹옥하에서는 여자들의 음기를 이용해야 옥 채취가 쉽다 하여 여자들이 알몸으로 채취한다고 《천공개물》에서 설명했다.

3 낭간(琅玕):옥의 일종. 짙은 녹색 또는 청록색의 투명한 옥을 총칭한다.

4 좋은……아니다:옥이 2종만 있다고 했으나 맞지 않다. 적색·황색을 비롯하여 자주색·흑색 등 여러 종류의 옥이 있다.

5 일반적으로……나눈다:옥을 쪼개고 가공하는 모습은 위의 그림과 같다. 선반 위의 원반이 옥을 가공하는 도구이다.

6 중국의……모래:금강석을 가리킨다.

7 순천부(順天府):북경의 명나라 초기 이름.

8 옥전(玉田):지금의 중국 하북성(河北省) 당산시(唐山市) 북부의 옥전현 일대.

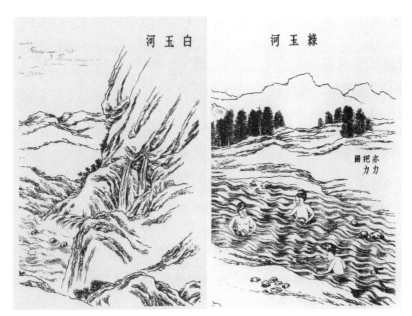

중국의 옥 산출지인 백옥하와 녹옥하(《천공개물》)

옥 가공(《천공개물》)

定府)⁹의 형대(邢臺) 두 읍에서 난다. 그 모래는 강 속에서 나지 않고 샘에서 흘러나오는데, 순수하고 깨끗하여 밀가루 같다. 이 모래로 옥을 가공하면 모래가 결코 줄어들거나 부서지지 않는다. 다 다듬은 뒤에는 별도로 정교하게 작업해야 하는데, 이때 빈철도(鑌鐵刀)를 쓰면 좋은 도구가 된다. 빈철(鑌鐵)¹⁰ 역시 서번(西番)·합밀위(哈密衞)¹¹의 숫돌 가운데서 나는데, 이를 쪼개고 제련하여 얻는다.

일반적으로 극히 세밀하여 송곳이나 칼을 대기 어려운 곳을 아로새길 때는 그어 놓은 곳을 섬소(蟾酥)¹²로 메운 뒤에 새긴다.【안 《본초강목》에 적힌 섬소를 얻는 방법은 다음과 같다. "손으로 두꺼비 이마의 튀어나온 곳을 누르고 이때 나오는 흰 즙을 기름종이 및 뽕잎 위에 받아 놓고 그늘진 곳에 꽂아 둔다. 하룻밤이 지나면 하얗게 마른다. 또 다른 방법으로는 마늘 및 후추 등의 매운 음식물을 두꺼비 입 속에 넣으면 두꺼비 몸통에서 흰 즙이 나오는데, 이를 대빗으로 긁어내리고 밀가루에 섞어 덩어리를 만든 뒤 말린다."¹³】《천공개물》¹⁴

藉以攻玉, 永無耗折. 旣解之後, 別施精巧工夫, 得鑌鐵刀者, 則爲利器也. 鑌鐵亦出西番 哈密衞礪中, 剖之乃得.

凡鏤刻絶細處、難施錐刀者, 以蟾酥塡畫而後鍥之.【案 《本草綱目》取蟾酥法："以手捏眉稜, 取白汁於油紙上及桑葉上, 揷背陰處, 一宿卽自乾白. 又法, 以蒜及胡椒等辣物納口中, 則蟾身白汁出, 以竹篦刮下, 麪和成塊, 乾之."】《天工開物》

---

9 진정부(眞定府) : 지금의 중국 하북성 진정현(眞定縣) 일대.

10 빈철(鑌鐵) : 강철의 일종으로 단단하고 날카로워 금이나 옥을 자를 수도 있다.

11 합밀위(哈密衞) : 지금의 중국 신강(新疆) 위구르자치구 합밀시(哈密市).

12 섬소(蟾酥) : 두꺼비의 진액을 말린 약재로 독성이 세다. 해독, 부기의 진정, 진통 등의 효과가 있다고 알려져 있고, 눈에 들어가면 실명할 수 있다. 침식작용이 있다.

13 《本草綱目》卷42〈蟲部〉"蟾蜍"(《本草綱目》, 2338~2339쪽).

14 《天工開物》卷18〈珠玉〉"玉"(《天工開物》, 450~454쪽).

옥장이가 옥을 가공할 때는 반드시 형하(邢河)의 모래를 이용한다. 옥을 새기는 도구로는 반드시 금강찬(金剛鑽)을 쓰는데, 모양은 쥐똥 같고, 색은 검푸르며, 쇠 같기도 하고 돌 같기도 하다. 서역 여러 나라에서 난다고 전하며, 간혹 '위구르[回鶻]'에서 나온다'고도 한다. 종종 하북(河北)의 모래사장 사이에 서식하는 사나운 맹금류나 해동청(海東靑)15의 똥 속에서 얻기도 한다. 그러나 끝내 어떤 물건인지를 아는 이는 없다.《계신잡지》16

玉人攻玉, 必以邢河之沙, 其鐫鏤之具, 必用金剛鑽, 形如鼠糞, 色靑黑, 如鐵如石. 相傳産西域諸國, 或謂出回鶻. 往往得之, 河北沙磧間鷙鳥、海東靑糞中. 然竟莫知爲何物.《癸辛雜識》

두꺼비기름을 옥에 바르면 밀랍에 새기듯이 쉽게 새길 수 있다. 그러나 기름을 많이 얻을 수 없다. 살찐 두꺼비를 잡아다 썬 뒤, 달여서 고를 만들어도 기름을 얻을 수 있다.《고금비원》17

蝦蟆肪以之塗玉, 則刻之如蠟. 但肪不可多得, 取肥者, 剉煎膏亦得.《古今秘苑》

옥을 달여 부드럽게 하는 방법은 다음과 같다. 지유(地楡, 오이풀뿌리)【1냥】·총백(蔥白)18즙【1주발】·마늘즙【1주발】을 옥과 함께 2~4시간 동안 달이다가 꺼내면 칼을 댈 수 있으니, 그림이나 글씨를 새기는 사람은 이 방법을 쓸 수 있다.《고금비원》19

煮玉令輭法：地楡【一兩】、蔥汁【一碗】、大蒜汁【一碗】, 同煮一二時, 取起, 可以容刀, 刻圖書者可用此法. 同上

---

15 해동청(海東靑)：사냥하는 용도로 쓰인 매의 총칭.
16 출전 확인 안 됨；《齊東野語》卷16〈三髙亭記改本〉"金剛鑽".
17 《古今秘苑》〈一集〉卷4"琢玉法".
18 총백(蔥白)：파의 흰 밑부분을 뿌리째 쓰는 약재. 땀을 내고, 독을 제거하고, 태아를 안정시키고, 심장과 위장의 기능을 보조하는 효과가 있다.
19 《古今秘苑》〈一集〉卷4"煮玉令軟".

옥돌·유리·마노(馬瑙)[20]를 자연회(自然灰)에 묻어 놓으면 진흙처럼 흐물흐물해져서 새기기 쉽다. 자연회는 남해의 해안가에서 나는데, 모양이 황토회(黃土灰)와 같고 옷을 빨 수 있다.《본초습유》[21]

우리나라의 성천(成川)[22]·남양(南陽)[23]·이천·단천(端川)[24] 등지에서 다 옥돌이 나지만 모두 무부(珷玞)[25]처럼 거친 돌이지 옥은 아니다. 《천공개물》에서는 "조선의 서북쪽 태위산(太尉山)[26]에 천 년 된 박옥(璞玉)[27]이 있고 그 속에는 양지옥(羊脂玉)[27]이 있는데, 파미르고원[葱嶺]에서 나는 좋은 옥과 다름이 없다."[28]라 했으나, 잘못 전해진 말이다.《금화경독기》

2) 정옥사(碇玉砂)

우리나라에서는 통진(通津)[29]·남양 등지에서 나는데, 옥을 갈거나 자를 때 반드시 이 모래를 사용한다.【다른 군이나 읍에도 많이 있다.】《견문방》[30]

玉石、琉璃、馬瑙, 以自然灰埋之, 卽爛如泥, 易刻. 自然灰生南海畔, 狀如黃土灰, 可澣衣.《本草拾遺》

我東成川、南陽、伊川、端川等地皆出玉石, 皆珷玞之麤者, 非玉也.《天工開物》云"朝鮮西北太尉山, 有千年璞, 中藏羊脂玉, 與葱嶺美者無殊異", 傳聞之謬也.《金華耕讀記》

碇玉砂

我東出通津、南陽等地, 磨玉、解玉必以此沙.【他郡邑亦多有之.】《見聞方》

---

20 마노(馬瑙) : 화산암의 빈 구멍 속에서 석영 등의 광물이 침전되어 생긴 보석. 둥근 모양이나 불규칙하고 내부에는 줄무늬가 겹겹이 있다.
21 출전 확인 안 됨 ;《通雅》卷48〈金石〉.
22 성천(成川) : 지금의 평안남도 성천군 일대.
23 남양(南陽) : 지금의 화성시 남양동 일대.
24 단천(端川) : 지금의 함경남도 단천시 일대.
25 무부(珷玞) : 생김새가 비슷하지만 옥은 아닌 거친 돌.
26 태위산(太尉山) : 어느 산인지 알 수 없다.
27 양지옥(羊脂玉) : 양의 기름처럼 희고 빛나는 옥.
28《天工開物》卷18〈珠玉〉"玉"(《天工開物》, 452쪽).
29 통진(通津) : 지금의 경기도 김포시 일대.
30 출전 확인 안 됨.

3) 옥기 광내는 법

고운 모직 실로 짠 베로 쥐엄나무열매가루를 싸서 문지른다. 옥기에 균열이 있는 경우에는 연유로 윤을 낸다.《속사방》[31]

4) 가짜 옥 만드는 법

절구에 좋은 백자 그릇을 넣고 빻아 티끌보다 곱게 하고 이 가루를 백렴즙에 타서 다시 그릇을 만든 다음 말리면 옥색이 화려해진다.《천공개물》[32]

옥 만드는 법은 다음과 같다. 사슴의 뼈나 뿔을 부스러기로 만든 뒤, 식초에 4~5일 담가 두었다가, 그 식초에 넣어 삶아 익힌다. 한나절 만에 꺼내어 주사를 넣고 개어 구슬 모양으로 만들면 모조 산호(珊瑚)가 된다. 또 옥에 푸른색을 내고 싶으면 녹청(綠靑, 구리녹)으로 물들여 만든다.【지금 사람들은 모조 옥을 만들 때 대부분 고래뼈를 깎아 물들인다.】《화한삼재도회》[33]

5) 사금과 소금으로 옥 만들어 무늬 생기게 하는 법

사금을 소금 1~2두 위에 놓고 석탄을 쌓아 태우면 사금이 천천히 모여 옥이 되면서 무늬가 생긴

光玉器法

細毹絲布, 包猪牙皂角末揩之. 有裂, 以酥潤之.《俗事方》

假玉法

搗舂上料白磁器, 細過微塵, 以白歛諸十調成爲器, 乾燥則玉色燁然.《天工開物》

造玉法:以鹿骨角爲屑, 浸醋四五日, 用其醋煮熟之. 半日取出, 入朱和調, 作珠形, 以贋珊瑚. 又欲靑色, 則用綠靑染成.【今人造贋玉, 多用鯨骨, 削成染色.】《和漢三才圖會》

金鹽作玉生紋法

用砂金, 安於鹽一二斗上, 積炭[1]燒之, 則金砂徐集

---

31 출전 확인 안 됨.
32 《天工開物》卷18〈珠玉〉"玉"(《天工開物》, 454쪽).
33 《和漢三才圖會》卷38〈獸類〉"鹿"(《倭漢三才圖會》卷4, 273쪽).
[1] 炭 : 저본에는 "灰".《倭漢三才圖會·金類·金》에 근거하여 수정.

다.《화한삼재도회》[34]

6) 수정

수정 가운데 남방에서 쓰는 것은 대부분 복건성(福建省)의 장포(漳浦)[35]【산 이름은 동산(銅山)[36]이다.】에서 나고, 북방에서 쓰는 것은 대부분 선부(宣府)[37]의 황첨산(黃尖山)[38]에서 나며, 중원에서 쓰는 것은 대부분 하남(河南)의 신양주(信陽州)와 호광(湖廣)의 흥국주(興國州)[39]【반가산(潘家山)이다.】에서 난다. 일반적으로 수정은 깊은 산 동굴 속의 폭포수가 떨어지는 바위틈에서 나온다. 수정이 동굴에서 분리되지 않았을 때는 솜처럼 부드럽다가 바람을 쐬어야 단단해지니,[40] 수정 쪼는 장인이 산 동굴에서 우선 거칠게 모양을 만든 뒤에 가져와 가공하면 수고를 10배는 줄일 수 있을 것이다.【안 우리나라의 영남과 관동에도 간혹 수정이 나는 곳이 있으나, 제대로 된 기술이 없어 수정을 쪼아 기물을 만들 수 있는 사람이 드물다. 오직 경주(慶州) 사람만이 수정을 잘 다루어 안경을 만들지만 그래도 흠이 있고 거

爲玉, 而生紋理.《和漢三才圖會》

水晶

水晶②, 南方用者多福建 漳浦産【山名銅山】, 北方用者多宣府 黃尖山産, 中土用者多河南 信陽州、湖廣 興國州【潘家山】産. 凡水晶出深山穴內瀑流石罅之中. 未離穴時如綿輭, 見風方堅硬, 琢工就山穴成粗坯, 然後持歸加工, 省力十倍矣.【案 我東嶺南、關東或有産水晶處, 而工制無法, 鮮能琢造器用. 惟慶州人能治水晶, 作靉靆, 然亦欠頑麤.】《天工開物》

---

34 《和漢三才圖會》卷59〈金類〉"金"(《倭漢三才圖會》卷6, 15쪽).

35 장포(漳浦) : 지금의 중국 복건성 장주시(漳州市) 일대.

36 동산(銅山) : 미상. 현재 장주시에는 동산(銅山)이라는 지명이 없다.

37 선부(宣府) : 지금의 중국 하북성(河北省) 장가구시(張家口市) 선화구(宣化區) 일대.

38 황첨산(黃尖山) : 미상.

39 흥국주(興國州) : 지금의 중국 호북성(湖北省) 양신현(陽新縣) 일대.

40 수정이……단단해지니 : 실상은 그렇지 않다.

② 晶 : 저본에는 "精".《天工開物·珠玉》에 근거하여 수정.

칠다.》《천공개물》[41]

7) 수정을 구워 법랑(琺瑯)[42] 박아 넣는 법

구운 수정 위에 먼저 오목하게 글자나 그림을 새겨 음각으로 한다. 법랑【민간에서 '파석(巴釟)'이라 한다.】 고운 가루로 음각을 메워 불에 넣고 잠시 가열하여 녹힌 다음 꺼내면 글자가 솟아오른다. 옥을 구울 때도 같은 방법으로 한다.《국사소지》[43]

燔水晶鑲琺瑯法

燔水晶上, 先凹作書畫爲陰刻, 以琺瑯【俗名"巴釟"】細末塡之, 入火暫燒, 待化而出, 則字畫突起. 燔玉同法.《菊史小識》

8) 수정 자르는 법

구리철사로 톱질하여 자른다.《국사소지》[44]

解水晶法

以銅絲鉅解.《菊史小識》

9) 금강찬

사람이 올라갈 수 없는 서번(西番)의 깊은 산꼭대기에서 난다. 그래서 매가 짐승의 고기를 먹고 배 속으로 삼킨 다음 배설하면 그곳 토박이들이 매의 똥 속에서 얻는다. 모양은 쥐똥 같고 색은 검푸르며 쇠 같기도 하고 돌 같기도 하다. 크기를 보고 값을 정한다.《만가휘요》[45]

金剛鑽

出西番深山之高頂, 人不可到. 乃鷹鶻打食獸肉, 喫于腹中, 而土人于鷹鶻糞中得之. 形如鼠糞, 色靑黑, 如鐵如石, 看大小, 定價.《萬家彙要》

금강찬은 인도[印毒]에서 난다. 축축한 저지대에

金剛鑽出印毒. 以肉投大

---

41 《天工開物》卷18〈珠玉〉"附瑪瑙水晶琉璃"(《天工開物》, 458~459쪽).

42 법랑(琺瑯):금속 표면에 유리질의 유약을 발라 고온에서 구운 것.

43 출전 확인 안 됨.

44 출전 확인 안 됨.

45 출전 확인 안 됨;《格古要論》卷中〈古琴論〉"金剛鑽"에 보인다.

고기를 던져 놓고 나는 새가 그 고기를 먹고 배설하면 그 통 속에서 얻는다.《서사기》[46]

潤底, 飛鳥食其肉, 糞中得之.《西使記》

금강찬은 물 바닥에서 나는데, 종유와 같고 몸통은 자석영(자수정)과 비슷하다.《지세사》[47]

金剛鑽生水底, 如鍾乳體似紫石英.《知世事》

10) 모조 금강찬 분변하는 법

辨眞贋法

금강찬을 숯불 속에서 벌겋게 태우고서 진한 식초 속에 담그면 가짜는 성글어 쉽게 부서지지만 진짜는 더 단단해져서 쓸 수 있다.《만가휘요》[48]

以金剛鑽于炭火中燒紅, 入釅醋中浸之, 假者疏而易碎, 眞者仍硬可用.《萬家彙要》

11) 금강찬 부수는 법

碎金剛鑽法

금강찬은 베트남의 고산지대에 사는 영양의 뿔로만 부술 수 있다.【다른 영양의 뿔로도 부술 수 있다.】《본초강목》[49]

惟安南高山羚羊角能碎之.【他羚羊角亦碎.】《本草綱目》

금강찬은 자배연(紫背鉛)【곧 숙연(熟鉛)】으로 부술 수 있다.《본초강목》[50]

紫背鉛【卽熟鉛】能碎之. 同上

12) 잃어버린 금강찬 찾는 법

索遺失金剛鑽法

금강찬을 만약 잃어버렸으면 잃어버린 곳에서 재

金剛鑽如或失去, 失去處

---

46 《西使記》.
47 출전 확인 안 됨.
48 출전 확인 안 됨 ;《格古要論》卷中〈古琴論〉"金剛鑽"에 보인다.
49 출전 확인 안 됨.
50 《本草綱目》卷10〈石部〉"金剛石"(《本草綱目》, 616쪽).

와 흙을 쓸어 유발(막자사발)에 담고 두들겼을 때 유발이 울리면 이 흙에 금강찬이 있다.《만가휘요》[51]

灰土掃在乳鉢內, 擂之響者, 是也.《萬家彙要》

13) 미얀마[緬甸] 보석

모양은 쌀알 같고 청자색(靑紫色)을 띤다. 미얀마 사신이 미얀마 보석을 연경으로 가지고 와서 옥돌·마노를 새기자 모두 긁혀 부스러기가 났는데, 수정만 긁히지 않았다. 대개 옥을 가공하는 금강찬과 같은 종류이다.《국사소지》[52]

緬甸寶石

其狀如米粒, 有靑紫色. 緬使或帶來燕都, 以此刻玉石、瑪瑙, 皆刮而作屑, 唯水精不括. 蓋攻玉如金剛鑽之類也.《菊史小識》

14) 유리

유리 원석은 중국에서 나지 않고 서역에서 난다. 그 돌에 오색이 모두 있어서 중국 사람들이 이를 아름답게 여기고 마침내 솜씨를 다하여 흉내 내었다. 이 가운데 벽돌을 굽고 전수(轉銹, 벽돌을 불에 그을려 광채를 내는 공정)하여 황록색을 띤 돌을 '유리기와[琉璃瓦]'라 하고, 양뿔을 삶고 녹여 기름이나 초를 담은 그릇으로 만든 것이 '유리주발[琉璃碗]'이고, 초석과 흑연을 배합한 뒤 구슬을 사출하여 구리철사로 뚫어 꿴 것은 '유리등(琉璃燈)'이고, 유리조각을 반죽하여 만든 것은 '유리병(琉璃瓶)과 유리자루[琉璃袋]'이다.【초석은 불에 달구어 말 이빨 모양으로 굳힌 것,

琉璃

琉璃石不産中國, 産于西域. 其石五色皆具, 中華人艶之, 遂竭人巧以肖之. 于是燒瓴甋轉銹成黃綠色, 曰"琉璃瓦", 煎化羊角, 爲盛油與籠燭者, 爲"琉璃碗", 合和硝鉛, 寫珠, 銅線穿合者, 爲"琉璃燈", 捏片爲"琉璃瓶袋",【硝用煎煉上結馬牙者.】各色顏料汁, 任從點染.

---

51 출전 확인 안 됨;《格古要論》卷中〈古琴論〉"金剛鑽"에 보인다.
52 출전 확인 안 됨.

즉 마아초(馬牙硝)[53]를 쓴다.】만들 때는 각종 물감으로 마음대로 색을 들인다.

일반적으로 초석은 열을 받으면 공기 중으로 되돌아가 그 재질이 원래 없어진다. 반면에 흑연은 재질이 무거운 물질이다. 두 물질을 열을 빌려 매개시키면 초석은 흑연을 이끌어 공기 중으로 되돌아가려 하고 흑연은 초석이 휘발되지 않고 머물게 하려 한다. 이들을 한 솥에 함께 섞으면 빛나는 형상으로 빠져나오는데, 이것이 건곤(乾坤)의 조화[54]이다.《천공개물》[55]

凡硝見火還空, 其質本無, 而黑鉛爲重質之物, 兩物假火爲媒, 硝欲引鉛還空, 鉛欲留硝住世. 和同一釜之中, 透出光明形象, 此乾坤造化.《天工開物》

15) 유리 만드는 법

흰 돌 가운데 광택이 있고 투명하여 속이 비칠듯한 돌을 부수어 고운 가루를 만든 뒤, 마아초【염초(焰硝)를 처음 달여 표면을 응결시킨 초석이다.】와 함께 볶아 소금기를 없앤다. 화로 속에 도가니를 넣어 숯불로 가열하다가 먼저 흑연을 도가니에 넣고 유황을 더하여 센 불로 녹인다. 흑연이 녹고 나서 돌가루와 초석가루를 넣어 달구면 아교나 엿처럼 되는데 이를 각각 틀에 부어 조각을 만든다.【더러는 "백랍을 돌에 비해 1/3만 넣어 만든다."라고도 한다.】《표

造琉璃法

白石有光瑩欲照者, 碎爲細末, 馬牙硝【焰硝初煎, 結面者.】炒去鹽氣. 置甘堝於治爐內, 熾炭, 先投鉛於堝, 加硫黃以猛火鎔之. 候鉛消化, 投石末, 硝末煉之, 則如膠、糖, 而注瀉各范成片.【或云 : "用白鑞, 比石三分一造之."】《漂人所傳方》

---

53 마아초(馬牙硝) : 정제하지 않은 초석(朴硝)를 달여 법제한 황산나트륨 결정으로, 깨뜨리면 4~5개의 모가 나고 빛은 희고 투명하다. 그 생김새가 말의 이빨과 비슷하다고 하여 마아초라 한다. 망초(芒硝) 또는 영초(英硝)라고도 한다.

54 건곤(乾坤)의 조화 : 공기 중으로 상승하는 가벼운 성질인 초석과 땅으로 가라앉는 무거운 성질인 흑연의 조화를 위로 올라가는 건(乾, 하늘)의 성질과 아래로 내려가는 곤(坤, 땅)의 조화에 비유한 표현이다.

55 《天工開物》 卷18〈珠玉〉 "附瑪瑙水晶琉璃"(《天工開物》, 459쪽).

인소전방》[56]

16) 유리 자르는 법

유리를 자르려면 칼을 벌겋게 달궈야 한다. 먼저 자르려는 유리 가장자리에 가는 먹줄을 긋는다. 곧 불에 달궈진 칼로 먹줄을 따라 가볍게 그으면 유리가 저절로 잘린다.《국사소지》[57]

割琉璃法

欲裁割琉璃, 以刀火燒赤. 先於欲割璃邊, 劃以細墨線, 卽以火刀輕劃墨線, 則璃自折解.《菊史小識》

17) 유리 위에 글씨 쓰거나 그림 그리는 법

유리조각은 미끄럽다. 그래서 먼저 생강 조각으로 유리 표면을 문지른 뒤 각종 물감을 쥐엄나무열매와 아교풀에 개어 그리면 표면이 응결되거나 끈적끈적해질 우려가 없다.《화가기방》[58]

琉璃上書畫法

璃片膩滑. 故先以薑片磨擦後, 各彩調皁角、膠水畫之, 則無氷陰澁滯之患.《畫家奇方》

18) 유리그릇 닦는 법

장을 끓인 물로 유리그릇을 씻으면 기름기가 저절로 없어진다.《물류상감지》[59]

洗琉璃器法

用醬湯洗, 油自去.《物類相感志》

19) 돌 쪼는 법

일반적으로 집의 주추나 기단 및 묘역의 조각상과 설비물을 만들 때는 돌이 나는 곳으로 가서 석재를 뜬다. 큰 송곳【우리나라에서는 '정(釘)'이라 부른다.】과 큰 망치를 쓴다. 한 사람은 송곳을 잡

琢石法

凡爲宮室礎階及墓域像設, 就産石處, 浮起石材, 用大錐【東俗呼爲"釘"】、大鎚, 一人執錐, 一人執鎚, 揮打

---

56 출전 확인 안 됨.
57 출전 확인 안 됨.
58 출전 확인 안 됨.
59 《物類相感志》〈器用〉.

고 한 사람은 망치를 잡아 석재에 대고 친다. 재료가 마련되어 평평하고 네모반듯하게 쪼거나 사물 모양의 석상을 만들 때는 작은 송곳과 작은 망치를 사용하는데, 왼손으로 송곳을 잡고 오른손으로 망치를 들어 가볍게 때린다. 여기에 쓰는 송곳은 모두 시우쇠로 만들고 끝에는 강철을 끼운다.《금화경독기》

代材. 旣成質, 其琢平方正, 或雕像物形, 則用小錐、小錘, 左手執錐, 右手擧錘, 輕敲. 其錐皆用熟鐵造, 而嵌鋼于末.《金華耕讀記》

20) 돌 가는 법

먼저 거친 모래로 정 자국을 갈아 없애고, 다시 물가의 고운 모래로 거친 모래의 흔적을 갈아 없앤다. 그 방법은 다음과 같다. 네모반듯한 다듬잇돌 모양의 작은 돌에 새끼줄로 주위를 묶은 뒤, 다시 긴 새끼줄로 주위를 묶은 새끼줄의 양쪽 끝을 연결한다. 돌 위에는 모래를 깔고 여기에 물을 댄 다음 이어서 작은 돌로 모래 위를 누른다. 이때 두 사람이 마주 서서 새끼줄을 서로 당겨 돌을 간다. 광택이 돌게 색을 내려면 다시 돌에 숫돌질하는 공정을 거쳐야 하는데, 이 공정의 맨 마지막에는 반드시 일본 숫돌을 써야 한다.《금화경독기》

磨石法

先用麤沙, 磨去錐瘢, 再用水邊細沙, 磨去麤沙之跡. 其法：用方正小石如砧石形者, 繩絆四周, 復綴長繩于兩頭. 鋪沙石上, 以水澆之, 仍以小石, 壓在沙上. 兩人對立, 互相引繩而磨之. 其光潤出色, 則又在礪石之功, 最後須用倭礪石.《金華耕讀記》

21) 돌을 윤기 나게 하여 광내는 법

두고(豆膏)[60]【훈증하여 만든다.】로 비석(碑石)을

潤石生光法

豆膏【卽燻造】磨碑石, 生

---

60 두고(豆膏)：콩을 가루 내어 식초에 갠 것.

문지르면 자기나 옥처럼 촉촉하게 윤이 난다.《이보 국방》[61]

滋潤如甕玉.《李輔國方》

22) 돌에 글자나 무늬 새기는 법

일반적으로 비갈(碑碣) 및 법첩(法帖) 종류의 글을 새길 때는 석질이 강한 돌을 쓴다. 먼저 작은 정으로 획(劃)을 쪼고, 다시 작은 새김칼로 새겨 정 자국을 없앤다. 만약 석질이 약하고 무르면 날카로운 칼만 쓴다. 새김의 깊이는 오직 석공의 뜻에 달려 있으니, 굳이 정이 필요하지는 않다.《금화경독기》

刻石法

凡刻碑、碣及法書之類, 石質剛者. 先用小錐琢畫, 更以小刻刀, 刻去錐痕. 若石質柔輭者, 但用利刀. 深淺惟意, 不須錐也.《金華耕讀記》

23) 돌 뚫는 법

토란대를 '고운대[萩]'라 한다. 일반적으로 큰 돌을 뚫을 때는 고운대를 돌 위에서 태웠다가 돌이 뜨거울 때 뚫으면 돌이 물러져서 쉽게 뚫린다.《화한삼재도회》[62]

穿石法

芋莖曰"萩". 凡穿大石, 燒萩於石上, 乘熱鑿之, 則石脆易穿.《和漢三才圖會》

24) 돌을 무르게 하는 법

지유(오이풀뿌리)를 태운 재로 돌을 무르게 할 수 있고, 두꺼비 오줌을 옥에 발라도 옥돌을 무르게 할 수 있으며, 오가피 재로 돌을 달여도 지유와 같은 효과를 낼 수 있다. 박초(朴硝)는 72가지의 돌을 녹여 물처럼 만들 수 있다. 호총(胡蔥)【곧 달래[蒜蔥]이

輭石法

地楡根燒灰能爛石, 蟾蜍尿以塗玉, 亦能爛石, 五加皮灰煮石, 與地楡同. 朴硝能化七十二種石爲水. 胡蔥【卽蒜[3]蔥】煮石則輭, 諸

---

61 출전 확인 안 됨.
62 《和漢三才圖會》卷102〈柔滑菜〉"芋"(《倭漢三才圖會》卷12, 193쪽).
③ 蒜 : 저본에는 "上".《本草綱目·菜部·胡蔥》에 근거하여 수정.

다.]으로 돌을 달이면 연해진다. 여러 파 종류도 호 총과 효과가 같다.《본초강목》63

葱與胡葱同.《本草綱目》

25) 돌 때우는 법

補石法

산석(山石) 등의 물건을 때우는 신교(神膠) 만 드는 법：백교향(단풍나무 진) 좋은 것 1냥, 황랍· 역청 각 1전, 참기름 1방울에, 부서진 돌과 색이 같은 돌을 찾아 찧어 가루 낸 뒤, 서로 섞어서 고(膏) 를 만들고 불로 뜨겁게 가열하여 붙인다. 만일 잘 라진 산석을 붙이려면 돌가루를 빼고 대신 조갯가 루를 더하고 조제하여 말린 다음 붙인다.《거가필 용》64

補山石等物神膠：白膠香眞 者一兩、黃蠟·瀝靑各一錢、 香油一滴, 尋所壞石同色 者, 擣爲末, 和作膏, 烘熱 粘之. 如粘山石斷者, 去石 末, 加蛤粉調乾粘之.《居家 必用》

유백피(느릅나무뿌리껍질)를 풀처럼 축축하게 찧어 기와나 돌을 붙이는 데 쓰면 접착력이 매우 좋다. 변(汴)65·낙(洛)66 지방의 사람들은 돌로 방아공이의 주둥이를 만들 때 이것으로 붙인다.《본초별설》67

榆白皮濕搗如糊, 用粘瓦 石極有力. 汴、洛人以石爲 碓嘴, 用此膠之.《本草別 說》

왕삼빈(王三賓)68이 말했다. "진(滇)69·검(黔)70 지방

王三賓言："滇、黔中有續

---

63 《本草綱目》卷11〈石部〉"朴硝"《本草綱目》, 645쪽).

64 《居家必用》戊集〈補山石等物神膠〉《居家必用事類全集》, 207쪽).

65 변(汴)：지금의 중국 하남성 개봉시(開封市)의 별칭.

66 낙(洛)：지금의 중국 하남성 낙양시(洛陽市)의 별칭.

67 출전 확인 안 됨；《農政全書校注》卷38〈種植〉"木部"'榆'《農政全書校注》, 1047쪽).

68 왕삼빈(王三賓)：박지원이 이 글을 쓸 당시 25세의 젊은이로, 복건 사람. 윤가전(尹嘉銓：정3품 통봉대부 대리시경을 지낸 뒤 은퇴)의 청지기이거나 기풍액(奇豐額：귀주안찰사로 만주 출신)의 하인으로 보이며, 글 을 잘 알고 그림에도 뛰어나다고 박지원이 평가했던 중국 지식인. 청나라 황제의 생신 축하행사에 참여했 던 이들 중 한 사람이다.

69 진(滇)：지금의 중국 운남성의 별칭.

70 검(黔)：지금의 중국 귀주성의 별칭.

에 돌을 붙이는 등나무가 있는데, 이를 '양도등(羊桃藤)'이라 한다. 즙을 내고 돌을 붙여서 산속 공중에 걸쳐 다리를 놓으면, 비록 수십 장을 연달아 이어도 끊어지지 않는다. 마치 종이를 풀칠하거나 판을 아교로 붙인 듯하여 검(黔) 지방 사람들은 이를 '점석교(黏石膠:돌을 붙이는 아교)'라 부른다."《열하일기》[71]

石藤, 名"羊桃藤". 取汁膠石, 山中架空造梁, 雖數十丈聯續不絕, 如糊紙膠板然, 黔人呼'黏石膠'云."《熱河日記》

---

71 《熱河日記》〈口外異聞〉"藤汁膠石".

4. 연식(도기나 자기 흙 개어 빚기)

【안】 우리나라 공업제도 가운데 도기와 자기 만드는 일이 가장 천한 기술이다. 대개 가마 만드는 법과 굽는 법에서 중국의 제도를 본받지 못했기 때문에 그렇다. 지금 그 방법을 자세히 실어 제조법을 살펴 만들 수 있도록 하려 한다. 가마 만드는 법은 따로 도보(圖譜)를 두었다.1】

埏埴

【案】我東工制, 陶器、瓷器最爲賤工, 蓋由窯法、燔法之不效華制而然. 今詳載之, 俾得以按法製造. 其窯法別有圖譜.】

1) 중국의 도기 제조법

일반적으로 도기 굽는 집에서 동이 따위를 만드는데, 그 종류가 매우 다양하다. 큰 것은 항아리나 독이고, 중간 것은 바리때나 사발이며, 작은 것은 병이나 도가니이다. 도기 만드는 법에 따르면 흙을 확인하여 알맞은 진흙을 찾은 뒤에 물레(돌림판)의 선반을 만든다. 도공 가운데 기술이 정교하고 숙련된 사람은 도기의 크기를 가늠하여 진흙을 집는데 조금도 모자라거나 남지 않으며, 두 사람이 진흙을 잡고 물레를 돌려 한 번에 반죽하여 만든다. 일반적으로 양병[罌缶]2이나 동이처럼 귀나 귀때가 있는 도기는 모두 따로 만들어 합친 뒤, 그 위에 유약[銹水]3을 발라 붙인다.4 일반적으로 여러 도기 가운데 정밀한

中國陶法

凡陶家爲缶屬, 其類百千. 大者缸、甕, 中者鉢、盂, 小者瓶、罐. 其造法, 試土尋泥之後, 仍制陶車旋盤. 工夫精熟者, 視器大小掐①泥, 不減增多少, 兩人扶泥旋轉, 一捏而就. 凡罌缶有耳嘴者, 皆另爲合, 上以銹水塗粘. 凡諸陶器精者, 中外皆過銹, 粗者或銹其半體. 惟沙盆、齒鉢之類, 其中不銹, 存其粗澁,

---

1 가마……두었다 : 현전하는 《섬용지》에 도보는 없다. 이 구절은 서유구가 《이용도보(利用圖譜)》를 구상했다가 미처 실행에 옮기지 못했음을 보여 주는 사례 중 하나이다.
2 양병[罌缶] : 배가 부르고 목이 좁고 짧은 오지병.
3 유약[銹水] : 진흙물과 유약을 되게 섞어 만든다. 유수(釉水)라고도 한다.
4 양병[罌缶]이나……붙인다 : 주둥이가 있는 병을 빚는 모습은 위의 그림과 같다.
① 掐 : 저본에는 "掐". 《天工開物·陶埏·罌甕》에 근거하여 수정.

병 빚는 모습(《천공개물》)

그릇은 속과 겉에 모두 유약을 바르지만, 거친 그릇
은 그 몸통의 절반 정도만 바르기도 한다. 사기동이
[沙盆]·치발(齒鉢 : 막자사발) 같은 그릇은 그 속에 유약
을 입히지 않고 거칠고 윤기가 없는 상태로 두었다
가 갈거나 문지르는 공정을 거친다. 사기솥[沙鍋]·사
기도가니[沙罐]에 유약을 바르지 않으면 불이 그릇을

以受研擂之功. 沙鍋、罐不
銹, 利于透火性以熟烹也.

뚫고 들어와 음식을 익히거나 삶는 데에 이롭다.

일반적으로 유약 재료는 토질에 따라 산출되는
데, 강소성·절강성·복건성·광동성 지역에서 쓰이
는 것은 궐람초(蕨藍草)[5]라는 재료이다. 그 풀은 거주
민들이 부엌에서 쓰는 땔감이다. 길이는 3척을 넘지
않고, 가지와 잎은 삼나무와 비슷하지만 삼나무 잎
과는 달리 꽉 눌러도 사람을 찌르지 않는다.【그 이
름은 수십 가지이고 지역마다 다르다.】도기 굽는 집
에서는 궐람초를 베어다가 태운 재를 베자루에 담
아 물을 붓고 맑게 가라앉혀 거른 뒤 거친 재는 버
리고 아주 고운 재만 고른다. 이 재 2사발마다 붉은
진흙물 1사발을 넣고 고루 잘 저은 다음 물그릇(유약
을 입히기 전의 성형된 질그릇)을 담갔다가 구워 내면 스스
로 빛과 색을 낸다. 북쪽 지방에서는 무엇을 유약으
로 쓰는지 자세하지 않다. 소주(蘇州)의 황관(黃罐:누
런 도가니)을 만들 때도 별도의 재료가 있다. 조정에
서 쓰는 용봉기(龍鳳器)에만 송향(松香:말린 송진)과 무
명이(無名異)[6]를 쓴다.

일반적으로 병요(병 굽는 가마)에서는 작은 그릇을
굽고 항요(항아리 굽는 가마)에서는 큰 그릇을 굽는다.
산서성과 절강성에서는 항요와 병요를 각각 나누었

凡銹質料隨地而生，江、
浙、閩、廣用者蕨藍草一
味．其草乃居民供灶之
薪，長不過三尺，枝葉似杉
木[2]，勒而不棘人．【其名數
十，各地不同．】陶家取來
燃灰，布袋灌水澄濾，以去
粗者，取其絕細．每灰二
碗，參以紅土泥水一碗，攪
合極勻，蘸塗坯土，燒出自
然光色．北方未詳用何物．
蘇州黃罐亦別有料．惟上
用龍鳳器，則仍用松香與
無名異也．

凡瓶窯燒小器，缸窯燒大
器，山西、浙[3]江各分缸窯、
瓶窯，餘省則合一處爲之．

5　궐람초(蕨藍草):풀고사릿과 식물로 양자강 이남에 널리 퍼져 있다. 현재는 낭기초(狼其草) 또는 망기(芒
　　其)라고도 한다. 궐람초를 태운 재에는 인산칼슘이 많이 들어 있어서 비교적 낮은 온도에서 구워 내어도
　　광택이 좋다.
6　무명이(無名異):바위에 붙어서 산출되는 쌀알만 한 덩이의 광물.
[2] 木:저본에는 "本".《天工開物·陶埏·罌甕》에 근거하여 수정.
[3] 浙:저본에는 "淛".《天工開物·陶埏·罌甕》에 근거하여 수정.

항요가 붙어 있는 가마(《천공개물》)

지만 나머지 지역에서는 두 가지를 합하여 한 군데
에서 만든다.[7] 일반적으로 아가리가 넓은 항아리를
만들 때는 물레로 위쪽과 아래쪽의 두 부분을 빚었
다가, 양쪽의 접합 부분을 나무망치로 안팎에서 빙
둘러 가며 촘촘히 두드려 다진다. 아가리가 좁은 독
도 위쪽과 아래쪽의 두 부분으로 빚는데, 안쪽 접합
부분은 나무망치를 쓰기가 불편하므로, 미리 다른

凡造敞口缸, 旋成兩截, 接
合處以木椎內外打緊匝口.
壜甕兩截, 接內不便用椎,
豫于別窯燒成瓦圈, 如金
剛圈形, 托印其內, 外以木
椎打緊, 土性自合.

---

7 나머지……만든다 : 항요와 병요가 합쳐져 있는 형태는 위의 그림과 같다. 왼쪽(고지대)에서는 큰 그릇을 오
른쪽(저지대)에서는 작은 그릇을 굽고 있다.

두 부분으로 빚었다가 항아리를 접합하는 모습(《천공개물》)

금강권

    가마에서 와권(瓦圈)[8]을 금강권(金剛圈)[9]과 같은 모양
으로 만들었다가 안쪽 부분에 끼워 두고 바깥 부분
만 나무망치로 촘촘히 두드려 다지면 흙의 성질 때
문에 저절로 붙는다.[10]

    일반적으로 항요나 병요는 평지에 만들지 않
고 비스듬한 언덕 위에 만드는데, 길게 이어진 가
마는 200~300척이고, 짧게 이어진 가마도 100여

凡缸、瓶窯不于平地，于
斜阜崗之上，延長者或
二三十丈，短者亦十餘

---

8   와권(瓦圈):진흙으로 만든 둥근 모양의 테두리.

9   금강권(金剛圈):금속으로 만든 고리 모양의 물건. 모양은 위의 그림과 같다.

10 아가리가……붙는다:아가리가 넓은 항아리와 좁은 항아리를 만드는 모습은 위의 그림과 같다. 그림의 상
    단부에서는 아가리가 넓은 항아리를 접합하는 모습을, 하단부(왼쪽)에서는 아가리가 좁은 항아리를 접합
    하는 모습이 보인다.

척이다. 이어 붙여 수십 개의 가마를 만들되, 가마 1개마다 모두 한 층씩 높인다. 대개 산의 형세를 따르는 이유는 흘러드는 물에 축축히 젖을 우려를 없애기 위함이고, 화기 또한 층을 따라 위로 통하기 때문이다. 가마는 둥글게 만든 뒤에 윗부분에 고운 흙을 두께 0.3척 정도로 덮는다. 가마 사이의 거리는 5척 정도로 만들어 연기 빼는 창을 내고, 가마 문은 양쪽 끝에서 서로 향하도록 열어놓는다. 그릇을 쟁일 때는 작은 그릇부터 제일 밑에 있는 가마에 넣고, 가장 큰 항아리와 독은 제일 끝의 높은 가마에 넣는다. 불을 붙일 때는 먼저 제일 밑에 있는 가마에서부터 시작하되, 두 사람이 마주 보고 번갈아 가면서 불빛을 살핀다. 대체로 도기 130근을 만드는 데에 땔나무 100근이 소요된다. 화기가 충분할 때는 가마 문을 닫은 다음 두 번째 가마에 불을 붙인다. 이렇게 차례대로 이어지면서 맨 끝까지 이르게 한다고 한다.《천공개물》[11]

2) 자기그릇에 채색하는 법

일반적으로 자기는 먼저 물그릇 위에 그림을 그린다. 그 뒤에 다시 가장 고운 백선토(白墡土)[12]를 물에 가라앉혔다가 아주 고르게 갠 다음 바로 유약을 발

丈[4]. 連接爲數十窯, 皆一窯高一級. 蓋依傍山勢, 所以驅流水濕滋之患, 而火氣又循級透上也. 其窯鞠成之後, 上鋪覆以絶細土, 厚三寸許. 窯隔五尺許, 則透煙窗, 窯門兩邊相向而開. 裝物以至小器裝載頭一低窯, 絶大缸甕裝在最末尾高窯. 發火先從頭一低窯起, 兩人對面交看火色. 大抵陶器一百三十斤, 費薪百斤. 火候足時, 掩閉其門, 然後次發第二火, 以次結竟至尾云.《天工開物》

甆器畫五彩法

凡甆器先畫於坯上, 後更以白墡土至精者, 沈水和塗極勻, 爲銹燔出, 則透見

---

11 《天工開物》卷7〈陶埏〉"罌甕"(《天工開物》, 190~193쪽).

12 백선토(白墡土) : 백색의 점토로, 도자기를 만드는 데 주원료로 사용되었다.

[4] 亦十餘丈 : 저본에는 "六十餘尺". 《天工開物·陶埏·罌甕》에 근거하여 수정.

라 구워 내면 자기 위로 투명하게 비친다. 일반적으로 물감은 화기에 닿으면 증발하기 때문에 불에 견디는 약품을 쓴다. 요사(硇砂)[13]【강남·절강 등의 바닷가에서 나는데, 이 요사를 공물에 충당한다. 또 변방[番]에서 들어온 요사는 값이 매우 비싸다고 한다.】를 총사(總司:주성분)로 삼고, 담반(膽礬)[14]·백반·마늘 등의 재료를 좌사(佐使:보조 성분)로 삼는다. 요새 구워 내는 자기의 자갈색(紫褐色)은 바로 강반(絳礬)[15]과 조반(皁礬)[16]으로 낸 색이다. 청강석(靑剛石)[17]으로 자기에 그리면 오색(五色)을 이룬다고 하는데, 이를 시험해 보니 조반으로 낸 색과 같았다. 지렁이 즙을 각종 물감에 섞어 그리면 색이 변하지 않는다고 하지만 꼭 그렇지는 않다. 청색을 낼 때는 회회청(回回靑)[18]을 쓰는데, 요즈음 동쪽에서 온 청색은 모조 회회청[贋靑]이다. 왕세정(王世貞)[19]은 "백청(白靑)으로 자기에 그리면 색이 회회청과 같다."라 했다.《국사소지》[20]

甍上. 凡各彩入火則滅, 故有拒火藥. 硇砂【出江南、浙江等海澨, 以充貢. 又來自番中, 價甚貴云.】爲總司, 膽礬、白礬、大蒜等料爲佐使. 今燔甍紫褐色, 乃是絳礬及皁礬所成也. 靑剛石畫甍, 則成五色云, 而試之, 與皁礬同. 蚯蚓汁和各彩畫之, 不變云, 然未必然也. 靑用回回靑, 而近者東來者贋靑也. 王弇州云: "白靑畫磁, 與回靑同."《菊史小識》

---

13 요사(硇砂):천연 상태의 염화암모늄으로 흰색이나 엷은 황색이다. 담과 적취(積聚)를 없애고, 위장의 강화나 이뇨작용 등을 한다.

14 담반(膽礬):황산동이 주성분인 광물[Chalcanthite, 수화 황산구리(CuSO₄·5H₂O)]로 맛은 시고 매우며 성질은 차다.

15 강반(絳礬):녹반(綠礬)을 붉게 태워 추출하는 물질로 반홍(礬紅)이라고도 한다.《本草綱目》卷11〈石部〉"綠礬", 677쪽 참조.

16 조반(皁礬):황산 제1철을 주성분으로 하는 광석을 잘게 부숴 물에 가열하여 우린 다음 그 액체를 졸여 만든다. 녹반(綠礬), 홍반(紅礬), 청반(靑礬)이라고도 한다.

17 청강석(靑剛石):단단하고 색이 푸른 옥. 나뭇결 모양의 진한 푸른색 무늬가 있다.

18 회회청(回回靑):코발트 성분의 안료로, 도자기에 쓰이는 푸른 물감의 원료이다.

19 왕세정(王世貞):1526~1590. 중국 명대의 학자. 호는 봉주(鳳洲) 또는 엄주산인(弇州山人)이다.

20 출전 확인 안 됨.

자기에 그림 그리는 법은 다음과 같다. 요사·석회 각 5전, 녹반(綠礬)·담반 각 3전을 곱게 간 뒤, 진한 잿물에 넣어 고루 섞은 다음 뜻대로 자기에 그림을 그린다. 그림이 마르고 나서 그림의 무늬를 문질러 씻으면 자연스럽게 보인다.21【안 자기에 그림을 그릴 때, 자기를 구워 낸 뒤에 물감을 칠해 비로소 완성된다고 하는데, 어찌 구운 자기에 물감이 조금씩 스며들어서 무늬를 낼 수 있겠는가! 아마도 오류인 듯하다.】

3) 중국의 자기

일반적으로 백토(白土:흰 흙)를 '악토(堊土)'라 하는데, 도기 굽는 집에서 정교하고 아름다운 그릇을 만드는 데 쓴다. 중국에서 악토가 나는 장소는 5~6곳뿐이다. 북쪽으로는 진정(眞定)22의 정주(定州),23 평량(平涼)24의 화정(華亭),25 태원(太原)26의 평정(平定),27 개봉(開封)28의 우주(禹州)29이고, 남쪽으로는 천군(泉郡)30의 덕화(德化)31【흙은 영정(永定)32에서 나

畫甆法：硇砂·石灰各五錢、綠礬·膽礬各三錢，細研，入濃灰汁調勻，隨意畫磁，候乾揩洗其斑，如自然者.【案 畫磁，燔出然後始成，豈有點染於燔磁，而透入成斑？似謬.】

中國瓷器

凡白土曰"堊土"，爲陶家精美器用．中國出惟五六處．北則眞定 定州、平涼 華亭、太原 平定、開封 禹州，南則泉郡 德化【土出永定，窯在德化.】、徽郡 婺源·祁門.【他處白土陶範不粘，或

---

21 원문에 출처가 기록되지 않아 인용문헌을 확인할 수 없다.
22 진정(眞定)：지금의 중국 하북성(河北省) 석가장시(石家莊市) 정정현(正定縣) 일대.
23 정주(定州)：지금의 중국 하북성 정현(定縣) 일대.
24 평량(平涼)：지금의 중국 감숙성(甘肅省) 평량지급시(平涼地級市) 일대.
25 화정(華亭)：지금의 중국 감숙성 화정현(華亭縣) 일대.
26 태원(太原)：지금의 중국 산서성(山西省) 태원지급시(太原地級市) 일대.
27 평정(平定)：지금의 중국 산서성 평정현(平定縣) 일대.
28 개봉(開封)：지금의 중국 하남성(河南省) 개봉지급시(開封地級市) 일대.
29 우주(禹州)：지금의 중국 하남성 우현(禹縣) 일대.
30 천군(泉郡)：지금의 중국 복건성(福建省) 천주시(泉州市) 일대.
31 덕화(德化)：지금의 중국 복건성 덕화현(德化縣) 일대.
32 영정(永定)：지금의 중국 복건성 영정현(永定縣) 일대.

지만 가마가 덕화에 있다.】와 휘군(徽郡)의 무원(婺源)·기문(祁門)이다.【다른 곳의 백토는 도기틀에 들러붙지 않아 벽을 쓸면서 바르기도 한다. 안 우리나라는 관동의 군읍에서 나는 흙이 희고 찰져서 자기물그릇을 만들 수 있다. 그러므로 광주(廣州)의 관요(官窯)에서 매번 배로 운반해 가져온다. 다른 곳에서 나는 흙은 누렇고 거칠며 찰지지 않으니, 이것이 사요(私窯)에서 구운 자기가 끝내 관요에서 구운 자기에 미치지 못하는 이유이다. 호서(湖西)의 보령(保寧)[33] 등

以掃壁爲墁. 案 我東惟關東郡邑産者白粘, 可爲瓷坏, 故廣州官窯每船運取來. 他處産者, 黃䴵不粘, 所以私窯燔造, 終不及官窯也. 湖西保寧等地産埴土, 白淨粘膩, 逈異他産云, 用此土燔瓷, 必有異也.】

자선

---

33 보령(保寧) : 지금의 충청남도 보령시 일대.

지에서 나는 악토는 희고 깨끗하면서 찰지고 매끄러워 다른 곳에서 나는 흙과 사뭇 다르다고 하니, 이 흙으로 자기를 구워 보면 반드시 차이가 날 것이다.】

이 중에서 덕화(德化)의 가마는 오직 자선(瓷仙)[34]과 정교한 인물 형상과 완상용 기물을 구울 뿐이어서 실용적인 측면에서는 적절하지 않다. 또 진정과 개봉 등지의 군(郡)에 있는 자기 가마에서 나오는 그릇은 색이 누렇게 엉기고 보배로운 빛도 없으니, 여러 군의 그릇을 모두 합쳐도 강서성(江西省) 요군(饒郡)[35]에서 나는 자기만 못하다. 절강성(浙江省) 처주(處州)의 여수(麗水)[36]·용천(龍泉)[37] 두 읍에서는 유약 바른 잔이나 주발을 굽는데, 이 그릇들은 옻칠한 듯한 검푸른 색이고 '처요(處窯)'[38]라 한다. 송(宋)·원(元) 때 용천의 화류산(華琉山)[39] 아래에는 장씨(章氏) 형제가 만든 가마가 있었는데, 이곳에서 귀중품을 생산해 냈다. 골동품상에서 말하는 '가요기(哥窯器)[40]가 바로 이것이다.

德化窯惟以燒造瓷仙、精巧人物、玩器, 不適實用. 眞、開[5]等郡瓷窯所出, 色或黃滯無寶光, 合併數郡, 不敵江西 饒郡産. 浙省處州 麗水、龍泉兩邑, 燒造過銹杯碗, 靑黑如漆, 名曰"處窯". 宋、元時龍泉 華琉山下, 有章氏造窯, 出款貴重, 古董行所謂"哥[6]窯器"者卽此.

---

34 자선(瓷仙) : 자기로 만든 인물 조각상으로, 초기에 신선이나 불상 등을 만들었기 때문에 이렇게 불렸다.

35 요군(饒郡) : 지금의 중국 강서성(江西省) 상요시(上饒市) 일대.

36 여수(麗水) : 지금의 중국 절강성(浙江省) 여수시(麗水市) 일대. 현재 처주(處州)는 별칭이다.

37 용천(龍泉) : 지금의 중국 절강성 용천시(龍泉市) 일대.

38 처요(處窯) : 송(宋)나라 때의 용천요(龍泉窯)가 명(明)나라 때에 처주로 이동하여 여수요(麗水窯) 또는 처요라 불렸다.

39 화류산(華琉山) : 류화산(琉華山)의 오류이다. 류화산은 지금의 중국 절강성(浙江省) 용천시(龍泉市)의 소매진(小梅鎭)과 병남진(屛南鎭)의 경계에 있다.

40 가요기(哥窯器) : 가요에서 제조한 그릇. 가요에서는 청자를 위주로 생산하였는데, 농담(濃淡)이 일정하지 않아 취청(翠靑), 분청(粉靑), 회청(灰靑), 천청(淺靑)등 여러 색의 자기가 생산되었다.

[5] 開 : 저본에는 "明". 《天工開物·陶埏·白瓷附靑瓷》에 근거하여 수정.

[6] 哥 : 저본에는 "奇". 《天工開物·陶埏·白瓷附靑瓷》에 근거하여 수정.

중국에서 사방으로 명성이 퍼져 다투어 사들이려는 자기는 모두 요군(饒郡) 부량(浮梁)의 경덕진(景德鎭)41에서 만든 그릇이다. 이 경덕진은 옛날부터 지금까지 그릇을 굽던 곳이지만 백토는 나지 않는다. 백토는 무원(婺源)과 기문(祁門)에 있는 두 산에서 난다. 하나는 일명 '고량산(高粱山)'으로, 멥쌀 같은 흙[粳米土]42이 나는데 성질이 단단하다. 다른 하나는 일명 '개화산(開花山)'으로, 찹쌀 같은 흙[稬米土]이 나는데 성질이 찰지고 무르다. 따라서 이 두 흙을 섞어야 비로소 자기를 만들 수 있다. 그 흙을 네모난 덩어리로 만들어 작은 배로 경덕진까지 운반한다. 자기 만드는 사람은 두 흙의 같은 양을 절구에 넣고 1일 동안 찧은 뒤에 항아리에 담고 여기에 물을 넣어 맑게 가라앉힌다. 그 위로 뜨는 흙이 고운 재료이니, 흙이 담긴 항아리를 기울여 다른 항아리에 붓는다. 그 아래에 가라앉은 흙은 거친 재료이다. 고운 재료가 담긴 항아리 속에서 다시 위로 뜨는 흙을 가져다 기울여 부으면 가장 고운 재료이고, 아래에 가라앉은 흙은 보통의 재료이다. 다 걸러진 뒤에는 벽돌로 직사각형 못을 불가마 가까이에 만들어 화력을 빌린다. 걸러진

若夫中華四裔馳名獵取者, 皆饒郡 浮梁 景德鎭之産也. 此鎭從古及今爲燒器地, 然不産白土. 土出婺源、祁門兩山, 一名"高粱山", 出粳米土, 其性堅硬；一名"開花山", 出稬米土, 其性粢輭. 兩土和合, 瓷器方成. 其土作爲方塊, 小舟運至鎭. 造器者將兩土等分入臼, 舂一日, 然後入缸水澄. 其上浮者爲細料, 傾跌過一缸. 其下沈底者爲粗料. 細料缸中再取上浮者, 傾過爲最細料, 沈底者爲中料. 旣澄之後, 以磚砌方長塘, 逼靠火窯, 以借火力. 傾所澄之泥于中, 吸乾然後重用淸水調和造坏.

---

41 경덕진(景德鎭) : 현재 중국의 강서성(江西省) 경덕진시(景德鎭市). 주변에 도자기 굽는 흙이 많이 산출되어 한(漢)나라 때부터 도자기를 구웠다. 북송(北宋) 경덕 연간(1004~1007)에 이곳에서 생산된 자기에 '경덕년제(景德年製)'라는 문구를 쓰게 한 뒤부터 명성이 높아져 그 그릇들을 '경덕진 자기'라 불렀고, 지명도 현재까지 경덕진으로 유지되었다.
42 멥쌀 같은 흙[粳米土] : 지금의 중국 강서성(江西省) 부량현(浮梁縣) 향고령촌(鄕高岭村)에서 출토되는 점토. 산화알루미늄이 30퍼센트 이상 포함되어 있다.

진흙을 못 속에 붓고 수분을 빨아들여서 마르게 한 뒤에 여러 번 맑은 물에 개어 물그릇을 만든다.

일반적으로 자기 물그릇을 만드는 데는 2가지 방법이 있다. 하나는 '인기(印器)'라 하는데, 네모나거나 둥근 모양이 고르지 않은 병·독·화로·합(盒)의 종류가 있고, 황실에서 쓰는 그릇으로는 자기병풍·촛대의 종류가 있다. 인기를 제조할 때는 먼저 누런 진흙으로 모형틀을 빚어 찍어내는데, 틀은 좌우 양쪽 또는 상하 두 쪽으로 나뉘거나 일체형으로 만들기도 한다. 그런 뒤에 흰 진흙을 이겨 보형틀로 찍어서 만든다. 이때 유약으로 접합 부분을 발라 합치면[43] 구웠다 꺼낼 때 저절로 둥글어져 틈이 없어진다. 또 다른 하나는 '원기(圓器)'라 하는데, 일반적으로 크고 작은 온갖 잔이나 쟁반 종류이다. 이는 바로 사람들이 날마다 쓰는 필수품이다. 원기는 만드는 물건의 9/10를 차지하고, 인기는 만드는 물건의 1/10을 차지한다.

이러한 원기의 물그릇을 만들려면 먼저 물레(돌림판) 1개를 만들어야 한다. 물레를 만들 때는 곧은 나무 1개를 세우되, 3척을 흙 속에 들어가게 묻어 안정시킨다. 위로는 2척 정도의 높이로 하고, 그 위아래에 원반을 나란히 설치한다. 원반의 가장자리에서 짧은 대몽둥이를 움직여 돌린다. 원반 꼭대기 한

凡造瓷坯有兩種. 一曰"印器", 如方圓不等瓶、甕、爐、合之類, 御器則有鼇屏風、燭臺之類. 先以黃泥塑成模印, 或兩破兩截, 亦或囫圇. 然後埏白泥印成, 以銹水塗合其縫, 燒出時自圓成無隙. 一曰"圓器", 凡大小億萬杯槃之類, 乃生人日用必需. 造者居十九, 而印器則十一.

造此器坯, 先製陶車. 車豎直木一根, 埋三尺入土內, 使之安穩. 上高二尺許, 上下列圓盤, 盤沿以短竹棍撥運旋轉, 盤頂正中, 用檀木刻成盔頭, 冒其上.

---

43 이때……합치면: 이때 유약은 진흙을 섞어 만들기 때문에 그릇이 아직 축축할 때 유약을 발라 붙이면 접착제 역할을 하여 그릇을 빈틈없이 붙일 수 있다.

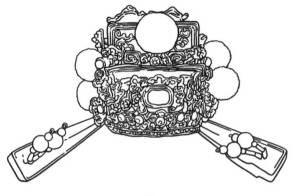

회두

가운데에는 박달나무를 깎아 회두(盔頭)⁴⁴ 모양을 만들어 그 위에 씌운다.

일반적으로 잔이나 쟁반을 만드는 데 표준 양식이 있지는 않다. 두 손으로 진흙 반죽을 회두 모양의 틀 위에서 잡고 원반을 돌린다. 손톱을 깎은 엄지손가락으로 반죽의 바닥을 눌러 고정시킨 다음, 엄지손가락을 반죽 위에 살짝 대면서 올리면 곧 잔이나 사발 형태가 만들어진다.【처음 배우는 사람은 마음대로 만들면서 진흙이 낭비되는데, 이때에는 망가진 그릇에서 진흙을 취하여 다시 만든다.】경험이 많아 노련한 사람은 수 천 개를 만들어도 한 틀에서 찍어 낸 듯이 만든다. 일반적으로 회두 위에서 작은 그릇을 만들 때는 진흙을 더할 필요가 없지만, 중간 크기의 쟁반이나 큰 사발을 만들 때는 진흙을 더해서 그 회두를 크게 만들어 말린 뒤에 작업

凡造杯盤無有定形模式. 以兩手捧泥盔冒之上, 旋盤使轉, 拇指剪去甲, 按定泥底, 就大指薄旋而上, 卽成一杯碗之形.【初學者任從作費, 破坏取泥再造.】功多業熟, 卽千萬如出一範. 凡盔冒上造小坏者, 不必加泥, 造中槃、大碗則增泥大其冒, 使乾燥而後受功. 凡手指旋成坏後, 覆轉用盔冒一印, 微曬留滋潤, 又一印, 曬成極白乾. 入水

---

44 회두(盔頭): 중국의 전통극에서 배우가 머리에 쓰는 모자. 구부러진 모양에 장식이 달려 있다.

한다. 일반적으로 손가락을 선반에 대어 물그릇을 만든 뒤에 그 그릇을 뒤집어엎어 회두에 한 번 눌러서 그릇의 아가리를 바르게 한다. 이를 햇볕을 약간 쬔 뒤 촉촉한 상태에서 다시 한 번 눌러 준 다음 햇볕을 쬐어 아주 하얗게 말린다. 말린 물그릇을 물에 한 번 담갔다가 젖은 채로 회두에 올려놓은 뒤 날카로운 칼날을 2번 대어 표면을 깎아 준다.【칼날을 댈 때 손이 조금이라도 흔들리면 구워 냈을 때 곧 참새부리 같은 자국이 생긴다.】 그런 뒤에 흠이 생긴 부분을 보정(補整)하고 물레 위에서 돌려 가며 둥근 테두리를 만든다. 테두리를 만든 뒤에 그림을 그리거나 글자를 쓴다. 그림을 그린 뒤에는 입으로 물을 여러 번 뿜은 다음 유약을 입힌다.

일반적으로 쇄기(碎器)[45]와 천종속(千鍾粟),【안 쇄

一汶, 漉上盌冒, 過利刃二次【過刃時手脈微振, 燒出卽成雀口.】, 然後補整碎缺, 就車上旋轉打圈. 圈後或畫或書字, 畫後噴水數口, 然後過銹.

凡爲碎器與千鍾粟【案 碎

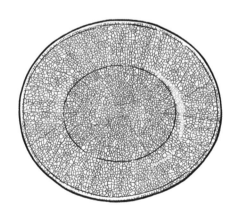

쇄기

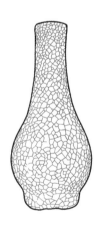

---

45 쇄기(碎器) : 송(宋)나라 때 길주(吉州)에서 만들었던 사기로, 아래의 모습처럼 표면에 무늬가 많다.

기는 얼음무늬를 가리키며 '가요문(哥窯紋)'이라고도 한다. 천종속은 자기의 몸통 전체에 좁쌀 같은 물집[疹] 모양이 있어서 마치 상어가죽 같다.】갈색 잔등을 만드는 데는 청색 안료를 쓰지 않는다. 쇄기를 만들려면 날카로운 칼날을 댄 뒤 햇볕을 쬐어 극히 뜨겁게 해야 한다. 이 그릇을 맑은 물에 한 번 담갔다 꺼낸 뒤, 구워 내면 저절로 갈라진 무늬가 만들어진다. 천종속은 유약을 빨리 입혀야 하고, 갈색 잔은 묵은 찻잎 달인 물을 한 번 발라야 한다.

일반적으로 요군 경덕진에서 백자에 바르는 유약은 소항취(小港嘴)[46]에서 나는 진흙을 내린 물에 도죽(桃竹)[47] 잎 태운 재를 타서 만든다. 백자수는 맑은 쌀뜨물과 유사하며,【천군(泉郡) 덕화에서 자선을 만드는 유약은 솔잎물에 개어 진흙을 내린다. 처주(處州) 여수 · 용천에서 청자를 만드는 유약은 어떻게 제조하는지 자세히 않다.】항아리에 담아 둔다. 일반적으로 물그릇을 만들어 유약을 입힐 때는 먼저 그릇을 유약에 넣고 흔들어 적시고 손가락을 펴서 그릇을 잡은 뒤 바깥면을 적시되, 테두리까지 스며들게 하면 유약이 저절로 그릇 전체에 두루 입혀진다.

일반적으로 사발에 그림을 그리는 청색 안료는 모두 무명이 한 가지만을 쓴다.【칠장이가 오동 기름

器指氷紋, 亦稱"哥窯紋". 千鍾粟遍體發疹粟, 如鯊皮樣.】與褐色杯等, 不用青料. 欲爲碎器, 利刃過後, 日曬極熱, 入淸水一蘸而起, 燒出自成裂文. 千鍾粟則銹漿捷點, 褐色則老茶葉煎水一抹也.

凡饒鎮白瓷銹, 用小港嘴泥漿和桃竹葉灰調成, 似淸泔汁.【泉郡瓷仙用松毛水調泥漿. 處郡青瓷銹未詳所出.】盛于缸內. 凡造器過銹, 先蕩其內, 外邊用指一蘸塗弦, 自然流遍.

凡畫碗青料總一味無名異.【漆匠煎油, 亦用以收火

---

46 소항취(小港嘴) : 경덕진(景德鎮) 남쪽에 있는 촌락의 이름.
47 도죽(桃竹) : 종려과(種蠡科) 종려속(種蠡屬)이며, 도사죽(桃絲竹)이라고도 한다.

을 달일 때도 무명이를 쓰는데, 이는 기름의 열기를 빨리 식히는 작용을 한다. 간혹 무명이를 회청(回青)으로 오인하기도 한다. 그러나 회청은 서역의 대청(大青)으로, 그 좋은 것을 '불두청(佛頭青)'이라고도 한다. 상품의 무명이로 만든 안료를 써서 구워 내면 빛깔이 회청과 비슷하다. 하지만 대청은 가마에 들어가면 원래의 남색을 보존할 수 없다.[48] 이 무명이는 깊은 흙 속에서 나지 않고 지표면 가까이에서 자라기 때문에 깊은 곳에 있어도 3척 정도만 파면 되는데, 각 성(省)마다 모두 있다. 또한 상품·중품·하품으로 분변할 수도 있어서, 사용할 때 먼저 숯불로 벌겋게 달구면 상품은 불에서 꺼냈을 때 물총새 털색(비취색)이 나고, 중품은 연한 청색이 나고, 하품은 흙빛 갈색에 가깝다. 무명이 상품은 1근을 불에 달구면 나오는 양이 7/10인 7냥이고, 중품과 하품은 나오는 양이 차례로 줄어든다. 상품의 고운 자기 및 황제용 자기인 용봉기 등은 모두 상품의 안료로 그려서 만든다. 그러므로 무명이의 값이 1석에 은 24냥이나 하며, 상품에 비해 중품은 값이 절반이고, 하품은 상품의 3/10 정도일 뿐이다.

일반적으로 요군 경덕진에서 쓰는 안료는 구(衢)[49]·신(信)[50] 두 군의 산에서 나는 재료를 상품

色者. 或誤認作回靑, 然回靑乃西域大靑美者, 亦名"佛頭靑". 上料無名異出火似之, 非大靑能入烘爐存本色也.】此物不生深土, 浮生地面, 深者掘下三尺卽止, 各省直皆有之. 亦辨認上料、中料、下料, 用時先將炭火叢紅煅過, 上者出火成翠毛色, 中者微靑, 下者近土褐. 上者每斤煅出只得七兩, 中、下者以次縮減. 如上品細料器及御器龍鳳等, 皆以上料畫成, 故其價每石値二十四兩銀, 中者半之, 下者則十之三而已.

凡饒鎭所用, 以衢、信兩郡山中者爲上料, 名曰"浙料",

---

48 그러나……없다:이 부분은《天工開物》卷7〈陶埏〉"附窯變回靑"에 나오는 원문이다.

49 구(衢):지금의 중국 절강성(浙江省) 구주시(衢州市) 구현(衢縣) 일대.

50 신(信):지금의 중국 강서성(江西省) 상요시(上饒市) 일대.

으로 쳐서 '절료(浙料)'라 하고, 상고(上高)[51] 여러 읍
의 재료를 중품으로 치며, 풍성(豐城)[52] 여러 곳에서
나는 재료를 하품으로 친다. 일반적으로 안료를 불
에 달군 뒤에는 막자사발로 극히 곱게 간 뒤,【그 사
발의 바닥은 거칠게 남겨 두고서 유약을 입히지 않
는다.】안료를 물에 탄다. 물감을 타서 갈 때는 색
이 검은 듯하지만 불에 들어가면 청벽색(靑碧色)을
띤다.

【안】 지금 연경에서 수입해 오는 회청은 모두 무
명이를 불에 달궈 만든 것이다. 우리나라 사람들은
이 무명이를 서역의 불두청이라 여겨 매번 비싼 값
을 들여 사 오는데, 지금부터라도 그저 무명이만 사
와서 안료 만드는 방법대로 불에 달궈 쓰면 비용을
낭비하는 일은 거의 면할 것이다. 우안 《개보본초》
에서, "무명이는 아라비아[大食國]에서 나며, 돌 위에
서 자라고 모양이 검은 석탄과 같다. 그곳 사람들이
기름에 달궈 검은 돌처럼 만드는데, 깨물어 보면 엿
과 같다."[53]라 했다. 《도경본초》에서는 "무명이는 지
금 광주(廣州)의 산 돌 가운데에도 있고, 의주(宜州)에
서 8리 떨어진 용제산(龍濟山) 속에도 있다. 색은 흑
갈색이다. 큰 돌은 탄환만 하며 작은 돌은 검은 돌

上高諸邑者爲中, 豐城諸
處者爲下也. 凡使料煅過
之後, 以乳鉢極研.【其鉢底
留粗, 不轉銹.】然後調畫
水. 調研時色如皁, 入火則
成靑碧色.

【案】今燕貿回靑, 皆無名異
煅成者也. 東人認作西域
佛頭靑, 每用重價貿來, 今
後但當貿來無名異, 如法煅
用, 則庶免破費也. 又案
《開寶本草》云:"無名異出
大食國, 生於石上, 狀如
黑石炭[7]. 番人以油煉如
鷖石, 嚼之如餳."《圖經本
草》云:"今廣州山石中及宜
州八里[8]龍濟山中亦有之.
黑褐色, 大者如彈丸, 小者
如黑石子, 采無時."《本草綱

---

51 상고(上高):지금의 중국 강서성(江西省) 상고현(上高縣) 일대.
52 풍성(豐城):지금의 중국 강서성(江西省) 풍성현(豐城縣) 일대.
53 무명이는……같다:《本草綱目》卷9〈石部〉"無名異", 561쪽. 아래의《도경본초》와《본초강목》도 같은 곳
   에 나온다.
[7] 炭:저본에는 "灰".《證類本草·玉石部·無名異》에 근거하여 수정.
[8] 八里:저본에는 "入星".《本草綱目·石部·無名異》에 근거하여 수정.

멩이만 한데 아무 때나 캐낸다."라 했으며, 《본초강목》에서는 "사천성(四川省)과 광주(廣州)의 깊은 산 속에서 나는데 계림(桂林)에 아주 많다. 돌 하나가 수백 개를 감싸고 있는 작고 검은 돌멩이로, 사황(蛇黃)과 비슷하지만 색이 검고, 근처의 산속에도 때때로 있다. 무명이로 게를 삶으면 비린내를 덜고, 유동 기름을 달이면 물기를 흡수하며, 가위에 발라서 심지를 자르면 심지가 저절로 잘라진다."라 했다. 우리나라 삼남(三南) 지방의 깊은 산에서도 어찌 이런 돌이 나지 않는지를 알겠는가? 널리 찾아보아야 할 것이다.】

일반적으로 쇄기로 자하색(紫霞色) 잔을 만들 때는 붉은 광석인 연지석(臙脂石)을 촉촉하게 적시고, 철사로 이 가루를 감싸는 망을 짠 뒤, 쇄기를 그 속에 담아 숯불로 뜨겁게 달군다. 그런 뒤에 축축한 연지로 쇄기의 표면을 1번 바르면 바로 완성된다. 일반적으로 홍색 빛깔을 내는 선홍기(宣紅器)는 불에 구워 만든 뒤에 꺼내어 따로 정교하게 가공하고 약한 불에 구워 만든 자기이다. 세상의 주사는 선홍기와 달리 불 속에서도 붉은색으로 남아 있을 수

目》云 : "生川、廣深山中, 而桂林極多, 一包數百枚, 小黑石子也, 似蛇黃而色黑, 近處山中亦時有之. 用以煮蟹, 殺腥氣 ; 煎煉桐油, 收水氣 ; 塗剪剪燈, 則燈自斷也". 我東三南深山亦安知不産此石也? 宜博訪之.】

凡將碎器爲紫霞色杯者, 用臙脂打濕, 將鐵線紐一兜絡, 盛碎器其中, 炭火炙熱, 然後以濕臙脂一抹卽成. 凡宣紅器乃燒成之後出火, 另施工巧微炙而成者, 非世上朱砂能留紅質[9]于火內也.【宣紅元末已失傳, 正德中歷[10]試復造出.】

<hr>

54 광주(廣州) : 지금의 중국 광동성(廣東省) 광주시(廣州市) 일대.
55 계림(桂林) : 지금의 중국 광서장족자치구(廣西壯族自治區) 계림시(桂林市). 계수나무 숲이라는 뜻에서 유래하였으며 명(明)·청(淸) 시대에 계림부(桂林府)가 되었다.
56 사황(蛇黃) : 물을 포함한 산화철이 주성분인 광물로, 누런 갈색 또는 검은 갈색이다. 뱀이 뱉어 낸 모양과 같다 하여 이런 이름이 붙었다.
[9] 質 : 저본에는 "費". 《天工開物·陶埏·白瓷附靑瓷》에 근거하여 수정.
[10] 正德中歷 : 저본에는 "正德卽成". 《天工開物·陶埏·白瓷附靑瓷》에 근거하여 수정.

없다.【선홍기는 원나라 말기에 이미 제조법이 실전
되었다가 정덕(正德)⁵⁷ 연간에 시험을 거쳐 다시 만들
었다.】

일반적으로 자기에 그림을 그리고 유약을 입힌
뒤에는 갑발(匣鉢)에 쟁여 넣는다.【쟁일 때 손으로 조
금이라도 세게 잡으면 나중에 구워 꺼낼 때 바로 눌
린 자국이 생겨 반듯한 모양을 회복할 수 없다.】갑
발은 거친 진흙으로 만든다. 그 속에는 니병(泥餅:그
릇 받침대) 1개마다 그 위에 그릇 1개를 놓고 밑의 빈
공간은 모래로 채운다. 큰 그릇은 갑발 1개에 그릇
을 1개씩 쟁이고, 작은 그릇은 10여 개를 갑발 1개
에 함께 쟁인다. 갑발이 좋으면 그릇을 10여 번 쟁여
구울 수 있지만, 나쁘면 1~2번만 구워도 바로 부서
진다.

일반적으로 갑발에 그릇을 쟁여 가마에 넣은 뒤
에 불을 땐다. 그 가마 위쪽 빈 공간에는 둥근 구
멍 12개를 내는데, 이를 '천창(天窓)'이라 한다. 불은
24시간 동안 때면 충분하다. 먼저 20시간 동안 불
을 붙여 화력이 아래에서 위로 치밀어 오르게 한 뒤
에 천창을 통해 땔감을 던져 넣고 4시간 동안 태우
면 화력이 위에서 아래로 통한다. 그릇이 불 속에
서 목화솜처럼 부드러워지면 철차(鐵叉)로 1개를 꺼
내 화력이 충분한지 확인한다. 정말로 화력이 충분
하다고 판단되면 땔감을 그만 넣고 불을 멈춘다. 잔

凡瓷器經畫過銹之後, 裝
入匣鉢.【裝時手拿微重, 後
日燒出, 卽成拗口, 不復周
正.】鉢以粗泥造, 其中一
泥餅托一器, 底空處以沙
實之. 大器一匣裝一介, 小
器十餘共一匣鉢. 鉢佳者
裝燒十餘度, 劣者一二次
卽壞.

凡匣鉢裝器入窯, 然後擧
火. 其窯上空十二圓眼, 名
曰"天窓". 火以十二時辰爲
足. 先發火十介時, 火力從
下攻上, 然後天窓擲柴燒
兩時, 火力從上透下. 器在
火中, 其輭如棉絮, 以鐵叉
取一, 以驗火候之足. 辨認
眞足, 然後絶薪止火. 共計
一杯工力, 過手七十二, 方

───────
57 정덕(正德):명(明) 무종(武宗)의 연호. 1506~1521.

하나를 만드는 데 드는 수고를 계산해 보면, 손을 72번 거쳐야 비로소 그릇을 만들 수 있다. 하지만 그 과정 가운데 아주 자잘한 조목들은 다 설명할 수가 없다.《천공개물》[58]

克成器, 其中微細節目尚不能盡也.《天工開物》

58 《天工開物》卷7〈陶埏〉"白瓷", 195~202쪽.

5. 뼈·뿔·가죽 다루기

治骨角、皮革

1) 상아 무르게 하는 법

상아를 식초와 소금을 넣어 삶으면 저절로 물러진다.《물류상감지》[1]

頓象牙法

象牙用酢滷煮之, 自頓.《物類相感志》

속새가 든 사기그릇 안에 물을 넣어 상아를 삶는다. 물이 마르면 뜨거운 물을 더하면서 6시간 동안 삶는데, 그러면 물러져서 상아에 마음대로 조각할 수 있다. 감초 물로 삶으면 다시 단단해진다.《증보산림경제》[2]

木賊草於磁器內, 水煮象牙. 水乾卽添熱湯, 煮三箇時卽頓, 任意雕刻. 以甘草水煮復硬.《增補山林經濟》

상아에 쥐 냄새가 가까이 닿으면 터져 갈라진다.《물류상감지》[3]

象牙若近鼠氣則坼裂.《物類相感志》

2) 상아 씻는 법

속새씨로 상아를 부드럽게 문지르고, 감초 끓인 물로 씻는다.《속사방》[4]

洗象牙法

木賊子令頓擦之, 却以甘草湯洗之.《俗事方》

---

1 《物類相感志》〈雜著〉.
2 출전 확인 안 됨.
3 출전 확인 안 됨.
4 출전 확인 안 됨.

또 다른 방법은 다음과 같다. 상아를 매실 달인 물로 씻고 파초나무 속에 2~3일 꽂아 두었다가 꺼내면 새것과 같다.《속사방》[5]

又法:以梅煮湯洗之, 揷芭蕉樹中二三日, 出之如新. 同上

상아가 누렇게 변했을 때는 콩비지에 담가 문지르면 하얘진다.《증보산림경제》[6]

象牙黃, 用豆腐渣浸擦白.《增補山林經濟》

3) 모조 상아 만드는 법

贋象牙法

사슴뿔을 가루 내어 민달팽이[蛞蝓]와 함께 삶아

鹿角爲屑, 與蛞蝓煮熟. 擴

깨꽃(위키미디어)

익힌다. 이를 널빤지 위에 늘려 말리면 얇은 조각
이 만들어지므로 마음대로 잘라 그릇을 만들 수 있
다.【민달팽이가 생기게 하는 방법은 다음과 같다.
깨꽃[鼠尾草: 둥근뱀차즈기][7]을 예주(醴酒)[8]에 담갔다가
그늘진 땅에 부으면 1개월이 지나지 않아 작은 민달
팽이가 생긴다.】《화한삼재도회》[9]

於板上乾之, 薄爲板片, 任
意切成器用.【生蛞蝓法 : 用
鼠尾草浸醴, 注于陰地, 不
月①生小蛞蝓.】《和漢三才
圖會》

4) 뼈나 뿔을 다루는 일반적인 법

일반적으로 일체의 뼈나 뿔을 다룰 때는 먼저 이
가 자잘한 톱으로 자른다. 이어서 뼈나 뿔을 갈고
깎아서 기물을 만들 때는 칼과 줄, 대패를 쓴다.《금
화경독기》

總治骨角法

凡治一切骨角, 先用細齒
鉅裁截. 其鍊削作器, 則
仍用刀與鑢, 錫.《金華耕讀
記》

5) 뿔 부드럽게 하는 법

소나 양의 뿔은 지골피(地骨皮)[10]·마아초·버드나
무가지를 뿔과 함께 물에 넣어 삶으면 흙처럼 무르
고 부드러워져 기물을 만들 수 있다. 만들고 나서
다시 감초물에 삶으면 매우 단단해진다.《고금의통》[11]

頓角法

牛、羊角, 以地骨皮、牙硝、
柳枝與角同煮水, 則柔頓
如土, 以作器. 再以甘草水
煮之, 甚堅硬《古今醫統》

뼈나 뿔을 호총(胡蔥)과 함께 삶으면 물러진다. 여

骨角與胡蔥同煮則頓. 諸

---

7 깨꽃[鼠尾草, 둥근뱀차즈기] : 꿀풀과의 한해살이풀로 남아메리카가 원산지이다. 한국에서는 1년생이나 원
산지인 남아메리카에서는 다년생이다.
8 예주(醴酒) : 한국의 전통술. 찹쌀가루, 쌀, 누룩으로 만들며, 3월에 빚어 단오에 먹는다.
9 《和漢三才圖會》卷54 〈濕生蟲〉 "蛞蝓"(《倭漢三才圖會》卷5, 389~390쪽).
10 지골피(地骨皮) : 구기자나무의 뿌리껍질. 한약재로 쓴다.
11 출전 확인 안 됨.
① 月 : 저본에는 "日".《和漢三才圖會·濕生蟲·蛞蝓》에 근거하여 수정.

러 파 종류도 이와 같다.《본초강목》[12]

蔥同.《本草綱目》

6) 뼈나 뿔 염색하는 법

여러 뼈나 뿔을 오색으로 염색하려면 염색할 여러 재료를 가루 내어 뼈나 뿔에 뿌려 붙인 다음 끈적거리도록 진하게 찌면 된다.《전기비결》[13]

봉숭아 뿌리와 꽃을 명반에 섞어 뼈나 뿔을 절이면 진홍색[絳色]으로 염색된다.《본초강목》[14]

染骨角法

諸骨角欲染五色, 以所染各色物料作屑, 糝付骨角, 濃蒸染成.《傳奇秘訣》

用鳳仙花根及花和明礬, 可糝骨角, 成絳色.《本草綱目》

7) 쇠뿔 다루는 법

쇠뿔을 물에 삶아 부풀린 뒤 늘리면 마음대로 기물을 만들 수 있다. 쇠뿔을 활 모양으로 구부리려면 식초에 담갔다가 불에 굽는다.《금화경독기》

治牛角法

水煮脹擴, 隨意造器. 欲彎曲, 則醋浸火炙.《金華耕讀記》

8) 생 쇠뿔 자르는 법

종이처럼 얇은 송판(松板)으로 생쇠뿔을 썰어서 분리한다.《이목구심서》[15]

解生牛角法

以薄如紙松板, 鉅解生牛角.《耳目口心書》

9) 양뿔 아교를 정제하는 법

양뿔을 뽕나무 잿물에 넣어 뽕나무 섶을 태워 삶

煉羊角膠法

羊角同桑灰水, 以桑柴煮

---

12 출전 확인 안 됨.
13 출전 확인 안 됨.
14 출전 확인 안 됨.
15 출전 확인 안 됨;《五洲衍文長箋散稿》〈人事篇〉"論學類"'物理相感辨證說'(《五洲衍文長箋散稿》, 한국고전종합DB).

다가 매우 진한 즙이 되면 깨끗하게 걸러서 용기 틀에 붓는다. 이것으로 각종 집기를 만들면 유리처럼 밝다.《전기방》[16]

10) 무소뿔 자르는 법

무소뿔의 무늬에 물고기알 모양의 속문(粟紋)과 속문 속에 눈이 있는 속안(粟眼)이 있거나 정투(正透),[17] 도투(倒透),[18] 중투(重透)[19]와 같은 여러 제품을 모두 '통서(通犀)'라 하여 상품으로 친다. 초두(椒豆) 얼룩이 있는 뿔이 그다음이고, 검은 무소의 순흑색에 무늬가 없는 뿔은 하품이다.[20] 중국의 솜씨 좋은 장인은 무소뿔의 겉만 보고도 속에 있는 무늬가 어떤 모양인지를 알아서 대패로 밀면서도 그 무늬를 상하게 하지 않으나, 우리나라 장인은 아직 이 경지에 이르지 못했다.《금화경독기》

모조 통천서(通天犀)[21]는 갈면 점점 뜨거워지지만, 진짜 무소뿔은 성질이 차가워서 갈아도 뜨거워지지

解犀角法

紋有粟紋、粟眼、正透、倒透、重透諸品, 皆名"通犀". 椒豆斑次之, 烏犀純黑無紋者爲下. 中國巧工能觀其外, 而知其內紋之何樣, 鎪解不傷其紋理, 東匠未易及此.《金華耕讀記》

之, 待其極濃成汁, 濾淨注瀉器模, 以成各種器什, 瑩如玻璃.《傳奇方》

通天犀僞者磨之漸熱, 眞犀性凉, 磨之不熱《西溪叢

---

16 출전 확인 안 됨;《靑莊館全書》卷48〈耳目口心書〉.
17 정투(正透): 검은색 바탕에 황색 꽃무늬가 있는 무소뿔.
18 도투(倒透): 황색 바탕에 검은 꽃무늬가 있는 무소뿔.
19 중투(重透): 꽃무늬 속에 다시 꽃무늬가 있는 무소뿔.
20 《본초강목》에 다음과 같은 설명이 있다. "바탕에 물고기알 같은 무늬가 있는 무소뿔을 속문(粟紋)이라 하고, 무늬 안에 눈이 있는 것을 속안(粟眼)이라 한다. 검은 바탕에 누런 꽃무늬가 있는 것이 정투(正透)이고, 누런 가운데 검은 꽃무늬가 있는 것이 도투(倒透)이며, 꽃 속에 다시 꽃이 있는 것이 중투(重透)인데, 이를 모두 통서(通犀)라 하니 바로 상품이다. 초두 얼룩 같은 꽃무늬가 그다음이고, 검은 무소의 순흑색에 무늬가 없는 뿔은 하품이다."《本草綱目》卷51〈獸部〉"犀")
21 통천서(通天犀): 위아래가 뚫린 무소뿔.

않는다.《서계총화》[22]

話》

11) 무소뿔 무르게 하는 법

무소뿔을 사람 품속에 품어 사람의 기운을 받게
하면 물러지므로, 이때 찧어 가루 낸다.《국사소지》[23]

頓犀法

以犀置人懷中, 得人氣則
頓, 搗之成粉.《菊史小識》

12) 마른 무소뿔 윤기 나게 하여 색 내는 법

마른 무소뿔을 흐물흐물하게 찧은 봉숭아로 감
싸서 찌면 다시 윤기가 난다. 무소뿔 잔을 물들일
때에는 흐물흐물하게 찧은 봉숭아와 함께 무소뿔
잔을 삶으면 색이 밀랍처럼 되어서 이전의 무소뿔
을 보완할 수 있다. 다만 처음 꺼낼 때 바람에 말려
지는 일을 금해야 하니, 바람을 쐬면 갈라지기 때문
이다.《본초강목》[24]

潤枯犀生色法

枯犀以鳳仙花搗爛罨蒸,
復令潤澤, 染犀杯. 金鳳花
搗攔煮犀杯, 色如蠟, 可充
舊犀. 但初出忌風乾, 見風
則裂.《本草綱目》

13) 대모껍질 벗기는 법

대모(玳瑁)[25]는 등에 껍데기가 12장이 있다. 껍
데기를 쓰려면 반드시 그 몸통을 거꾸로 매달고 끓
는 식초를 뿌려야 한다. 그러면 껍데기 조각이 손에
닿자마자 떨어진다. 누런색이 많고 검은색이 적은
껍데기가 비싸다.《영남잡기》[26]

玳瑁剝甲法

玳瑁背負十二葉. 取用必
倒懸其身, 用滾醋潑之, 逐
片應手而落. 黃多黑少者,
價高.《嶺南雜記》

---

22 《西溪叢語》卷下.
23 출전 확인 안 됨.
24 출전 확인 안 됨.
25 대모(玳瑁) : 바다거북의 일종이다. 대모의 등껍데기를 지칭하기도 한다. 등껍데기의 길이는 80~110센티이
　　다.
26 출전 확인 안 됨 ; 대신 《東西洋考》 卷1 〈東洋列國考〉 "交阯" '玳瑁'에서 확인된다.

대모(위키미디어)

대모로 장식한 장(국립민속박물관)

14) 모조 대모 분변하는 법

생대모 1조각을 차고 있으면 음식에 독이 들어 있을 때 저절로 흔들리니, 이것으로 진짜와 가짜를 분변할 수 있다.《정자통》[27]

辨眞贗法

生玳瑁一片佩之, 遇食有毒, 自能搖動, 可辨眞贗.《正字通》

15) 모조 대모껍질 만드는 법

석회·납가루·감말(鹻末)을 쇠뿔에 떨어뜨려 만든다.【감말은 소금이 뭉쳐진 것이다. 이 소금을 긁어다가 정제해도 맛이 나쁘다.】《강희자전》[28]

造贗玳瑁法

以石灰、鉛粉、鹻水點牛角爲之.【鹻末, 鹽鹵之凝者. 刮鹽煎煉, 味下者.】《康熙字典》

16) 대모 빛내는 법

대모는 마른 나뭇가지와 나뭇잎으로 닦아야 빛

玳瑁生光法

以枯條木葉縈之, 乃有光

---

27 출전 확인 안 됨.
28 《御定康熙字典》卷31〈戌集〉上 "金部" '銀'.

이 난다.《유원총보》[29]

17) 가죽제품 다루는 법

　사냥한 짐승의 가죽을 벗기고 햇볕에 널었다가 마르면 무두질용 칼【무두장이가 가죽을 부드럽게 하는 도구로, 쇠로 만든다. 모양은 작은 삽 같지만 조금 둥글고, 날을 만들지 않는다. 나무 손잡이는 길이가 1척 정도이다. 손잡이 끝에는 가로로 나무막대 1개를 끼우는데, 모양이 초승달처럼 생겼으며 초승달 모양의 갈고리가 바깥쪽을 향해 있다. 다시 나무로 옷걸이처럼 생긴 작은 틀을 만들어서 가죽을 틀에 건 채로 발로 꼬리 끝부분을 밟아 털가죽을 비스듬히 펼친다. 그런 다음 무두용질 칼의 손잡이 끝에 가로로 끼운 나무를 가슴에 붙이고 몸을 가죽 쪽으로 굽히며 힘을 써서 가죽을 문지른다. 주변을 고루 문질러 두꺼운 곳이 평평하게 깎이고 주름진 곳이 넓어지면 가죽의 뻣뻣한 성질이 저절로 부드러워진다. 담비나 쥐 등처럼 작은 가죽은 틀에 걸 필요 없이 땅 위에 펼쳐 놓고 문지르기만 한다.】로 반복해서 두루 문지른다. 그런 다음 소 뇌수를 바르고 문질러 그늘에서 말린 뒤, 갈아 놓은 고운 석회를 가죽에 뿌리고 문지르면 무르고 부드러워지며 깨끗해진다. 그러나 우리나라에서 만든 가죽은 끝내 뻣뻣하여 중국의 가죽에 크게 미치지 못할

耀也.《類苑叢寶》

治皮貨法

獵取剝皮, 張曬待乾, 用無刃刀,【皮工揉皮之器, 鐵爲之. 形如小鍤而微圓, 不作刃. 木柄長尺許, 柄頭橫嵌一木條, 形如初生月而鉤向外. 復木作短機如衣椸形, 掛皮于機, 仍足踏尾際, 令皮斜張, 乃以刀柄頭橫木襯貼胸臆, 俯身就皮, 用力磨揩. 周遭勻擦, 令厚處削平, 皺處擴展, 而獷猂之性自然柔輭. 若貂、鼠等小皮不必掛機, 但鋪地上而磨之.】反復通磨. 以牛頭髓塗擦陰乾, 摻石灰研揩, 則柔輭而白淨. 然東産皮革終患獷猂, 遠不及中國. 意揉制之不得其法也.《天工開物》, 凡言裘褥之材, 必曰"硝熟". 意中國制皮之藥用硝石等物, 而不可詳矣.《金

---

29 출전 확인 안 됨.

일이 걱정된다. 아마도 가죽을 문지르는 제도의 적 華耕讀記》
절한 방법을 찾지 못했기 때문일 것이다.《천공개물》
에서 일반적으로 갖옷과 버선 만드는 재료를 말할
때는 반드시 '망초로 무두질한다.'[30]라 했다. 아마
도 중국에서 가죽 만드는 약으로 망초 등의 재료를
쓸 테지만 그 내용을 자세히 알 수는 없다.《금화경
독기》

18) 가죽 다루는 법 　治革法

일반적으로 소·말·당나귀·노새·노루·사슴 등의 　凡牛、馬、驢、騾、獐、鹿等
털가죽을 털을 제거하여 가죽으로 쓰려면 땅을 사 　皮, 欲去毛用革, 則坎地方
방 1장씩 파고 네 벽면과 바닥에 모두 널빤지를 촘 　丈, 四墻及底竝用木板密
촘하게 배열한다. 역청·석회를 기름에 섞고 나무의 　排, 瀝青、石灰和油塡縫,
틈새를 막아 물이 새지 않게 한다. 그 상태에서 석 　令水不漏. 仍以石灰和水,
회를 물과 섞어 널빤지로 만든 못 안에 가득 붓고서 　注滿池內, 浸皮灰汁中. 漚
가죽을 석회물 속에 담근다. 담근 지 오래되면 꺼내 　淹旣久, 取出, 用無刃刀削
어 무두질용 칼로 가죽의 털을 깎아 제거한다. 완 　去皮毛, 淨盡, 復用牛髓塗
전히 깨끗해지면 다시 소 뇌수를 바르고 문질러 그 　擦, 陰乾. 更以無刃刀不住
늘에 말린다. 다시 무두질용 칼로 쉬지 않고 문지른 　磨揩. 然用作障泥等, 終不
다. 그러나 이런 방법으로 만든 말다래는 끝내 부드 　及華造之柔靭滋潤. 且中
럽고 질기면서도 촉촉하고 윤이 나는 중국 가죽에 　國皮金及裹造箱籠者, 皆
미치지 못한다. 게다가 중국의 피금(皮金)[31] 및 상롱 　擴展羊革而成者也, 其薄
(箱籠)[32]을 감싼 가죽은 모두 양가죽을 넓혀서 만든 　如紙, 其靭如繭, 其潤如

---

30 《천공개물》에서……무두질한다 : 해당 내용은《天工開物》卷2〈乃服〉"裘", 102~104쪽 ;《섬용지》권3
　〈복식도구〉"옷과 갖옷" '갖옷' 참조.

31 피금(皮金) : 동물성 배지인 가죽에 금을 넓게 펴서 붙인 것으로, 금사(金絲)를 만들 때 주로 쓴다.

32 상롱(箱籠) : 옷을 넣어 두는 가구.

것으로 종이처럼 얇고 비단처럼 질기며 기름처럼 윤
이 나니, 어떤 방법으로 만들었는지 모르겠다.《금화
경독기》

油, 未知何法也.《金華耕讀
記》

6. 진주 [珠貝]

珠貝

1) 진주

일반적으로 진주는 반드시 진주조개[蚌] 속에서
난다. 달빛을 받아 진주가 만들어졌다가 해가 넘어
매우 오래되어야 지극한 보배가 된다.[1] 중국에서 진
주를 채취하는 곳은 반드시 뇌(雷)[2]·염(廉)[3] 두 곳이
다.【일반적으로 진주조개가 진주를 품는 곳은 천
길 물속인데, 보름달이 하늘 한가운데에 이르면 껍
데기를 열어 달을 향해 달빛을 받고 달의 정기를 얻
어 진주의 형체를 이룬다. 그래서 한가을에 달빛이
밝으면 나이 든 진주조개가 달빛을 매우 반긴다. 만
약 밤새도록 구름이 없으면 동쪽에서 떠서 서쪽으
로 지는 달을 따라 그 몸을 뒤척여 빛을 받는다. 다
른 바닷가의 조개에 진주가 없는 것은 밀물과 썰물
에 뒤흔들려서 진주조개가 몸을 안정시키며 조용히
있을 곳이 없기 때문이다.[4]】

珍珠

凡珍珠必産蚌腹, 映月成
胎, 經年最久乃爲至寶. 中
國採珠必在雷、廉二地.【凡
蚌孕珠卽千仞水底, 一逢
圓月中天, 卽開甲仰照, 取
月精以成其魄. 中秋月明,
則老蚌喜甚. 若徹曉無雲,
則隨月東升西沒, 轉側其
身而映照之. 他海濱無珠
者, 潮汐震撼, 蚌無安身靜
存之地也.】

---

1 일반적으로……된다 : 진주는 어느 조개에서나 생길 수 있지만 널리 알려진 진주조개로 민물에 사는 것은
대칭이, 펄조개 등이 있고, 바다에 사는 것은 전복, 진주조개, 백엽조개 등이 있다. 중국에서는 민물조개
가 주로 난다. 진주는 조개가 이물질을 흡입하여 생성하는 것으로, 본문의 설명은 잘못되었다.
2 뇌(雷) : 지금의 중국 광동성(廣東省) 담강시(湛江市)에 속해 있는 뇌주시(雷州市) 일대. 해강(海康)이라고도
한다.
3 염(廉) : 지금의 중국 광서장족자치구(廣西壯族自治區) 합포현(合浦縣)에 속해 있는 염주진(廉州鎭) 일대.
4 다른……때문이다 : 조개류는 대부분 보름달 때와 초승달 때 산란이 왕성하고 빛을 좋아하는 성질이 있다.

연호(蜑戶)5에서 진주를 채취할 때 매년 3월에 희생을 잡아 바다의 신에게 제사를 지내는데, 그 경건함이 지극하다. 연호 사람들은 물에 들어가면 물빛을 알 수 있기 때문에, 교룡(蛟龍)이 있는 곳이면 감히 침범하지 않는다. 일반적으로 진주를 채취하는 배는 그 제도가 다른 배들에 비해 가로가 넓고 둥글어서 그 위에 짚방석을 많이 싣는다. 소용돌이를 지날 때 이 방석을 물에 던지면 배에 탈이 없다.6

蜑戶採珠, 每歲三月, 牲殺祭海神, 極其虔敬. 蜑戶入水, 能知水色, 知蛟龍所在, 則不敢侵犯. 凡採珠舶, 其制視他舟橫闊而圓, 多載草薦于上. 經過水漩, 則擲薦投之, 舟乃無恙.

짚방석을 던져 소용돌이의 위험을 막는 모습(《천공개물》)

5 연호(蜑戶): 물가에서 거주하던 사람들로 중국 고대부터 장강(長江)·동남(東南) 연해(沿海) 일대에 거주했다. 근대에는 대부분 광동성(廣東省)·광서성(廣西省)·복건성(福建省) 연해 일대에 집중되어 있다.
6 일반적으로……없다: 여기서 설명한 모습은 위의 그림과 같다.

배 안에서 긴 줄을 잠수부 허리에 묶은 뒤, 바구니를 가지고 물에 들어간다. 일반적으로 잠수부는 주석으로 만든, 굽은 고리 모양의 빈 관을 가지고 들어가서 그 밑의 빈 곳을 입과 코에 씌워 물속에서 천천히 호흡한다. 이와는 별도로 무두질한 가죽으로 귀와 목 사이를 감싼다. 아주 깊게는 400~500척이나 물속으로 들어가 진주조개를 바구니에 주워 담는다. 그러다 숨이 차오르면 줄을 흔드는데, 이때 위에 있는 사람이 급히 줄을 끌어 올리지만 운이 없는 사람은 간혹 물고기밥이 되기도 한다. 일반적으로 잠수부가 물에서 나오면 뜨겁게 데운 털가죽을 급히 덮어 주는데, 이 과정이 늦어지면 추위에 떨다가 죽는다.[7]

송 왕조의 초안착적사(招安捉賊使)였던 이중회(李重誨)[8]의 설명에 따르면, "쇠로 바닥을 긁을 수 있는 써래 같은 기구[耩]를 만들고, 이 기구의 맨 뒤에는 나무기둥 2개를 설치하여 자루 그물의 아가리가 열린 채로 유지될 수 있게 하며, 양쪽 귀퉁이에는 돌을 매단다. 삼끈으로는 주머니 모양처럼 자루 그물을 만들어 나무기둥에 묶은 다음, 이 기구를 배 양쪽에

舟中以長繩繫沒人腰, 携籃投水. 凡沒人以錫造彎[1]環空管, 其本缺處, 對掩沒人口鼻, 令舒呼吸于中, 別以熟皮包絡耳項之際. 極深者至四五百尺, 拾蚌籃中. 氣逼則撼繩, 其上急提引上, 無命者或葬魚腹. 凡沒人出水, 煮熱毳急覆之, 緩則寒慄死.

宋朝李招討說法, 以鐵爲耩[2], 最後木柱扳[3]口, 兩角墜石, 用[4]麻繩作兜如囊狀, 繩繫舶兩傍. 乘風揚帆而兜取之. 然亦有漂溺之患, 今蜒戸兩法並用之.

---

7 이상에서 설명한 모습은 위의 그림과 같다.

8 이중회(李重誨) : 946~1013. 원문의 '李'를 중화서국본에서는 이중회라고 적시했다. 이중회는 송대의 관료로 응주(應州) 마보군(馬步軍) 도지휘사(都指揮使), 등주(鄧州) 마보군 도지휘사 등 군직을 역임했다. 이때는 옹희(雍熙) 3년(986)으로 광계(廣桂), 융의(融宜), 유주(柳州)의 초안착적사(招安捉賊使)였다.

① 彎 : 저본에는 "灣". 《天工開物·珠玉·珠》에 근거하여 수정.

② 耩 : 저본에는 "藉". 《天工開物·珠玉·珠》에 근거하여 수정.

③ 扳 : 저본에는 "板". 《天工開物·珠玉·珠》에 근거하여 수정.

④ 用 : 저본에는 "周". 《天工開物·珠玉·珠》에 근거하여 수정.

잠수하여 진주조개를 채취하는 모습(《천공개물》)

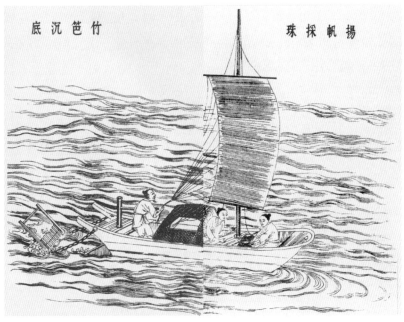

이중회의 진주조개 채취법(《천공개물》)

밧줄로 연결한 뒤 바람을 타고 돛을 운행하면서 자루그물로 진주조개를 거둬들인다."[9]라 했다. 그러나 이 방법은 기구가 떨어져 나가거나 사람이 물에 빠져 죽을 근심이 있어서, 지금 연호에서는 위의 두 방법을 아울러 쓰고 있다.

일반적으로 진주조개 속에 있는 진주는 옥이 박옥 속에 있는 듯하여, 처음에는 그 조개의 귀함을 알지 못하니 쪼개어 봐야 알 수 있다. 지름이 0.05~0.1척인 진주가 상품[上品]이다. 진주 가운데 작고 평평하여 솥을 엎어 놓은 듯하고, 한쪽 면에 광채가 은은하여 금을 입힌 듯하면 이 진주를 '당주(璫珠)'라 하는데, 그 값이 1알에 천금이나 된다. 그다음은 주주(走珠)로, 이것을 평평한 바닥의 쟁반 속에 놓으면 그치지 않고 굴러다닌다. 값도 당주와 비슷하다.【죽은 사람의 몸에 진주 1알을 물리면 시신이 다시는 썩지 않기 때문에 부귀한 집에서는 이 주주를 비싼 값을 주고 산다.[10]】 그다음은 활주(滑珠)로, 색은 빛나지만 모양은 그다지 둥글지 않다. 그다음은 나가주(螺蚵珠)이고, 그다음이 관주(官珠)·우주(雨珠), 그다음이 세주(稅珠), 그다음이 총부주(蔥符珠)이다. 어린 진주

凡珠在蚌, 如玉在璞, 初不識其貴賤, 剖取而識之. 自五分至一寸五分經者爲大品. 小平似覆釜, 一邊光彩微似鍍金者, 此名"璫珠", 其直一顆千金矣. 次則走珠, 實平底盤中, 圓轉無定歇, 價亦與璫珠相彷.【化者之身受含一粒, 則不復朽壞, 故富貴[5]之家重價購此.】次則滑珠, 色光而形不甚圓. 次則螺蚵珠, 次官雨[6]珠, 次稅珠, 次蔥符珠. 幼珠如梁粟, 常珠如豌豆. 稗而碎者曰"璣".《天工開物》

---

9 쇠로……거둬들인다 : 이상에서 설명하는 진주조개 채취법을 보여 주는 그림은 앞쪽 페이지의 그림과 같다. 하지만 개략적인 모습만 알 수 있을 뿐 자세한 사항은 알기 어렵다.

10 죽은……산다 : 전통적으로 잘못 전해져 내려온 설이다. 진주가 부패를 방지하고 생기를 불어넣는 효과가 있다고 하나 시신을 썩지 않게 할 수는 없다.

[5] 富貴 :《天工開物·珠玉·珠》에는 "帝王".

[6] 雨 : 저본에는 "兩".《天工開物·珠玉·珠》에 근거하여 수정.

는 좁쌀만 하고, 보통의 진주는 완두만 하다. 질
이 좋지 않고 부쉬진 진주는 '기(璣)'라 한다.《천공개
물》[11]

중국 사람들은 우리나라 진주를 보배로 여겨 '고
려주(高麗珠)'라 부른다. 색은 담백하여 차거(硨磲)와
같으며, 모자 앞 챙 끝에 1개를 끼워 남북의 방위를
표시했다. 우리나라 진주는 무게 8푼 이상을 보배
로 여긴다. 중국 황제가 우리나라 진주 7돈짜리를
지니고서 꿈에서 가위에 눌리는 것을 막는 보배로
삼았다고 한다. 내가 열하(熱河)에서 기풍액(奇豐額)[12]
을 만났는데, 모자 챙에 우리나라 진주를 달아 놓았
다. 그는 진주의 무게가 6.7푼이고 값은 은 40냥이
라 했다.

나는 "진주가 토산(土産)이 아닐 겁니다. 간혹 조
개를 먹다가 입안에서 씹히는데, 이를 '육주(陸珠)'라
하기는 하지만, 너무 자잘해서 보배라 하기에는 부
족합니다. 다만 부녀자들의 비녀나 귀걸이에 장식한
진주는 모두 일본 진주인데, 무지갯빛이 돌아 보배
라 할 만합니다." 했다.

그러자 기풍액이 웃으며 "그렇지 않습니다. 이
는 굴 껍데기를 둥글게 간 것이지 진주는 아닙니

中國人寶東珠, 呼爲"高麗
珠". 色淡白如硨磲[7], 帽
前簷端嵌安一箇, 以表南
北. 東珠八分已上爲寶. 皇
帝有東珠七錢重, 爲鎮夢
魘寶云. 余於熱河見奇豐
額, 帽簷東珠, 重六分七
釐, 價銀四十兩云.

余言 : "珠非土産. 或有食
蛤得之牙頰間, 謂之"陸
珠", 瑣細不足珍. 婦女簪
珥所粧皆倭珠, 有虹[8]光
可寶."

奇笑曰 : "否也. 這是蠣房
磨圓, 非珠也.【案《和漢三

---

11 《天工開物》卷18〈珠玉〉"珠", 435~439쪽.
12 기풍액(奇豐額) : 미상. 《열하일기》에 박지원을 안내하던 귀주 안찰사로 소개되었다.
7 硨磲 : 저본에는 "輭輴". 《熱河日記·口外異聞·高麗珠》에 근거하여 수정.
8 虹 : 《熱河日記·口外異聞·高麗珠》에는 "紅".

다.【안】《화한삼재도회》에서 "진주는 전복의 진주가 가장 상품이지만, 얻는 경우가 드물다. 그러므로 지금은 백엽조개[蚨蝶][13]와 모시조개[淺蜊] 두 종류에서 나온 진주를 쓴다."라 했고, 또 "이세(伊勢)[14] 진주는 백엽조개의 진주이다. 세슈(勢州)[15]에서 많이 채취하고, 카이세이(海西)[16]의 큰 마을에도 있다. 작은 진주는 크기가 닥나무 열매만 하고, 중간 크기의 진주는 크기가 삼씨만 하다. 큰 진주는 크기가 메주콩만 한데 무게 5~6푼짜리인 진주가 상품이다. 모두 윤기 나는 흰색이며 은은한 푸른빛을 띤다."라 했다. 또 "오와리(尾張)[17] 진주는 모시조개 진주이다. 비슈(尾州)[18]에서 많이 잡히는데, 게이슈(藝州)[19]의 히로시마(廣島)에도 있다. 그 크기는 이세에서 나온 진주와 다르지 않다. 다만 광택이 없어 어안옥(魚眼玉)[20]과 비슷하고 값도 비싸지 않다."[21]라 했다. 또 "본국(일본)에서 진주조개의 진주를 쓰지 않는 이유는 진주조개가 없어서가 아니라 백엽조개나 모시조개처럼 많지 않아서이다. 따라서 진주조개에서 채취하는 진주는 드

才圖會》曰:"眞珠以鰒珠爲最上, 然得之者鮮. 故今用蚨蝶、淺蜊二種也." 又曰: "伊勢眞珠, 蚨蝶珠也. 勢州多取之, 海西大村亦有之. 小者, 大如楮實, 中者如麻仁, 大者如黃豆, 重五六分者爲上, 皆色潤白, 有微靑光." 又曰:"尾張眞珠, 淺蜊貝珠也. 尾州多取之, 藝州廣島亦有之. 其大小, 與伊勢産不異. 但無光澤, 如魚眼玉, 價亦不貴." 又曰:"本國不用蚌珠, 非無蚌, 而不如蚨蝶、淺蜊之多, 故取蚌珠者希." 據此則倭珠多得之蝶及蜊, 未必皆蠣房僞造. 且可見介蟲孕珠, 不獨蚌一種矣.】所寶

---

13 백엽조개[蚨蝶]:'진주조개'라고도 한다. 학명은 Pinctada fucata martensii이다.
14 이세(伊勢):지금의 일본 긴키(近畿) 미에현(三重縣)에 속한 도시.
15 세슈(勢州):이세(伊勢)의 별칭.
16 카이세이(海西):지금의 일본 혼슈 아이치현(愛知縣)·기후현(岐阜縣) 일대.
17 오와리(尾張):지금의 일본 혼슈 아이치현 서부 일대.
18 비슈(尾州):오와리(尾州)의 별칭.
19 게이슈(藝州):지금의 일본 혼슈 히로시마현(廣島縣) 일대.
20 어안옥(魚眼玉):옥의 일종으로 보이나, 자세한 내용은 모르겠다.
21 《和漢三才圖會》卷47〈介貝部〉"眞珠"《倭漢三才圖會》卷5, 68~69쪽).

물다."[22]라 했다. 이에 근거하면 일본 진주는 대부분 백엽조개와 모시조개에서 얻으니, 모두 굴 껍데기로 위조한 진주는 아니다. 또 진주를 품는 개충(介蟲)[23]이 진주조개 한 종류만이 아니라는 사실을 볼 수 있다.】조선의 진주를 보배로 여기는 이유는 조개 기운이 없고, 자체에 천연의 보배로운 빛이 감돌기 때문입니다."라 했다.

東珠者無貝氣, 自有天然寶光."

이 말은 꽤 일리가 있다. 일반적으로 우리나라의 재화 가운데 연경에 들어가 이익을 보는 물건으로는 진주가 최고이다.[24] 《열하일기》[25]

此言殊有理. 凡東貨入燕, 獲奇羨者, 眞珠爲最. 《熱河日記》

2) 진주조개 양식하는 법

種珠法

맑은 물속에서 큰 진주조개 1개를 잡아 작은 물항아리 안에다 기르는데, 맑은 물을 항아리에 절반 넘게 담아서 조용하고 하늘이 보이는 곳에 둔다. 이때 부인이나 닭, 개가 2개월 동안 항아리 근처에 가지 못하게 한다. 중국남천[十大功勞][26]을 캐서 깨끗이 씻고 자연즙을 낸 뒤, 주약(紬藥)[27]과 진주가루를 섞어 메주콩 크기의 환을 만든다. 환의 겉에는 가장

取淸水中大蚌一個, 養小水缸內, 貯淸水大半缸, 放在靜處露天. 勿令婦人、鷄、犬到二月間. 採十大功勞⑨洗淨, 取自然汁, 和紬⑩藥珠末丸如黃豆大. 外以上好光明細羅甸末爲

---

22 《和漢三才圖會》卷47 〈介貝部〉 "蚌"(《倭漢三才圖會》卷5, 72쪽).

23 개충(介蟲): 단단한 껍데기로 몸을 감싸는 수생 생물.

24 일반적으로……최고이다: 《열하일기》에는 이 부분이 없고, 대신에 "그러나 우리나라 진주가 어느 곳에서 나서 누가 채집해다가 세상에 퍼뜨리는지를 나는 모르겠다.(然吾未知東珠產於何處, 而誰能探之而遍於天下乎?)"라는 내용이 있다.

25 《熱河日記》〈口外異聞〉 "高麗珠", 616쪽.

26 중국남천[十大功勞]: 쌍떡잎식물 미나리아재비목 매자나뭇과의 상록 소관목. 높이 1~2미터까지 자라며, 주로 관상용으로 재배한다.

27 주약(紬藥): 무슨 뜻인지 모르겠다.

⑨ 勞: 저본에는 "草". 《古今秘苑·種珠神法》에 근거하여 수정.

⑩ 紬: 저본에는 "細". 《古今秘苑·種珠神法》에 근거하여 수정.

좋고 빛나는 고운 나전(羅鈿)[28] 가루로 옷을 입힌다. 이 환을 옻칠한 합에 담아 극히 동그래지고 점성이 없어질 때까지 햇볕에 말린다. 그런 다음 진주조개 아가리를 벌리고 그 속에 구슬을 넣어 100일 동안 기른다. 매일 때에 맞춰 약(다음 기사 참조)을 한 번씩 먹이는데, 절대로 시각을 어기지 말아야 한다. 이렇게 100일을 채우면 진주가 만들어지니, 이때 마음대로 구멍을 뚫는다.《고금비원》[29]

衣, 漆盒滾, 至極圓極乾不粘爲度, 曬乾. 將蚌口啓開, 入珠於內, 養百日. 每日依時喂養藥一次, 勿誤時刻. 百日足卽成眞珠, 任從打眼.《古今秘苑[11]》

진주조개에게 먹이는 약 조제법:인삼·백복령·백급(白芨)[30]·백수(白樹)[31] 각 1전을 함께 갈아 곱게 가루 낸 뒤, 꿀에 달여 1가락을 만든다. 1가락마다 쌀알만 하게 만들고 속은 깨끗이 말리며, 무게는 0.5푼을 기준으로 한다.《고금비원》[32]

藥方:人蔘、白茯苓、白芨、白樹[12]各一錢, 同研細末, 煉蜜成條. 每條, 長如米, 內以乾淨, 重半分爲則. 同上

3) 진주 씻는 법

진주를 사람 젖에 하룻밤 담근다. 익모초 태운 재의 즙을 짜서 밀가루를 조금 넣은 액을 만든 뒤 비단주머니에 넣은 다음, 진주를 이곳에 담그고서 가볍게 손으로 문질러 씻으면 빛깔이 선명해진

洗珠法

珠以人乳浸一宿. 將益母草燒灰淋汁, 入麵少許, 以絹袋盛珠, 輕手揉洗則鮮明.《古今秘苑》

---

28 나전(羅鈿):빛이 나는 자개 조각을 박거나 붙여 장식하는 기법. 여기서는 나전의 원료인 자개를 말하는 듯하다. 나전(螺鈿)과 동의어.
29 《古今秘苑》〈一集〉卷4 "種珠神法", 1쪽.
30 백급(白芨):난초과 자란(紫蘭)의 덩이줄기를 말린 약재.
31 백수(白樹):중국에 서식하는 관목. 2~13미터까지 자란다. 해독작용을 하며, 상처와 화상을 치료하는 효과가 있다.
32 《古今秘苑》〈一集〉卷4 "藥方附", 1쪽.
[11] 古今秘苑:저본에는 "天工開物".《古今秘苑·種珠神法》에 근거하여 수정.
[12] 樹:저본에는 "米".《古今秘苑·藥方附》에 근거하여 수정.

다.《고금비원》[33]

진주가 기름에 물들었으면 오리 똥을 햇볕에 말렸다가 태운 재를 끓여 거른 즙을 준비한 뒤, 비단 주머니에 진주를 담아 여기에 담그고서 씻는다.《고금비원》[34]

珠染油者, 用鵝鴨糞曬乾, 燒灰熱湯澄汁, 絹袋盛洗. 同上

진주의 색이 불에 타서 붉어지면 무환자나무[35]껍질로 끓인 물에 진주를 담갔다가 물로 씻은 뒤, 갈아 낸 무즙에 하룻밤 담그면 곧 하얘진다.《고금비원》[36]

珠色焦赤者, 以槵子皮熱湯浸水洗, 研蘿葍汁淹一宿卽白. 同上

진주가 붉어지면 파초즙을 진주에 뿌린 뒤 아울러 이 즙에 하룻밤 동안 담그면 곧 하얘진다.《고금비원》[37]

珠赤色者, 以芭蕉汁澆 13, 兼浸一宿卽白. 同上

진주에 시신의 기운이 침범하면 익모초 달인 즙과 밀기울 태운 재를 섞은 물로 진주를 문질러 씻는다. 대체로 진주는 사향에 가까이 하는 것을 금하는데, 가까이 하면 색이 어두워지기 때문이다.《고금

珠犯尸氣者, 以益母草煎汁, 麩炭灰擦洗. 大抵珠忌近麝香, 近之昏暗. 同上

---

33 《古今秘苑》〈一集〉卷4 "洗珠法".
34 《古今秘苑》〈一集〉卷4 "珠染油法".
35 무환자나무: 쌍떡잎식물 무환자나무목 무환자나뭇과의 낙엽관목. 나무를 심으면 자식에게 화가 없다 하여 이런 이름이 붙었다. 한국, 일본, 중국 등지에 분포하며 거담 효과가 있다.
36 《古今秘苑》〈一集〉卷4 "珠色焦法".
37 《古今秘苑》〈一集〉卷4 "珠色赤".
13 澆:《古今秘苑·珠色赤》에는 "洗".

비원》[38]

4) 진주 꿰는 법

홍두(紅豆)[39] 간 즙을 묻힌다. 백급(白芨)도 괜찮다. 이 즙을 묻혀서 꿰면 불을 쬐도 떨어지지 않는다.《계신잡지》[40]

纍珠法

相思子磨汁綴之, 白芨亦可, 則見火不脫.《癸辛雜識》

5) 진주 보관법

진주를 경분(輕粉)[41]속에 보관하고 해를 넘기면 새끼 진주가 점점 자란다.【안 우리나라 사람들은 진주를 밀가루 속에 보관하는데, 여러 해가 지나면 또한 새끼 진주가 날 수 있다.】《화한삼재도회》[42]

藏珠法

眞珠藏輕粉中, 經年, 稍長生贅子.【案 我國人藏眞珠于小麥麵中, 數年亦能産子.】《和漢三才圖會》

6) 보석[43]

보석은 모두 광정(礦井:광산 구덩이) 속에서 나온다. 서번(西番)의 여러 곳에서 가장 많이 나는데, 중국에서는 운남성(雲南省)의 금치위(金齒衛)[44]와 여강(麗江)[45] 두 곳에서만 난다. 보석은 돌이 표면을 에워싸는 모

寶石

寶石皆出井中. 西番諸域最盛, 中國惟出雲南 金齒衛與麗江兩處. 有石狀包外, 包外如玉之有璞. 産寶

38 《古今秘苑》〈一集〉卷4 "珠犯尸氣".

39 홍두(紅豆):콩과의 덩굴식물로 상사자(相思子)는 이명이다. 열매에 독성이 있다.

40 《癸辛雜識》〈續集〉卷上 "治物各有法".

41 경분(輕粉):수은을 원료로 한 한방약재. 기생충 구제, 적취 제거 등의 효과가 있다.

42 《和漢三才圖會》卷47〈介貝部〉"眞珠"(《倭漢三才圖會》卷5, 69쪽).

43 보석:중국에서는 보석 가운데 금강석(金剛石)·강옥(鋼玉)·황옥(黃玉)·녹주석(綠柱石) 등을 제일로 쳤고, 공작석(孔雀石)·수정(水晶)·마노(瑪瑙) 등을 다음으로 쳤다. 이들 보석은 현대까지도 계속해서 사용되고 있다.

44 금치위(金齒衛):지금의 중국 운남성(雲南省) 서쌍판납태족자치주(西雙版納傣族自治州) 인근으로, 태족(傣族)이 거주하는 지역이다.

45 여강(麗江):지금의 중국 운남성 북서부의 도시 일대. 여강 고성(古城)은 명청(明淸) 때 차 무역의 거점이었으며 현재도 원형을 유지하고 있다.

양인데, 표면을 에워싸는 모양이 마치 옥이 박옥에 싸여 있는 모양과 같다. 보석이 나오는 광정은 극히 깊고 물이 없다.[46] 광정 바닥에서부터 위로 올라가는 구멍이 곧게 뚫려 햇빛과 달빛의 정화(精華)를 받아 보석이 만들어진다. 그러므로 타고난 재질이 빛나고 밝으니, 이는 옥이 가파른 여울에서 나고 진주가 물 밑에서 나는 이치와 같다.

그 보석 중에 큰 것은 사발만 하고, 중간 것은 주먹만 하며, 작은 것은 콩만 하다. 처음 캤을 때는 그 속에 어떤 종류가 들었는지는 알 수 없고, 보석 세공하는 장인에게 맡겨 장인이 갈고 쪼갠 다음에야 그 보석이 어떤 종류인지 알 수 있다.

그중에 홍색이나 황색에 속하는 종류는 묘정(猫精)[47]·말갈아(靺鞨芽)[48]·성한사(星漢沙)[49]·호박(琥珀)[50]·목난(木難)[51]·주황(酒黃)[52]·나자(喇子)[53] 등이다. 묘정은 누러면서 약간 붉은 빛을 띤다. 호박은 가장 귀한 것을 '예(瑿)'【'瑿'의 음은 의(依)이고, 이것의 값은

之井卽極深無水, 從井底, 直透上孔, 取日精月華之氣而就. 故生質有光明, 如玉産峻湍, 珠孕水底.

其石, 大者如碗, 中者如拳, 小者如豆. 初採不曉其中何等色, 付與琢工鑢錯解開, 然後知其爲何等色也.

屬紅、黃種類者, 爲猫[14]精、靺鞨芽、星漢[15]沙、琥珀、木難、酒黃、喇子. 猫精黃而微帶紅, 琥珀最貴者, 名曰"瑿",【音依[16],

---

46 보석이……없다 : 보석은 암석과 광물질이 열과 화학적 변성을 거쳐 형성되는 것으로, 본문의 설명은 잘못된 것이다.

47 묘정(猫精) : 지금의 금록옥(金綠玉). 여러 가지 채색의 동심원이나 동심타원 모양으로 둘려 있어 고양이 눈 같다고 하여 이런 이름이 붙었다.

48 말갈아(靺鞨芽) : 석영의 일종으로 홍마노(紅瑪瑙). 주산지인 만주 지역에 말갈이 거주했기에 이런 이름이 붙었다.

49 성한사(星漢沙) : 석영의 일종으로 귀단백석(貴蛋白石). 은하의 별처럼 빛난다고 하여 이런 이름이 붙었다.

50 호박(琥珀) : 송진이 변성되어 만들어진 보석.

51 목난(木難) : 황옥의 일종.

52 주황(酒黃) : 황옥의 일종.

53 나자(喇子) : 크롬을 함유한 강옥(鋼玉).

[14] 猫 : 저본에는 "狷". 《天工開物·珠玉·寶》에 근거하여 수정.

[15] 漢 : 저본에는 "渼". 《天工開物·珠玉·寶》에 근거하여 수정.

[16] 依 : 저본에는 없음. 《天工開物·珠玉·寶》에 근거하여 보충.

황금의 곱절이다.]라 하는데, 붉으면서 약간 검은빛을 띤다. 그러나 낮에 보면 검고, 등불 아래에서 보면 진한 붉은색이다. 목난은 순황색, 나자는 순홍색이다.【안 우리나라 사람들이 말하는 '밀화(密花)'는 아마도 목난인 듯하고, '금패(錦貝)'는 아마도 묘정(猫精)인 듯하다.】전대(前代)에 어떤 황당한 사람이 소나무에 대해 주석을 달면서 소나무가 복령(茯苓)으로 변한다고 하고, 또 호박(琥珀)으로 변한다고 했으니, 우스운 일이다.

청색이나 녹색에 속하는 종류는 슬슬주(瑟瑟珠)[54]·조모록(珇珊綠)[55]·아골석(鴉鶻石)[56]·공청(空青)[57] 따위이며, 매괴(玫瑰)라는 종류에 이르러서는 메주콩이나 녹두만 한데, 여기에는 홍색·벽(碧)색·청색·황색 등의 여러 색이 모두 갖춰져 있다.《천공개물》[58]

호박은 소나무나 단풍나무의 정액(精液)이 여러 해 동안 변한 것이라고도 하지만, 꼭 그렇지는 않은 듯하다. 중국은 소나무와 단풍나무 2종의 나무가 부족하지 않지만 어느 곳에서 호박을 얻을 수 있는가? 반면에 변방의 나라에서 나는 호박은 이 하늘과 땅 사이에서 난 진귀한 보배의 일종이다.

此值倍黃金.】紅而微帶黑. 然晝見則黑, 燈光下則紅甚也. 木難純黃色, 喇子純紅.【案 東人所謂"密花"疑卽木難, "錦貝"疑卽猫精[17].】前代何妄人, 于松樹註茯苓, 又註琥珀, 可笑也.

屬靑、綠種類者爲瑟瑟珠、珇珊綠、鴉鶻石、空靑之類, 至玫瑰一種如黃豆、綠豆大者, 則紅、碧、靑、黃數色皆具.《天工開物》

琥珀, 或謂松、楓之精液多年所化, 恐未必然. 中國松、楓二木不乏, 何處得有琥珀? 而夷國產琥珀者, 此天地所生, 一種珍寶也. 琥珀, 血珀爲上, 金珀

---

54 슬슬주(瑟瑟珠): 티타늄을 함유한 강옥. 일명 남보석(藍寶石)이다. 이란~터키 일대가 주산지이다.
55 조모록(珇珊綠): 녹주석(綠柱石)의 변종. 가장 귀한 보석의 일종으로 꼽는다.
56 아골석(鴉鶻石): 남보석의 일종으로 티타늄을 함유한 강옥.
57 공청(空靑): 공작석(孔雀石)의 일종으로 휘동광(輝銅鑛)과 유동광(黝銅鑛)이 분해되어 생성된 광물.
58 《天工開物》卷18〈珠玉〉"寶", 443~446쪽.
[17] 精: 저본에는 "黃". 문맥에 근거하여 수정.

호박은 혈박(血珀:피의 색을 띤 호박)이 상품이고, 금박(金珀:금색을 띤 호박)이 다음이며, 납박(蠟珀:납황색을 띤 호박)이 가장 하품이다. 사람들이 티끌이 달라붙는 것을 진짜라 여기는 일도 잘못이다. 가짜 호박은 약을 써서 호박에 티끌이 빨리 달라붙도록 한다.《오잡조》[59]

이시진이 "일본 호박이 매우 붉다."라 한 말은 잘못이다.【안 《본초강목》에서 "호박 중에 고려와 일본에서 나는 것은 색이 매우 붉다. 안에 벌·개미·솔가지가 들어 있는 호박은 더욱 좋다."[60]라 했다.】일본의 훈육(薰陸)[61]이 호박과 서로 비슷하면서 먼지를 빨아들인 흔적이 있거나 그 속에 벌이나 개미가 들어 있어서 호박이라고 여기는 것이다. 그러나 불에 그을려 시험해 보면 진짜 호박은 향기가 나는 반면, 훈육은 약간 나쁜 냄새가 난다.《화한삼재도회》[62]

7) 모조 호박 만드는 법

호박은 모조품을 만들기 쉽다. 값이 비싼 모조 호박은 유황을 달여 녹이고, 값이 싼 모조 호박은 짙은 검붉은 즙에다 소나 양의 흰색 뿔을 달여 넣으

次, 蠟珀最下. 人以拾芥爲眞者, 亦非也. 僞者傅之以藥, 其拾芥捷.《五雜組》

李時珍謂"倭國琥珀深紅"者, 非也.【案《本草綱目》云:"琥珀出高麗、倭國者色深紅. 有蜂、蟻、松枝者尤好."】倭薰陸能相似, 而吸塵或有夾蜂蟻者, 故以爲琥珀耶? 但熏火試之, 眞者有香氣, 熏陸有微臭氣.《和漢三才圖會》

贋琥珀法

琥珀易假, 高者煮化硫黃, 低者以殷紅汁料煮入牛羊明角, 暎照紅赤隱然. 然亦

---

59 《五雜粗》卷10;《和漢三才圖會》卷86〈寓木類〉"琥珀"(《倭漢三才圖會》卷10, 310쪽).

60 호박……좋다:《本草綱目》卷37〈木部〉"琥珀", 2153쪽.

61 훈육(薰陸):누런 갈색이나 어두운 갈색의 나무진. 호박과 유사하나 호박은 아니다. 가루로 만들어 향료로 쓴다.

62 《和漢三才圖會》卷86〈寓木類〉"琥珀"(《倭漢三才圖會》卷10, 311쪽).

면 속이 비치면서 홍적색이 은은하게 나타난다. 그러나 진위를 쉽게 분변할 수 있으니, 호박을 갈면 수액이 나오기 때문이다.《천공개물》[63]

易辨, 琥珀磨之有漿.《天工開物》

좋은 소목 2근, 자초(지치) 1근을 쳐서 부수고 솥에 담아 강물로 달인다. 여러 번 끓어 극히 진해지면, 고운 비단에 걸러 찌꺼기를 제거한 뒤 솥에 넣어 다시 달인다. 한 번 끓으면 곧바로 아주 좋은 백랍 1근을 솥 안에 넣어 녹였다가 굳으면 뜻대로 이 물건에 조각을 새긴다.《고금비원》[64]

好蘇木二觔、紫草一觔, 搗碎入鍋, 河水煮, 數滾極濃, 細絹濾去渣, 入鍋再煮. 一滾卽將上好白蠟一觔入內, 化開凝結, 任彫物件.《古今秘苑》

8) 호박 만드는 법

산에서 난 흑연 1근을 비확(飛碻)[65]에 넣는다. 먼저 약한 불로 시작한 뒤에 점점 센 불로 달궈 겉면에 뭉친 찌꺼기를 없앤 다음, 흑연 1냥당 홍비(紅砒)[66] 3푼을 넣는다. 정성스럽게 16개를 만들어 차례로 던져 넣고, 그다음에 수저로 젓는다. 푹 달궈져 잇꽃이 풀어지면 불을 끄고 약한 불 한 가닥으로 밑에서 훈증하다가 급히 수저를 저어 꺼내면 연달아 구슬이 떨어진다. 크기에 관계없이 굳히면 진짜 호박과 색이 똑같다. 너무 오래 훈증해도 안 되고 너무 일찍 꺼내도 안 된다. 반드시 오래 훈증한

造琥珀法

用出山黑鉛一斤, 入飛碻. 先文火, 後漸漸武火煉, 去面上滓質後, 每兩黑鉛, 投紅砒三分, 叩以作十六, 次投進, 次用匙攪之. 煉至, 紅花撒撒, 退火, 止用一線文火, 在底薰蒸, 急用匙攪出, 連連滴珠. 不拘大小令定, 如眞琥珀色一同. 不可太過, 亦不可早. 須知老

---

63 《天工開物》, 위와 같은 곳, 446쪽.
64 《古今秘苑》〈一集〉卷4 "造琥珀", 1쪽.
65 비확(飛碻): 솥의 일종으로 추정되지만 확실하지는 않다.
66 홍비(紅砒): 붉은색을 띠는 비상(砒霜).

상태와 덜 훈증한 상태를 알아야 하는데, 오래 훈증한 호박은 색이 검어서 색이 누런 덜 훈증한 호박만 못하다. 반드시 알맞게 훈증해야 품질이 빼어나다.【안】 이 방법에서는 흑연·비석만을 써서 호박을 만든다고 하는데, 분명 빛나는 흰 돌[白石]을 빠뜨린 것이다. 유리(琉璃)와 초자(硝子)를 만들 때에도 모두 흰 돌이 주요 재료이다. 그렇다면 이 방법에 흰 돌이 없는 것은 큰 잘못이니, 다시 자세히 살펴야 한다.】《만법수지》[67]

嫩, 老者色黑, 不如嫩者黃. 須得中爲妙.【案】此法只用鉛、砒而成琥珀云者, 必漏光明白石也. 造琉璃與硝子, 并以白石爲君, 則此方之無白石太誤也, 更詳.】《萬法須知》

또 닭이 품던 계란이 썩어 병아리로 부화하지 못하면, 계란을 흔들어 노른자와 흰자를 서로 섞은 다음 삶는다. 이 삶은 계란에 마음대로 조각해서 신 술이나 식초 속에 담가 둔 뒤 닭똥 속에 2~3일 묻었다가 꺼내어 그늘에 말린다. 그러면 썩은 계란도 쓸 수 있다.《본초습유》[68]

又鷄伏卵腐不成雛者, 搖之使黃白相和煮之, 雕鏤隨意, 沈酸酒或醋中, 鷄糞中埋數三日, 出之陰乾. 自腐者亦可用.《本草拾遺》

9) 호박 자르는 법
진짜 호박은 가는 모시실로 호박 윗면을 톱질하면 두 조각으로 잘린다.《이목구심서》[69]

解琥珀法
眞琥珀以細苧絲鉅琥珀上, 則解成兩片.《耳目口心書》

10) 호박 씻는 법
호박이 오래 묵어 시커메졌을 때 콩비지와 함께

洗琥珀法
琥珀陳久黯黑者, 與豆腐

---

67 출전 확인 안 됨.
68 출전 확인 안 됨.
69 《靑莊館全書》卷48〈耳目口心書〉.

삶으면 옛 색깔이 다시 난다.[70] 滓同煮, 則復生古色.

11) 호박 부수는 법 **碎琥珀法**

배즙을 호박 위에 떨어뜨리면 부서진다.[71] 梨水點琥珀上則碎.

---

70 출전이 원문에 없음.
71 출전이 원문에 없음.

7. 공업 교육 　　　　　訓工

1) 사대부는 공업 제도에 뜻을 두어야 한다 　　論士夫宜留意工制

우리나라는 산에 의지하고 바다에 둘러싸여 있어서 일체의 이용후생 도구를 다른 나라에 의지하지 않아도 충분하다. 그러나 온갖 기술이 엉망이고 도구는 조악하여 정말로 북쪽에서 중국의 물자를 수입하지 않고 동쪽에서 일본의 생산품을 들이지 않으면, 산 사람을 봉양하고 죽은 사람을 장사 지내는 일에 모두 예(禮)를 차릴 수 없다. 이 지경이 된 까닭은 무엇인가? 한마디로 말하자면, 사대부들의 잘못 때문이다. 평상시에 거만하게 다스리는 사람[治人者] 따로 있고 먹을거리를 대 주는 사람[食人者] 따로 있다는 이분법적인 원칙[1]만을 고수하면서 공업 제도

我東依山環海, 一切利用厚生之具, 不藉他國而足. 而百藝惰[1]荒, 器用窳惡[2], 苟非北輸燕貨東購倭産, 則養生送死, 皆無以爲禮. 此其故何哉? 蔽一言曰士大夫之過也. 平居傲然, 自處以治人食人之義, 而不肯留心工制, 以節五材, 辨【同辦】民器之事, 一付諸椎魯無識之類, 坐

---

[1] 惰 : 저본에는 "隋". 오사카본에 근거하여 수정.

[2] 惡 : 저본에는 없음. 규장각본·한국은행본·오사카본에 근거하여 보충.

1　다스리는……원칙 : 《맹자》의 다음과 같은 내용에서 인용한 구절이다. "그러므로 어떤 이는 마음을 쓰고(정신노동) 어떤 이는 몸을 쓴다(육체노동). 마음을 쓰는 이들은 남을 다스리고 몸을 쓰는 이들은 남에게 다스림을 받는다. 다스림을 받는 이들은 다스리는 사람들에게 먹을거리를 대 주고, 남을 다스리는 사람들은 남에게서 먹을거리를 제공받는 것이 천하의 보편적인 원칙이다.(故曰或勞心, 或勞力. 勞心者治人, 勞力者治於人. 治於人者食人, 治人者食於人, 天下之通義也.)"《孟子》〈滕文公〉上4). 보통 이 대목은 지배자와 피지배자의 이분법적인 구분을 통해 피지배자에 대한 지배자의 우월성을 강조한 말로 이해되고 있다. 하지만 서유구는 이런 이해를 오해라고 규정한다. 이에 대해 서유구는 농서인 《행포지》 서문에서 다음과 같이 밝혔다. "나는 세상 사람들이 《맹자》의 '치인치어인(治人治於人, 남을 다스리는 일과 남에게 다스림을 받는 일)'을 얘기한 글을 오독하여, 결국 '하늘의 운행에 따르고 땅의 성질을 파악하는' 일을 어리석은 백성에게 맡기고서 가만히 앉아서 그들의 갚잖고 지리멸렬한 보답을 받으면서도 반성하는 이가 없는 것에 대해 항상 이상하게 생각했다. 맹자가 말한 '치인'이란 바로 농사를 권장하여 근본에 힘쓰는 도(道)로 다스린다는

에는 마음을 두려 않는다. 오재(五材)²를 다루고 백
성의 기물을 갖추는[辨]【'변(辨)'은 판(辦)과 같은 뜻이
다.】일³은 한결같이 어리석고 무식한 부류에게 맡기
고서, 가만히 앉아서 그들의 같잖고 지리멸렬한 보
답을 받으면서도 아무도 이를 고치려고 시도하지 않
는다.⁴ 어떻게 이토록 생각이 없는 것인가!

　나라에는 6가지 직분[六職]⁵이 있는데, 공업이 그
하나를 차지한다.⁶ 우리나라는 공업 제도가 이미 제
방법을 잃어버려서 6가지 직분이 모두 허술하다. 누
차(耬車)⁷·쟁기[犁]·둔차(砘車)⁸·와 같은 제도를 강구

受其鹵莽滅裂之報, 而莫
之改圖. 何如其不思也!

國有六職, 工居其一, 而我
東則工制旣失, 六職俱曠.
耬、犁、砘、磟之制不講,
而耕播無法, 龍骨、玉衡之

뜻임을 유독 알지 못했을 뿐이다. 그렇지 않다면 맹자가 왕도 정치를 논하면서, 무엇 때문에 가장 먼저 토
지 제도를 제정하고, 나무 심기와 가축 기르기 방법을 바로잡고서, 서당 교육은 오히려 두 번째에 두었겠
는가?(吾一怪夫世之人誤讀孟子'治人治於人'之文, 遂以用天分地之事, 一付諸蚩蚩之甿, 座受其鹵莽滅裂
之報, 而莫之省焉. 不然, 其論王道, 何以首先斷斷乎制田里·董樹畜, 而庠序之敎猶在第二義也乎?)[《杏蒲
志》〈杏蒲志序〉(《農書》36, 3쪽)].

2 오재(五材) : 사물을 구성하는 5가지 재료로, 쇠, 나무, 물, 불, 흙을 가리키거나 물과 불을 대신해 쇠, 나무, 가
죽, 옥, 흙을 가리키기도 한다. 여기서는 공업 제품을 만드는 재료를 말하므로 후자의 뜻이다.

3 오재(五材)를……일 : 《주례》〈고공기(考工記)〉 서문 첫 대목의 다음과 같은 부분에 나오는 구절이다. "國
有六職, 百工與居一焉. 或坐而論道, 或作而行之, 或審曲面埶, 以飭五材, 以辨民器. 或通四方之珍異以
資之, 或飭力以長地財, 或治絲麻以成之."[《周礼注疏》卷39〈冬官·考工記〉第6(《十三經注疏整理本》9,
1236~1237쪽)].

4 평상시에……않는다 : 여기에서 보여 준 서유구의 입장은 앞의 주석에서 소개한 《행포지》 서문과 함께 그의
농정론인 〈의상경계책(擬上經界策)〉의 다음과 같은 대목에서도 반복해서 엿볼 수 있다. "하물며 '하늘의
운행에 따르고 땅의 성질을 파악하는' 일을 한다면서 한결같이 어리석은 농부들[夏畦]에게 맡겨 경종법을
법도 없이 망치고서, 그들의 엉성하고 조잡한 보답을 가만히 앉아서 받을 수 있겠습니까?(況可以用天分地
之事, 一付諸夏畦之愚而無法以惎之, 坐受其鹵莽滅裂之報哉?)"[정명현, 《서유구(徐有榘, 1764~1845)의
선진 농법 제도화를 통한 국부창출론 : 〈의상경계책(擬上經界策)〉의 해제 및 역주》, 서울대학교 박사학위
논문, 2014, 264쪽].

5 6가지 직분[六職] : 왕공(王公 : 천자와 제후), 사대부, 장인[匠人], 상인[商旅], 농부, 아녀자[婦功 : 길쌈·
바느질 등 아녀자가 하는 일]를 가리킨다.

6 나라에는……차지한다 : 《주례》〈고공기〉 서문의 첫 문장이다.

7 누차(耬車) : 가축이 끌면서 씨앗을 뿌리는 기구로, 그 모습은 위의 이미지와 같다. 더 자세한 설명은 《본리
지》 권10〈그림으로 보는 농사 연장〉 상 "파종 연장과 김매기 연장" '누차'를 참조 바람.

8 둔차(砘車) : 나무 굴대에 맷돌을 양쪽에 끼워 굴리면서 파종된 씨앗을 따라 씨앗과 흙이 밀착되기 쉽게 눌
러 주는 기구로, 그 모습은 위의 그림과 같다. 더 자세한 설명은 《본리지》 권10〈그림으로 보는 농사 연장〉
상 "파종 연장과 김매기 연장" '둔차'를 참조 바람.

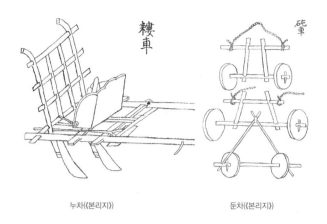

누차《본리지》 둔차《본리지》

번차《본리지》

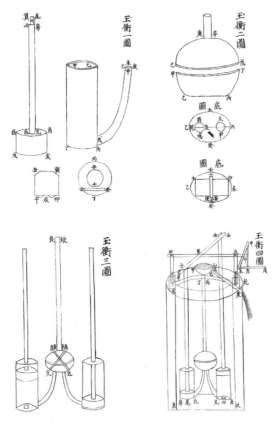

옥형차(《본리지》)

하지 않아 밭갈이와 파종에 적절한 기준이 없으며, 용골차(龍骨車)[9]나 옥형차(玉衡車)[10]와 같은 수차(水車) 제도를 강구하지 않아 가뭄과 홍수를 대비하지 못

制不講, 而旱澇無備, 則農夫之職曠矣；蠶不用槌架, 而繭絲污瘢, 繰不備軒

---

9 용골차(龍骨車) : 물을 끌어 올려 논밭에 대는 수차의 일종. 전체가 차륜 모양으로, 한 개의 축 주위에 많은 판을 나선 모양으로 붙이고 발로 밟아 회전시켜 물을 퍼 올린다. '번차(翻車)'라고도 한다. 그 모습은 위의 그림과 같다. 더 자세한 설명은 《본리지》 권12 〈그림으로 보는 관개 시설〉 상 '번차'를 참조 바람.

10 옥형차(玉衡車) : 공기의 압력 차를 이용해 우물 속의 물을 끌어 올리는 수차의 일종. 서양에서 중국으로 전래한 기구로, 펌프의 원리와 같다. 그 설계도는 대체로 위의 그림과 그림과 같다. 더 자세한 설명은 옥형차를 제작하는 방법과 작동 원리를 매우 상세하게 설명한 《본리지》 권13 〈그림으로 보는 관개 시설〉 하 '옥형차'를 참조 바람.

퇴가(《수시통고(授時通考)》)

하니, 이는 농부의 직분이 허술한 것이다. 누에 칠 때 퇴가(槌架)[11]를 쓰지 않아 고치가 더러워지고, 고치 켤 때 물레에 광상(軖牀)[12]을 갖추지 못하여 옷감을 짜면 비뚤어지고 얇으니, 이는 아녀자의 직분이 허술한 것이다. 수레가 나라에 다니지 못하여 둔한 말들이 모두 병들고, 배를 기름으로 방수처리를 하

牀, 而織衽窳薄, 則婦功之職曠矣 ; 車不行域中, 而駑駘皆病, 舟不曾油艓, 而臭載相望, 則商旅之職曠矣. 農、桑、工、賈擧失其職, 六府三事無不受病, 則吾不知

---

11 퇴가(槌架) : 누에를 담은 바구니를 받쳐 놓은 선반.
12 광상(軖牀) : 누에고치에서 실을 뽑는 기구.

지 않아 짐을 썩히는 일이 끝이 없으니, 이는 상인의 직분이 허술한 것이다. 농사, 길쌈, 공업, 상업에서 모두 그 직분을 잃어 육부삼사(六府三事)[13]에 병폐가 생기지 않은 일이 없다. 그러므로 나는 왕공(王公)들이 '앉아서 치도(治道)를 논한다'면서 그들이 논하는 일이 도대체 무엇이고, 사대부가 '일어나 치도를 행한다'고 하면서[14] 그들이 행하는 일이 도대체 무엇인지를 모르겠다. 어찌 공업이 기예 중의 말단이라는 이유로 이를 천시해서야 되겠는가!

혜강(嵇康)[15]은 도량이 넓고 크면서도 쇠를 잘 제련했고, 유비(劉備)[16]는 웅대한 계략을 가졌으면서도 모자 만들기를 좋아했다. 성인(聖人)이신 공자(孔子)조차도 어릴 때 천한 사람이었기 때문에 하찮은 일들에 능했다. 그러니 은공(銀工:은을 가공하는 장인)이었던 집안에서 재상이 나와도 본디 숨길 만한 일이 아니다.[17] 그러나 우리나라 사대부들은 이와 달리 십대조 이상의 조상 중에 1명이라도 벼슬아치가 있었다면 눈으로는 어(魚) 자와 노(魯) 자도 분변하지 못하

"坐而論道", 所論者何事, "作而行之", 所行者何事. 是烏可以技藝之末而賤之哉!

嵇康之曠達而善鍛鐵, 先主之雄略而好結帽, 少賤多能鄙事, 聖人猶且云然銀工家出宰相, 本非可諱之事, 我東士夫異於是, 十世以上一有冠冕, 則目不辨魚魯, 手不執耒耟, 而徒藉門閥, 恥言工商, 聞見痼於習俗, 筋骸狃於放逸, 以不動

---

13 육부삼사(六府三事) : 육부는 수(水) · 화(火) · 금(金) · 목(木) · 토(土) · 곡(穀)을 맡는 곳이고, 삼사는 정덕(正德) · 이용(利用) · 후생(厚生)을 말한다. 《서경 · 대우모》에서 이를 정치와 교화의 근본으로 말하고 있으며, 《좌전》에서는 합하여 구공(九功)이라 했다.

14 왕공(王公)들이⋯⋯하면서 : 앉아서 치도(治道)를 논하는 일은 왕공들의 직분이며, 일어나 치도를 행하는 일은 사대부의 직분을 가리킨다. 위에서 제시한 《주례》〈고공기〉 서문 참조.

15 혜강(嵇康) : 233~262. 중국 위진시대 죽림칠현의 한 사람.

16 유비(劉備) : 161~223. 중국 삼국시대 촉한(蜀漢)의 창업자.

17 은공(銀工)이었던⋯⋯아니다 : 송(宋)나라의 이방언(李邦彦, ?~1130)과 관련된 다음과 같은 고사가 있다. 송나라 이방언의 집안은 은공(銀工)에서 일어났는데, 이방언이 귀한 신분이 되었을 때 그의 어머니는 평소에 옛날 일을 이야기했으나 자손들은 조상이 은공이었다는 사실을 부끄러워했다. 그러자 그의 어머니가 이렇게 말했다. "재상의 집안에서 은공이 나오면 부끄러워할 만하다. 그러나 은공의 집안에서 재상이 나오면 아름다운 일이다. 무엇이 부끄럽다는 것이냐?"(李太宰邦彦父嘗爲銀工. 或以爲誚, 邦彦羞之, 歸告其母. 母曰 : "太宰家出銀工, 乃可羞耳 ; 銀工家出太宰, 此美事, 何羞焉?")(《雙橋隨筆》卷6).

고, 손으로는 농기구도 잡지 않으면서 그저 문벌(門閥)에만 의지하고 공업이나 상업에 대해 말하는 것조차 부끄러워한다. 그리하여 식견은 비루한 습속(習俗)에 얽매이고 몸은 방탕한 생활에 빠져들어 손가락 하나 까딱하지 않고 메뚜기처럼 곡식이나 헛되이 축내는 것을 잘하는 짓이라고 여긴다. 향촌에서 100가구 정도 모여 사는 곳을 보면 이 같은 부류가 거의 절반이 넘는다. 곡식을 생산하는 사람은 적지만 먹어 대는 사람은 많고, 물건을 생산하는 데는 빠르지 않고 소비하는 데는 느리지 않으니, 우리나라가 천하의 가난한 나라가 된 이유는 진실로 이런 상황 때문인 것이다.

풍기를 바꾸고 풍속을 변화시키는 일과 공업을 진흥하고 상업을 유통시키는 것은 진실로 나처럼 재야에 있는 사람이 끼어들어 도모할 일은 아니다. 그러나 나는 세상 사람들 중에 녹(祿)만 축내는 것을 경계하면서 그런 짓을 부끄럽게 여길 줄 아는 군자들이 기물을 편리하게 하고 쓰임새를 이롭게 하는 방법에 조금이라도 마음을 써서, 《영조법식》이나 《천공개물》 같은 책을 가져다 깊이 연구하고 서둘러 시험하여 일에 소요되는 힘은 줄여주고 거두어들이는 효과는 넓히는 '실제의 이익'(實利)으로써 사람들에게 동기를 불어넣어 주기를 간구한다. 그렇게 하면 이익 되는 일에 사람들이 모여드는 모양이 번거

一指, 空蝗黍粟爲得計. 鄕野百家之聚, 若此類殆過半焉. 生之者寡, 食之者衆, 爲之不疾, 用之不舒, 爲天下之貧國, 固其勢耳.

變風易俗, 通工惠商, 固非在野者之所與謀, 而余願世之戒素餐·知慚愧之君子, 少留心於便器利用之道, 取《營造法式》,《天工開物》等書, 熟講而亟試之, 以用力寡而收效博之實利, 歆動之, 則利之所趨, 不煩勸相, 以一傳十, 以十傳百, 器械便利, 民用殷阜. 豈徒爲一鄕一閭之倡率? 雖以仰裨論道經邦[3]之萬一, 亦

---

[3] 邦: 저본에는 "方". 오사카본에 근거하여 수정.

롭게 권하지 않아도 한 사람에서 열 사람에게로 퍼지고 열 사람에서 백 사람에게 퍼져나가 기계는 편리하고 백성들의 쓰임은 풍요로워질 것이다. 이것이 어찌 그저 한 고장 한 마을만을 이끄는 지침에 불과하겠는가? 위로는 치도(治道)를 논하고 나라를 경영하는 18 일에 일조한다고 해도 좋을 것이다!《금화경독기》

可矣.《金華耕讀記》

2) 향촌에 사는 이들은 공업을 교육시켜야 한다

論鄕居宜訓工

중국은 서울과 지방의 구분 없이 군(郡)·현(縣)이나 향(鄕)[19]·수(遂)의 단위에도 백공(百工)이 가게에 있으므로, 일체의 이용후생과 관련된 도구를 따로 구하지 않아도 충분하다. 연경에 다녀온 사람의 말을 들어 보니, 책문으로 들어가는 초입에서 문상어사(門上御史)의 선정비(善政碑)[20]를 보았는데, 비부(碑趺: 빗돌받침)[21]의 패하(霸夏)[22]와 비석 가장자리에 새긴 비희(贔屓)[23]는 가는 털까지도 셀 수 있었다고 한다.[24] 연경에서 멀리 떨어진 변방에서 제작한 기물의 정교함이 이와 같다면 연경에서 가까운 도회 지역의 수준을 짐작해 알 수 있을 것이다. 하지만 우리나라

中國無京外之別, 郡縣、鄕遂之間, 百工居肆, 一切利用厚生之具, 不待他求而足. 聞赴燕人言, 入柵之初, 見門上御史善政碑, 碑趺覇夏及碑邊所鐫贔屓, 可數毫髮云. 窮邊荒徼制作精工乃如是, 則其內地都會可知矣. 我東異此, 京城內梓人、坊者, 攻金、攻石之工, 都不過數百, 而皆

---

18 치도(治道)……경영하는 : 《尙書正義》卷18〈周官〉《十三經注疏整理本》, 569쪽).

19 향(鄕) : 현(縣) 아래의 지방조직. 지방관은 파견되지 않았고 향신(鄕紳)들이 이끌었다.

20 문상어사(門上御史)의 선정비(善政碑) : 출처는 박지원의 《열하일기》이다. 연경으로 향하는 길목에 위치한 안시성(安市城)에 만주인이 해당 지역 어사(御史)의 선정(善政)을 기념하기 위해 세워 놓은 비석.

21 비부(碑趺) : 비석의 받침돌.

22 패하(覇夏) : 《열하일기》〈도강록(渡江錄)〉에서 패하는 비문 양쪽 변두리에 새긴 동물이라 했고, 〈동관섭필(銅蘭涉筆)〉에서는 비부(碑趺)에 놓인다 했다.

23 비희(贔屓) : 거북의 별칭. 비석 아래 석좌에 비희의 상을 만들어 힘이 세고 무거운 물건을 들 수 있다는 것을 상징하였다. 위의 사진의 거북 모양의 조각물이 비희이다.

24 연경에……한다 : 《열하일기》〈도강록〉 6월 27일 갑술조(甲戌條)의 기사에 자세히 실려 있다.

두문동비의 비희(국립민속박물관)

는 이와 달라서 서울 안의 목수·미장이·대장장이·
석수가 다 해 봐야 수백 명에 불과한 데다가, 이들
은 모두 관청에 소속되어 권력자가 아니면 부릴 수
가 없다. 향촌 외곽의 시골은 비록 100가구가 사는
곳이라도 어리석어 농기구를 잡고 농사짓는 사람들
을 제외하면 모두 다 하는 일 없이 놀면서 입고 먹
는 이들이라서, 오재(五材)의 곡직(曲直:굽기), 방면(方
面:측면), 형세(形勢)²⁵가 무엇인지조차도 모른다. 이들
은 지붕 여기저기에서 비가 새도 서까래 하나 갈지

繫籍衙門, 非有力者, 莫可
使役. 鄉外村野, 雖百家之
聚, 除椎魯執耒耜外, 率皆
遊衣遊食, 不知曲面勢爲何
物者也, 屋漏牀牀, 莫改一
椽, 槃折其脚, 十年不易.
我東工制之滅裂, 亦由匠
手之無其人耳. 凡卜築遠京
之地者, 苟於籬下有三數

---

25 오재(五材)의⋯⋯형세(形勢):위에서 소개한《주례》〈고공기〉서문에 나오는 말이다.

못하고, 밥상 다리가 부러지더라도 10년이 지나도록 바꾸지 않는다. 우리나라 공업 제도가 지리멸렬해진 원인은 또한 능숙한 장인이라 할 만한 사람이 없기 때문이다. 이 문제를 해결하려면 일반적으로 서울에서 먼 곳에 집을 지을 때에 만약 집안에 20~30명 정도의 장객(莊客)26이 있다면 그중에서 힘이 부족해서 농사일을 할 수 없는 사람 6~7명을 선발한 뒤, 이들을 나누어 목재 가공법, 석재 가공법, 쇠 가공법, 미장법을 배우게 해야 한다. 처음 집을 지을 때 이들이 서울의 솜씨가 뛰어난 장인을 따라 그의 일을 거들어 도우면서 기술을 배우고 쉬지 않고 연습하여 익히게 하면, 설령 집을 꾸미고 수리하거나 기물(器物)을 보수할 일이 있어도 능숙한 장인이 없어서 건물이나 도구가 망가졌는데도 앉은 채로 쳐다보기만 하다가 아무런 대처도 하지 못할 걱정은 없을 것이다.《금화경독기》

3) 도구에는 관지(款識)27를 새겨야 한다

삼대(三代)28 때에는 종(鍾)과 정(鼎), 과(戈)와 극(戟)의 크고 작은 도구에 모두 관지(款識)를 갖췄다. 그러므로 《예기·월령》에서 "물건마다 장인의 이름을 륵

十莊客, 則擇文弱不能服田疇者六七人, 令分學攻木、攻石、攻金、圬墁之法. 最初營造時, 隨京城善手, 帮助其役, 仍學手法, 不住肄習, 縱有裝摺室屋, 補葺器物之事, 亦不患無匠手, 坐視室宇器用之壞弊, 而莫之謀也.《金華耕讀記》

論器用宜具款識

三代之時, 鍾鼎、戈戟, 小大器用皆具款識. 故《禮·月令》曰"物勒【刻也】工名", 中

---

26 장객(莊客):소작농과 임노동 농민을 총칭하는 말이다. 노역에 종사하거나 토지를 지키는 책임을 맡기도 했다.
27 관지(款識):관(款)은 음각으로 새기는 것이고, 지(識)는 양각으로 새기는 것인데, 여기에서는 각종 물품에 제작자나 제작연대 등을 새기는 것을 뜻한다.
28 삼대(三代):중국 고대의 왕조인 하(夏), 은(殷), 주(周) 세 나라이다.

(勒)했다.【'륵'은 새긴다는 말이다.】"²⁹라 했는데, 중국 의 장인들은 지금까지 이 원칙을 그대로 지키고 있 다. 일본 사람들이 만든 도구도 장인의 이름을 새기 지 않은 것이 없다. 그런데 우리나라에서는 이런 표 식을 새기지 않아 잘 만드는 자와 잘못 만드는 자를 구분할 수가 없어 권장하거나 징계할 길이 없다. 육 공(六工)³⁰을 관장하는 사람은 어째서 이와 같은 일 을 서둘러 바로잡아 도구를 제작한 연대, 제조자의 이름, 크기, 무게를 표시하게 함으로써 그 공정을 살 피고 그 규격을 구별하지 않는 것인가?《무예도보통 지》³¹

國工匠至今遵守, 倭人製造 亦莫不然. 我國漫無誌記, 良窳莫辨, 無所施其勸懲. 掌六工者, 盍亟正之, 俾識 其年代、姓名、尺寸、斤兩, 考其程而別其式也?《武藝 圖譜通志》

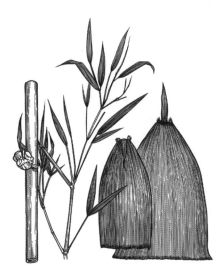

강죽

29 《禮記正義》 卷17 〈月令〉《十三經注疏整理本》, 640쪽). "物勒工名, 以考其誠."
30 육공(六工) : 토공(土工), 금공(金工), 석공(石工), 목공(木工), 수공(水工), 초공(草工) 등 여섯 분야의 공인.
31 출전 확인 안 됨.

4) 기구 준비하기

일반적으로 크게 집을 짓는 사람은 고소향등(高燒香橙)³²과 긴 사다리를 많이 만들어야 한다. 아울러 나란히 배열한 널빤지를 많이 준비하여 수작(水作)·섬돌 쌓는 일【안 수작(水作)은 미장 작업을 가리킨다.】 등에 편리하게 쓰면 공정을 극히 줄일 수 있다. 그 크고 작은 삼줄·삼끈·큰 대·강죽(扛竹)³³·목도채³⁴·큰 바구니·서두(鋤頭)³⁵·분기(糞箕)³⁶·진흙·망 등의 재료를 모두 많이 준비해야 한다.《고금비원》³⁷

備械

凡大有營造者, 高燒香橙及長梯宜多做. 竝多備排板, 以便水作、砌高頭用,【案 水作指圬者之工.】極爲省工. 其大小蔴索、蔴組、大竹、扛竹、扁擔、大籃、鋤頭、糞箕、泥、絡等項, 俱宜多備.《古今秘苑》

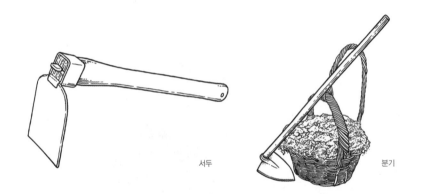

서두

분기

---

32 고소향등(高燒香橙):미상. 향(香)을 높은 곳에서 태울 때 올라가는 발판으로 추정된다.

33 강죽(扛竹):당죽(唐竹)의 일종이고 광동, 광서 등지에서 자란다.

34 목도채:무거운 물건을 옮길 때 물건을 달아 어깨에 메는 막대.

35 서두(鋤頭):중국의 농기구. 호미와 비슷한 용도이나 날이 넓적하다.

36 분기(糞箕):족제비싸리로 만든 농기구이고 바구니를 나무막대에 걸쳐 어깨에 메는 형태이다. 강소성 북부, 안휘성 북부, 강서성 등지에서 사용되었다.

37 출전 확인 안 됨.

양날삽(《본리지》)　　　　　곡괭이(국립민속박물관)　　　　　　　　　　　　　　쇳날가래(《본리지》)

장인이 일을 잘하려면 반드시 먼저 그 도구를 날카롭게 해야 한다.[38] 일반적으로 집을 짓는 사람은 반드시 먼저 기계에 유념하여 돌달굿대·나무달굿대·양날삽[39]·삽·넉괭이[40]·곡괭이[41]·준설삽·쇳날가래[42]·쇠지렛대[43] 종류를 모두 많이 준비해야 한다.《금화경독기》

工欲善其事, 必先利其器. 凡營造者, 宜先留意器械, 如石杵、木杵、鏟、鍤、廣鑡、尖鑡、濬鍤、鐵刃枚、千金鐵之類, 皆宜多備.《金華耕讀記》

섬용지 권제4 끝

贍用志卷第四

---

38 장인이……한다:《논어》〈위령공〉에 나온다.
39 양날삽:《본리지》권10 〈그림으로 보는 농사 연장〉상 "갈이 연장과 삶이 연장" '쌍날삽' 참조.
40 넉괭이:날 부분이 넓은 괭이.
41 곡괭이:땅을 파거나 흙을 고르는 데 사용하는 기구.
42 쇳날가래:끝에 쇳날을 설치하고 밧줄 2개를 삽 양쪽에 달아 1명은 자루를 잡고 2명은 밧줄을 잡으면서 흙을 파는 가래.
43 쇠지렛대:쇠로 만든 지렛대.

《섬용지》 참고문헌 서목

참고문헌 개요

《섬용지》 원문과 인용문헌을 대조하고 교감하는 과정에 일차적으로 《문연각 사고전서 전자판》·한국고전종합DB·바이두(baidu)·구글(Google) 사이트를 활용하였다. 먼저 해당 문구를 검색한 뒤, 전거문헌의 편명과 세목을 확인하고 각 문헌의 교주본과 통행본을 대조하였다. 교주본이나 통행본을 구하기 어려운 중국 문헌의 경우에는 전자판 원문으로 교감하였다.

경서류는 《십삼경주소 정리본》을, 사서류는 주로 중화서국의 《24사》를, 조선의 농서는 아세아문화사의 《농서》 시리즈를 1차적인 전거로 삼았다. 그 외로 위의 자료에서 검색이 안 되는 서적은 서울대규장각한국학연구원과 국립중앙도서관 자료를 주로 활용하였다. 여기에 명기한 서적 이외에도 참조한 문헌들이 상당수 있으나 주석에 밝힌 문헌 위주로 실었다.

일차 공구서적으로는 《교학 대한한사전》, 《대한화사전》, 《한어대사전》을 주로 참고하였다. 《대한화사전 한자음 색인》과 《한어대사전 한자음 색인》 덕분에 검색 시간이 많이 단축되었다.

중국의 인물과 전고를 확인하는 데는 《중국역대인명대사전》·《중국역사대사전》·《사고전서총목제요》를 활용하였다. 한국의 인물들과 서적에 대한 정보는 《한국인물대사전》·《한국민족문화대백과사전》을 주로 활용하였다. 《섬용지》에 나오는 수많은 물명은 번역의 어려움을 증대시키는 요소 중 하나인데, 《조선후기한자어휘검색사전》를 통해 많은 사항을 해결하였다. 어휘의 한계는 있지만 서유구 시대의 물명을 찾기에 아주 요긴한 자료다.

이상이 이 책의 번역과 교열, 교감, 각주에 등에 참조한 각종 참고서적이다. 이 지면에서나마 참고문헌 저자 및 편집자들에게 감사를 표한다.

일러두기

- 《섬용지》에 수록된 책의 명칭을 기준으로 하고, 이칭은 병기하였다.
- 해당서가 일부만 전하거나, 단행본이 없는 경우 실제 참고서적을 병기하였다.
- 총서에 속하는 책은 총서 시리즈명을 출판사 앞에 표기하였다.
- 일실된 책이나 해당 판본 확보가 불가능한 경우 그 현황을 표기하였다.
- 《四庫全書》는 文淵閣 四庫全書 電子版 (迪志文化出版有限公司, 1999)을 활용하였다.

섬용지 필사본 소장 현황

《임원경제지》고려대 도서관본

《임원경제지》서울대 규장각본

《임원경제지》오사카 나카노시마 부립도서관본

《임원경제지》버클리대학 도서관본

경서류

《論語》,《論語注疏》何晏 注, 邢昺 疏 (十三經注疏 整理本 23, 北京大學出版社, 2000)

, 《論語集解》何晏 注 (四部叢刊廣編, 台北, 臺灣商務印書館)

, 《論語集註》朱熹 撰 (經書, 丁酉內閣本, 대동문화연구원, 1996)

《孟子》,《孟子注疏》趙岐 注, 孫奭 疏 (十三經注疏 整理本 25, 北京大學出版社, 2000)

, 《孟子正義》樵循 撰, 沈文倬 點校 (中華書局, 1987)

, 《孟子集註》朱熹 撰 (《經書》, 丁酉內閣本, 대동문화연구원, 1996)

《書經》,《尙書正義》(十三經注疏 整理本 1~3, 北京大學出版社, 2000)

, 《尙書今註今譯》屈萬里 註譯 (臺灣商務印書館, 1969)

《書經》,《書集傳》董鼎 輯 (史部叢刊 3, 臺灣商務印書館)

《詩經》,《毛詩正義》(十三經注疏 整理本 4~6, 北京大學出版社, 2000)

     ,《詩集傳》朱熹 撰 (四部叢刊三編經部, 上海書店, 1985)

《禮記》,《禮記正義》(十三經注疏 整理本 12~15, 北京大學出版社, 2000)

     ,《禮記集解》孫希旦 撰, 沈嘯寰·王星賢 點校 (中華書局, 1989)

《儀禮》,《儀禮注疏》(十三經注疏 整理本 11, 北京大學出版社, 2000)

《爾雅》,《爾雅注疏》(十三經注疏 整理本 24, 北京大學出版社, 2000)

     ,《爾雅翼》(文淵閣 四庫全書 電子版)

《周禮》,《周禮注疏》(十三經注疏 整理本 7~9, 北京大學出版社, 2000)

《周易》,《周易正義》(十三經注疏 整理本 1, 北京大學出版社, 2000)

《春秋》,《春秋左傳正義》(十三經注疏 整理本 16~19, 北京大學出版社,
     2000)

사서류

《明史》, 淸 張廷玉 撰 (二十四史, 中華書局, 1997)

《史記》, 漢 司馬遷 撰 (二十四史, 中華書局, 1997)

《三國志》, 晉 陳壽 撰, 宋 裴松之 注 (二十四史, 中華書局, 1997)

《宋書》, 梁 沈約 撰 (二十四史, 中華書局, 1997)

《新唐書》, 宋 歐陽修 撰 (二十四史, 中華書局, 1997)

《魏書》, 北齊 魏收 撰 (中華書局, 1997)

《晉書》, 唐 房喬等 撰 (中華書局, 1997)

《漢書》, 漢 班固 撰 (二十四史, 中華書局, 1997)

《後漢書》, 宋 範蔚宗 撰 (二十四史, 中華書局, 1997)

정감류

《經國大典》(保景文化社, 1990)

《大明會典》

《大典會通》(保景文化社, 1990)

《磻溪隨錄》, 柳馨遠 著 (명문당, 1982)

제자류

《墨子》(文淵閣 四庫全書 電子版)

《莊子》,《莊子集釋》郭慶藩 撰, 王孝魚 點校 (中華書局, 1961)

,《莊子集解》王先謙 著 (諸子集成, 中華書局, 1954)

농서 및 기술서

《群芳譜》,《廣群芳譜》, 王象晉 撰 (文淵閣 四庫全書 電子版)

,《群芳譜詮釋》, 王象晉 輯,《四庫全書存目叢書補編》第80册, 北京大學圖書館藏 明末刻本 (齊魯書出版社)

,《群芳譜詮釋》, 王象晉 纂, 尹欽恒 詮釋 (農業出版社, 1985)

,《御定佩文齋廣群芳譜》, 汪灝 等 (文淵閣 四庫全書 電子版)

,《二如亭群芳譜》, 四庫全書存目叢書補編編纂委員會 編 (四庫全書存目叢書補編, 齊魯書社出版, 2001)

《金華耕讀記》, 徐有榘 著 (일실. 임원경제지 각 이본 인용 부분 대조)

《農書》, 陳旉 撰 (叢書集成初編 1461, 中華書局, 1985)

《農政全書》, 徐光啓 撰

,《農政全書校注》, 石聲漢 校注 (上海古籍出版社, 1979)

《北學議》, 朴齊家 著 (農書 6, 아세아문화사, 1981)

《山林經濟》(한국고전종합DB)

, 洪萬選 著 (農書 2, 아세아문화사, 1981)

《王禎農書》, 王禎 撰, 王毓瑚 校 (農業出版社, 1981)

《傳家寶》, 石成金 編撰, 喻岳衡 校订 (岳麓书社, 2002)

《齊民要術》, 賈思勰 撰 (文淵閣 四庫全書 電子版)

,《齊民要術校釋》, 繆啓愉 校釋 (中國農業出版社, 1998)

, 《齊民要術譯注》, 繆啓愉·繆桂龍 撰 (上海古籍出版社, 2006)

《增補山林經濟》, 柳重臨 (農書 3, 아세아문화사, 1981)

《天工開物》, 宋應星 著 (文淵閣 四庫全書 電子版)

, 宋應星 著, 管巧灵·譚属春 注釋 (岳麓書社, 2002)

《天工開物》, 宋應星 著, 木也 主編 (中國社會出版社, 2004)

, 宋應星 著, 鍾廣言 注釋 (中華書局, 1978)

, 《校正天工開物》, 宋應星 著, 董文 校 (世界書局, 1986)

, 《揷圖本 天工開物》, 宋應星 著 (江蘇古籍出版社, 2002)

, 《天工開物校注及研究》, 潘吉星 著 (巴蜀書社, 1989)

《泰西水法》, 西洋 熊三拔 撰, 《徐光啓全集》5 (上海古籍出版社, 2011)

《便民圖纂》, 鄺璠 著, 石聲漢·康成懿 校注 (農業出版社, 1959)

자전과 운서류

《康熙字典》, 張玉書 等撰 (國學基本叢書, 臺灣商務印書館, 1968)

, 《康熙字典 節本》, 張玉書 等 編纂, 張元濟 節選 (商務印書館, 2001)

《廣韻》, 陳彭年 等撰 (文淵閣 四庫全書 電子版)

《方言》, 揚雄 撰 (文淵閣 四庫全書 電子版)

《釋名》, 劉熙 撰 (文淵閣 四庫全書 電子版)

《說文解字》, 許愼 撰 (文淵閣 四庫全書 電子版)

, 《說文解字注》, 段玉裁 注 (上海古籍出版社, 1981)

, 《說文解字今注》, 宋易麟 編著 (江西敎育出版社, 2004)

《玉篇》, 《重修玉篇》 (文淵閣 四庫全書 電子版)

《韻會》, 《古今韻會擧要》, 黃公紹(元) 原編 (文淵閣 四庫全書 電子版)

《爾雅注疏》 (十三經注疏 24, 北京大學出版部, 2000)

《正字通》, 張自烈 撰, 廖文英 續 (續修四庫全書 經部 小學類 234-235, 上海古籍出版社, 1995)

《集韻》, 丁度 等 修定 (文淵閣 四庫全書 電子版)

《通雅》, 方以智 (文淵閣 四庫全書 電子版)

문집류

《久菴遺稿》, 韓百謙 (韓國文集叢刊 59, 민족문화추진회, 1990)

《金華知非集》, 徐有榘 著, 《楓石全集》(韓國文集叢刊 288, 민족문화추진회)

《東坡全集》, 蘇軾 (文淵閣 四庫全書 電子版)

《星湖僿說》, 李瀷

《研經齋全集》, (한국고전번역원 고전번역DB)

　　　　　　　　　, 成海應 著 (韓國文集叢刊 273~279, 민족문화추진회, 2001)

《燕巖集》, 朴趾源 (韓國文集叢刊 252, 민족문화추진회).

《五洲衍文長箋散稿》, 李圭景 (한국고전번역원 한국고전종합DB)

《靑莊館全書》, 李德懋 (韓國文集叢刊 257~259)

《楓石鼓篋集》, 徐有榘 著, 《楓石全集》(韓國文集叢刊 288)

《楓石全集》, 徐有榘 著 (韓國文集叢刊 288, 민족문화추진회, 2002)

　　　　　　, 徐有榘 著 (보경문화사, 1983)

《弘齋全書》, 正祖 (한국고전번역원 고전종합DB)

그 외 원전

《家禮儀節》, 邱濬 撰 (學民文化社, 2007)

《家禮輯覽》, 金長生

《嘉祐集》, 蘇洵 (文淵閣 四庫全書 電子版)

《居家必用事類全集》, 작자 미상, 《續修四庫全書》(上海古籍出版社, 1995)

《居家必知》, 작자 미상

《格致鏡原》, 陳元龍 (文淵閣 四庫全書 電子版)

《京都雜志》, 柳得恭

《桂海虞衡志》, 范成大 (文淵閣 四庫全書 電子版)

《古今秘苑》, 작자 미상 (국립중앙도서관 소장본)

《古今註》, 崔豹 (文淵閣 四庫全書 電子版)

《古儷府》, 王志慶 (文淵閣 四庫全書 電子版)

《九章算術》, 《算數書·算經十書》上, 차종천 편 (敎友社, 2006)

《歸田錄》, 歐陽修 (文淵閣 四庫全書 電子版)

《閨閤叢書》, 憑虛閣 李氏 (보진재, 2008)

《農桑衣食撮要》, 魯明善 (文淵閣 四庫全書 電子版)

《談苑》, 孔平仲 (文淵閣 四庫全書 電子版)

《讀禮通考》, 徐乾學 (文淵閣 四庫全書 電子版)

《東京夢華錄》, 孟元老 (文淵閣 四庫全書 電子版)

《東醫寶鑑》, 《原本 東醫寶鑑》, 許浚 著 (南山堂, 1983)

《東還封事》, 趙憲 (한국고전번역원 고전종합DB)

《夢溪筆談》, 沈括 (江蘇古籍出版社)

《文選註》, 蕭統 (文淵閣 四庫全書 電子版)

《物理小識》, 方以智 (文淵閣 四庫全書 電子版)

《補注杜詩》, 黃鶴 (文淵閣 四庫全書 電子版)

《本草綱目》, 李時珍 著 (人民衛生出版社, 1991)

《本草衍義》, 寇宗奭 撰 (續修四庫全書 子部 醫家類 990, 上海古籍出版
　　社, 1995)

《傅子》, 傅玄 (文淵閣 四庫全書 電子版)

《北學議》, 朴齊家 著 (農書 6, 아세아문화사, 1982)

《四禮便覽》, 李縡

《事物紀原》, 高承 (文淵閣 四庫全書 電子版)

《社稷署儀軌》

《山海經》, 郭璞 (文淵閣 四庫全書 電子版)

　　　　, 郭璞 撰 《山海經校注》袁珂 校注 (巴蜀書社, 1996)

《三禮圖集注》, 聶崇義 (文淵閣 四庫全書 電子版)

《西方要紀》, 南懷仁

《書儀》, 司馬光 (文淵閣 四庫全書 電子版)

《說文繫傳》, 徐鍇 (文淵閣 四庫全書 電子版)

《說郛》, 陶宗儀 撰 (文淵閣 四庫全書 電子版)

《宋元學案》, 黃宗羲

《新書》, 賈誼 (文淵閣 四庫全書 電子版)

《深衣考》, 黃宗羲 (文淵閣 四庫全書 電子版)

《樂府詩集》, 郭茂倩 (文淵閣 四庫全書 電子版)

《揚子雲集》, 揚雄 (文淵閣 四庫全書 電子版)

《儼山外集》, 陸深 (文淵閣 四庫全書 電子版)

《呂氏家塾讀詩記》, 呂祖謙 (文淵閣 四庫全書 電子版)

《燕轅直指》, 金景善 (한국고전번역원 고전종합DB)

《洌陽歲時記》, 金邁淳

《禮記大全》, 胡廣 (文淵閣 四庫全書 電子版)

《藝林彙考》, 沈自南 (文淵閣 四庫全書 電子版)

《禮書》, 陳祥道 (文淵閣 四庫全書 電子版)

《五百家注昌黎文集》, 魏仲舉 (文淵閣 四庫全書 電子版)

《王氏畫苑》, 王世貞 (文淵閣 四庫全書 電子版)

《外國竹枝詞》, 尤侗

《雲仙雜記》, 馮贄 (文淵閣 四庫全書 電子版)

《遊宦紀聞》, 張世南 (文淵閣 四庫全書 電子版)

《定齋集》, 蔡戡 (文淵閣 四庫全書 電子版)

《齊民要術校釋》繆啟愉 校釋 (中國農業出版社, 1998)

《朱子家禮》(규장각 소장본)

《重峯集》, 趙憲 (한국고전번역원 고전종합DB)

《重修宣和博古圖》, 王黼 (文淵閣 四庫全書 電子版)

《太平御覽》, 李昉 (文淵閣 四庫全書 電子版)

《抱朴子》, 葛洪 (文淵閣 四庫全書 電子版)

《避暑錄話》, 葉夢得 (文淵閣 四庫全書 電子版)

《鶴林玉露》, 羅大經 (文淵閣 四庫全書 電子版)

《漢魏六朝百三家集》, 張溥 (文淵閣 四庫全書 電子版)

《黃帝內經素問語譯》, 郭靄春 註編 (人民衛生出版社, 2014)

《淮南鴻烈解》, 高誘 (文淵閣 四庫全書 電子版)

번역서

《규합총서》, 빙허각 이씨 저, 정양완 역주 (보진재, 1975[2008])

《논어집주》, 성백효 역주 (전통문화연구회, 1993)

《논어한글역주》, 도올 김용옥 역주 (통나무, 2008)

《맹자집주》, 성백효 역주 (전통문화연구회, 1992)

《북학의》, 박제가 저, 안대회 역주 (돌베개, 2003)

《북학의》, 박제가 저, 박정주 역 (서해문집, 2003)

《사기》, 정범진 외 옮김 (까치, 1994)

《산림경제》, 유중림 저, 민족문화추진회 편역 (솔, 1997)

《서경집전 상, 하》, 성백효 역주 (전통문화연구회, 1998)

《성호사설 II》, 이익 저, 김철희 역 (민족문화추진회, 1989)

《시경집전 상, 하》, 성백효 역주 (전통문화연구회, 1998)

《임원경제지 본리지》, 서유구 지음, 정명현·김정기 역주 (소와당, 2008)

《장자》, 안동림 역주 (현암사, 1998)

《제민요술》, 구자옥·홍기용·김영진 역주 (농촌진흥청, 2006)

《주역전의대전역해 상·하》, 대산 김석진 역해 (대유학당, 1997)

《증보산림경제 I ~ III》, 노재준·윤태순·홍기용 옮김 (고농서국역총서
    4~6, 농촌진흥청, 2003)

《芝峰類說(上)》, 李睟光 著, 南晩星 譯 (乙酉文化社, 1994)

《천공개물》, 송응성 지음, 최주 주역 (전통문화사, 1997)

《한국명저대전집》, 홍석모·김매순·유득공·민주면 저, 이석호 역 (대양서적, 1972)

Chinese Technology in the seventeenth century (天工開物), translated by E-tu Zen Sun, Shiou-Chuan Sun (New York : Dover Publications, 1997)

The Book of Historical Documents (書經), translated by James Legge (文史哲出版社, 1971)

The Chinese Classics : Confucian Analects, The Great Learning, and The Doctrine of the Mean (論語, 大學, 中庸), James Legge (文史哲出版社, 1971)

The Works of Mencius (孟子), translated by James Legge (文史哲出版社, 1971)

사전과 유서·도감류

《근대백년 민속풍물》, 국립민속박물관 (국립민속박물관, 1995)

《기산풍속도첩》, 조흥윤, 게르노트 프루너 지음 (범양사출판부, 1984)

《箕山 한국의 옛 그림 : 풍경과 민속》, 하인리히 F. J. 융커 지음, 이영석 옮김, 김광언 감수 (민속원, 2003)

《大漢和辭典》, 諸橋轍次 著 (大修館書店, 1984)

《머리에서 발끝까지》, 국립민속박물관 (국립민속박물관, 2011)

《名選》, 단국대 석주선기념박물관 (단국대학교출판부, 2005)

《木家具》, 국립민속박물관 (국립민속박물관, 2003)

《문화재대관》2, 문화재청 (문화재청, 2006)

《바늘과 벗 삼은 한평생》, 국립민속박물관 (국립민속박물관, 2001)

《三才圖會》, 王圻 著, 王思義 編集 (上海古籍出版社, 1988)

《여성의 손끝으로 표현된 우리의 멋》, 국립민속박물관 (국립민속박물관, 1999)

《역사인물 초상화 대사전》, 이강칠 외 (현암사, 2003)

《오주연문장전산고》, 이규경 저 (동국문화사, 1959)

《유교문화박물관》, 한국학진흥원 (한국학진흥원, 2006)

《朝鮮時代의 冠帽》, 온양민속박물관 학예연구실 (온양민속박물관, 1998)

《朝鮮時代의 風俗畵》, 국립중앙박물관 (국립중앙박물관, 2002)

《조선시대 향연과 의례》, 국립중앙박물관 (국립중앙박물관, 2009)

《조선양반생활의 멋과 美》, 국립민속박물관 (국립민속박물관, 2003)

《조선후기한자어휘검색사전: 물명고·광재물보》, 정양완·홍윤표·심경호·김건곤 편 (한국정신문화연구원, 1997)

《중국도자》, 국립중앙박물관 (국립중앙박물관, 2007)

《中國織繡服飾全集》, 中國織繡服飾全集編纂委員會 (天津人民美術出版社, 2004)

《출토복식 명품선》, 경기도박물관 (경기도박물관, 2008)

《한국건축개념사전》, 한국건축개념사전 기획위원회 (동녘, 2013)

《한국삼재도회》, 박성훈 편 (시공사, 2002)

《韓國의 服飾文化史》, 〈고분벽화로 본 고구려 복식문화〉, 정완진 (단국대학교 석주선기념박물관, 2006)

《韓國의 傳統工藝》, 韓國文化財保護財團 (한국문화재보호재단, 1994)

《한국의 초상화》, 국립중앙박물관

《한국의 초상화: 역사 속의 인물과 조우하다》, 문화재청 (눌와, 2007)

《한민족역사문화도감》, 국립민속박물관 (국립민속박물관, 2007)

《漢語大詞典》, 羅竹風 主編, 漢語大詞典編輯委員會, 漢語大詞典編纂處 編纂 (上海, 漢語大詞典出版社, 1990~1993)

《漢語大字典(縮印本)》, 漢語大字典編輯委員會 編纂 (四川辭書出版社·湖北辭書出版社, 1992)

《漢語大字典》, 漢語大字典編輯委員會 編纂 (四川辭書出版社·湖北辭書出版社, 1986~1990)

《和漢三才圖會》, 《倭漢三才圖會》 (국학자료원, 2002)

《和漢三才圖會》, 寺島良安 著, 島田勇雄 等 訳注 (平凡社, 1985~1991)

《화·혜·리》, 단국대학교 석주선기념박물관 (단국대학교 출판부, 2006)

연구논저

단행본류

《도용: 매혹의 자태와 비색의 아름다움》, 최연우 (유금와당박물관, 2009)

《망건장》, 장경희 (화산문화, 2001)

《면복》, 최연우 (문학동네, 2015)

《산경십서》 상, 차종천 역 (교우사, 2006)

《산수간에 집을 짓고》, 서유구 지음, 안대회 엮어옮김 (돌베개, 2005)

《宋元陶瓷大全》, 藝術家出版社 (藝術家出版社, 1987)

《兩宋瓷器》, 李輝柄 (上海科學技術出版社, 2002)

《우리 옷과 장신구》, 이경자 (열화당, 2003)

《우리의 짚풀문화》, 인병선 (현암사, 2005)

《儒學近百年》, 금장태·고광식 (박영사, 1984)

《의례 역주(儀禮譯註)》七, 장동우 역주 (세창출판사, 2014)

《임원경제지: 조선 최대의 실용백과사전》, 정명현·민철기·정정기·전종욱 외 옮기고 씀 (씨앗을 뿌리는사람, 2012)

《장영실과 자격루》, 남문현 (서울대학교출판부, 2002)

《전통 부채》, 금복현 (대원사, 1990)

《조선왕조 궁중의궤 복식》, 유송옥 (수학사, 1991)

《中國古代化學》, 趙匡華 (商務印書館, 1996)

《中國服飾》, 高春明 (上海外語教育出版社, 2002)

《中國歷代帝王冕服研究》, 崔圭順 (東華大學出版社, 2007)

《중국의 역대직물》, 심연옥 (한림원, 1998)

《중치막자락에 깃든 사연》, 옛길박물관 (민속원, 2010)

《韓國의 服飾文化史》, 강순제 (단국대학교 출판부, 2006)

《한국의 초상화》, 조선미 (돌베개, 2009)
《한국직물 오천년》, 심연옥 (한국고대직물연구소, 2006)

논문류

〈18세기 서울 여성의 머리장식〉, 김문식 (《문헌과 해석》, 2006)
〈명칭으로 본 모직물의 발달 : 고대부터 고려시대까지〉, 박순지·이춘계,
　《服飾》21호 (한국복식학회, 1993)
〈徐有榘의 服飾觀 :「贍用志」'服飾之具'의 분석을 중심으로〉, 《服飾》62
　권 6호, 차서연·장동우 (한국복식학회, 2012)
〈전통 직물에 사용되는 금사 제작 방법〉, 노진선, 《섬유기술과 산업》10
　권 4호 (한국섬유공학회, 2006)
〈조선시대 저고리類 명칭에 관한 연구〉, 黃由善 (이화여자대학교 석사학
　위논문, 1999)
《緇布冠 硏究》, 박길수 (단국대학교 석사학위논문, 2010)
《「楓石鼓篋集」의 評語 연구》, 김대중 (서울대학교 석사학위 논문, 2005)
《풍석 서유구 산문 연구》, 김대중 (서울대 박사학위논문, 2011)
《풍석 서유구에 대한 한 연구》, 조창록 (성균관대 박사학위논문, 2003)
〈楓石 徐有榘의 「金華耕讀記」〉, 조창록, 《韓國實學硏究》19 (韓國實學
　學會, 2010)
〈楓石 徐有榘의 학문적 배경〉, 김문식, 《震檀學報》108호 (진단학회, 2009)
《韓國 女性의 傳統 化粧文化에 關한 硏究》, 柳知孝 (전남대학교 박사학
　위논문, 2003)

기타 및 인터넷 한적 및 관련자료 검색 사이트

25史 全文檢索 http://202.114.65.40/net25
고려대학교 중앙도서관 http://library.korea.ac.kr
국립중앙도서관 http://www.nl.go.kr

국사편찬위원회 조선왕조실록 sillok.history.go.kr

규장각 한국학연구원 (서울대학교) http://kyujanggak.snu.ac.kr

박물관 포털 e뮤지엄 http://www.emuseum.go.kr/main

百度(바이두) http://www.baidu.com

서울대학교 중앙도서관 http://library.snu.ac.kr

역사정보통합시스템 http://www.koreanhistory.or.kr

異體字字典 (中華民國教育部) http://dict.variants.moe.edu.tw

한국고전번역원 http://www.itkc.or.kr

한국학중앙연구원 장서각 http://www.aks.ac.kr

Daum(다음) http://www.daum.net

Google(구글) http://www.google.com

NAVER(네이버) http://www.naver.com

TV진품명품 958회 (KBS 1TV, 2014년 7월 27일 방영)

색인

물명

🌿 임원경제연구소

임원경제연구소는 고전 연구와 번역, 출판을 주요 목적으로 하는 사단법인이다. 문사철수(文史哲數)와 의농공상(醫農工商) 등 다양한 전공 분야의 소장학자 40여 명이 회원 및 번역자로 참여하여, 풍석 서유구의 《임원경제지》를 완역하고 있다. 또한 번역 사업을 진행하면서 축적한 노하우와 번역 결과물을 대중과 공유하기 위해 관련 전문가 및 단체들과 교류하고 있다. 연구소에서는 번역 과정과 결과를 통하여 '임원경제학'을 정립하고 우리 문명의 수준을 제고하여 우리 학문과 우리의 삶을 소통시키고자 노력한다. 임원경제학은 시골 살림의 규모와 운영에 관한 모든 것의 학문이며, 경국제세(經國濟世)의 실천적 방책이다.

번역, 교열, 교감, 표점, 감수자 소개

번역

정명현

고려대 유전공학과를 졸업하고, 도올서원과 한림대 태동고전연구소에서 한학을 공부했다. 서울대 대학원 '과학사 및 과학철학 협동과정'에서 전통 과학기술사를 전공하여 〈정약전의 《자산어보》에 담긴 해양박물학의 성격〉과 《서유구의 선진농법 제도화를 통한 국부창출론》으로 각각 석사와 박사를 마쳤다. 《본리지》를 김정기와 함께 번역했고, 《본리지》의 설명대로 파주에서 텃밭 농사를 아주 조금 짓고 있다. 또 다른 역주서로 《자산어보》가 있고, 현재 《인제지》 번역 사업에 참여하고 있으며 임원경제연구소 공동소장이다.

이동인

청주대 역사교육과에서 꿈을 키웠다. 한림대 태동고전연구소에서 한학을 연수했고, 서울대 국사학과에서 석사학위를 받았으며, 한국학중앙연구원 한국사학과 박사과정을 수료했다. 현재 수원시정연구원 수원학연구센터에서 연구원으로 근무하고 있다.

이강민

서울대 건축학과를 졸업하고, 같은 대학에서 건축역사를 전공하여 석사와 박사를 마쳤다. 한국과 동아시아의 건축사를 연구해 왔으며, 주요 저서로《3칸×3칸: 한국건축의 유형학적 접근》(2006)과《도리구조와 서까래구조: 동아시아 문명과 목조건축의 구조원리》(2013) 등이 있다. 건축도시공간연구소 국가한옥센터장을 역임하면서 다수의 한옥과 문화재 정책연구를 수행한 경험이 있으며, 현재는 한국예술종합학교 건축과 교수로 재직 중이다.

김태완

서울시립대학교 국사학과에서 공부했고, 〈조선후기 구황식품의 활용에 대한 연구〉로 석사를 마쳤다. 《임원경제지·본리지》,《정조지》의 일부와《섬용지》,《전어지》 등의 교열에 참가했다. 수원화성박물관을 개관하는 데 일조했고, 현재 부천교육박물관에 재직 중이다.

최시남

성균관대학교 유학과 학사 및 석사를 마쳤으며 동 대학원 박사과정을 수료했다. 성균관한림원과 도올서원에서 한학을 공부했다. 현재 IT 회사에 근무하며 조선시대 왕실 자료와 문집, 지리지 등의 고전적 디지털화 작업을 하고 있다.

교열

정정기 (임원경제연구소 연구원, 서울대 소비자아동학과, 동 대학원 박사)

김현진 (임원경제연구소 연구원, 공주대 한문교육학과, 성균관대 한문학과 석사 수료, 태동고전연구소 한학연수과정 수료)

강민우 (한남대 사학과, 태동고전연구소 한학연수과정 수료, 성균관대 사학과 박사 수료)

이유찬   (경상대 사학과. 성균관대 대학원 한문고전번역협동과정 수료. 한국고전번역원
　　　　　문집번역위원)

교감 및 표점
민철기   (임원경제연구소 공동소장, 연세대 철학과, 동 대학원 석사)
김수연   (임원경제연구소 연구원, 한국전통문화학교 전통조경학과, 태동고전연구소 한
　　　　　학연수과정 수료)
황현이   (임원경제연구소 연구원, 중앙대학교 역사학과, 태동고전연구소 한학연수과정
　　　　　수료)

자료 정리
고윤주   (푸르덴셜 라이프 플래너)

감수
정선용   (한국고전번역원 선임연구원)
이문현   (전 국립민속박물관 학예연구관)

풍석문화재단

(재)풍석문화재단은 《임원경제지》 등 풍석 서유구 선생의 저술을 번역 출판하는 것을 토대로 전통문화 콘텐츠를 현대에 되살려 창조적으로 진흥시키고 한국의 학술 및 문화 발전에 기여함을 목적으로 하여 2015년 4월 28일 설립하였습니다.

재단은 현재 ① 《임원경제지》의 완역 지원 및 간행(출판 및 온라인, 총 67권 예상), ② 《완영일록》, 《풍석고협집》, 《금화지비집》, 《번계시고》, 《금화경독기》 등 선생의 저술·번역·출간, ③ 풍석학술대회 개최 및 풍석학회 지원, ④ 풍석디지털기념관 구축 등 풍석학술진흥 및 연구기반 조성에 필요한 사업을 중점적으로 추진 중입니다.

재단은 또한 출판물, 드라마, 웹툰, 영화 등 다양한 풍석 서유구 선생 관련 콘텐츠 개발을 추진하는 한편, 우석대학교와 함께 풍석문화재단 음식연구소를 설립하여 《임원경제지》 기반 전통음식문화의 복원 및 현대화 사업 등도 진행 중입니다.

풍석문화재단의 사업 내용, 구성원 등에 대한 자세한 소개는 풍석문화재단 홈페이지(www.pungseok.net)를 참조하여 주시기 바랍니다.

풍석학술진흥및연구기반조성위원회

(재)풍석문화재단은 《임원경제지》의 완역완간 사업 등의 추진을 총괄하고 예산 집행의 투명성을 기하기 위해 풍석학술진흥및연구기반조성위원회를 두고 있습니다.

풍석학술진흥및연구기반조성위원회는 사업 및 예산계획의 수립 및 연도별 관리, 지출 관리, 사업 수익 관리 등을 담당하며 위원은 아래와 같습니다.

위원장 : 신정수(풍석문화재단 이사장)

위　원 : 서정문(한국고전번역원 수석연구위원), 안대회(성균관대학교 한문학과 교수), 유대기(활기찬인생2막 회장), 정명현(임원경제연구소 소장)

《임원경제지·섬용지》 완역 출판을 후원해 주신 분들

㈜DYB교육 ㈜우리문화 ㈜벽제외식산업개발 ㈜청운산업 ㈔인문학문화포럼
대구서씨대종회 강흡모 고관순 고유돈 곽미경 곽의종 곽중섭 구자민 권희재
김경용 김동범 김문자 김병돈 김상철 김석기 김성규 김영환 김용도 김익래
김일웅 김정기 김정연 김종보 김종호 김지연 김창욱 김춘수 김현수 김후경
나윤호 류충수 민승현 박동식 박미현 박보영 박상준 박용희 박종규 박찬교
박춘일 박현출 백노현 변흥섭 서국모 서봉석 서영석 서정표 서청원 송은정
송형록 신영수 신응수 신종출 신태복 안순철 안영준 안철환 양태건 양휘웅
오성열 오영록 오영복 오인섭 용남곤 유종숙 윤남철 윤정호 이건호 이경근
이근영 이동규 이동호 이득수 이세훈 이순례 이순영 이승무 이영진 이우성
이재용 이 철 이태인 이현식 이효지 임각수 임승윤 임종훈 장상무 전종욱
정갑환 정 극 정금자 정명섭 정상현 정소성 정연순 정용수 정진성 조문경
조재현 조창록 주석원 진병춘 진선미 차영익 차흥복 최경수 최경식 최광현
최정원 최필수 태의경 하영휘 허영일 홍미숙 홍수표 황재운 황재호 황정주
황창연

※ 지금까지 오랫동안 후원을 통해《섬용지》번역 출판을 함께해 주신 여러분께 진심으로
감사드립니다.